LA

FRANCE PITTORESQUE

LA
FRANCE PITTORESQUE

J. GOURDAULT

LA
FRANCE PITTORESQUE

OUVRAGE ILLUSTRÉ DE 370 GRAVURES

PARIS

LIBRAIRIE HACHETTE ET Cⁱᵉ

79, BOULEVARD SAINT-GERMAIN, 79

1893

Droits de traduction et de reproduction réservés

Rouen. — Ancienne église Saint-Laurent.

I

A TRAVERS LE VIEUX ROUEN. — PROMENADE ARCHÉOLOGIQUE

Une des plus charmantes choses du monde, c'est de se réveiller tout à coup, un matin, en plein dépaysement des sens et de l'esprit, dans une ville qu'on ne connaît pas. Arrivé de nuit dans ce milieu silencieux et depuis longtemps endormi, vous n'y avez perçu tout d'abord que des images troubles et indécises; puis, au petit jour, un bruit de cloches au timbre insolite frappe votre oreille. Presque inconscient de la transition, vous courez ouvrir votre fenêtre : en face de vous se dresse un pignon pointu, coiffant une maison aux poutres sculptées dont les étages avancent l'un sur l'autre. A deux pas de là, en tournant la tête, vous apercevez une antique fontaine, autour de laquelle jasent, seille en main, des commères dont le parler et l'accent ne sont plus ceux que vous êtes habitué à entendre. Plus loin, c'est un beffroi moyen âge dont l'arcade traverse la rue. Enfin, au-dessus d'un pâté de constructions, qui toutes ont leur physionomie propre, vous apparaît un haut clocher de cathédrale.

Où le train vous a-t-il transporté? A Rouen, si vous le voulez bien.

De toutes les grandes villes de France, nulle ne présente à l'œil une perspective plus nette et plus harmonieuse que cette ancienne capitale du duc Roll, contemplée du sillon de son beau fleuve. Que vous l'abordiez par l'ouest ou par l'est, le long des poétiques collines de Canteleu, qui en commandent l'entrée en aval, ou sous les flancs à pic de la côte Sainte-Catherine, qui domine en amont le cours de la Seine, tout le massif de la vieille cité se découvre à vous inopinément.

Cependant le coup d'œil le plus saisissant est peut-être celui qui attend le voyageur arrivant d'Elbeuf et d'Évreux, par la voie ferrée de l'État. L'impression ici tient de la magie. Quand le train, laissant à main gauche le village de la Bouille et les ruines du château de Robert le Diable, atteint la station de Grand-Couronne, la féerie de la vision commence par l'aspect de la large baie que décrit, en deçà de la forêt de Roumare, le repli majestueux de la rivière. Quelques tours de roue encore, jusqu'à la gare de la place Saint-Sever, et la ville tout entière surgit devant vous, avec l'ample façade de ses quais, sa belle nappe d'eau couverte de navires, et l'écheveau pressé de ses rues, au-dessus desquelles s'élance dans les airs l'audacieuse pyramide de la cathédrale.

Vous heurtez pour ainsi dire cet ensemble; vous croyez presque toucher du doigt cet enchevêtrement singulier d'édifices, de maisons, d'aiguilles et de tours. Nulle cité, je le répète, ne se livre à vous plus complaisamment. D'autres se bornent à vous jeter de loin une sorte d'appel fugitif. Marseille, par exemple, au sortir du long tunnel des Alpines, se montre à vous, pour quelques instants, lumineuse et splendide, entre l'azur de son ciel et celui de sa mer; mais, à mesure qu'on se rapproche d'elle, les traits du tableau se confondent, et, finalement, la cité phocéenne plonge et disparaît entre les ressauts capricieux de terrain sur lesquels s'élèvent les bastides du nord et les hautes roches fissurées et jaunâtres qui ferment l'entrée du port au sud-ouest. Rouen, au contraire, dès que vous le voyez, s'empare de vous, vous enlace et vous retient.

Voulez-vous mieux saisir tout de suite les détails du panorama? Gravissez la croupe herbue et bombée de la côte Sainte-Catherine précitée ou ces hauteurs sacro-saintes de Bonsecours auxquelles conduit une route en lacet : la voilà sous vos yeux, tout entière, la capitale de l'ex-Neustrie. A droite du cours arqué de la Seine se développe la ville proprement dite, dont le lacis de rues et de ruelles, les clochers bourdonnants ou carillonnants, les vieux châteaux, les hôtels, les bastilles, montent de toutes parts à l'assaut des collines.

A l'opposite, sur les terrains plats de la presqu'île à peu près ovale que forment en se rejoignant vers Elbeuf les deux grandes boucles du fleuve, s'étend la zone suburbaine des usines, des filatures, des ateliers mugissants et grinçants où, parmi les fourneaux en feu et les engins à l'infernale rotation, l'homme est dévoré comme la houille. Toute une futaie de cheminées gigantesques, dont les vomissements encrassent à perte de vue l'atmosphère, remplacent, de ce côté de la Seine, les tours et les clochers de l'autre rive.

Mais ce que vous apercevez, du haut belvédère où vous êtes posté, ne représente pas, tant s'en faut, toute l'agglomération rouennaise. A ce noyau s'ajoute en réalité un chapelet ininterrompu de grosses communes que la cité ne s'est pas annexées, et qui en sont néanmoins le prolongement vers les différents points de l'horizon, qui

ROUEN. — Vue prise des coteaux de Bonsecours.

lui appartiennent au même titre que le littoral ligurien de San Pier d'Arena à Nervi, par exemple, appartient à Gênes la Superbe. Sur une étendue de plus de cinq lieues, de Darnétal et de Sotteville à Malaunay et à Monville, il n'existe pas dans la longue ligne des maisons et des fabriques fumantes une seule solution de continuité. C'est toujours Rouen, le Rouen trafiquant et industriel, qui s'étire là aux replis des vallées ou qui escalade les coteaux ; aussi bien que dans les quartiers blottis à l'ombre de la cathédrale, c'est le pouls de Rouen qui bat en ces banlieues manufacturières grondant à l'unisson de la vieille ville.

Avant de quitter votre observatoire, jetez encore un coup d'œil tout là-bas en aval, vers ces horizons fuyants et profonds, aux perspectives presque mystérieuses, derrière lesquels on sent le vaste Océan et ses souffles salins. Regardez avec quelle majesté la Seine répète là, au sortir du port, son ample courbe d'Oissel et d'Elbeuf. Grâce à ces multiples détours, il y a, par eau, de Rouen à Paris, 244 kilomètres, au lieu de 140 par le chemin de fer, et, jusqu'au Havre, il y en a 135, au lieu de 88 par la voie que suivent les locomotives. En deçà du premier pont s'étend la Seine fluviale, que sillonne, comme à Paris, la batellerie plate ; au delà se développe le bassin maritime, desservi par les docks et les grues à vapeur, et dont la largeur atteint 200 mètres. Là, sur 2 kilomètres de long, s'aligne la double rangée des gros steamers et des voiliers à la haute mâture venus de tous les pays du monde.

Le flux marin, qui arrive avec une vitesse d'un mètre à la seconde, se fait sentir encore jusqu'à 25 kilomètres en amont de la ville et ce mouvement ascendant dure quatre heures environ. Aussi des bâtiments d'un tirant de 5 et 6 mètres peuvent-ils venir de Quillebeuf en l'espace d'une marée. A 4 kilomètres au-dessous de Rouen, c'est-à-dire au village escale de Croisset, se trouve le bureau du maître du port, lequel indique au capitaine du navire montant s'il y a une place disponible à quai. S'il n'y en a pas, le bâtiment attend sur bouées le long de l'île Élie.

Ajoutez que, sur tout le parcours de la mer à Rouen, les rives ont un éclairage complet de phares et de fanaux ; puis, à partir de la Mailleraye, point où le pilotage cesse d'être de rigueur, on ne compte pas moins de vingt-sept feux blancs ou rouges : les bâtiments venant du Havre doivent laisser à bâbord les premiers et à tribord les seconds.

Malgré le marteau du démolisseur, qui a fait, à Rouen comme ailleurs, disparaître maint vestige du passé, la patrie d'Alain Blanchard et de Corneille est encore, de toutes les villes de France, celle qui a conservé le plus de trésors d'art et le plus de merveilles archéologiques : aussi le touriste ami du vieux temps n'y a-t-il que l'embarras du choix.

Descendons les quais de la rive droite, et, après avoir accordé un demi-pleur de regret en passant à l'ancien « pont de fil de fer », remplacé aujourd'hui par un pont moderne, montons l'antique rue Grand-Pont, rectifiée et élargie, elle aussi, par des édiles qui ne s'accommodent plus de voies ayant leur ruisseau au milieu et de maisons titubant sans vergogne au-dessus de l'innocente tête du passant.

Nous voici devant la cathédrale.

Long de 136 mètres, — un mètre de plus que le dôme de Milan, 49 mètres de moins que Saint-Pierre de Rome, — ce puissant édifice élève sa flèche de fonte terminale à 151 mètres en l'air, — 4 mètres de plus que la grande pyramide de Chéops, 9 mètres de moins que le dôme de Cologne, tel qu'on vient enfin de l'achever, malgré l'anathème lancé par Satan, dans la légende que vous connaissez.

Nul vaisseau gothique n'est en son ensemble plus sombre et plus imposant d'aspect; nul aussi n'a eu une histoire aussi terrible et aussi dramatique. D'ordinaire, quand on parle d'une église de l'époque ogivale, on se borne à dire : elle a succédé à tel temple roman qui lui-même avait été érigé sur l'emplacement de telle basilique primitive; mais l'enfantement ici a été bien autrement laborieux.

Rouen. — Le Port maritime, vu du nouveau pont.

Cinq ou six siècles durant, des générations de maîtres de l'œuvre ont sué et peiné à l'envi pour arriver à dresser et à maintenir debout sous le ciel neustrien cette écrasante masse de pierre et de métal, cette « montagne de cathédrales juxtaposées, superposées et entre-croisées ». Que de tours quasi mort-nées, que de flèches aussitôt détruites qu'édifiées ont précédé les flèches et les tours qui font du monument actuel une sorte de gageure architecturale!

Je ne sais combien d'églises avaient déjà jonché de leurs ruines la croupe déclive de terrain où nous sommes, quand on entreprit, au XII° siècle, la construction d'une nef nouvelle et définitive. A peine terminée, celle-ci, en 1117, est frappée de la foudre; puis, quatre-vingts ans plus tard, elle est entièrement détruite par un incendie qui dévore les trois quarts de la ville. On la rebâtit aussitôt; derechef elle est foudroyée, le jour de Pâques 1284. Les Rouennais, infatigables, la relèvent : le tonnerre de Dieu et les tempêtes, non moins acharnés que les Rouennais, recommencent l'œuvre de mutilation. En 1683 un de ces ouragans effroyables, si fréquents dans la vallée de la basse Seine, renverse quatre tourelles et brise l'orgue; en 1713 le feu prend à la pyramide; en 1727 il ravage le chœur; en 1732, le jour de l'Assomption, comme on sonnait le salut à la fameuse cloche Georges d'Amboise, rivale par son formidable verbe de la *Suzanne* de la cathédrale d'Erfurt et du gros bourdon de Novgorod-la-Grande, le battant du monstre se brise.

Est-ce le terme de tant de malheurs? Non : en 1768 le fier édifice est de nouveau foudroyé, et enfin l'année 1822 voit la plus terrible des catastrophes : les flammes enlacent l'église tout entière, et la croix, qui se perdait dans la nue, tombe avec un horrible fracas. Il devait s'écouler plus de cinquante ans avant que la nouvelle flèche

ROUEN. — Une vue de la rive gauche (Saint-Sever).

ajourée qui couronne aujourd'hui le clocher central s'élevât victorieusement dans les airs.

Outre ce clocher, que j'aimais peut-être mieux, pour mon compte, alors que, fruste et inachevé, il s'élançait d'un seul jet vers le ciel, sans que rien arrêtât son essor, deux grandes tours flanquent le monument. Celle qu'on aperçoit à gauche, de la place, est la tour Saint-Romain. Elle a 75 mètres de haut, et renferme le gros bourdon, qui pèse 7 500 kilogrammes. C'est encore 1 500 kilogrammes de moins que la *Banclocque* ou *Joyeuse* du beffroi d'Arras, que l'on se contente de percuter, dans la crainte que ses mouvements ne compromettent la solidité de l'édifice. L'autre tour, plus élevée, à droite, est la fameuse *tour de Beurre*, bâtie de 1485 à 1507 avec le produit d'une dispense permettant l'usage du beurre en carême. Entre elles se développe l'imposante façade au style flamboyant, ensemble d'arcatures à jour, de balustrades, de pinacles, où sont percées trois portes aux vantaux magnifiquement décorés. Deux autres portails s'ouvrent sur les *croisillons* ou *transepts*, comme on appelle, dans les églises, la construction transversale qui forme croix avec la nef. Au côté sud, c'est le portail de la Calende, avec son merveilleux entassement de bas-reliefs; au côté nord, dans la rue Saint-Romain, c'est celui des Libraires, ainsi appelé des marchands de livres qui avaient autrefois leurs étalages à cette place; son tympan représente le Jugement dernier.

Décrirai-je l'intérieur du vaisseau, avec sa triple nef de onze travées, ses vingt-cinq chapelles latérales et ses vitraux au coloris éclatant? Ce qu'il y faut contempler

ROUEN. — Un bras de la Seine en amont et la côte de Bonsecours.

avant tout, c'est, dans la grande chapelle du chevet, le monument funèbre du fameux cardinal-ministre Georges d'Amboise, mort en 1510. C'est à cet archevêque, qui rêva un moment de devenir pape, et que Jules II, le terrible pontife, ne cessa de jalouser, que Rouen dut le couronnement de ses splendeurs architecturales; c'est pour lui aussi que toute une pléiade d'artistes, la plupart Rouennais, édifia cet autre chef-d'œuvre de la Renaissance, malheureusement disparu, qu'on appelait le Château de Gaillon. La statue qui surmonte le tombeau en marbre noir du cardinal est due au ciseau de Jean Goujon.

Tournons maintenant le dos à la cathédrale. A cent pas de là, au cœur de l'ancien quartier des drapiers, s'offre à nous un autre monument curieux du vieux temps : c'est, dans la rue du même nom, la *Grosse Horloge* ou plutôt le *Gros Horloge*, comme disent toujours les Rouennais.

Regardez la gracieuse arcade, surbaissée en anse de panier, qui traverse cette voie marchande et vivante, et porte à ses deux faces extérieures un énorme cadran horaire. La svelte tour, surmontée d'un campanile moderne, à laquelle elle attient à l'ouest, n'est autre que l'ancien beffroi de la ville. Là, jusqu'à la Révolution, a siégé la commune rouennaise, dans une construction au style à bossages de la Renaissance que vous apercevez encore sur le côté opposé à la tour.

Rouen. — La cathédrale, avec la tour Saint-Romain et la tour de Beurre.

A la voûte de l'arcade est sculptée l'idyllique scène du bon pasteur faisant paître de minuscules brebis. Au pied de la tour, autre idylle : une fontaine, alimentée par la source Galaor, qui naît des quartiers en aval, nous montre Alphée et Aréthuse confondant une fois de plus leurs ondes et se regardant, penchés sur leurs urnes, avec une tendresse que ne peuvent refroidir les dégorgements de la gouttière du beffroi. Les maisons voisines, décorées de pilastres, d'écussons aux armes de la ville, d'entablements où des groupes d'enfants jouent dans les roseaux, achèvent de donner à cette encoignure un cachet de fantaisie charmante.

Rouen. — La Grosse Horloge.

L'horloge elle-même est le chef-d'œuvre de l'horlogerie primitive, comme elle en est aussi un des plus anciens spécimens. Nous ne savons en effet rien de précis, ni sur l'ingénieuse machine, — une simple clepsydre? — que le calife Haroun-al-Raschid envoya à l'empereur Charlemagne, ni sur celle que le savant archevêque Gerbert, qui fut pape sous le nom de Silvestre II, aurait construite en 996 à Magdebourg : cette dernière, vraisemblablement, n'était encore qu'un cadran solaire très perfectionné. Ce ne fut que vers la fin du XIIe siècle que l'on commença de marquer la division du temps au moyen de roues dentées que réglait un balancier, tandis qu'un marteau frappant sur un timbre sonnait l'heure indiquée au cadran. Néanmoins la première horloge compliquée dont les historiens fassent mention est celle que le Padouan Jean de Dondis, surnommé *Horologius*, établit, en sa ville natale, dans la tour du palais del Capitanio, vers la fin du XIVe siècle. Elle indiquait, outre l'heure, le cours du soleil et celui des planètes.

Cette innovation fut bientôt imitée en Europe, et l'on imagina en outre d'annexer aux horloges des carillons exécutant de véritables airs. C'est ainsi qu'au couvent de Sainte-Catherine près de Rouen il en existait un qui jouait l'hymne *Conditor almæ siderum*, de telle sorte, dit la chronique, qu'on l'entendait jusqu'au delà de Darnétal.

Qui n'a aussi ouï parler de l'horloge que le duc de Bourgogne Philippe le Hardi, enleva de Courtrai après la bataille de Roosbeke (1382) et qu'il fit transporter à Dijon, où elle est encore aujourd'hui? En France, toutefois, ces savantes machines furent peu connues jusqu'au règne de Charles V. Ce fut ce prince ami des arts et des sciences qui appela d'Allemagne l'habile ouvrier Henri de Vik, pour qu'il fabriquât (1370) la première horloge de Paris, laquelle se trouve au Palais de Justice; dix-neuf ans plus tard, Jean de Felains confectionnait la *Grosse Horloge* de Rouen. Elle fut achevée à la fin de septembre 1389; la même année, on décida l'érection de la tour qui porte son nom; mais elle n'y fut transportée qu'en 1398. Quant à l'arcade transversale, elle date seulement de 1527.

Cette horloge sans pareille, dont les roues ont plus d'un mètre de diamètre, marche sans interruption depuis plus de cinq cents ans, et elle n'a, dans ce laps de temps, subi qu'une retouche importante, dont elle ne pouvait d'ailleurs se passer. Lorsque Christian Huygens, en effet, le célèbre savant de la Haye, eut trouvé moyen, au XVIIe siècle, d'appliquer aux horloges la théorie des oscillations isochrones du pendule, découverte un siècle auparavant par le Pisan Galilée, il fallut bien transformer les anciennes machines dont le régulateur ne donnait pas l'heure avec une exactitude suffisante. En 1712, donc, un horloger de Pont-de-l'Arche, nommé Michel Vendôme, fut chargé de l'opération en ce qui concernait le « gros » de Rouen. Il s'en acquitta sans changer aucunement la nature du mécanisme et des rouages.

Depuis lors, malgré la place assez mauvaise que cette horloge occupe au sommet d'une tour, exposée à l'humidité et aux vents, elle n'a jamais eu besoin de réparation, et il n'y a pas même une tache de rouille sur ses pièces tout en métal brillant. Une seule fois, paraît-il, à la fin du XVIe siècle, elle faillit à sonner cinq heures du matin : un fil de fer s'était rompu. L'émoi fut grand par la ville; mais le gardien du « gros », mandé en toute hâte, eut vite fait de rétablir les choses en leurs joints.

Le beffroi, auquel on monte par un escalier de 200 marches, renferme deux cloches très anciennes. L'une, suspendue sous le dôme du campanile, s'appelle la *Cache-Ribaud*, comme vous le fait savoir l'inscription du listel; ce nom lui vient de ce que c'était sa sonnerie qui réglait matin et soir le travail des ouvriers et avertissait, à la brune, les ribauds et les rôdeurs de toute sorte d'avoir à se retirer au gîte.

La seconde cloche, bien plus en renom, se trouve dans la tour de pierre. Son listel dit qu'elle se nomme la *Rouvel*; mais pour les citadins, c'est la *cloche d'argent*. Pas plus que l'autre, elle ne renferme dans son alliage la moindre parcelle du précieux métal; seulement son timbre a une sonorité toute particulière que reconnaissent immédiatement ceux qui l'ont une fois entendu, et qui déjà, il y a plus de six cents ans, avait frappé les Rouennais. L'histoire de cette cloche serait celle même de la cité depuis le XIIe siècle. C'est elle qui, en 1382 notamment, donna le signal de l'émeute dite de la *Harelle*.

Vous savez peut-être de quoi je veux parler. L'année même où, là-bas au Nord, les indomptables Gantois, conduits par le second Artevelde, bataillaient si rudement contre le duc Philippe de Bourgogne, les bourgeois de Rouen, eux aussi, se soulevaient à la suite d'un impôt arbitraire. Une troupe de gens de métier s'en allèrent querir dans sa boutique, justement au quartier où nous sommes, un riche drapier qui n'avait, dit l'histoire, rien de recommandable que sa belle prestance et son ventre rebondi; puis, après l'avoir proclamé leur roi, ils le promenèrent triomphalement par les rues en criant « Sus! » aux agents du fisc.

L'émeute fut réprimée, et Charles VI, pour se venger, décréta la *Rouvel* de confiscation et la fit enlever de la tour. Les Rouennais ne tardèrent pas, il est vrai, à recouvrer ce palladium de leurs franchises communales; néanmoins ils ne le rétablirent pas immédiatement dans le beffroi. Ce ne fut qu'en novembre 1449, un dimanche, raconte la chronique, que la cloche, depuis soixante-sept ans silencieuse, fut de nouveau mise en branle, pour célébrer la délivrance de la ville, d'où Dunois venait de chasser les Anglais.

Depuis ce jour elle n'a plus quitté son poste, et chaque soir encore, à neuf heures, comme c'était l'usage aux temps lointains du duc Guillaume et de Jeanne la Pucelle, elle sonne — pour la forme seulement — le couvre-feu aux Rouennais. Elle est aussi la cloche du tocsin; ce sont ses lugubres tintements qui signalent les incendies de la cité.

De la Grosse Horloge, deux petites rues au choix nous mènent au Palais de Justice.

Ce dernier monument seul suffirait à faire l'orgueil d'une ville. Bâti en 1499, sous Louis XII, qui venait de constituer l'*Échiquier* de Normandie en une haute cour permanente, puis restauré et achevé de notre temps, cet édifice est tout un poème architectural, où pyramides, contreforts, clochetons et tourelles réalisent le triomphe du gothique et celui de la Renaissance tout ensemble. Est-il au monde une masse de pierre plus délicatement ciselée et dentelée que cette façade intérieure, longue de 66 mètres, avec la délicieuse tourelle octogone qui fait saillie à son centre et la série d'arcades en galerie qui règne le long de son entablement ?

A côté des images de Louis XII, d'Anne de Bretagne, de Georges d'Amboise, de François Ier, la statuaire y a figuré un spécimen de toutes les classes de la société de l'époque, chaque type avec son costume : ici un laboureur et une villageoise, là une dame et un seigneur, ailleurs un moine et un artiste. Des bêtes fantastiques, dragons, chimères et gargouilles s'entremêlent au festonnement de l'ensemble.

L'intérieur n'est pas moins admirable que la cour. L'ancienne Salle des Procureurs, aujourd'hui salle des Pas-Perdus, mesure 49 mètres de long sur 17 de large, et nul pilier n'en soutient l'audacieuse voûte de bois; celle des Assises, où siégeait autrefois le Parlement, offre un plafond en chêne noirci, composé de caissons et de compartiments, avec des rosaces, des culs-de-lampe, d'un effet sans pareil. Et partout de splendides tapisseries, des sculptures, des tableaux de maîtres, des vitraux coloriés et armoriés.

Rouen. — La tourelle centrale du Palais de Justice.

Le temps presse ; entrons, de ce pas, dans la rue Jeanne-Darc. C'est une grande artère toute moderne qui coupe la ville du nord au midi ; mais, grâce à l'extrême variété de type de ses constructions et aux innombrables surprises d'optique qu'y ménagent à l'œil les brèches latérales, combien elle diffère des trouées du même genre que notre siècle a vu pratiquer dans la plupart des villes de l'Europe !

Tout près de nous, voici le Vieux-Marché, où s'alluma le bûcher de Jeanne Darc ; sur une petite place voisine s'élève la statue de l'immortelle Lorraine, et, sur la même aire, l'hôtel Bourgtheroulde, encore une création charmante de la Renaissance. De la base au comble, ce ne sont extérieurement que bas-reliefs, figurant, ici de riantes pastorales, ailleurs des scènes historiques (entrevue du Camp du Drap d'Or), tandis qu'au dedans ne se voient que pendentifs et lambris.

Dans quelque direction que vous alliez, par les rues de la vieille cité-musée, partout se présente à vos regards une page d'histoire, une leçon d'esthétique, un souvenir éloquent du passé. Devant combien de maisons de bois originales, datant de trois ou quatre siècles, j'aurais pu et pourrais vous arrêter chemin faisant!

Près de la cathédrale, c'est l'ancien bureau des Finances — autrement dit la juridiction des trésoriers de France — avec sa décoration inouïe de trumeaux, d'ara-

ROUEN. — Cour du Palais du Justice.

besques, de pilastres, d'écussons et de niches. Dans la rue Jeanne-Darc précitée, c'est la maison du square Saint-André, un de ces joyaux où l'art des huchiers-imagiers d'autrefois se mariait volontiers à la céramique. Il n'y a pas un coin de la ville, si obscur et si retiré qu'il soit, qui ne renferme une curiosité d'une espèce ou de l'autre : ici un svelte clocheton, une tourelle guillochée, là un escalier à la balustrade finement découpée, ailleurs une cour aussi étrange en son genre que la plus étrange *corte* de Venise. Que dis-je? Il y a des rues tout entières qui sont comme le dernier mot de l'archaïsme et de la singularité : telles la rue de l'*Épicerie*, qui monte vers la cathédrale, la rue Damiette, près de Saint-Maclou, et cette indescriptible artère où coule, à ciel ouvert, sous une série de ponts et de passerelles, le ruisseau qu'on nomme Eau-de-Robec.

Mais quel est, près de la rue Thiers, que nous suivons en ce moment, ce monument flanqué d'une ravissante tour, un peu semblable à la tour de Beurre? C'est, ou plutôt, c'était l'église Saint-Laurent, car l'édifice n'est plus à l'usage du culte. Comme dans certaines ruines vénérables de la vieille Rome, une tribu sacrilège d'étalagistes et de menus artisans s'est logée pêle-mêle en ce temple du xv° siècle, devenu une propriété privée. Des ménagères en bonnet cauchois étalent leurs loques sur la balustrade figurant des lettres gothiques qui décore le comble de la nef; des locataires ont pris possession de la tour elle-même; ils ont mis des rideaux aux fenêtres en ogive... Jamais sécularisation ne fut plus complète et mieux accentuée.

Des quartiers du centre et de l'ouest, nous sommes arrivés à la région est où s'élèvent Saint-Maclou et Saint-Ouen. Que n'a-t-on pas dit et écrit sur ces deux chefs-d'œuvre de l'art ogival? Saint-Ouen n'est qu'une ancienne église abbatiale; mais elle a les vastes dimensions d'une cathédrale (137 mètres de longueur), et elle est, par le fait, à Rouen, comme une seconde cathédrale, aussi lumineuse, aussi légère, aussi aérienne que l'autre est sombre, imposante et massive. Commencée en 1308 par l'illustre abbé Jean Roussel surnommé *Marc d'Argent*, elle n'a été achevée qu'au milieu de notre siècle, ce qui ne l'empêche pas d'être, en son ensemble, le temple le plus un et le plus harmonieux qu'il y ait au monde.

Rouen. — Maison sculptée du square Saint-André.

Avec quelle sveltesse et quelle grâce cette tour centrale, percée à jour, évidée de mille façons, porte à 82 mètres de hauteur sa radieuse couronne où il vous semble entendre, d'en bas, vibrer toutes les mélodies célestes. Cette sonorité que vous croyez percevoir ici en la pierre inerte, vous la retrouvez dans chaque membre de l'édifice. Pyramides, tourelles, clochetons, contreforts, tout y semble bruire et frémir, comme les massifs mêmes de verdure dont l'église est en partie enveloppée; car, au contraire de la cathédrale, dont les abords demeurent obstrués, c'est librement, en pleine clarté, que Saint-Ouen s'élève dans les airs, et

ROUEN. — Saint-Ouen.

l'immensité de la place où elle est située ajoute encore à l'impression d'infini que cause son aspect. A l'intérieur, l'effet n'est pas moindre : l'étincellement sans pareil des vitraux, les gerbes de colonnes, dressées vers le ciel comme une mystérieuse forêt de pierre à travers laquelle passe un souffle de sérénité grandiose, tout vous transporte hors de la matière, dans le monde des esprits et du rêve.

A Saint-Maclou, c'est surtout la fantaisie qui règne ; et quelle fantaisie ! On dirait que toute la gent des lutins et des fées du xve siècle a voulu rivaliser de magie pour faire de cet édifice gothique l'antithèse achevée et mignonne à la fois du sordide quartier où il s'élève. Jamais le bois ouvré n'a chanté à l'œil un poème plus original que sur ces portes dont Jean Goujon a sculpté, au moins en partie, les vantaux. Des prophètes, des évangélistes, des scènes bibliques, des allégories, remplissent le fond du porche à trois pans qui précède la façade. Sur le transept s'élève une flèche de pierre haute de 88 mètres. Au dedans, de splendides verrières, un buffet d'orgues du xvie siècle soutenu par deux colonnes en marbre noir aux chapiteaux blancs, également sculptés par Jean Goujon, et où l'on monte par un escalier à tourelle ajourée, se repliant délicieusement sur lui-même. L'art ogival, dans son capricieux essor de la dernière heure, n'a rien produit qui surpasse ce bijou de Saint-Maclou.

« Tu es poussière, a dit l'Écriture, et tu retourneras en poussière » : à deux pas de là, Saint-Maclou même, ou plutôt son ancien cimetière, se charge de nous rappeler cette vérité déplaisante entre toutes. Une simple porte cochère à franchir, et des radieux horizons de l'art, du riant empire des « maîtres de la pierre vive », nous voici débouchant soudain dans le sombre vestibule de la mort.

L'*aître* (*atrium*), où trône la camarde à l'œil cave, est une vaste cour environnée de galeries de bois, soutenues par trente et un piliers de pierre aux chapiteaux ornés d'arabesques. Sur chacune de ces colonnes est sculpté un personnage vivant qu'un cadavre entraîne à la tombe. La série forme une *Danse des morts*. Vous connaissez ce mimodrame lugubre où se complut, au soir du moyen âge, et même encore en pleine Renaissance, l'imagination satirique de nos pères. La mort, cette grande justicière, cette vengeresse suprême des malheureux et des opprimés contre les puissants de ce monde, devint le coryphée d'une interminable ronde où entrèrent toutes les conditions humaines : porte-mitre et porte-couronne, princes, moines, guerriers, artisans, laboureurs, tout subit l'étreinte de la pâle pourvoyeuse de charniers.

Dans l'*aître* de Saint-Maclou, la Mort paraît, comme toujours, tantôt persuasive et tantôt violente ; les victimes ont, en général, un air de résignation qui ne doit pas, au fond, exclure la tristesse. Mais le moyen de résister à la grande ravisseuse ! Fier gentilhomme et belle damoiselle, évêque, moine, gras marchand, tous entreront dans le tourbillon.

A Rouen, comme dans les cités d'Italie, les églises se pressent littéralement les unes sur les autres. Si j'avais voulu vous décrire la ville, j'eusse dû, outre Notre-Dame, Saint-Maclou et Saint-Ouen, vous montrer dix ou douze autres sanctuaires : Saint-Romain, Saint-Godard, Saint-Patrice, Saint-Vincent, etc., tous curieux à des

ROUEN. — Hôtel Bourgtheroulde.

titres divers; j'eusse dû vous arrêter aussi devant une trentaine de fontaines, au moins, délicatement décorées et sculptées, puis vous conduire au donjon de Jeanne Darc, au marché de la Haute-Vieille-Tour, que sais-je encore? Mais, je vous le répète, je n'ai pas voulu décrire Rouen.

Il faut bien cependant, avant de dire adieu à la glorieuse métropole normande, que je consacre au moins quelques lignes à la mémoire du plus illustre de ses enfants, Pierre Corneille. Sur le terre-plein du deuxième pont, celui qui attient à l'île Lacroix, et que, naguère encore, on appelait le « pont de pierre » pour le distinguer de l'autre, le « pont de fil de fer », s'élève sa statue, fondue en bronze d'après le modèle de David d'Angers; le lycée de la ville porte aussi son nom. Quant à la maison où il naquit en 1606, rue de la Pie, les Rouennais ont omis de la conserver, comme les Parisiens ont laissé, de leur côté, disparaître celle de la rue d'Argenteuil où l'auteur du *Cid* s'éteignit en 1684 dans un état voisin de la pauvreté. Si l'on veut retrouver un souvenir vivant du poète, il faut aller à 8 kilomètres de Rouen, dans une humble bourgade des

ROUEN. — Rue de l'Épicerie.

bords de la Seine où s'écoula un tiers au moins de son existence.

Le site est plein de charme et de fraîcheur : de grands bois (la forêt de Rouvray), des haies vertes, des ruisseaux limpides, des prairies aux pommiers odorants où le bétail paît jusqu'au ventre dans les longues herbes; à droite, au travers d'un rideau de saules et de peupliers, le cours scintillant de la Seine, semé d'îles enchanteresses, et, sur l'autre rive, les hauteurs de Canteleu avec la route qui serpente à leurs flancs. Ce joli village de fermiers, c'est Petit-Couronne. Au centre à peu près, se dresse une demeure rustique du xve siècle, à laquelle on accède par une porte charretière. Le père de Corneille, qui était maître des eaux et forêts, acheta cette propriété le 7 juin 1608, et les murs de clôture ont encore les meurtrières qu'il y fit percer afin de pouvoir surveiller de chez lui les futaies domaniales confiées à sa garde. En 1639, Pierre Corneille en hérita, et, chaque année dès lors, il y vint habiter dans la belle

Vieilles maisons à Rouen.

saison avec sa femme. Deux ans après sa mort, l'immeuble fut vendu par ses fils; il passa ensuite en diverses mains; puis, en 1793, le noble qui le détenait ayant émigré, le bien fut déclaré propriété nationale et mis, comme tel, aux enchères. Plusieurs familles de paysans s'y succédèrent pendant notre siècle, et l'on avait oublié à la fin que les Corneille y eussent demeuré, quand l'acte d'acquisition de 1608 fut retrouvé dans les archives du notariat rouennais. Le Conseil général de la Seine-Inférieure acheta alors la maison (1874), qui fut restaurée, et, autant que possible, remise en son état primitif, à l'aide de tous les documents authentiques pouvant aider à la restitution; aujourd'hui, c'est un « musée cornélien » où sont réunis toutes sortes d'objets ayant appartenu au poète.

La demeure qui renferme ces pieuses reliques est une construction composée simplement, comme toutes les habitations du village, d'un rez-de-chaussée et d'un

ROUEN. — L'aître Saint-Maclou.

étage; en bas sont trois pièces carrelées, avec une cuisine et une buanderie; les cheminées, monumentales, ont un manteau de bois à moulures saillantes; les fenêtres, étroites et garnies d'un grillage extérieur, ont aussi un encadrement de moulures. La partie supérieure comprend également trois pièces, que surmonte un grenier. Au-devant du logis règne une cour, au milieu de laquelle est un puits à margelle muni de sa poulie. Derrière s'étend un verger, et, au bout du verger, une mare qu'ombrage une rangée de saules frémissants : tel est aujourd'hui, comme il était déjà au XVIIe siècle, le paysage, tout normand et champêtre, au sein duquel le grand Corneille écrivit une partie de ses chefs-d'œuvre.

Ruines de Château-Gaillard.

II

AUX RUINES DE CHATEAU-GAILLARD.
HISTOIRE D'UNE FORTERESSE ANGLO-NORMANDE DU DOUZIÈME SIÈCLE.

En allant de Paris à Rouen par le chemin de fer, vous avez sans doute remarqué que la Seine, qui, depuis le grand tunnel de Bonnières, n'a cessé de vous accompagner à main droite, vous quitte tout à coup, passé le pont de Gaillon, pour décrire un ample circuit au nord-est. Où va-t-elle dans cette courbe de vingt kilomètres, qui est la septième grande boucle dessinée par elle après celle d'Asnières? La locomotive qui vous entraîne ne vous laisse pas le temps de vous en rendre compte, car presque aussitôt elle s'engouffre dans une double galerie souterraine au sortir de laquelle, inopinément, vous vous retrouvez sur les bords du fleuve.

La Seine, en ce nouveau méandre, s'en est allée baigner les Andelys.

Avec la fameuse côte des Deux-Amants que l'on aperçoit un peu plus en aval au débouché de la vallée de l'Andelle, ce site des deux Andelys est le plus remarquable de la région. Juste au sommet de l'arc fluvial s'ouvre une brèche sinueuse dont l'encadrement offre le contraste le plus achevé. D'un côté ondule une chaîne de collines au front couvert d'une épaisse verdure, de l'autre s'allonge une ligne de roches glabres et escarpées. Une jolie rivière, le Gambon, dont nous reparlerons tout à l'heure, coule là, cachée à demi sous un rideau d'ormes et de peupliers. Dans la vallée est le Grand-Andely, — Andely-le-Val, comme jadis on le nommait. — plus loin, séparé de son frère jumeau par une zone de verdure, s'accroupit sur la rive droite de la Seine le Petit-Andely, ou Andely-le-Port.

Le district, cher au peintre, au naturaliste, à l'archéologue, abonde en légendes de toute sorte. C'est là que sainte Clotilde, qui venait de fonder un couvent, fit jaillir miraculeusement du sol une source dont elle changea l'eau en vin, pour réconforter les ouvriers qui travaillaient à l'érection de l'église. C'est aussi dans la forêt des Andelys que déferlait jadis la chasse fantastique dont le héros était Enguerrand de Marigny, le fameux favori de Philippe le Bel, pendu sous Louis le Hutin, son fils. Chaque année, en punition de ses cruautés et de ses rapines, il était, dans la nuit de l'Ascension, date anniversaire de sa mort, condamné à revêtir la forme d'un loup, et à fuir, par les halliers et les ronces, devant une meute infernale conduite par les suppôts de Satan. Des heures durant, la futaie retentissait d'un épouvantable vacarme de trompes mêlé d'abois sauvages et de hurlements frénétiques. Et les gens du pays croyaient voir, à travers un crêpe de nuages, le ministre loup, les yeux hagards, le poil hérissé, la langue pendante, les flancs tout saignants de morsures, traqué sans relâche par d'énormes chiens et des coursiers monstrueux que montaient des cavaliers plus hideux encore. Enfin un formidable hallali annonçait que la proie maudite était prise, et la forêt retombait pour douze mois dans son mystérieux silence.

Mais laissons la légende pour reprendre pied dans l'histoire.

Ce site si poétique des Andelys est, par surcroît, un poste de guerre sans pareil. Là, en effet, sur l'étroite péninsule que forme le repli de la Seine, s'élève, à plus de 300 mètres de haut, une immense roche escarpée qu'un simple éperon de terre relie au reste de la montagne, et qui porte encore les ruines d'une forteresse illustre entre toutes. Cette forteresse, c'est le Château-Gaillard, dont je veux en deux mots vous narrer l'épopée.

C'était il y a sept cents ans, au temps où Philippe-Auguste rêvait de reprendre la Neustrie et le reste de la France occidentale à son ex-compagnon de croisade, Richard Cœur de Lion. Déjà il avait enfoncé le coin dans le territoire convoité : par un traité conclu au commencement de 1196, il avait forcé le prince anglo-normand à lui céder le Vexin, c'est-à-dire ce riche pays de Gisors à l'extrémité sud duquel se trouvent précisément les Andelys. Vernon et Gaillon, sur la rive gauche, étant également aux mains de Philippe, celui-ci pouvait désormais se porter, en une seule journée, jusque sous les murs de Rouen.

Richard Cœur de Lion résolut de parer à ce péril en plantant une puissante forteresse à cheval sur la rivière de Seine à proximité de Vernon et de Gisors. L'emplacement choisi fut la hauteur à pic qui domine à la fois les Andelys et le cours du fleuve, entravé à cette place par des îles dont l'une fut fortifiée et unie aux deux rives par un pont.

Plus d'une année durant, la roche fut taillée, creusée, dépecée, et quand la fière citadelle se dressa enfin avec sa triple enceinte derrière ses larges fossés, barrant au loin la route de France et de Normandie, Richard, émerveillé de son œuvre, s'écria, dit-on : « Quel château *gaillard!* » Le mot fit fortune ; de la bouche des gens de guerre, il passa dans celle des paysans, et l'appellation en resta à l'édifice.

Comme spécimen d'architecture militaire, celui-ci était, en effet, tous les hommes de l'art le reconnaissent, un monument hors ligne pour le temps. Quand on voulait, à cette époque, où toute l'Europe était hérissée de donjons, vanter la force d'un castel, on le comparait à Château-Gaillard.

La chronique raconte que Philippe-Auguste tint à voir ce superbe boulevard dont la renommée lui disait merveilles, et qu'il s'écria alors : « Fût-il de fer, je l'aurai, avec la Normandie entière ! » A quoi Richard aurait répondu : « Fût-il de beurre, je le défendrai contre le roi de France et tous les siens ! »

Tant que vécut Richard cependant, Philippe-Auguste, malgré sa réputation de preneur de forteresses, n'osa pas s'attaquer à Château-Gaillard ; mais, son redouté rival une fois mort, et la Normandie aux mains de l'indolent Jean sans Terre, il se résolut à en faire le siège. Ce fut un des épisodes militaires les plus brillants de son règne ; les contemporains l'ont célébré à l'égal de la victoire de Bouvines, et un poète du temps, Guillaume le Breton, l'a narré dans une sorte d'*Iliade*.

Bien que le Châtelet de l'île de la Seine eût été de bonne heure incendié et pris par un coup d'audace d'un soldat, très habile nageur, qui s'était jeté à l'eau avec des vases enduits de bitume où se trouvaient des charbons ardents, la bourgade d'Andely et le château, défendus par l'intrépide Roger de Lacy, connétable de Chester, résista de longs mois encore aux assauts des Français et aux chocs de leur artillerie à pierre. Enfin, une mine, pratiquée sous les fondations de la tour par des routiers à la solde du roi, amena une brèche dans l'énorme muraille. Les assiégeants se précipitèrent dans le castel, dont pas un garnisaire ne se rendit, et, le 6 mars 1204, le gonfanon bleu fleurdelisé des rois capétiens remplaça au sommet des créneaux la bannière rouge aux trois lions, emblème des héritiers de Roll le Norvégien.

Quand Jean sans Terre, qui était alors à Chinon, apprit cette nouvelle, il entra, dit-on, dans une telle fureur, qu'il perça de son épée un crucifix qui se trouvait devant lui. Ce jour-là, en effet, il avait perdu la Neustrie. Toutes les places de la province, Falaise, Caen, Bayeux, capitulèrent successivement, et, le 1er juin, Rouen lui-même ouvrit ses portes à Philippe-Auguste.

Ainsi finit, après trois siècles d'existence, le duché indépendant de Normandie.

Deux fois encore, il est vrai, au cours de la guerre de Cent Ans, les Anglais réussirent à recouvrer la forteresse de Château-Gaillard ; mais ils ne la gardèrent que peu de temps ; en 1449, ils en furent définitivement délogés.

Dans l'intervalle, maint hôte illustre avait, à un titre ou un autre, passé dans ses murs. En 1261, saint Louis, le petit-fils de Philippe-Auguste, l'avait visitée; en 1314, les deux brus criminelles de Philippe le Bel, Marguerite et Blanche, y avaient été enfermées, et la première y fut même étranglée, dit-on, avec ses propres cheveux. Charles le Mauvais, roi de Navarre, y fut emprisonné à son tour en 1356; puis, en 1562, Antoine de Bourbon, le père de Henri IV, y vint mourir du coup d'arquebuse qu'il avait reçu au siège de Rouen.

Vingt-neuf ans plus tard, le château, dont le parti de la Ligue s'était emparé, se rendait à Henri IV en personne, et ce fut alors que le Béarnais, craignant sans doute de voir de nouveau ce poste redoutable tomber aux mains de quelque rebelle, se décida à le détruire. L'œuvre de démolition fut commencée en 1603, et les capucins du Grand-Andely furent autorisés à enlever tous les matériaux qui leur étaient nécessaires pour la réparation de leur couvent.

Sur la rampe de Château-Gaillard.

Aujourd'hui, il ne reste plus du fier castel qu'un morceau de donjon et des parties considérables de la triple enceinte, fragments de tours, créneaux abattus, pans de murailles debout ou couchés. Tels qu'ils vous apparaissent néanmoins, ces nobles débris, auxquels on accède, du Petit-Andely, par un *raidillon* serpentant sur le flanc de la montagne, n'accusent toujours que la main des hommes; le temps n'y a point touché. De près comme de loin, du revers oriental de la colline comme des berges de la Seine, ils ont une majesté formidable que peu de ruines égalent. Le morne silence qui plane sur la cime n'est troublé que par le cri de l'oiseau de proie qu'attire volontiers ce site sauvage, ou par le pas furtif d'une chevrière amoureuse, elle aussi, des lieux solitaires où niche le faucon.

Dans le flanc rocheux de la montagne, qui est d'ailleurs excavée de toutes parts, se montre, entre autres, une grotte où nul touriste n'omet de pénétrer, mais dont on n'a pu établir d'une manière précise la destination. La paroi antérieure en est percée de sept petites niches qui devaient sans doute autrefois contenir des statuettes de saints. Faut-il voir dans cet antre un ancien refuge de solitaires? Ce qu'il y a de certain, c'est qu'au commencement de ce siècle, une pauvre vieille vécut trente années dans ce bizarre ermitage. Les gens du pays, pleins de respect pour elle, lui fournissaient sa subsistance, et on l'avait même identifiée avec le château : on ne l'appelait que la « mère Gaillard ». Son vrai nom était : Marie-Angélique Portier. Elle était veuve de deux maris, et mourut le 15 juin 1824, à l'hospice Saint-Jacques des Andelys, âgée de soixante-quatorze ans.

La crypte servit ensuite de demeure à un Polonais et à sa femme. Ce second anachorète, Jean Posinsky, originaire de Bar, en Podolie, avait servi dans l'armée française. Sur la roche unie de la cavité, il avait, paraît-il, gravé l'histoire sommaire de sa vie ; les érosions ultérieures ont effacé ce document lapidaire. Posinsky, comme la « mère Gaillard », finit ses jours à l'hospice Saint-Jacques.

Enfin, les derniers habitants de la Roche-à-l'Ermite ont été un homme et une femme du pays ; l'homme y trépassa ; quant à la femme, elle fut chassée de sa caverne au mois de décembre 1860 par un éboulement : une moitié de la voûte s'était effondrée, en projetant jusqu'au pied du coteau une masse de roches qui brisa tout sur son passage et renversa même une maison.

Ajoutons que, le 17 janvier 1827, si je ne me trompe, Walter Scott, le chantre des vieux châteaux et des paysages romantiques, vint contempler les grandioses reliefs de Château-Gaillard ; après quoi, il alla coucher au Grand-Andely, dans un édifice du XVIe siècle qui était lui-même une des curiosités du pays et dont je dirai quelques mots ci-après.

La courbe de la Seine aux Andelys.

III

LES ANDELYS ET LA LÉGENDE DE SAINTE CLOTILDE.

Le lit de la Seine, sous les Andelys, est encombré de plusieurs îles, qui la rétrécissent sensiblement; mais, en aval de ces morceaux de terre verdoyants, la largeur de la nappe fluviale n'atteint pas moins de 230 mètres. Le courant, ici, est très rapide, et, pour les bateaux montants, le chenal est malaisé à franchir, à cause des exhaussements qu'y produisent les matériaux apportés par les ravines de la vallée du Gambon. Que de fois le Petit-Andely, en dépit de la levée en pierres de taille construite pour le protéger, a eu à souffrir des débordements de la rivière! Autrefois les seigneurs des deux bourgades percevaient naturellement un droit sur toutes les denrées passant par eau le long de leur domaine; d'après un document conservé dans les archives du pays, voici quels étaient les tarifs au xvii° siècle : un navire de fumier, par exemple, payait 20 sols, un lest de saumon 16 sols, un lest de maquereau 40, un muid de grain 3, un chargement de bois 20, de sel, 36 livres; la pièce de vin était taxée à 2 sols quand elle venait d'au delà de Vernon, et à 15 deniers lorsqu'elle venait d'en deçà; quant au plâtre, au pavé et à la pierre, ils n'acquittaient que le congé.

Longtemps, l'espace compris entre le Grand et le Petit-Andely fut rempli par un étang ou vivier, dans lequel les blanchisseuses de Château-Gaillard venaient laver leur linge, à l'époque de Richard Cœur de Lion ; cette pièce d'eau renfermait même, dit la chronique, des truites excellentes. Au XV⁰ siècle, ce petit lac commença à se combler, grâce au progrès des détritus qu'y charriaient, en même temps que dans la Seine, les ravines d'alentour, et, finalement, il s'est transformé en une prairie semée de bouquets d'arbres.

Les deux principaux tributaires de la Seine, à cette place, sont le Gambon, déjà nommé, et le ruisseau des Fontainettes.

Le Gambon, qui, de sa source à son embouchure, ne mesure pas plus de 8 kilomètres, n'a pas toujours été, tant s'en faut, le cours d'eau paisible et inoffensif qu'il paraît être aujourd'hui. A maintes reprises il a envahi et mis à mal les terres et les habitations riveraines. En 1571 notamment, il a, dans une de ses crues, renversé les murailles du Grand-Andely ; en 1658, en 1659, puis en 1709, ses ondes, grossies plus que de raison, ont de nouveau causé de terribles dégâts. Aussi a-t-on pris le parti de lui creuser un canal de décharge qui part du Grand-Andely et aboutit à la Seine en face de l'île Saint-Jacques ; on a en outre canalisé certaines sections de la rivière même.

Si restreinte que soit la carrière qu'il fournit, le Gambon n'en a pas moins, tout comme un grand fleuve, un certain nombre d'affluents, proportionnés, il est vrai, à sa taille, et dont quelques-uns, à l'instar du Rhône, disparaissent inopinément sous terre. Un de ces tributaires est la source de Sainte-Clotilde, à laquelle nous reviendrons en son lieu. Un autre est la fontaine de la rue du Buet ; un troisième est la fontaine Perrée. Celle-ci a en tout 180 mètres de long, et cependant, en ce court trajet, elle trouve moyen, elle aussi, de recevoir deux riviérettes vassales. L'une, de 54 mètres de parcours, — on se croirait au pays de Lilliput, — lui vient des jardins de la rue de la Madeleine ; l'autre est le ruisseau de la Paix, aux ondes minérales non utilisées. Après être sorti d'un coteau voisin, ce dernier traverse un champ d'osiers, couvert d'herbes, de buissons d'aubépine et de ronces, au-dessus duquel se recourbent des branchages d'ormes et de peupliers ; puis, de cette bauge de verdure mystérieuse, il débouche tout à coup à ciel ouvert, pour se changer en un lavoir.

Le ruisseau des Fontainettes coule, partie sur le côté droit du canal, dans un lit qu'il s'est frayé lui-même, partie sur le côté gauche dans une coupure faite de main d'homme. La pente en est presque insensible, comme on le voit en jetant une feuille sur ses ondes. Arrivé presque au terme de son trajet, il est saisi par l'industrie moderne, qui en confisque la force motrice, pour broyer de l'écorce de chêne dans un moulin ; puis, cette tâche servile accomplie, il retourne à son ancien lit au moyen d'une chute de 2 ou 3 mètres, et rejoint la Seine près du pont Saint-Jacques.

Venons à la Fontaine Sainte-Clotilde. Après avoir traversé plusieurs jardins, et servi, elle aussi, de lavoir en divers endroits de son cours, elle va se perdre dans le Gambon ; mais, dans ce trajet de 200 mètres à peine, elle a l'honneur d'alimenter une piscine sacro-sainte, où, chaque année, le 2 juin, s'accomplissait et s'accomplit encore, à quelques détails près, la cérémonie que voici :

Ce jour-là, veille de l'anniversaire de la mort de l'illustre épouse de Clovis, le

Grand-Andely se réveille dans un mouvement inaccoutumé. Dès l'aube, on voit apparaître sur chaque coteau et déboucher de chaque chemin d'innombrables caravanes de pèlerins. Les uns s'entassent dans de lourds chariots, les autres remplissent de légers chars à bancs; autrefois il en venait même par le fleuve, sur des coches d'eau. Une partie arrivent à pied, le bissac sur le dos et le bourdon à la main, en chantant des cantiques et des hymnes. Une multitude de mendiants et d'infirmes, vrais ou supposés, se joignent à la pieuse théorie, et nous savons que la Cour des Miracles de Paris, au temps où elle faisait l'ornement de la rue Neuve-Saint-Sauveur, n'oubliait pas d'envoyer à ce pèlerinage, qui lui rapportait de larges profits, la fine fleur de ses représentants.

Toute la journée, ce défilé dure. Des deux Vexins, du pays de Caux, de Rouen, d'Évreux et de Chartres, les processionnaires ne cessent d'affluer; le nombre autrefois s'en montait à plus de vingt mille. La série des dévotions commence à l'église Notre-Dame. La grand'messe dite, on se dirige vers la Fontaine, sise au sud de la ville, par un chemin bordé de boutiques en plein vent, où se débitent des bouquets de fausses fleurs garnies de boules d'acier. Chacun achète un de ces bouquets et s'en pare. Les vendeurs d'amulettes, d'images saintes et d'enluminures ne font pas de moins brillantes affaires. L'ancien chanteur de complaintes lui-même n'a pas tout à fait disparu de la scène; seulement, il s'est un peu transformé, et varie davantage le choix de ses sujets. Un peu plus loin, on se trouve pris entre une double haie d'invalides et de mendiants qui occupent toute cette partie de la chaussée; la loqueteuse assemblée de culs-de-jatte, de manchots, de béquillards et d'aveugles n'est certes plus aussi au complet qu'au bel âge de la truanderie; néanmoins, les échantillons qu'on voit là de ce monde obsédant de porte-guenilles, accouru de tous les points de l'horizon, sont toujours originaux et curieux, et rappellent à qui les connaît les exhibitions du même genre qu'offraient, naguère encore, les quais de Naples, de Sainte-Lucie au Pausilippe, lors de la fête de Piedigrotta.

Après s'être débarrassés tant bien que mal des importunités de cette tribu, les pèlerins arrivent à la source vénérée : là, qui veut s'y baigner, s'y baigne; les enfants surtout, que les mères ont amenés en grand nombre, sont plongés dans la piscine sainte. Tout cela, en quelque sorte, n'est que le rite préliminaire. On revient ensuite à Notre-Dame pour y faire une prière; après quoi, on se met à manger sous des tentes dressées aux alentours. Autrefois, il y avait, par surcroît, des représentations de Mystères dans l'ancien cimetière Saint-Nicolas, ou bien des spectacles de marionnettes.

Vers cinq heures, à l'issue des vêpres, se forme la procession solennelle, à laquelle chacun se joint dévotement. Au son des cloches et des chants liturgiques, le cortège sort majestueusement de l'église. En tête marchent les musiciens, les bedeaux, le porte-croix, le porte-cierge, le porte-bannière, et le porte-châsse; puis viennent le clergé des paroisses, le chapitre et son doyen portant la statuette en vermeil contenant les reliques de la Sainte : derrière chemine la foule des pèlerins. Arrivé à la Fontaine, le doyen y plonge trois fois la statuette, et, en commémoration du miracle accompli à cette place, il y aura tantôt quinze cents ans, un prêtre verse plusieurs grands brocs de vin dans l'onde claire, qui se trouve changée derechef en un liquide généreux et rouge. Aussitôt, tous les infirmes, qui n'attendaient que ce moment, se précipitent pêle-mêle dans la piscine, car la croyance est que celui qui peut s'y immerger le premier est absolument sûr de sa guérison.

Le soir, un feu de joie est allumé près de l'église; le clergé vient en pompe le bénir, et le peuple en recueille soigneusement les tisons, comme j'ai vu faire en Valais et sur les bords du lac de Constance pour les feux de la Saint-Jean. Ces restes noircis, joints à l'eau du récipient sacré, aux chapelets, aux images, aux bouquets achetés à la fête, seront emportés au foyer domestique, et là on suspendra le tout au plafond, au mur, à l'alcôve, comme autant de reliques préservatrices des incendies, des inondations, des mauvaises récoltes et des épizooties. Ensuite, sur les cendres encore chaudes du foyer, des danses s'organisent; et, après la danse, on va se coucher; les plus fortunés se logent à l'hôtel, s'ils le peuvent; les autres, et c'est le plus grand nombre, s'étalent en grappes sur les dalles nues de l'église, qui sert, pour cette fois, de caravansérail. Puis, à minuit, un homme parcourt les groupes de dormeurs en agitant une clochette : « Réveillez-vous! réveillez-vous! » leur crie-t-il. C'est le signal du départ. Une dernière messe est dite dans le temple, une dernière bénédiction est donnée; après quoi, la multitude s'ébranle et se disperse : au petit jour, il ne reste plus personne.

Notre-Dame du Grand-Andely.

Pas une année, même aux époques les plus troublées et les plus malheureuses, ce pèlerinage n'a manqué d'avoir lieu, et aujourd'hui encore, bien que la cérémonie et la fête aient perdu leur caractère d'autrefois, on continue de faire, je le répète, la procession de Sainte-Clotilde.

Notre-Dame du Grand-Andely est une ancienne *collégiale*, autrement dit un sanctuaire paroissial que desservaient des chanoines réguliers en surplis et en chape fermée. En France, avant la Révolution, on comptait plus de 500 de ces églises; Saint-Victor de Paris en était une; la première en date, si je ne me trompe. Notre-Dame est un édifice à trois tours, qui date en majeure partie des XIIIe et XIVe siècles; seuls la tour centrale et le croisillon sud, en style ogival fleuri et d'une ornementation raffinée, appartiennent à la période ultérieure de l'architecture dite gothique, celle où les artistes se sont ingéniés à produire toutes sortes d'effets nouveaux et à compliquer le luxe des détails. A l'intérieur de ce monument, dans lequel ont été inhumés Thomas Corneille et le romancier La Calprenède, un contemporain et un émule de Mlle de Scudéry, règne une magnifique garniture de verrières de la Renaissance. Parmi ces vitraux, qui tous représentent des épisodes de l'histoire chrétienne, je ne veux vous décrire ici, afin de rester dans notre sujet, que ceux dont les peintures se rapportent à la légende de la Sainte vénérée des Andelisiens.

Sur une première baie, Clovis, décidé à demander en mariage la nièce du roi de Burgondie Gondebald, mais voulant auparavant s'assurer des sentiments de la jeune princesse à son égard, envoie son serviteur Aurélien lui porter secrètement un anneau, comme signe de l'union qu'il désire. Une autre baie nous montre, à la porte du palais, le cheval qui doit conduire Aurélien à Genève, où demeure Clotilde. Ailleurs, celle-ci, richement costumée, sort avec ses femmes et secourt les malheureux qui se pressent sur son passage. Aurélien, qui s'est déguisé en mendiant,

Église Notre-Dame, aux Andelys.

s'approche d'elle comme les autres, reçoit son obole et lui baise la main; puis, au second plan, Clotilde prend l'anneau que lui tend le messager de Clovis, et lui remet son consentement écrit. Sur les baies suivantes, le roi Gondebald confie solennellement à Aurélien la princesse sa nièce, qu'on aperçoit plus loin, au milieu de la campagne, chevauchant sur son palefroi en compagnie de l'envoyé franc. De là on est transporté à la porte du palais de Clovis, à Soissons. Le monarque reçoit Clotilde. Une lampe suspendue à la voûte éclaire l'entrée de l'édifice. Sur un autre compartiment, Clotilde est en prière dans son oratoire; elle demande au ciel la conversion de son époux; puis on la voit, revêtue d'une robe rouge, expliquer à Clovis, couvert d'une riche armure, les mystères

de la religion chrétienne; cette initiation se fait en plein air, devant un groupe de personnages. Voici maintenant la bataille de Tolbiac : dans une campagne très accidentée (aux environs de Cologne?) deux armées se précipitent l'une contre l'autre; sur le plan avancé, un chevalier, la visière baissée, porte un coup de lance à un autre guerrier. La baie suivante nous fait assister au baptême de Clovis : le roi est à genoux devant saint Remi, qui, en présence des dignitaires et de la foule, lui verse l'eau sainte sur la tête; après quoi le chef des Francs et Clotilde apparaissent sur le perron de leur palais, faisant distribuer des aumônes aux pauvres et aux infirmes.

Le reste de la figuration a trait à la légende des Andelys et à la mort de la Sainte. Celle-ci, accompagnée de sa dame d'honneur, visite, en présence de l'architecte et des ouvriers, l'église qu'elle fait construire dans la bourgade neustrienne; on aperçoit la vallée du Gambon et quelques habitations; l'édifice, dont on ne voit que l'abside, est élevé déjà jusqu'à la toiture. Ailleurs, Clotilde verse aux travailleurs épuisés de l'eau de la source miraculeuse; les maçons, en bourgeron et en tablier, boivent dans des écuelles; au sommet de l'église, sont deux anges, dans une auréole. Enfin un convoi funèbre amène de Tours à Paris la dépouille mortelle de la Sainte; le cercueil, porté par deux chevaux, est précédé de moines en robe grise; à côté marche une confrérie d'hommes munis de torches; à la suite vient la multitude en deuil.

Le Grand-Andely possède encore aujourd'hui un certain nombre de demeures vénérables. Sur la place du Marché, par exemple, — autrefois, place de la Frugalité, — s'élève un reste de construction, encastré dans l'Hôtel de Ville, et qu'on appelle la « maison de Corneille »; au XVIIᵉ siècle, en effet, l'immeuble appartenait à la famille du grand poète, et l'on a même l'acte notarié qui fixe la date où celle-ci l'acquit par voie d'achat. Quant à la chaumière où naquit en 1594 l'illustre peintre Nicolas Poussin, qu'on a surnommé le Raphaël français, elle était située, non pas aux Andelys mêmes, mais à 3 kilomètres plus au sud-est, au hameau de Villers. La pauvre maisonnette a disparu; néanmoins on montre encore au touriste, épris de souvenirs d'art, le clos qui la renfermait.

Les vieilles hôtelleries si curieuses de la ville, dont un écrivain du terroir nous a laissé la chronique détaillée, ont cessé également d'exister, sauf une seule, celle du *Grand-Cerf*,

Les Andelys.

dont je vous ai déjà dit un mot; encore n'est-elle plus un hôtel. Le marteau du commissaire-priseur a tout récemment dispersé le trésor de faïences anciennes, de serrurerie d'art, de peintures, d'estampes, de vitraux et de bas-reliefs, qui y faisaient l'admiration de l'étranger. L'édifice lui-même, avec sa façade de bois sculpté et la vaste cheminée monumentale et blasonnée de sa cuisine, date du commencement du XVIᵉ siècle, c'est-à-dire du règne de François Iᵉʳ; la salamandre et la fleur de lis, ces emblèmes du roi-chevalier, y sont reproduites à profusion. Ce fut même pendant quelque temps l'auberge de la *Fleur de lis* (plus anciennement encore, auberge du *Viennois*); puis, la Révolution étant venue proscrire ces symboles monarchiques, le propriétaire changea son enseigne en celle du *Grand-Cerf*. Ce dernier signe, dit l'auteur précité de l'*Histoire des Andelys*, sentait bien encore un peu son ancien régime; aussi « un Brutus au tire-pied » ne manqua-t-il pas de s'en plaindre à l'hôtelier : « Apprends, vil aristocrate, lui dit-il, qu'il n'y a plus ni grands ni petits : tous égaux; ni *serfs* ni maîtres : tous libres! » Ajoutons qu'à cette époque, une troupe de comédiens, dont faisait partie Pigault-Lebrun, joua dans le grenier de l'hôtel, transformé pour la circonstance en salle de théâtre.

Cette hôtellerie du *Grand-Cerf* n'avait pas été, du reste, la première du nom aux Andelys. La chronique locale en mentionne une autre, qui s'était ouverte en 1720 sur la place du Marché, et qui était tenue par un ex-majordome de veneur. Cet homme avait, paraît-il, gardé de son office antérieur des façons et des goûts si marqués, que, pour réveiller ses domestiques et annoncer les repas, il continuait à sonner du cor.

Quant au Petit-Andely, qu'un pont de pierre et de fonte relie, à travers les îlots du fleuve, à la rive gauche de la Seine, il ne possède qu'un monument remarquable : c'est son église Saint-Sauveur, bâtie à la fin du xiie siècle, à l'époque même où le bourg prit naissance, et dont le clocher aigu domine toutes les maisons à ses pieds. La rue actuelle de la Prison s'appelait autrefois rue de la *Cohue*, à cause du tribunal qui y tenait ses assises : c'était là, du reste, une appellation assez commune en pays normand, et que nous retrouverons même à Jersey. En aval, sur le bord de la rivière, se dresse le vaste hospice Saint-Jacques, fondé en 1784 par le duc de Penthièvre, dont on voit le portrait, en costume d'amiral, dans une des salles de l'édifice. Les îlots susnommés appartiennent tous à l'arrondissement des Andelys; mais le bras gauche du fleuve fait partie de la commune de Tosny, sise sur la rive opposée, du côté de Gaillon; une ligne qui passe au milieu du chenal forme la limite administrative des districts.

HONFLEUR. -- La Côte de Grâce. (Voir p. 36.)

IV

LES COTES NORMANDES ET L'ARCHIPEL DE JERSEY
VOYAGE A TRAVERS BRISANTS ET RÉCIFS

« La mer en veut à la France », me disait, quand j'étais enfant, un vieux capitaine de brick norvégien qui, chaque année, apportait à Honfleur d'amples cargaisons de bois du Nord. Et tantôt du bout de la jetée, tantôt du haut de la côte de Grâce, il me montrait les rivages croulants, l'estuaire envasé, les chenaux changeants et mobiles, et m'expliquait chaque phénomène de son mieux. Et moi, d'ouvrir de grands yeux, car je ne comprenais pas toujours, et de me demander pourquoi la mer traitait ainsi la France en ennemie.

Depuis lors, j'ai mieux saisi le sens des paroles du marin scandinave, et j'en ai de plus vérifié l'exactitude absolue. Oui, la mer, l'Atlantique du moins, en veut à notre pays. Il suffit déjà, pour s'en convaincre, de parcourir le littoral de la Manche. Tandis que la rive correspondante d'Angleterre offre de toutes parts de profondes et hospitalières échancrures, avec des rades excellentes, où les plus gros navires trouvent abri à souhait, des frontières de la Belgique à l'extrémité de la baie de la Seine, laquelle, pour les matelots, ne finit qu'à la pointe de Barfleur, s'étend, sur plus de 150 lieues de long, la côte la plus mauvaise de l'Europe.

Partout des lignes sévères et menaçantes; pas un havre où, par tous les temps, on puisse pénétrer à pleines voiles. Quel parage, par exemple, a vu plus de naufrages que celui qui avoisine les embouchures de l'Authie et de la Canche? Malheur au navire qui tombe là dans les courants de la Bassure de Baas! Plus loin, de la Somme au cap de la Hève, se dressent, sur un front de 140 kilomètres, ce qu'on appelle les Falaises de Normandie. Du large, ce littoral apparaît comme un mur vertical de 60 à 100 mètres de haut où se creusent comme autant de brèches les ouvertures des vallées intérieures. Aucun bâtiment ne se risque à côtoyer de près ce revêche rempart, directement battu par les vents, et environné de tourbillons et de remous auprès desquels, vous pouvez m'en croire, le courant légendaire du détroit de Messine, si redouté jadis des petits vaisseaux non pontés des Grecs, n'est qu'un mouvement de flux et de reflux dont un solide paquebot ne s'inquiète point.

Chaque grosse marée déchausse les falaises normandes, en emporte un fragment, les ruine, les émiette. On peut dire d'elles, comme de certaines cimes des Alpes, qu'à toute seconde il en tombe une pierre, et un jour viendra fatalement où les Havrais verront s'abîmer dans la mer les deux phares électriques de la Hève.

Pour bien explorer l'estuaire de la Seine, auquel nous voici parvenus par les côtes, il eût fallu descendre de Rouen au Havre en bateau à vapeur. C'est, en effet, à Quillebœuf, le port de pilotage qui fait face à la vallée de la Bolbec, que s'ouvre à vrai dire le vaste golfe où le fleuve aboutit après tant de circuits. Là commence ce que les gens du pays appellent « l'eau mêlée ». La rivière, à ce point final de son cours, change d'allure et d'aspect, selon les variations du flot. Tantôt elle s'engouffre comme résorbée dans les ondes marines; tantôt, au contraire, elle s'épanche paresseusement sur les grèves voisines, qu'elle fertilise de ses alluvions. Telle est, par exemple, entre la pointe de Quillebœuf et le promontoire de la Roque, situé plus à l'ouest, la vaste échancrure demi-circulaire qu'on nomme le Marais Vernier. Cette plaine, coupée de fondrières et enveloppée d'une atmosphère opaque et putride, produit des herbages magnifiques où le bétail prospère à merveille; le blé lui-même y pousse en épis gigantesques; l'homme, en revanche, y étouffe comme sous un souffle de *mal'aria*. Des troupes innombrables d'oiseaux fréquentent ces parages, où abondent éperlans et crevettes. Près de la rive flottent de petites îles de roseaux qui vous donnent comme une vision du haut Nil.

Sous la pointe est de la Roque, dominée par un petit phare, s'ouvre la charmante vallée de la Risle, au fond de laquelle est Pont-Audemer. Plus loin, sur le même côté, se dresse d'abord une rangée de blanches falaises, signalées également par un phare, celui de Fatouville; puis une nouvelle anse vaseuse se découpe dans le rivage : c'est la fraîche crique de Fiquefleur et de Saint-Sauveur; enfin, à l'extrémité ouest de cette échancrure, au débouché du vallon de la Claire, apparaît la petite ville de Honfleur dont on a parfois comparé le site à celui de Palerme. Il y a en effet des analogies : comme la capitale de la Sicile, Honfleur repose dans une conque de verdure, à l'abri d'une double hauteur; seulement, ici, les sommets rocheux du promontoire de Zaffarana et du gigantesque Pellegrino aux reflets de saphir sont remplacés par deux menues collines, en quelque sorte jumelles, le mont Vassal et le cap de Grâce, qui sont touffues des pieds à la tête; puis, au lieu d'une immense cité de cinq ou six lieues de tour, où étincellent les coupoles dorées, les palais byzantins et mauresques, on a devant soi une toute mignonne ville, dont les petites rues tortueuses grimpent à l'aventure au flanc des hauteurs qui lui forment écran à droite et à gauche. Comme à Palerme encore, les arbres de la côte portent des fruits d'or; mais ce sont des pommes et non des oranges. Quant aux palmiers et aux caroubiers, ils sont remplacés par des ormes, et les bouquets d'agavés et de cactus par de simples touffes de genêts. Autre particularité à noter : ainsi que les villes d'Italie, Honfleur la Normande a voulu avoir son *campanile* d'église isolé : Sainte-Catherine, édifice

Cap de la Hève.

de bois au style flamboyant, bâti sur une aire chaotique d'où s'exhalent d'âcres senteurs de poisson, n'est point en effet coiffée de son clocher; celui-ci, une tour de bois également, forme un édifice à part, qui se trouve de l'autre côté de la rue.

Fondée en 1066, Honfleur devint rapidement une cité importante, une « noble ville » dont les pilotes et les mariniers étaient cités parmi « les maîtres experts de la mer », et qui prit une part glorieuse au mouvement de découvertes transocéanien. C'est de son port que partit notamment, en l'an 1503, ce vaisseau de Binot-Paulmier, sieur de Bonneville-sur-Touques, qui se proposait de doubler le cap des Tempêtes (ou de Bonne-Espérance). Il revint deux ans plus tard, sans avoir abordé aux Indes, mais après avoir été jusqu'aux terres australes en se guidant sur le vol des oiseaux. L'année suivante (1506), le capitaine honfleurais Denis débarquait au Brésil, et abordait ensuite à Terre-Neuve, dont il prenait possession au nom de la France. Ruinée par les guerres de religion et par trois incendies successifs (1590-1594), la ville se releva néanmoins de ces désastres, et recommença ses expéditions en Amérique, dans les Indes Néerlandaises, sur les côtes de Terre-Neuve, où, durant longtemps, elle posséda un établissement de pêche qui lui rapportait d'immenses bénéfices. A la fin cependant, elle se vit dépossédée de son commerce par la grosse cité demi-américaine qui allonge ambitieusement en face d'elle ses gigantesques jetées de pierre; mais si le Havre a ravi à Honfleur le sceptre de l'estuaire séquanien, et si, dans sa fierté de parvenu, il qualifie dédaigneusement de « Petite Chine » sa devancière appauvrie par les retours capricieux du sort, la patrie de l'amiral Hamelin ne s'est pas abandonnée elle-même. C'est toujours une active travailleuse qui combat énergiquement, heure par heure, l'obstruction dont son avant-port se trouve sans cesse menacé par l'invasion des déjections marines. Son trafic, tout de cabotage, a encore une grande importance : témoin ses quatre bassins à flot et sa longue digue en terrasse où affluent les bois de Scandinavie. Elle possède, en outre, des chantiers de construction navale et de grosses scieries mécaniques.

Gravissons ce charmant belvédère qui porte le nom de Côte de Grâce. Là, sur une fraîche terrasse ombragée d'arbres séculaires, se dresse une minuscule chapelle de pèlerinage (Notre-Dame de Grâce), qui n'est plus, il est vrai, le sanctuaire primitif fondé, en 1036, par le père de Guillaume le Conquérant, mais qui n'en est pas moins d'un âge assez respectable, puisqu'elle date de l'an 1606. Sa devancière, établie sans doute trop près du rebord escarpé de la colline, fut renversée en 1538 par un tremblement de terre dont le promontoire lui-même souffrit fort. Il faut vous dire que toute la ligne arquée de falaises qui va de là jusqu'à l'embouchure de la Touques appartient aux formations volcaniques. Aussi l'éboulement dont je viens de parler n'est-il pas un fait isolé; à plusieurs reprises, la Côte de Grâce a subi des fléchissements violents; en 1772 notamment, le mouvement de trépidation du sol s'étendit sur 4 kilomètres de longueur, et j'ai moi-même souvenir d'avoir ressenti sur ce littoral une forte oscillation nocturne qui jeta en bas un morceau du cap.

Le charme caractéristique de cette Côte de Grâce où l'on arrive de tous côtés par des rampes pittoresques et verdoyantes, c'est qu'on y jouit d'une solitude absolue. A part la terrasse sacro-sainte sur laquelle s'élève la chapelle décorée par la dévotion des pèlerins, tout le plateau est agreste et désert. Des chemins bordés de haies fleuries y déroulent leurs sinuosités à travers des closeries silencieuses, des *cours* normandes ombragées de pommiers, d'où s'exhalent de délicieux parfums d'herbe verte ou de foin. Et de quelles perspectives on y jouit! En face, le grand port du Havre, sa forêt de mâts, et le cap de la Hève, surmonté de ses deux phares; à gauche, le vaste Océan tout vert, route mystérieuse des transatlantiques; sur la droite, en revenant vers la Seine, le fin clocher de Harfleur, et de là, jusqu'à la pointe de Tancarville, les rebords crayeux du plateau cauchois, troué çà et là de frais vallons.

Au pied même du cap de Grâce, file, le long de la mer, le chemin côtier de Honfleur à Trouville. Au delà de Vasouy, bourgade qui possède une église dont la nef date du xiiᵉ siècle, ce chemin atteint successivement le vallon de Pennedepie, les jolis vergers de Criquebœuf, la station de pêche de Villerville, perchée au front d'une falaise à pic, et enfin, à 4 kilomètres plus loin, le caravansérail balnéaire de Trouville, plage théâtrale et bruyante, véritable faubourg estival de Paris, où les senteurs des goémons verts sont plus qu'il ne faudrait corrigées par un nuage ondoyant de véloutine et d'autres parfums aux effluves aussi capiteux que mondains.

Passé l'embouchure de l'Orne, la mer est de nouveau bordée d'une âpre et sauvage barrière de rochers qui dérobe aux regards les aspects riants de la région, ces riches et fécondes campagnes du Bessin, que les anciens chroniqueurs comparaient à une « table abondamment servie ». A partir des écueils de Langrune émergent en outre les fameux rochers du Calvados, prolongement sous-marin de ces gisements calcaires de l'Orne qui ont fourni les matériaux de la plupart des grands édifices de la Normandie et de l'Angleterre, églises Saint-Étienne et Saint-Pierre de Caen, Saint-Jacques de Dieppe, Notre-Dame de Rouen, Saint-Paul de Londres, cathédrales de Westminster et d'York. Ces récifs, de 16 kilomètres de long sur 2 ou 3 de large, où les lames rebondissent furieusement sous le souffle des vents marins, ont, eux aussi, une lugubre chronique. Là s'échoua, entre autres, un vaisseau de l'Invincible Armada de Philippe II, en train de cingler vers les rives d'Angleterre.

Falaises de Normandie.

Plus loin, sur le littoral est du Cotentin, se dresse encore un immense rempart de granit déchiqueté en dents de scie; d'un côté, au nord, la pointe de Barfleur; de l'autre, au sud, le fort de la Hougue. C'est sur cette côte qu'eut lieu, dans la nuit du 25 novembre 1119, un événement célébré par toutes les poésies du temps : le naufrage du vaisseau la *Blanche-Nef*, où périrent, avec la fleur de la noblesse anglo-normande, les deux petits-fils de Guillaume le Conquérant. Seul un boucher de Rouen, du nom de Béraud, survécut au désastre et put le raconter. Sur un banc de récifs s'élève aujourd'hui à cette même place un phare à éclipses de premier ordre, de 72 mètres de haut et visible à 10 lieues : c'est celui de Gatteville, dont les feux éclairent les navires jusqu'au moment où ils entrent dans le rayon lumineux des tours de la Hève.

Quant à la Hougue, son nom nous reporte à cette terrible campagne maritime de 1692, où, lors de la lutte de Guillaume III et de Jacques II Stuart, la flotte de Tourville, forte de quarante-quatre vaisseaux, se vit, faute d'un port de refuge dans le voisinage, anéantie par celle des Anglais. De nos jours encore, on exhume de la vase des débris des bâtiments engloutis. De tous les événements du règne de Louis XIV, aucun n'eut plus de retentissement, et il fallut cette catastrophe pour qu'on se décidât, conformément à une idée émise déjà par Richelieu, à créer dans les eaux de la Manche un grand établissement militaire et naval. Ce fut celui de Cherbourg, dont néanmoins les travaux de défense, plusieurs fois interrompus et repris, n'ont été achevés que de notre temps.

Doublons maintenant la pointe extrême de la presqu'île du Cotentin, marquée au nord par le cap de la Hague et, au sud, par le Nez de Jobourg : nous voici dans le vaste golfe qui sépare la Normandie de la Bretagne. Nul bassin de l'Atlantique n'est plus dangereux que cette « syrte de la Manche », comme on l'a appelé; nulle part les marées n'y sont plus puissantes, plus tumultueuses, et ne se heurtent à de plus formidables écueils. Partout la baie, tournée vers le nord-ouest, s'offre en plein aux attaques du flot océanien et à l'assaut direct des vents les plus forts. De la Hague au Mont-Saint-Michel, la côte court à peu près en ligne droite sur un espace de 126 kilomètres, et, en aucun point, sauf à Granville, elle ne s'évide de manière à former des havres profonds et bien protégés; rien que des anses à faible mouillage, telles que Diélette, Carteret et Port-Bail, qui, toutes, s'assèchent au reflux.

C'est là surtout que la mer apparaît comme l'ennemie de la France. Le chenal entier est semé de récifs dont les îles d'Aurigny, de Guernesey, les Écrehous, Jersey, l'archipel de Chausey, marquent la limite à l'ouest. Tous les dangers imaginables réunis dans une zone de 30 lieues de long; chaque banc, visible ou caché, rappelant une légende douloureuse! A la double violence du flux marin et des souffles du large s'ajoute encore l'action des vents d'est qui, plongeant à leur tour dans le détroit du haut des immenses falaises du rivage, y accroissent l'agitation des ondes et poussent les navires contre les écueils.

Ce sombre district maritime s'ouvre au nord par le Raz Blanchart, chenal de 18 kilomètres de large entre Aurigny et le cap de la Hague, pour se continuer plus bas par le *passage* dit *de la Déroute*. Là, les marées se précipitent avec une vitesse qui va jusqu'à 24 kilomètres à l'heure, en entre-choquant des vagues monstrueuses. Les phares, heureusement, sont nombreux, si bien que, dans cette traversée terrible, les bâtiments sont toujours pilotés par un et souvent par deux feux.

En aucun lieu de l'Océan, ces gigantesques colonnes couronnées d'une gerbe lumineuse n'adressent un plus superbe défi aux furies de la lame et des vents. Ces blocs enfoncés dans la roche vive reçoivent tous les soufflets de la tempête, tous les sournois assauts de la vague, sans que leur base en paraisse ébranlée. Comme les hautes cheminées de nos usines et certaines flèches de cathédrales, ils oscillent pourtant quelque peu, sous le choc des plus violents ouragans; mais ce balancement même, disent les hommes du métier, est une garantie de leur solidité.

L'usage d'allumer des fanaux pour indiquer aux navigateurs les points accessibles des côtes date d'une époque très ancienne. Le nom actuel de ces sortes de signaux vient de celui qu'Alexandre le Grand, après la conquête de l'Égypte, fit bâtir, tout en marbre blanc, sur l'île de *Pharos*; on assure que ce monument qui, dans la *Pharsale* de Lucain, annonce à César poursuivant Pompée l'approche de la terre des Pharaons, dépassait en hauteur la pyramide de Chéops. Sous l'empire romain, presque tous les promontoires d'Europe, de la mer Noire à l'Océan, étaient surmontés de tours ou de colonnes destinées à guider les matelots, le jour par des tourbillons de fumée, la nuit par des feux. Presque toutes portaient le nom d'une divinité à laquelle elles étaient consacrées ; les desservants, à la fois astronomes et prêtres, renseignaient, au besoin, les navigateurs sur les côtes voisines.

On devine que ces phares antiques devaient pécher au double point de vue de l'intensité et de la portée de lumière. Suffisants pour le timide cabotage de ce temps-là, ils perdirent toute efficacité du jour où une connaissance plus approfondie des constellations et surtout l'invention de la boussole eurent ouvert aux marins enhardis les espaces mystérieux de la haute mer. Il fallut alors songer à recourir à des signaux

Herm et Jethou.

plus puissants. Après de longues et vaines tentatives, qu'il n'y a pas lieu de raconter ici, pour concentrer dans une même direction tous les rayons lumineux d'un foyer, on arriva à perfectionner et à diversifier, comme on sait, ces signaux secourables aux navigateurs ; il y eut les phares à feux fixes aux lentilles spéciales avec prismes réflecteurs, les phares tournants, les phares à éclats, les phares à éclipses, dont le fanal paraît et disparaît alternativement, et enfin les phares électriques.

Rien que dans la baie normanno-bretonne, où nous venons de pénétrer, on n'en compte pas moins d'une trentaine, qui tous croisent leurs feux à souhait ; mais, s'ils atténuent les périls de la passe, ils ne les suppriment pas, tant s'en faut. Arrêtons-nous dans ce dédale, pour jeter un regard sur l'archipel qui en forme la bordure au couchant.

« Morceaux de France tombés dans la mer, et ramassés par l'Angleterre », a dit

Victor Hugo, ces îles du Canal. *Channel Islands*, comme les appellent nos voisins, sont, du nord au sud, au nombre de cinq : Aurigny, Guernesey, Herm, Serck et Jersey. Philippe-Auguste, il y a sept cents ans, ayant omis de les prendre avec le reste de la Normandie, elles sont demeurées, depuis lors, une annexe de la Grande-Bretagne. Mais, bien que constituant en apparence une sorte de fief vassal de la couronne britannique, elles n'en sont pas moins un petit monde politique et social à part. Chez elles, le vieux droit féodal est encore en vigueur; elles ont gardé leurs coutumes d'autrefois, elles possèdent leurs institutions propres, leurs assemblées librement élues, et jusqu'au privilège de battre monnaie. Seuls, des lieutenants-gouverneurs, sans autre pouvoir que celui d'un *veto* limité à certains cas spéciaux, y représentent le suzerain d'outre-Manche. Très attachés à l'Angleterre, qui leur a laissé leur

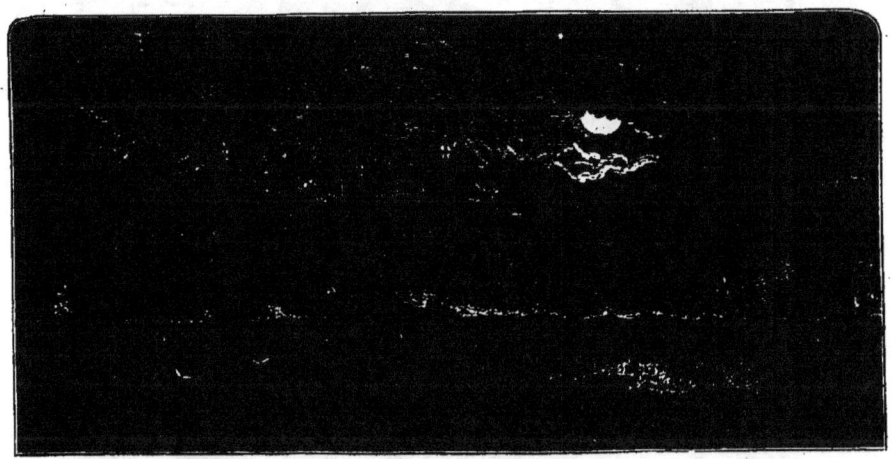

Les Phares des Casquets (Archipel anglo-normand). (Voir p. 42.)

autonomie, les habitants continuent toutefois de parler le français; mais quel français! Leur idiome est encore à peu près le vieux dialecte du xii° siècle, celui dans lequel Robert Wace, un Jersiais justement, a rimé le *Roman de Brut et du Rou*, qui fut le premier poème écrit en langue d'oïl, et dont les héros d'ailleurs appartiennent à la Grande et à la Petite Bretagne.

Quant aux îles granvillaises de Chausey, sises tout au fond de la baie, elles sont en dehors du groupe. Quoique revendiquées, elles aussi, il y a une cinquantaine d'années, par le gouvernement britannique, elles sont finalement restées terres françaises.

Tout cet archipel granitique n'est, géologiquement, qu'un débris de la Normandie, un fragment, d'abord unique, arraché au continent par la mer, puis disloqué à son tour par les morsures répétées de la vague. Cette lutte conquérante des flots se continue même chaque jour sous nos yeux. Partout, depuis l'entrée nord du golfe jusqu'à la côte de Bretagne, la terre recule devant l'offensive de l'Océan, laissant derrière elle des ruines, des épaves qui témoignent du combat et de ses résultats.

Par un contraste qui se retrouverait sur maint point du globe, nulle région de l'Atlantique n'est plus favorisée de la nature que cette Normandie insulaire; plus riche encore et plus féconde que celle dont les eaux mugissantes la séparent. Tout ce qui vit sur certaines de ces terres, perdues au milieu des brisants, dans l'éternel grondement de la mer, hommes, animaux et plantes, déploie une force et une beauté inouïes. Grâce au Gulf Stream et aux vents du sud-ouest, qui y apportent les tièdes

Serck. — La Coupée. (Voir p. 44.)

effluves des mers tropicales, le climat y est d'une telle douceur que les arbustes des pays chauds y croissent à merveille. On y voit, comme sur la côte italienne du Ponant, des fuchsias aussi hauts que des arbres, des géraniums gigantesques et des araucarias de la Chine. L'aloès y élève hardiment dans les airs sa haute tige aux palettes épineuses; le palmier y découpe ses frondes hiéroglyphiques, l'eucalyptus y embaume l'atmosphère de ses fortes senteurs. Le fond des vallées disparaît sous de splendides bouquets de chênes, de châtaigniers, de hêtres et de noyers; les herbages, aux vives couleurs, nourrissent une race de vaches renommée, et les jardins de Guernesey et de Jersey approvisionnent Londres de fruits et de légumes.

Explorons chacune de ces îles, en suivant le canal du nord au midi.

Aurigny ou Auregny, la *Riduna* des Romains, que les Anglais appellent *Alderney*, est la plus rapprochée de la France. Quinze kilomètres seulement la séparent du promontoire de la Hague. Elle n'a guère, en moyenne, que 6 kilomètres de long sur 3 de large. Reliée à Cherbourg et à l'Angleterre par un service de vapeurs, elle apparaît de loin comme un haut plateau grisâtre et aride; elle produit cependant d'excellentes récoltes, et l'élève du bétail y est très prospère dans les fermes des vallons septentrionaux; le gros de la population se compose de pêcheurs. Son chef-lieu, Sainte-Anne, bourgade sise à l'intérieur, contient quelques édifices curieux; mais ce que l'îlot a de plus pittoresque, ce sont ses côtes déchiquetées, à l'est surtout, en une série d'anses bizarres, et ses falaises sculptées de la plus grandiose façon.

Si minuscule qu'elle soit, Aurigny a un port militaire de refuge, celui de Braye, et un ensemble de fortifications qui prouvent que les héritiers de Jean sans Terre sont bien résolus à ne s'en dessaisir que contraints et forcés.

A son angle nord-ouest émerge de l'Océan le redoutable écueil des Casquets, semis de roches de 2 kilomètres de long, où se reposent, en leurs longues étapes, les oiseaux de mer aux cris discordants. La principale porte trois phares à éclats successifs de 2 secondes, disposés en triangle, et dont l'un est en outre pourvu d'un « cornet de brouillard ». Dans ces tours blanches, réunies entre elles par une muraille, vivent solitaires une couple de gardiens qui passent leur hiver entier sans communiquer même avec Aurigny, qu'ils appellent emphatiquement la « Grande Terre ».

A 32 kilomètres plus au sud, est Guernesey, ou *l'île Verte* (l'antique *Sarmia*), terre de forme triangulaire, longue de 15 kilomètres environ et large de 6 et demi. Elle renferme plus de 30 000 habitants. Sa localité principale, Saint-Pierre-Port (16 000 âmes), se trouve à la côte orientale et fait surtout le commerce des vins. Elle est défendue, elle aussi, par une citadelle et un fort, contre les convoitises éventuelles des *Frenchmen*. C'est d'ailleurs une petite ville originale, pittoresquement étagée, avec des rues à gradins, de vieilles maisons à pignons moyen âge dont quelques-unes en bois sculpté. C'est là, on le sait, à Hauteville-House, que résida si longtemps Victor Hugo, dans une construction à deux étages et de peu d'apparence extérieure, que nul touriste n'oublie de visiter, et d'où l'on découvre au loin toute la côte avec les îlots d'alentour.

Assez plat à sa partie nord, celle qui regarde Aurigny, le pays, à l'ouest et au sud, revêt un caractère de grandeur sauvage qui contraste avec les verts et gracieux décors des vallées intérieures. Là se pose dans toute son étrangeté « la sombre énigme celtique » avec ses cromlechs, ses menhirs, ses dolmens, ses roches sonnantes ou branlantes, comme on en trouve dans toute la Bretagne. Sur le littoral se dressent de hauts promontoires de granit, de gneiss, de porphyre, dans lesquels le flot destructeur, dont je vous ai dit l'œuvre séculaire de démolition, a pratiqué toutes sortes d'excavations et de gouffres, d'où parfois des ruisseaux murmurants vont se jeter à la mer.

Telle est, par exemple, la splendide baie du Moulin-Huet, encadrée dans un immense cirque de rochers aux assises titaniques et aux dentelures les plus fantastiques; tels sont aussi et la caverne du Creux-Mahié, et la pointe audacieuse

SERCK. — Le Port du Moulin.

de Pleinmont, au sommet de laquelle se dresse la « maison hantée » décrite dans les *Travailleurs de la Mer*, et ce val féerique du Petit-Bot, dont l'entrée était, d'après la légende, le rendez-vous de monstres moitié femmes et moitié poissons.

Un simple chenal de 5 kilomètres sépare Guernesey des deux îlots de Herm et de Jethou, distants eux-mêmes l'un de l'autre de 500 ou 600 mètres seulement.

Le premier (3 000 mètres de long sur 1 200 de large) ne compte qu'une vingtaine d'habitants, adonnés soit à la pêche, soit à la recherche des coquillages; le second, plus petit encore des deux tiers, est surtout un territoire de chasse où abondent perdrix et lapins, et où il n'y a pas de maisons.

Comparativement, Serck, ou Sark, qui dresse, à 6 kilomètres plus au sud-est, ses formidables murailles de granit, est une vraie terre insulaire, peuplée de près de 600 âmes, avec un petit port, un groupe d'habitations, des cultures, de riantes maisonnettes entourées de pommiers, et un hôtel achalandé en son genre. Les Anglais la nomment la Perle du canal, l'Ile des Roses, et tout un ban de paysagistes d'outre-Manche s'y donne rendez-vous dans la belle saison. Au point de vue pittoresque, avec ses hautes falaises verticales et ses grottes bizarrement excavées, elle mérite cet éloge. C'est même à Serck que l'on voit le mieux ce que l'eau peut faire du granit. La caverne dite des Boutiques offre des fissures naturelles longues de plus d'un quart de mille, toutes parallèles à la côte et débouchant l'une dans l'autre. Non loin de ce labyrinthe souterrain est le Port du Moulin, formé d'un demi-cercle de rochers, hauts de 100 mètres, qui communiquent par une série de grottes avec d'autres roches de forme fantastique qu'on appelle les Autelets. Le soir, on dirait d'autant de blancs fantômes.

Serck est scindé en deux parties inégales par un isthme étroit qu'on nomme la Coupée. Qu'on se figure une vertigineuse chaussée cheminant sur une crête au-dessus de précipices, et dont la base est incessamment minée par les vagues! A la côte ouest du grand Serck, et séparée de lui par un mince chenal, au bord duquel se trouvent encore des cryptes curieuses, est l'île des Marchands, plateau nu où il n'existe qu'une ferme. Le point culminant du relief entier est le Moulin Seigneurial, d'où l'on discerne toutes les îles de l'archipel avec la côte normande opposée.

Du temps de Rabelais, les habitants de ce chaotique écueil n'étaient pas en renom de sainteté. Au cours de son fabuleux voyage avec frère Jean des Entommeures et Panurge, à la recherche de l'oracle de la Dive Bouteille, Pantagruel aperçoit au loin une terre montueuse, avec un rocher à deux croupes ressemblant au mont Parnasse en Phocide. « Qu'est-ce que cela? demande-t-il à ses compagnons. — L'île de Ganabin; y voulez-vous descendre? — Non, dit Pantagruel. — Vous faites bien, répond Panurge; ne descendons jamais en pays de voleurs et de larrons. Cette terre me rappelle les îles de *Cerq* et de Herm, entre Bretagne et Angleterre, que j'ai vues autrefois et où il n'y a que des forbans, des meurtriers et assassineurs, capables de vous manger tout vifs. Mieux vaudrait descendre en Averne. »

Nous savons en effet que ce récif solitaire de Serck, après avoir été, au VIe siècle, occupé par un monastère, devint un nid d'écumeurs de mer qui furent l'effroi de tout l'archipel, et dont la grotte, dite *cave des Pirates*, que l'on visite en l'îlot des Marchands, était sans doute un des repaires favoris. Ce fut même pour mettre un terme aux déprédations de ces routiers, que la reine Élisabeth, en 1563, constitua le pays en un fief qui fut donné en toute propriété à la famille jersiaise de Carteret. Hâtons-nous d'ajouter qu'aujourd'hui les Sercquais sont un honnête peuple de cultivateurs et de pêcheurs qui ne songent plus à brigander sur les flots ni, je

SAINT-HÉLIER. — Le Port. (Voir p. 46.)

pense, à piller les navires échoués; tout au plus se bornent-ils à rançonner un tantinet le touriste qui, féru des beautés de leur île, vient chaque été, moyennant finances, leur demander le gîte et le couvert; en quoi ils ne larronnent pas davantage que leurs voisins, les hôteliers de Paramé et de Dinard, et les autres aubergistes du globe.

Jersey, l'île de Jer, l'antique *Cæsarea*, où nous voici parvenus de ce pas, est la reine de la baie normanno-bretonne. Plus vaste à elle seule que toutes les autres terres du groupe, elle forme comme un petit État, peuplé de plus de 50 000 âmes, sillonné de tronçons de chemins de fer et d'un réseau de routes magnifiques, mesurant plus de 100 lieues de développement et entretenues avec un tel soin, je dirai même avec un tel luxe, que chacune d'elles, avec ses trottoirs, ressemble à une allée de parc. Tout propriétaire en bordure est tenu de tailler ses haies d'une façon uniforme et d'élaguer les branches de ses arbres de manière à laisser le chemin découvert jusqu'à une certaine hauteur. De temps à autre, un jury de surveillants qu'on appelle *voyeurs* visite les chaussées, y passe à droite et à gauche le *bâton official*, et, pour peu que quelque rameau empiète, il y a procès-verbal et amende. A ce seul signe, l'étranger reconnaît qu'il est en pays britannique.

Sise à égale distance à peu près (45 et 48 kilomètres) de Guernesey et de Granville, mais à 30 kilomètres seulement du port continental le plus proche, celui de Carteret, Jersey figure un quadrilatère allongé de l'est à l'ouest, dont chaque face regarde un côté de l'horizon. De loin, elle se présente comme un mur régulier de falaises surmonté d'un vaste plateau; mais, à mesure qu'on s'en rapproche, on voit se dessiner les promontoires, les échancrures, ainsi que les vallons qui débouchent à la mer et les semis d'îlots qui, à l'est et au sud, entourent l'île d'une ceinture rocheuse. Bientôt apparaissent à leur tour les hameaux coquets, les villas blanches qui parent le fond des prairies ou qui émergent des bouquets de verdure, et enfin s'ouvre en demi-cercle devant vous la magnifique baie de Saint-Aubin. On range le vieux château Élisabeth, dont la masse grise sort des flots à un kilomètre de la ville, puis les ruines de l'ermitage du bienheureux Hélier (saint Hilaire), qui est resté le patron du chef-lieu, et l'on s'engage par un étroit goulet dans le port, sis à l'est du golfe.

Saint-Hélier ne renferme pas moins de 28 000 âmes. Sous son vaste amphithéâtre de collines, elle présente un aspect tout anglais. Défendue par le fort Régent, citadelle bâtie sur un escarpement qui forme écran au sud-est, et à un angle duquel est le sémaphore, elle se compose de plusieurs parties bien distinctes. A l'occident s'étend ou plutôt se blottit le vieux quartier du commerce et de l'industrie, aux rues étroites et irrégulières. Là sont les magasins, les entrepôts, les chantiers. Au centre se déroulent les artères fashionables, avec leur bordure de luxueuses boutiques, Queen's-Street, King's-Street, Halkett-Place, promenoirs favoris des oisifs et centre vivant des affaires. Les théâtres, la poste, le télégraphe, l'hôtel de ville, l'hôpital général se dressent dans cette région urbaine. Plus loin, au nord et à l'est, vers les hauteurs, est la zone des cottages et des constructions de plaisance, où se montrent, en un pêle-mêle assez fantaisiste et parfois disparate, tous les types d'architecture connus, depuis la villa italienne jusqu'au chalet helvétique, depuis les caprices du style gothique jusqu'au sévère temple grec et aux façades classiques de la Renaissance, le tout environné de jardins à ifs taillés, à buis façonnés, à xystes antiques, à rocailles, et de serres artistiques où croissent les plantes de tous les pays. Là se

Jersey. — Baie de Portelet. (Voir p. 40.)

trouvent à mi-côte la promenade appelée Parc du Peuple et le Victoria College, où l'on monte par de magnifiques avenues bordant de vastes pelouses.

Ce qui frappe tout d'abord l'étranger dans la ville proprement dite, c'est le coloris des maisons; la plupart ont des façades jaunes, roses ou verdâtres, avec des fenêtres à *guillotine*, c'est-à-dire se fermant à l'aide de châssis mobiles que fait manœuvrer un contrepoids. Les rues toutefois ne s'y animent guère qu'aux heures du flot, quand les navires déchargent ou embarquent leurs denrées, ou les jours de marché.

Les églises, très nombreuses à Jersey, à cause des sectes dissidentes qui, là comme en Angleterre, fleurissent à côté du culte orthodoxe, n'offrent rien de bien remarquable au point de vue architectural; il en est de même des édifices civils, la prison, le théâtre, le Marché-Neuf, et la Cour Royale ou Palais de Justice (*Court-House*), vulgairement appelée la *Cohue*, d'un vieux mot normand, dérivé, dit-on, du latin *co-eunte hic* (sous-entendu *multitudine*), qui désignait au moyen âge toute réunion où se jugeaient les procès.

JERSEY. — Phare de Corbière. (Voir p. 49.)

Faisons à grands pas le tour de l'île.

La côte sud, qui regarde Granville et Saint-Malo, est la plus riante d'aspect; c'est aussi celle où se concentre le gros du mouvement commercial. Là, sur la courbe occidentale de la baie par laquelle nous avons abordé, se trouve, à 10 kilomètres de Saint-Hélier, l'ancien chef-lieu, Saint-Aubin, dont la forteresse croise ses feux avec ceux du château Élisabeth. Le port, assez florissant encore, est plus profond que

JERSEY. — Grève de Lecq. (Voir p. 51.)

celui de Saint-Hélier; il sert de mouillage aux vaisseaux de guerre et aux bâtiments d'un fort tirant.

Plus bas, entre les deux pointes du promontoire qui ferme le golfe au sud-ouest, s'ouvre une autre baie plus petite, le Portelet, dont les falaises sévères et nues contrastent avec les gracieuses ondulations de sa voisine. Un simple cap la sépare d'une troisième anse, appelée Saint-Brelade, du nom d'un pieux anachorète qui y avait jadis sa retraite. Là s'étend une belle plage de bains, très fréquentée des Jersiais. A sa pointe orientale extrême, le littoral, bizarrement déchiqueté, croît en hauteur, et alors apparaît une succession pittoresque d'aiguilles, de pyramides, de cônes rougeâtres, où la mer a creusé une infinité de grottes, appelées *Creux-Fantômes*.

Mais le site le plus curieux de cette côte, c'est le promontoire de Corbière.

4

Devant cet immense chaos de rochers, où toutes les horreurs semblent accumulées, on reste frappé de stupéfaction. En face de soi, au milieu des flots, on

JERSEY. — Château Montorgueil.
(Voir p. 52.)

aperçoit un dédale de récifs affectant les formes les plus singulières; c'est une vraie Babel insulaire, composée de tourelles aiguës, de pans de murs croulants ou debout, de crêtes striées, tailladées, dentelées comme par un ciseau fantastique. Sur le principal rocher s'élève un phare à feux rouges et blancs au puissant rayonnement; en temps de brouillard, une cloche y tinte toutes les demi-minutes.

Fort différente est la côte ouest. Elle consiste presque entièrement en une vaste baie peu arquée, celle de Saint-Ouen, qui, sur 9 kilomètres de long, n'offre qu'une plage de sable. Des bruyères, des lichens, quelques arbres rabougris et coiffés « en coup de vent » y composent toute la végétation. A l'extrémité nord, en revanche, recommence la sauvage bordure des falaises. C'est d'abord la tour avancée du Pinacle; ce sont ensuite les âpres pointes de Rouge-Nez et de Gros-Nez; après quoi se présentent à l'œil de plus en plus émerveillé d'autres décors caractéristiques, ceux des rivages septentrionaux.

Nous sommes ici à la partie la plus sèche et la plus stérile de l'île, celle que

Les Pater noster. (Voir p. 51.)

battent sans relâche les souffles violents de la Syrte. Sur toute cette ligne, pas un seul bon mouillage; rien qu'une série de baies sinueuses entaillées encore de nombreuses grottes et se terminant par de hardis promontoires. Tel est celui de Plémont, dont la pointe extrême est séparée de la terre par une cassure due aux flots, que l'on franchit sur une passerelle mobile. Tout près de ce cap majestueux, dont la hauteur verticale est de plus de 100 mètres, s'évide la fameuse Grève de Lecq, avec ses grandioses falaises terminales. Au nord, à une lieue en mer, entre Serck et Jersey, se dresse un amas de noirs reliefs que les marins désignent sous le nom significatif de *Pater noster*; tout équipage poussé sur ces roches n'a plus en effet qu'à faire sa prière.

A l'extrémité orientale de cette côte, par delà la baie de Bouley, se découpe la petite échancrure de Rozel, fermée au sud-est par un éperon. Sur cet éperon repose, au milieu de la verdure, un vaste monument celtique, formé de vingt-trois blocs de granit dont l'ensemble figure une enceinte au centre de laquelle est une *table* (*dolmen*), telle qu'on en rencontre en Bretagne. A quelques minutes de là, on aperçoit le manoir de Rozel, un des principaux fiefs de Jersey. Une des obligations de son titulaire, quand le roi d'Angleterre venait dans le pays, était, dit-on, de chevaucher en mer à la rencontre du suzerain jusqu'à ce que l'eau atteignît les sangles de sa monture.

Au-dessous de ce manoir, entouré d'une superbe hêtraie, commence le littoral de l'est, presque aussi riant que celui du sud. Au temps de saint Lô, qui mourut en l'an 565, cette côte orientale de Jersey n'était séparée du Cotentin que par un simple ruisseau : ce serait donc seulement à l'époque historique que le pays aurait été converti en une île, et aujourd'hui encore, en effet, on distingue de ce côté sous la mer les restes de l'isthme (l'ex-chaussée aux Bœufs), démantelé par les courants du canal, qui devait former la langue de jonction.

Deux vastes baies, celle de Sainte-Catherine au nord, et celle de Grouville au sud, échancrent cette rive tournée vers la France. Dans l'intervalle s'avance dans les flots le promontoire qui porte la forteresse de Montorgueil, sombre construction féodale, aux tours crénelées et aux fières murailles encore conservées, en laquelle se résume, pour ainsi dire, toute l'histoire de l'île depuis l'occupation romaine. A la base même du rocher s'accote le petit port de Gorey; plus à gauche se trouvent le havre de Sainte-Catherine et le rocher Saut-Jeffroy, du haut duquel on précipitait autrefois les condamnés à mort. A l'horizon, quand le temps est clair, on aperçoit les falaises blanches de Carteret, sur la côte normande, et parfois même, au sommet de sa colline de 92 mètres de haut, le dôme de Notre-Dame de Coutances.

Au nord-est, en plein dans la houle du Passage de la Déroute, apparaissent quantité d'îlots que l'Océan recouvre à marée haute : ce sont les Dirouilles, puis les Écrehous, plateaux qui, au cours des siècles, ont passé par les mêmes alternatives que les autres écueils bas du détroit. Ils ont été d'abord à l'état de terres fermes, habitées et cultivées; ensuite ils se sont changés en marais, puis en archipel, et enfin en une masse rocheuse désignée dans un document du xvie siècle sous le nom de *Rocabroua*, roche au roi.

Ce ne fut qu'en 1203, paraît-il, que les Écrehous furent séparés du continent français par l'invasion violente de la mer achevant de se frayer un chemin au travers du Passage de la Déroute. En ce temps-là, les îlots étaient encore assez peuplés; à marée basse, on y aperçoit les ruines d'une chapelle. Actuellement, une seule de ces intumescences offre des vestiges de vie : c'est celle de Marmoutière, où il y a quelques refuges de pêcheurs.

L'autre archipel rocheux, au sud, appartient à la France : ce sont, au milieu des brisants, les écueils inhabités des Minquiers, décrits par Victor Hugo dans les *Travailleurs de la Mer*, et ceux des Grelets, qui s'y rattachent. Ces îles sont encore plus avancées que les Écrehous dans leur évolution vers l'abîme; elles ne présentent plus guère que l'aspect de récifs où blanchit la lame. Il y a dessus un phare flottant avec cloche de brouillard sonnant à volée toutes les trois minutes; les tintements deviennent continus lorsqu'un navire est tout proche et sonne lui-même sans interruption.

Un peu moins ruiné que les Minquiers, l'archipel ovale de Chausey, situé à 11 kilomètres de Granville, de la commune de laquelle il dépend, mesure 3 lieues environ de développement. A marée haute, on y compte 53 îlots; à marée basse, plus de 300, c'est-à-dire presque autant que dans le Morbihan, et c'est un spectacle

Falaises des côtes de la Manche.

curieux en son genre que de voir, au retrait du flot, tous ces écueils pointer peu à peu, puis se découvrir et se souder l'un à l'autre, pour former finalement une plage sablonneuse dominée par des reliefs de granit noirâtre. Une quinzaine de ces terres se prêtent à la culture; mais une seule, la Grande Ile, renferme une population fixe tant de pêcheurs que de carriers exploitant les gisements granitiques du sol. Autour du modeste village bâti à la partie sud, au-dessus du mouillage qu'on appelle le Sound, on est tout surpris de trouver de fraîches prairies et de magnifiques bouquets d'arbres.

A la même rive s'élève un phare sur les feux duquel les navires se règlent pour courir des bordées dans le dédale, en attendant le flux pour entrer à Granville.

LE MONT SAINT-MICHEL

V

LE MONT SAINT-MICHEL AU PÉRIL

Le site le plus curieux de toute la baie normanno-bretonne, c'est, à coup sûr, le mont Saint-Michel. Qui n'a pas vu ce rocher solitaire, sorte de borne colossale sise à la limite de deux provinces, jadis ennemies acharnées l'une de l'autre, puis réconciliées définitivement par la communauté d'intérêts et de souffrances, peut à peine s'en faire une idée.

Représentez-vous une colline de granit arrondie, de 900 mètres de circuit, surmontée d'un massif d'édifices aussi étrange que hardi, qui se dresse tantôt au milieu des flots, tantôt au sein d'une vaste plaine de sables, entre la double embouchure de la Sée et de la Sélune à l'est, et celle du Couesnon au midi. A 2500 mètres plus au nord émerge une autre éminence presque aussi étendue, mais bien moins élevée, qui est l'écueil de Tombelaine. Entre les deux règne une solitude absolue.

A marée basse, tout l'espace compris entre la pointe de Granville et celle de Cancale n'est qu'une immense plage demi-circulaire, offrant l'aspect d'un lit de cendres blanchâtres que délimite la ligne verte des côtes; mais quand le flux, arrivant à la fois du nord et de l'ouest, de l'Océan et de la Manche, en deux courants qui se superposent, pénètre dans le fond du golfe, avec la vitesse d'un cheval au galop, toute cette vaste grève se trouve recouverte en quelques heures; la vague

Mont-Saint-Michel. — L'Abbaye.

envahit en outre les estuaires des rivières voisines jusqu'au pied de la colline d'Avranches d'un côté, jusqu'aux quais de Pontorson de l'autre, et remonte même le Couesnon jusqu'à Antrain, à 12 kilomètres en amont. On a calculé qu'aux équinoxes le flot atteint en ces parages une hauteur verticale de 15 mètres.

Le mont Saint-Michel se trouve alors transformé en île, jusqu'à ce que le retrait des ondes vienne de nouveau découvrir les champs de sable dans un rayon de plus de 3 lieues. On devine quels terribles courants, quels heurts impétueux d'eaux contraires naissent, dans les passes étroites d'alentour, de ces mouvements précipités de la mer. Nul voilier ne peut lutter contre ces ressacs meurtriers. Sur la grève même, lorsqu'elle est à nu, le péril n'est pas moindre. Le pied y enfonce dans le sable mouvant ou dans de perfides fondrières creusées au-dessous de l'arène; car les ondes des rivières, non contentes de couler à la surface, suintent souterrainement dans le sol, et l'on assure même qu'un navire, échoué il y a cent ans sur cette grève, s'y enlisa si complètement qu'il disparut jusqu'à la pointe des mâts.

Si, pour comble de malheur, il survient un de ces brouillards soudains, fréquents dans cette partie de la baie, le voyageur perd la tête et s'égare; il tourne sur place au lieu d'avancer, ou, croyant se diriger vers la côte, il marche à la rencontre de la vague, qui bientôt l'atteint et le cerne. Vainement, il pousse des appels de détresse; la voix des flots couvre la sienne, et le voilà perdu sans ressource. Je frissonne encore aujourd'hui au souvenir d'une de ces poursuites du flot.

Entre Lannion et Morlaix, sur la côte bretonne, il existe une plage insidieuse de ce genre, qu'on nomme la « lieue de grève »; là, du moins, le cas échéant, les gens du pays ont un point de repère : c'est une croix de pierre, appelée *Hir-glas* (longue verte), qui est plantée sur un rocher au milieu de l'espace. Tant que cette croix reste visible, il n'y a point de danger; mais dès qu'on cesse de l'apercevoir étendant ses deux bras au-dessus des flots, c'est signe qu'il faut hâter le pas, si l'on ne veut être surpris par la mer.

Par les fortes brumes, il est vrai, la grosse cloche du Mont-Saint-Michel sonne sans discontinuer, et il y a en outre un phare qu'on allume au moment où la marée atteint le pied du mont ou deux heures avant le plein, et qu'on éteint à une heure et demie de jusant.

L'histoire du Mont est en harmonie avec la singularité de son site et la sauvage grandeur de la région qui l'entoure. Il s'appela d'abord mont Gargan, dénomination qu'on retrouve appliquée à diverses hauteurs normandes ou bretonnes (un mont Gargan s'appuie, à Rouen, à la côte Sainte-Catherine); puis, dès le vi^e siècle, nous le voyons désigné sous le nom de mont Tombe (*Mons Tumba*), resté à son voisin *Tombelaine*. A cette époque, et beaucoup plus tard encore, tout le fond du golfe, des îles Chausey à Cancale et à Dol, était revêtu d'une vaste forêt, *Scisciacum nemus*, mentionnée dans les *Vies des Saints*, et dont, à marée basse, on revoit des vestiges çà et là. La mer, dans son mouvement progressif, dévora peu à peu la futaie, et, au xiie siècle enfin, elle acheva de convertir en une grève aride ce qui restait de la plaine boisée.

Ce fut seulement au viie siècle que le rocher prit le nom de mont Saint-Michel. Vous connaissez sans doute la légende, qui n'est que la répétition de celle qu'on raconte à propos d'un autre mont Gargan (Gargano) qui, sur les bords de l'Adriatique, figure l'éperon de la botte italienne. L'archange saint Michel, chef de la milice céleste, apparut à l'évêque d'Avranches Aubert, et lui ordonna de lui ériger un sanctuaire au sommet du formidable écueil. Aubert obéit, comme avait obéi en 493 l'évêque de Siponte saint Laurent, et, l'année suivante, une première église, puis une abbaye, étaient fondées sur le mont.

Les pèlerins y affluèrent bientôt, et l'on commença dès lors à nommer ce rocher Saint-Michel « au péril de la mer », à cause des dangers qu'en offraient les abords. Après la mort de Charlemagne, les Normands l'envahirent ainsi que la Neustrie, et les moines en furent chassés; mais, quand le chef Roll, sous Charles le Simple, eut pris possession de son duché et abjuré le culte d'Odin, avec tout son peuple de pirates, son premier acte fut, on le sait, de restaurer et de doter les sanctuaires et les cloîtres. En 996, son successeur Richard sans Peur établit au mont Saint-Michel l'ordre des Bénédictins; puis, en 1020, il fonda une nouvelle église, dont le destin devait être des plus dramatiques.

Une chronique du Mont raconte en effet que, trois fois, dans la première moitié du XIIe siècle, des tempêtes effroyables déferlèrent sur le golfe normanno-breton : les tours et les pinacles de beaucoup d'édifices religieux s'écroulèrent; le ciel était en feu, la lune couleur de sang, et, pour surcroît, un tremblement de terre ébranla toute la région d'alentour. En 1203, autre catastrophe : l'abbaye est brûlée par Philippe-Auguste avec le village sis au-dessous d'elle. En 1300, la foudre incendie

MONT-SAINT-MICHEL. — La Basilique

le clocher, et le vent communique le feu à la bourgade, qui, derechef, est anéantie aux trois quarts.

Malgré toutes ces calamités, le monastère, aussitôt réédifié que détruit, ne cesse de s'agrandir et de prospérer, grâce aux libéralités des rois, et notamment de saint Louis, qui y avait fait un pèlerinage en 1254. Au XIVe siècle, le Mont-Saint-Michel est devenu une puissante forteresse, à la tête de laquelle est un gouverneur militaire et religieux à la fois. Aussi, durant la guerre de Cent Ans, les Anglais ne réussirent-ils jamais à le prendre. En 1469, Louis XI institue l'ordre des Chevaliers de Saint-Michel, et va présider en personne la première assemblée du chapitre. Un demi-siècle plus tard, François Ier visite également l'abbaye et en confirme les privilèges.

En 1615, les anciens Bénédictins y sont remplacés par des moines de cette congrégation de Saint-Maur, également de l'ordre de Saint-Benoît, qui allait enfanter la grande école d'érudits où figurent Mabillon, Lobineau, dom Vaissette et autres, et à laquelle la France doit tant de collections précieuses, la *Gaule chrétienne*, la *France littéraire*, l'*Art de vérifier les dates*, etc. Ces nouveaux Bénédictins furent eux-mêmes dispersés à la Révolution.

Aujourd'hui l'ex-monastère est une propriété de l'État, qui en a fait restaurer les remparts et l'a relié au continent par une digue. L'innovation, bien vue du touriste, qui peut désormais arriver en voiture jusqu'au pied du mont, n'est peut-être pas aussi propice à l'intégrité des vieux murs, dont le flot, arrêté, sape la base.

C'est par le côté sud seulement que le fameux îlot est accessible, car, aux fronts nord et ouest, il est tout en escarpement. A marée basse, il est possible de le contourner à pied, en longeant de près le rocher ou la ceinture des remparts; le mieux néanmoins, si l'on en veut voir les faces extérieures, est de profiter des marées de *vive eau*, qui coïncident avec la pleine lune, pour en faire le tour en bateau : c'est un trajet d'une heure environ, où chaque coup de rame en quelque sorte fait surgir aux yeux des aspects nouveaux, tous plus pittoresques et plus grandioses les uns que les autres.

Mais pénétrons, je vous prie, dans la place, dont l'unique entrée est protégée par deux ouvrages datant de cinq cents ans, l'Avancée et la Barbacane. Après avoir franchi trois portes, dont la dernière, la porte du Roi, est flanquée d'une tour et possède encore sa herse de fer et sa couronne de mâchicoulis, nous nous trouvons dans la ville. Celle-ci, qui ne compte guère que 200 habitants, et n'est point, vous le devinez, susceptible d'agrandissements, consiste en une seule rue qui se recourbe au flanc de la montagne et mène à l'Abbaye du sommet.

Elle est bordée de maisons moyen âge, la plupart anciennes hôtelleries de pèlerins, transformées tant bien que mal selon le goût du jour, et de boutiques où continuent de se débiter comme jadis des objets de piété, des coquillages, des images de l'archange. Une de ces auberges, l'ex-*Tête d'Or*, située devant la tour du Guet (porte du Roi), était fort à la mode au xvii° siècle; c'est aujourd'hui l'hôtel Poulard, volontiers fréquenté des artistes.

A partir de la tour de la Liberté, la montée s'accentue rapidement. A mi-chemin, on aperçoit à gauche le cimetière et l'église paroissiale, bâtie au xv° siècle. Quelques tronçons de ruelles transversales grimpent de leur côté aux jardins en terrasse, où croissent des figuiers et des amandiers, et aux habitations le plus haut juchées sur la croupe. Au sommet de la rampe, on se trouve devant l'Abbaye, précédée, elle aussi, d'une barbacane. On en franchit l'entrée par un escalier fortifié sous le Châtelet, donjon carré que flanquent deux tourelles, et l'on débouche dans la Salle des Gardes. De là, un passage oblique conduit à une cour fermée à droite par l'église, et, à gauche, par les bâtiments abbatiaux, élevés du xiii° au xv° siècle. Un pont aérien, pourvu d'un parapet crénelé, relie ces deux constructions.

Montons tout de suite, par le Grand Degré, à la terrasse appelée Beauregard,

Mirande, ou bien Saut-Gaultier. Les deux premiers noms s'expliquent de soi par la magnifique perspective qu'on découvre de cette hauteur tant sur l'encadrement de la baie que sur la grande plaine équivoque et traîtresse, à la fois terre et eau, qu'on a au-dessous de soi ; quant à la troisième désignation, elle vient, dit-on, d'un aliéné qui sauta trois fois de cette terrasse et ne se tua qu'au troisième coup.

L'église résume en elle tous les âges de l'architecture religieuse. Elle a gardé de l'époque romane quatre travées de la nef, les piliers de soutènement du clocher, le transept et ses deux chapelles. Le portail latéral par lequel on entre est du XIII° siècle. Le chœur, de style ogival flamboyant, est du XV°. Ses belles stalles, délicatement sculptées, datent du XIV°. Dans le croisillon de droite on aperçoit une grande statue argentée de saint Michel et des bannières de pèlerinage.

De l'église, un escalier à vis monte à une petite plate-forme d'où un second escalier, dit de Dentelle, permet de gagner la balustrade supérieure du comble. Le panorama qu'on découvre, de là, est littéralement sublime de grandeur. Voulez-vous encore une perspective autre : allez à l'ancien préau des détenus, qui se trouve à l'ouest de l'Église ; vous y dominerez toute la baie jusques et y compris le cours du Couesnon au midi.

Mont-Saint-Michel. — Le Cloître.

À gauche de l'Église et de plain-pied avec elle, s'ouvre le Cloître, qui nous introduit dans la fameuse construction appelée la *Merveille*. Achevé en 1228, il figure un rectangle de 25 mètres de long sur 14 de large, entouré de 70 arcades et percé de 100 fenêtres regardant la mer au couchant, à plus de 100 mètres au-dessus des flots. Il est soutenu par 220 colonnes ; 100 d'entre elles décorent les murailles latérales, tandis que les 120 autres forment une double futaie à jour. Entre les arceaux règne une ornementation délicate et variée de rosaces, de bas-reliefs, d'inscriptions ; la frise se compose de 140 roses fouillées avec un art infini.

Prenons à présent cette galerie sud : nous voici dans le Dortoir des moines, vaste salle du xiiiᵉ siècle à plafond plat, d'où un escalier nous ramène à l'étage inférieur. N'oubliez pas de vous faire également montrer les Cachots, l'ancienne chapelle mortuaire des Trente-Cierges, la galerie bien nommée de l'Aquilon, et même, par dilettantisme pur, l'emplacement de la cage où, entre autres prisonniers, mourut, mangé par les rats, le gazetier Dubourg, qui s'était permis d'écrire contre le Roi-Soleil.

Au Mont-Saint-Michel, comme au Mont Sant'Angelo de la Pouille, il existe une

MONT-SAINT-MICHEL. — La Salle des Chevaliers.

église *basse*, creusée souterrainement dans le roc. Elle date du xvᵉ siècle, et reproduit en partie la disposition du sanctuaire supérieur, au chœur duquel ses gros piliers servent d'appui. On y remarque de vastes citernes pouvant contenir 1 200 tonneaux d'eau. Le Réfectoire, situé également dans la *Merveille*, est divisé en une double nef, longue en tout de 35 mètres, par des colonnes aux chapiteaux ornés de feuillages; il contient deux gigantesques cheminées. De là, on descend à la Salle des Chevaliers, partagée aussi en plusieurs nefs par des rangs de colonnes surmontées d'arceaux délicieux, puis au Cellier et à l'Aumônerie, qui forment l'étage inférieur de ce formidable et grandiose bâtiment.

L'architecture monastique et militaire du moyen âge ne nous a rien laissé de plus imposant et de plus achevé que cette *Merveille*, dont les longues façades aux membrures titaniques, encore renforcées extérieurement par de puissants contreforts, bravent depuis huit cents ans l'abîme au-dessus duquel elles s'élèvent. Une muraille crénelée, et flanquée d'une tour, la défend en outre du côté nord ; c'était la place d'armes des chemins de ronde s'étendant à l'ouest. Un escalier fort raide descend de là au bas du rocher, jusqu'à la fontaine dite de Saint-Aubert, qui, lors de l'apparition de l'archange, jaillit miraculeusement sous le bâton de l'évêque.

Cet ensemble de constructions était, ainsi que la ville, protégé par une ligne de remparts qui, aujourd'hui encore, achèvent de donner à ce mont de granit vertical un aspect caractéristique et presque effrayant. Une série d'escaliers et de rampes

Plage de Granville. (Voir p. 62.)

sinueuses, partant de la barbacane du Châtelet et rejoignant la porte du Roi, permet de visiter cette enceinte avec toutes ses tours et ses échauguettes : tour Claudine, tour du Nord, tours Morilland, Boucle et de l'Arcade.

Un dernier spectacle curieux entre tous, c'est celui de l'*arrivée* du flot, contemplé soit de ces remparts, soit de la grande plate-forme du sommet de l'Abbaye. J'ai dit que la mer, au jusant, se retire à plus de 12 kilomètres. Dès qu'elle commence à revenir, son approche s'annonce d'abord par un bruit confus, qui devient de plus en plus fort, puis se change en un grondement effroyable. Bientôt on aperçoit une *barre* formidable, un mascaret menaçant qui, s'avançant de deux côtés à la fois, emplit la baie tout entière, et refoule dans leurs estuaires, où il les poursuit, les rivières tributaires du golfe. Si le flot est poussé par le vent, il franchit les deux premières portes de la ville (Bavole et Michelettes) et jette son écume jusqu'à l'Avancée. La mer redescend ensuite non moins rapidement, et, une heure après l'*Étale*, on peut sortir de la ville et, bientôt, faire le tour du rocher. Qui n'a pas assisté à ce phénomène ne connaît qu'à demi le mont Saint-Michel au Péril.

La localité normande la plus proche se trouve à 10 kilomètres de l'îlot : c'est Pontorson, petit port sis, je l'ai dit, à l'embouchure du Couesnon, près d'un vaste district de marais. Son titre de gloire principal est d'avoir eu pour gouverneur Bertrand du Guesclin. Le souvenir du vaillant connétable revit partout dans le pays. Près du pont, on vous montrera l'endroit où il eut un de ses duels les plus fameux ; aux portes de la ville, on vous fera voir cette terre du Glaquin dont le roi Charles V lui avait fait don. Quant au château, que sa sœur et lui défendirent si bien contre les Anglais, il n'en reste plus trace.

De Pontorson, une route tracée à travers de riches vergers et de gras pâturages mène à l'éminence granitique qui sépare les bassins de la Sélune et de la Sée. Sur cette croupe est Avranches, chef-lieu d'arrondissement de 9 000 âmes.

Avranches était autrefois une place forte, et elle paya cher cet honneur. Normands, Anglais, Bretons, calvinistes l'attaquèrent et la meurtrirent à qui le mieux. Elle devint ensuite, au XVIIe siècle, le quartier général des *Nu-Pieds*, ces bandes de paysans révoltés que Gassion eut tant de peine à soumettre. Vinrent enfin les guerres de Vendée, dont Avranches eut fort à souffrir encore. Cette ère épique semble close aujourd'hui pour la charmante petite ville. Ses anciens remparts ont été convertis en de simples promenades d'où l'œil embrasse à souhait l'estuaire, le littoral et les îles, et les Anglais, amateurs de beaux sites, se consolent de n'avoir pu conserver cette ex-possession des rois Plantagenets en y poussant, comme partout ailleurs, leurs envahissantes caravanes.

Plus au nord, à 33 kilomètres en ligne droite, et à plus de 50 par la ligne brisée de la côte, s'élève, sur un promontoire abrupt, la ville de grande pêche et de « hardis marins » qui se nomme Granville. Sous le ciel bleu de la Méditerranée, elle serait, a-t-on dit, un autre Monaco. La langue de terre où elle est située offre en effet quelque analogie de dessin avec le hardi pédoncule qui sert d'assise à la mignonne capitale des Grimaldi, et même cette « Tranchée aux Anglais » qui déprime à sa base l'éperon granvillais simule la gorge qui forme coupure entre Monaco et la Tête-de-Chien. Seulement, la mer aux couleurs enchanteresses et au doux murmure fait place ici au sombre Océan plein de houle que bat éternellement le vent du large. Malgré tout, Granville garde quelque chose de méditerranéen : c'est le type de sa population féminine. Les Granvillaises, ces « Arlésiennes du Nord », unissent, on le sait, aux yeux bleus des Normandes, le nez droit, le galbe régulier et les cheveux noirs des Méridionales. Cette particularité est-elle due à un mélange primitif de sang ibérique, ou vient-elle de ce que les gens de Robert Guiscard, après leurs expéditions en Italie, ramenèrent avec eux des femmes de la Grande-Grèce et de la Sicile ? A d'autres que nous de résoudre le problème, si toutefois le problème est soluble.

LE MONT DOL.

VI

PAYSAGES BRETONS — LE MARAIS DE DOL — LA VILLE DE DINAN

« La terre ne présente pas toujours le même aspect, écrivait Aristote il y a plus de 2200 ans ; là où nous foulons aujourd'hui un sol ferme, la mer a séjourné et séjournera encore ; la région où elle est à présent fut jadis et redeviendra plus tard encore un continent. Le temps modifie tout. »

Le premier district de Bretagne sur lequel nous posons le pied, au sortir de la péninsule normande dont nous venons de visiter les rebords, vérifie cette parole du philosophe grec. La vaste plaine basse, de 45 kilomètres de long, sur 6 ou 7 de large, qui s'étend au sud du mont Saint-Michel, a été, nous l'avons vu, une forêt. C'est en l'an 844 seulement que la mer a envahi cet espace, et de nos jours encore, du terrain qui tremble en beaucoup d'endroits, on exhume des débris de chênes, de frênes, de bouleaux, de noisetiers, aussi bien que d'énormes bois de cerfs et des ossements du bœuf primitif qu'on appelait *urus*. Travaillées par les gens du pays, ces souches ensevelies depuis des siècles (*canaillons, bourbans, couërons*) servent même à fabriquer des meubles, des palissades et divers objets de marqueterie.

Si l'homme avait laissé faire la vague, toujours prête à poursuivre son œuvre de conquête et de destruction, le pays entier serait devenu un prolongement de la baie que je vous ai décrite ; mais l'homme a su, de ce côté du moins, mettre un frein à la fureur des flots. Dès le xii° siècle, il a entrepris d'y lutter contre les marées de l'Atlantique, et de ressaisir le domaine que celles-ci lui avaient enlevé. Par la construction d'une immense digue, qui va du golfe de la Sélune à Pontorson et à la pointe de Cancale, il a déjà repris et restitué à la culture 15 000 hectares de terrain, où les étangs et les marais alternent avec de riches prairies et d'ombreux vallons. Le rempart extérieur, haut de 10 mètres en moyenne, et défendu, du côté du large, par des enrochements, ne protège pas moins de 23 communes peuplées d'agriculteurs et de marins. La mer, qui ne renonce pas à sa proie, ne cesse, il est vrai, de battre cette muraille; plus d'une fois même elle y a fait brèche, et a inondé partiellement les bourgades situées au dedans de la courbe; mais, non moins obstiné que la mer, l'habitant du marais a bouché les trous, et chaque jour il travaille à étendre la zone de *polders* qu'il a créée là, à l'imitation des Néerlandais.

Tout cela, pour l'ingénieur moderne, n'est qu'affaire de science hydraulique; mais, pour plus d'un riverain du golfe, la région ainsi métamorphosée a longtemps gardé un caractère fantastique, et le passé y revivait en toutes sortes de fables et de légendes. La « mare de Saint-Coulman », par exemple, sise à la partie du Marais qui débouche vers la Rance, était un lieu redouté entre tous. La crédulité populaire voyait dans ce lac dormant, à demi envahi par les roseaux, tantôt une bouche de l'enfer, un nouvel Averne, tantôt une mer Morte au fond de laquelle reposait une cité engloutie. Les feux follets qui, par les belles nuits d'été, s'allument et voltigent sur sa nappe, et qui ne sont que des émanations de gaz dégagées par les matières organiques fermentant dans son sein, étaient, pour le paysan d'alentour, des âmes en peine de trépassés. Le cri sourd et prolongé que le héron *butor* y fait entendre au printemps, quand il a le bec sous l'eau, était l'écho de leurs gémissements, le *beugle Coulman*, comme on disait. La légende voulait en effet que la mare eût l'origine que voici.

A l'époque où la grande forêt dont je vous ai parlé existait encore, un anachorète avait sa cellule et son oratoire à cette place. Or, un jour qu'il disait la messe, le diable s'en vint, sous la forme d'un corbeau, se percher sur le toit de la chapelle. De là, il fit tout ce qu'il put pour arriver à troubler le saint homme. L'ermite avait beau chasser le malin, celui-ci revenait toujours à son poste, redoublant de vociférations et de grimaces. Enfin, comme l'officiant, tourné vers les fidèles, allait prononcer l'antienne *Dominus vobiscum*, Satan poussa un cri plus âpre et plus strident que tous les autres. Cette fois, le prêtre, hors de lui, ne put retenir un juron. Aussitôt un craquement effroyable se fit entendre; le sol s'entr'ouvrit, et oratoire, anachorète, assistants, tout s'engouffra dans l'abîme au-dessus duquel s'étend depuis lors la mare Saint-Coulman.

Les pommiers du Marais de Dol sont superbes et l'on en tire un cidre excellent; mais le produit le plus savoureux de la région, ce sont les légumes, dont la maturation est favorisée par un engrais tout spécial, né d'amas fécondants de détritus, débris de coquillages et d'algues, que la mer rejette sur la rive, et que les paysans recueillent, à cause des principes calcaires qui s'y trouvent, pour renouveler leurs terrains de culture. Les sables de la baie constituent aussi un fond exceptionnellement favorable à la qualité du poisson; rien de plus délicat qu'une sole pêchée dans ces parages; quant aux saumons, ils y abondent à tel point, que jadis les domestiques, en se louant, stipulaient qu'on ne leur servirait pas ce mets plus de trois fois par semaine. La ville de Mont-Saint-Michel, rappelons-le, porte pour armes des « saumons sur un fond ondé ».

Une seule hauteur importante rompt la ligne verdoyante du Marais; c'est le mont Dol, butte isolée et granitique, de 60 mètres d'élévation, que les Druides avaient autrefois consacrée, et qui, au temps où la mer recouvrait la contrée d'alentour, était un autre mont Saint-Michel, au sud du premier. Coupé à pic sur le côté nord, ce coteau s'incline en pente vers le sud. Sur son flanc on aperçoit quelques bouquets d'arbres, des cultures, une chapelle. A son sommet se dressent une petite tour, surmontée d'une statue de la Vierge, et deux moulins à vent; une excavation dans un rocher serait l'empreinte laissée par le pied de l'archange saint Michel lorsqu'il s'élança, d'un bond, de cette montagne sur celle qui porte son nom; d'autres y voient, au contraire, la trace du pied de Satan; d'autres encore, celle du pied de Gargantua, le géant, resté si populaire en Bretagne, que les légendes nous montrent sans cesse en mouvement, franchissant d'une seule enjambée (*gar*) des espaces immenses d'une colline à l'autre.

Partout, dans la vieille Armorique, on retrouve un souvenir ou une relique de ce héros, qui n'est peut-être qu'une transformation de l'Hercule gaulois, un de ces dieux celtiques qu'adoraient nos aïeux avant d'avoir embrassé le christianisme. Les menhirs et les dolmens de la lande de Cojoux, près de Saint-Just (Ille-et-Vilaine), sont les grains de sable qu'il a jetés là, parce qu'ils le gênaient dans ses souliers; à Saint-Suliac, dans le même district, un énorme mégalithe, est une de ses dents. Près de Josselin, dans le Morbihan, on vous fait voir la quenouille de sa femme, un menhir de 6 mètres de haut; le fuseau, un autre menhir, est à Locqueltas. On assure qu'il vint se marier en Bretagne, à Dinan, et que de Saint-Malo il gagna l'Angleterre en deux sauts.

Il était arrivé jusqu'à l'âge de cent ans sans avoir pu, faute d'avoir trouvé un navire capable de le porter, naviguer au loin sur la mer. Assis sur le clocher de Saint-Malo, il se bornait à regarder mélancoliquement l'océan. Un jour enfin, n'y tenant plus, il prit une résolution énergique. En ce temps-là, le golfe de la Fresnaye, situé à l'ouest de Saint-Malo, était, comme celui du mont Saint-Michel, une immense forêt de troncs séculaires. Gargantua en arracha tous les arbres, et se fit construire un vaisseau à sa taille. A chaque mât il y avait deux ou trois villes, et, dans chaque poulie, des auberges. Quand un matelot montait dans les perroquets pour prendre un ris, il faisait un si long trajet qu'au retour sa barbe était grise. Un jour, une tempête survint, et le navire perdit son grand mât. Gargantua se mit debout sur le pont, et, trois semaines durant, il porta la voilure. Puis, fatigué de cette posture, il revint aborder à Plevenon (Côtes-du-Nord) et, depuis lors, il s'abstint de naviguer.

La perspective dont on jouit du haut du mont Dol est immense. Par un ciel clair, on découvre Cancale, la digue qui se recourbe le long de la côte, le mont

Saint-Michel, qui se découpe en un relief lumineux, les rivages normands jusqu'au delà de Granville, puis au sud, Dinan, et les hauteurs verdoyantes de Landal. Plus près de vous, dans la plaine, se groupent les clochers de soixante paroisses; quant à la ville de Dol, distante seulement de 3 kilomètres, elle semble toucher la base du mont.

Avec sa sévère cathédrale gothique, bâtie du XIII° au XV° siècle, sa maison des

Dol. — Vieilles Maisons.

Plaids et ses constructions moyen âge à piliers de granit, cette ancienne métropole de la Bretagne a conservé un air de grandeur déchue qui frappe du premier coup l'étranger. C'est dans les murs de Dol que le fameux chef Noménoé se fit couronner roi en 848. Boulevard avancé de la province, cette cité épiscopale dut naturellement subir la première le choc des Normands lorsque ceux-ci envahirent le pays. En 1075, Guillaume le Conquérant essaya vainement de la prendre. Plus heureux que ce dernier, Henri II d'Angleterre réussit à s'en emparer; mais ce ne fut plus à Dol que les Plantagenets vinrent demander la consécration de leur pouvoir; Rennes, l'ex-capitale des Redons, une des peuplades qui, à l'origine, habitaient la péninsule d'Armorique l'avait, entre temps, détrônée. A défaut de sa suprématie politique perdue, il lu

DINAN. — Vue prise des bords de la Rance.

restait son évêché : la Révolution le supprima, avec ses prébendes (domaines du chapitre) et toutes ses juridictions.

A 2 kilomètres au sud-ouest de la ville est la Pierre du Champ-Dolent, menhir surmonté d'un calvaire, qui mesure 9 mètres de haut et autant de pourtour, et qui, d'après la légende, tomba du ciel pour séparer deux frères qui se battaient. Serait-ce la raison pour laquelle il est, assure-t-on, enfoncé de 7 mètres dans le sol ?

A l'ouest du Marais de Dol recommence, avec les fameux rochers de Cancale, la série des âpres falaises et des hardis promontoires bravant les tempêtes et la houle ; mais, avant de jeter un regard sur divers points de ce littoral, explorons encore quelques sites et quelques châteaux de l'intérieur.

Parmi ces rivières bretonnes, dont les larges estuaires, découpés en péninsules bizarres, ressemblent à de véritables baies, la plus charmante est peut-être la Rance. Elle sort du massif des montagnes du Ménez, relief qui continue à l'ouest, sans dépasser l'altitude de 340 mètres, la chaîne moitié moins élevée qu'on appelle un peu emphatiquement les monts de Bretagne, et qui, aux environs de Mayenne, forme elle-même le prolongement des collines dites de Normandie. C'est le faîte de partage des eaux entre la Manche et le golfe de Gascogne. A partir de Saint-Jouan-de-l'Isle, la Rance s'infléchit brusquement vers la mer en séparant l'un de l'autre les départements d'Ille-et-Vilaine et des Côtes-du-Nord ; puis, après avoir passé à Evran, chef-lieu de canton de 4000 âmes environ, où s'amorce le canal qui la relie à l'Ille, elle arrive au pied de l'escarpement qui porte la jolie ville de Dinan.

Jolie, ce n'est pas assez dire. Les paysages dinannais sont célèbres et ils méritent à coup sûr leur renom. C'est une sorte de Suisse bretonne. Le fleuve, où, deux fois par jour, monte le flot marin, et dont le lit est semé d'îles fleuries, décrit ses sinuosités capricieuses à 72 mètres au-dessous de la cité. Tout alentour, les collines boisées alternent avec les mamelons herbus. Dans les vallées, tantôt encaissées, tantôt largement ouvertes au soleil et à l'air, retentissent des bruissements de cascatelles. Un riche manteau de verdure drape jusqu'aux murailles de la ville. Celle-ci monte tout entière vers l'espace avec ses villas, ses jardins, ses riantes terrasses, entremêlés de tours et de donjons.

Du côté de Dol, un gigantesque viaduc, de 250 mètres de long, franchit, à 40 mètres de hauteur, la dépression où coule la Rance, et relie Dinan au bourg de Lanvallay. Rien de plus imposant que cette file d'arcades, de 16 mètres d'ouverture chacune, vue, par exemple, du pont gothique près duquel se trouve l'embarcadère des bateaux de Saint-Malo.

Mais prenons à part chaque détail du tableau.

Une ligne elliptique de remparts, de près de 3 kilomètres, enferme la cité, fondée au xe siècle par un certain vicomte Hamon. Des vingt-quatre tours qui la défendaient autrefois, il en subsiste encore une quinzaine, avec leurs courtines à mâchicoulis. Trois portes s'ouvrent dans cette enceinte féodale ; la plus ancienne est celle du Jerzual, où aboutit la rue montante et tortueuse du même nom. Au sud se dresse en saillie vers la vallée du Saint-Esprit l'énorme masse du Château, dont le donjon à quatre étages, dit Tour de la Reine-Anne, a 66 mètres de circonférence et 34 mètres de haut. Des fossés profonds l'isolent de la ville, et l'on n'y peut pénétrer que par deux ponts aériens. De la plate-forme de cette forteresse, construite au XIV° siècle et transformée aujourd'hui en prison, comme maint autre castel du vieil âge, on domine la contrée jusqu'au mont Saint-Michel.

L'église Saint-Malo, qui remonte à la fin du XV° siècle, mais dont la nef a été reconstruite de nos jours, l'église Saint-Sauveur, plus ancienne, où repose, dans un

COMBOURG. — Le Château.

cénotaphe, le cœur du connétable Du Guesclin — *Bertran du Gueaqui*, dit une inscription commémorative en lettres gothiques mal formées, — sont les plus curieux monuments de la ville, avec la vieille Tour de l'Horloge, dont la flèche s'élance à 60 mètres; mais quel cours d'archéologie, plein d'intérêt et de variété, représente une promenade à travers ces rues et ces ruelles, dont les maisons à piliers, à encorbellements et à porches, vous ramènent en plein moyen âge! A chaque pas, un souvenir du passé vous arrête : ici, c'est la porte ogivale d'un ex-couvent de Cordeliers; là, c'est le pignon d'une ancienne commanderie de Templiers; ailleurs, une chapelle gothique, une tour en ruines couronnée de verdure. Sur une belle place plantée de tilleuls s'élève, ajoutons-le, la statue de Bertrand du Guesclin : c'est là qu'en 1359 le fameux chevalier, qui s'était fait le bras droit de Charles V dans l'œuvre de « recouvrance » du royaume, provoqua et vainquit en combat singulier l'Anglais Thomas de Cantorbéry.

Toute la campagne environnante est semée de ruines de castels et de couvents. A un kilomètre au sud, en sortant par la porte Saint-Louis, qu'avoisine le puissant bastion de Coëtquen, on rencontre les débris de l'ancien château fort de Lehon; au nord, à la même distance, s'élève, flanqué d'élégantes tourelles, celui de la Coninnais, construction du xv° siècle, dont les salles ont conservé leurs lambris et leur ameublement; un peu plus loin, vers Taden, sont les restes croulants du manoir xvi° siècle de la Garaye; à l'est enfin, sur le bord d'un étang, non loin du canal de la Rance à l'Ille, voici Combourg, le château féodal où Chateaubriand, un autre fils glorieux de la Bretagne, passa ses premières années. L'habitation, dont la partie la plus ancienne date du commencement du xi° siècle, appartient encore aujourd'hui à un petit-neveu de l'illustre prosateur-poète qui nous en a si bien décrit les vénérables tourelles et le lac tranquille.

SAINT-MALO.

VII

VITRÉ ET LE CHATEAU DES ROCHERS — L'ESTUAIRE DE LA RANCE

Transportons-nous plus au sud-est, dans la vallée de la Vilaine, à l'un des points de jonction des voies ferrées de Paris à Brest et à Nantes. Là, sur une colline dominant la rive gauche du fleuve qui, avec son petit affluent l'Ille, a donné son nom au département le plus oriental de la Bretagne, s'élève une autre vieille cité au type tout à fait caractéristique : c'est Vitré, une ex-baronnie de la maison comtale de Rennes, qui passa ensuite à celle de Laval, puis à la famille La Trémoille.

En fait de contrastes, je n'en connais guère de plus achevé que celui que forme ce massif urbain, aux aspects revêches et presque sinistres, avec les riantes et gracieuses prairies où la Vilaine, encore un simple ruisseau, serpente d'un bouquet de verdure à l'autre. Remparts gothiques percés de poternes, château du XIVe siècle aux sveltes tourelles coiffées de toits coniques, maisons de bois à pignons d'ardoises tapissées de pariétaires et de lichens, rez-de-chaussée à porches que soutiennent des piliers presque frustes, et qui se relient l'un à l'autre par des marches aux ressauts chaotiques : telle se présente en son ensemble — abstraction faite du quartier neuf de la gare — cette ville jadis à demi huguenote qui, dans le cours des deux derniers siècles, eut l'honneur de voir siéger plusieurs fois dans son sein les États de Bretagne. Je vous recommande surtout, comme une merveille d'étrangeté archaïque, la rue

VITRÉ. — Le Château.

de la Poterie, dont les sombres boutiques, en retraite sous des espèces de galeries, sont tout ce qu'il y a de plus fantastique. Là vivaient autrefois dans l'austérité et le silence ces vieilles familles bretonnes de notables et d'échevins dont les Archives de

Un coin de Vitré.

Rennes et de Vitré nous ont conservé les annales privées, soigneusement écrites au jour le jour. Rien de plus curieux et de plus instructif que ces mémoriaux du foyer, rédigés par des hommes tout d'une pièce qui n'avaient pas oublié à quelle condition, confirmative des antiques privilèges régionaux, François Ier en 1532, après la mort de la reine Claude, avait obtenu des États de Bretagne la déclaration en vertu de laquelle le duché était désormais réuni au domaine de la couronne de France. Les Vitréens, aujourd'hui, n'ont plus de ces soucis politiques : ils s'adonnent au commerce des toiles et de la bonneterie, et ils confectionnent particulièrement ces sayons en peau de chèvre que les paysans du pays continuent de porter comme faisaient leurs pères.

Au nom de Vitré se rattache celui de Mme de Sévigné, dont le fameux château, les Rochers, n'est qu'à 6 kilomètres de la ville. Chaque année, l'illustre marquise, qui était alliée par son mariage aux premières familles de Bretagne, venait passer la belle saison dans cette demeure seigneuriale, d'où elle a daté un grand nombre de ses lettres. C'était, en ce temps-là, tout un voyage, qui ne durait pas moins de dix ou douze jours.

La noble dame partait, en mai, de Paris, avec un équipage composé, nous le savons par elle-même, de deux carrosses, de quatorze chevaux de trait ou de selle, et de toute une escorte de cavaliers. « Je voudrais me voir passer dans ma voiture », dit-elle en décrivant ce train. En route, la compagnie devisait, lisait les pièces de Corneille ou les *Essais de morale* de Nicole, un des maîtres de Port-Royal. Au lieu d'aller, comme va aujourd'hui le chemin de fer, par Alençon et Laval, on se dirigeait vers la Loire. Et Dieu sait combien d'incidents rompaient la monotonie du trajet! Tantôt c'était un essieu qui se cassait ou un cheval qui s'abattait; tantôt c'étaient les chemins que les pluies avaient défoncés, et il fallait se tirer du bourbier. Une fois à la rivière de Loire, on embarquait sur des bateaux les lourds carrosses avec leurs attelages. Là, autre contretemps : les sables, souvent, empêchaient d'atterrir comme on le voulait. On atteignait ainsi Nantes, d'où l'on gagnait Rennes par terre : c'était la dernière étape. On arrivait enfin aux Rochers, bêtes et gens fourbus à souhait, et l'on se dédommageait de tant d'épreuves en respirant à pleins poumons l'air vivifiant du vaste parc attenant au château.

Mme de Sévigné, qui était, par excellence, une dame « du bel air », ce qu'on appelait alors, dans la bonne acception du mot, une « précieuse », ne trouvait pourtant rien qui fût au-dessus de sa terre des Rochers. Elle était éprise, et ne s'en cachait pas, d'une admiration enthousiaste pour ses vieux arbres et ses chemins solitaires, et c'est même là un trait à noter, au milieu de ce XVIIe siècle qui, le « bonhomme La Fontaine » à part, n'aimait guère la nature que corrigée, aménagée et peignée, à la façon des jardins royaux de Versailles et de Marly. La marquise s'était créé tout un petit monde rustique aux Rochers; chaque allée ombreuse y avait son nom, qui en reflétait le caractère : il y avait la *Solitaire*, l'*Infinie*, dont on ne voyait pas l'extrémité, la *Sainte-Horreur*, qui était toute sombre, le *Mail*, où régnait un silence absolu. La châtelaine causait volontiers avec son jardinier Pilois; cela la changeait des brillants et délicats entretiens des salons de l'hôtel de Condé à Paris et des réceptions de Mme de Sablé; elle avouait même préférer la conversation de ce paysan à celle de maint « chevalier au parlement de Rennes ». Elle-même ne dédaignait pas de mettre la main aux plantations; elle n'avait pas peur de piétiner dans la terre fraîchement remuée, ni de se tremper de rosée jusqu'à mi-jambe. Le printemps la ravissait. Avec quelle complaisance, en écrivant à sa fille, elle lui détaillait, jour par jour, les changements de couleur du feuillage, l'éclosion graduée des boutons qu'elle couvait amoureusement des yeux, l'aspect des charmes, qui avaient « leur manière », celui des hêtres, qui en avaient « une autre », puis les transforma-

Château des Rochers.

tions automnales, la ramée cessant d'être verte, pour devenir aurore et composer « un brocart d'or riche et magnifique » !

Le château des Rochers est formé de deux corps de logis du xve siècle, qui s'appuient en retour d'équerre à une grosse tour et à une tourelle en poivrière, contenant la cage de l'escalier. Un peu à l'écart se trouve la chapelle, en forme de rotonde hexagonale, bâtie par ce « bien bon » oncle, l'abbé de Coulanges. La grande cour, les jardins, les bois ombreux semés de pavillons, la pelouse en terrasse d'où l'on domine la vallée, tout cela formait au manoir un entourage aussi pittoresque que grandiose.

La famille des Nétumières, qui possède aujourd'hui le domaine, en a maintenu de son mieux le caractère. Le salon d'apparat a toujours ses portraits du xviie siècle, parmi lesquels figure celui de la marquise elle-même, peint, dit-on, par Mignard. La chambre à coucher, le « cabinet vert », subsistent aussi avec leurs meubles et leurs ustensiles d'autrefois : il ne faut plus au visiteur possédant quelque peu son « grand siècle » qu'un léger effort d'imagination pour évoquer, au milieu de ce cadre, Mᵐᵉ de Sévigné en personne, avec sa coiffure à la grecque, son corsage échancré à la mode du temps, assise dans une de ces grandes chaises au damas de soie rouge, et en train de laisser, comme elle le disait, « trotter sa plume la bride sur le cou ».

Revenons aux rives de la Rance, et, par un des bateaux à vapeur qui dérapent du quai, en aval du viaduc, descendons le fleuve jusqu'à Saint-Malo. Après avoir laissé à main gauche le charmant vallon de la Fontaine minérale avec sa belle allée de tilleuls, puis, de chaque côté, de pittoresques rochers, des moulins à vent, des villages dominés par de hauts clochers, nous franchissons l'écluse du Châtelier, puis nous atteignons le pont-viaduc de Lessard, lancé sur la Rance à 33 mètres au-dessus de notre tête. A gauche, au bord d'un étang, se dresse encore un château gothique, celui de la Bellière, où mourut Tiphaine Raguenel, la première femme de Du Guesclin. Plus loin, à la hauteur des bosquets et des grottes du Chêne-Vert, la rivière s'élargit en une vaste nappe qu'un étroit défilé, où le bateau s'engage comme à l'aventure, sépare d'un second bassin appelé le lac Saint-Suliac. Et toujours, sur une berge et sur l'autre, des roches escarpées, des églises, des tourelles de manoirs treillissées de plantes grimpantes.

Vitré. — Porte ancienne.

A partir de ce point, le fleuve, de plus en plus ramifié et sinueux, ressemble littéralement à un *fiord*. Une série de caps bizarres se projettent en travers de son cours, découpant des échancrures profondes au bout desquelles apparaissent des hameaux, des villas, des chapelles. Passé la petite île Chevrel et une ligne de chantiers de construction, voici, à gauche, dans une bauge de verdure, les vieilles tours du château de la Rance, et, en face d'elles, la sinistre maison de l'Égorgerie qui fut jadis le théâtre d'un drame dont son nom dit assez la nature. On pénètre de là dans un autre évidement fluvial où une croix de pierre signale un écueil ; puis, après de nouveaux récifs, les rochers de Bizeux, l'horizon s'élargit, et l'on entre en plein dans l'estuaire : à l'ouest se découvre la belle anse de Dinard, où le bateau fait escale ; à l'est se dresse la colline escarpée de Saint-Servan, puis, de l'autre côté du golfe d'un kilomètre de largeur que franchit le fameux pont roulant sur des rails au fond de la mer, s'avance l'antique rocher d'Aaron : c'est Saint-Malo, « le vaisseau de granit à l'ancre au milieu des tempêtes », le nid des navigateurs célèbres et des invincibles corsaires, tels que Jacques Cartier, qui découvrit le Canada, Porée, qui aborda aux Malouines (îles Falkland), Duguay-Trouin, qui prit Rio-de-Janeiro, et

Robert Surcouf, dont on sait les exploits. Les fameux médecins La Mettrie et Broussais, le philosophe Lamennais, Chateaubriand, le chantre d'*Atala* et de *René*, sont aussi des Malouins. Celui-ci, que nous avons vu porté dans les langes à Combourg, a sa tombe sous Saint-Malo même, à 500 mètres de la porte Saint-Pierre, sur l'îlot solitaire du Grand-Bey que la mer bat et délaisse tour à tour. C'est une simple pierre environnée d'une grille gothique et surmontée d'une croix de granit, sans nulle inscription.

Cet estuaire singulier de la Rance, dont les flots, il y a huit ou neuf siècles, ont

Château de la Rance.

détaché violemment l'île Cézembre qu'on aperçoit à 5 kilomètres au large, vous venez de le voir par une belle marée de *vive eau*, alors que la vague mugissante assiège les quais des havres riverains et submerge tous les récifs d'alentour; mais ce n'est là qu'un des deux aspects de cette baie soumise à tous les caprices de l'océan, qui en modèle ou en déforme à son gré les contours. Si, au lieu de l'aborder à l'heure où le flux monte dans le fleuve, vous y arriviez à marée basse, combien l'aspect en serait différent! Cette rade, sur laquelle, en ce moment, voguent orgueilleusement les navires, ne serait plus qu'une immense grève; la rivière vous apparaîtrait comme un mince filet d'eau, serpentant sur un triste fond de vase; les embarcations y seraient couchées paresseusement sur le flanc; les îles enfin ne seraient plus que de mornes rochers à sec. Aussi a-t-on construit au dedans du golfe, pour recevoir les plus gros bâtiments, deux bassins à flot, l'un pour Saint-Malo, l'autre pour Saint-Servan, dont les havres extérieurs n'ont plus qu'une importance secondaire.

Saint-Malo, port de commerce et place de guerre, offre une figure tout à fait singulière. Un isthme, autrefois très étroit, qu'on nomme le Sillon, mais que les alluvions de la mer aussi bien que les travaux de l'homme ont transformé en une large chaussée, le relie seul au continent. La cité a conservé son enceinte de remparts, élevés du xiv° au xvii° siècle et percés de six portes flanquées de tours. C'est dans cette enveloppe qu'elle se blottit, avec son fouillis pressé de rues et de places et ses vieilles maisons aux façades de bois, aux baies de fenêtres accouplées comme à Genève et garnies de tout petits carreaux.

Ce ne fut qu'au xii° siècle que les successeurs de l'évêque cambrien Malo, qui, 600 ans auparavant, avait remplacé le moine Aaron dans le gouvernement de son abbaye, abandonnèrent la cité d'Aleth (aujourd'hui Saint-Servan) pour s'établir sur ce rocher de granit. Des siècles durant, les Malouins vécurent à peu près isolés sous la quasi-souveraineté de leurs évêques ; ni les ducs de Bretagne ni les rois de France n'avaient sur eux d'autorité effective. Enfin, en 1594, ils consentirent à se donner à Henri IV, qui venait d'abjurer, et dès ce moment commença la série de leurs grandes expéditions maritimes qu'il n'y a pas lieu de raconter ici. Au xvii° siècle, ils avaient,

Tombeau de Chateaubriand.

grâce à leur trafic océanien, acquis de telles richesses, qu'ils purent, à deux reprises, prêter au roi une somme de 20 et de 30 millions. Aujourd'hui, bien que déchus de leur ancienne grandeur, les habitants de Saint-Malo sont toujours très fiers de leur ville et de leur passé ; comme les Vénitiens, dont on sait la devise, ils continuent de se dire « Malouins d'abord, puis Bretons, et ensuite Français ».

Au delà du Sillon, sur le continent, s'est créé tout un vaste faubourg industriel, grâce auquel Saint-Malo finira par donner la main à l'agglomération jumelle qui s'est développée de l'autre côté du golfe.

Cette seconde ville, Saint-Servan, n'a point de murailles qui l'enserrent et peut s'étendre à l'aise sur les pentes de la colline, escarpée seulement du côté de la mer, où elle a succédé à l'antique Alethum ; aussi, au rebours de sa voisine, à laquelle l'espace fait défaut, a-t-elle des rues droites et larges, avec des maisons entourées de jardins, qui lui donnent une sorte de cachet champêtre. Son port du Commerce, sis au nord, communique au moyen d'écluses avec les bassins de Saint-Malo ; son port militaire, absolument dénué d'importance, s'ouvre au sud-ouest, sur la Rance, entre la Pointe des Corbières et la tour Solidor, dont il a pris le nom. D'un troisième port, le petit port Saint-Père, part le bac de Dinard.

Saint-Servan n'a guère de constructions antérieures au temps de Louis XIV; son quartier le plus ancien, la Cité, correspond à cette ville gallo-romaine d'Aleth qui était devenue si prospère dans les dernières années de l'empire romain, et qui, jusqu'à l'arrivée de Malo, resta un des boulevards du druidisme. Son église paroissiale, bâtie seulement au xviiie siècle, a la forme d'une de ces basiliques primitives que les chrétiens, au sortir de leurs cryptes, élevèrent sur le modèle des palais de justice romains où siégeaient les préteurs, c'est-à-dire que l'on n'y trouve pas ces nefs transversales, dites *transsepts*, qui coupèrent plus tard les édifices consacrés au culte. Sa tour, en granit bleu et à trois étages, a une hauteur de 40 mètres et se termine par un dôme d'où l'on découvre un superbe horizon.

Quant à la tour Solidor, dont j'ai parlé ci-dessus, elle date du xive siècle, et se dresse sur un rocher à l'embouchure de la Rance. Ce qui fait son originalité, c'est qu'elle se compose de trois massifs réunis en triangle par des courtines, percées de meurtrières et surmontées de mâchicoulis, à l'intérieur desquels circule un escalier en hélice. Un sémaphore en couronne le sommet.

Dans les monts d'Arrée.

VIII

LÉGENDES ET SUPERSTITIONS BRETONNES
SAINT-BRIEUC, L'ILE BRÉHAT, TRÉGUIER ET LANNION

Les deux départements de la Loire-Inférieure et d'Ille-et-Vilaine, ainsi que la majeure partie de celui des Côtes-du-Nord, correspondent à peu près au territoire qu'on appelait autrefois Haute-Bretagne ; c'est aujourd'hui la Bretagne *gallote*, c'est-à-dire francisée ; le reste, Morbihan et Finistère, représente l'ancienne Basse-Bretagne (ex-comtés de Vannes, de Cornouaille et de Léon) que nous appelons Bretagne *bretonnante*. Là, le peuple continue de parler divers dialectes du vieil idiome celtique, tel qu'on le retrouve en certains districts du pays de Galles, de l'Écosse et de l'Irlande. Mer, par exemple, se dit *Mor* (Mor-bihan, petite mer), bois *coat* ou *coet*, montagne *mené*, forteresse *ker*, et tête *penn* (*Pennmarc'h*). Et ce n'est pas seulement par la langue, c'est aussi par le caractère et les mœurs que le Bas-Breton se distingue du Breton gallot. Celui-ci, par son humeur gaie et ses manières expansives, se rapproche sensiblement du Français des autres provinces ; celui-là, au contraire, montre un fond de sévérité, de tristesse silencieuse et farouche, que suffirait à expliquer l'isolement prolongé où il a vécu. Chez l'un et chez l'autre d'ailleurs l'esprit de superstition et les vieilles pratiques sont les mêmes. C'est pour être demeurés foncièrement Gaulois que les habitants de l'Armorique paraissent aujourd'hui moins Français que le Normand, le Tourangeau ou le Picard.

Sortie de messe, en Bretagne.

On a remarqué que le Breton dépaysé se laisse volontiers, comme le montagnard, envahir par une nostalgie invincible : cela tient à l'empreinte que laisse dans les âmes tout pays où la nature revêt un caractère de grandeur mystérieuse et sauvage comme dans cette péninsule « de granit recouverte de chênes » qu'ont chantée les poètes du terroir. Vers la mer, des baies aux découpures capricieuses, où la vague s'engouffre et se perd, des falaises avancées, des roches solitaires où la voix des tempêtes prend un accent tout particulier de tristesse désolante, des grèves noires de cailloux « que le flot pousse et ramène avec un bruit de chaînes et de sanglots »; à l'intérieur, les monts d'Arrée, aux cimes nues et tourmentées, la vaste lande pleine de bruyères et de genêts où s'alignent de gigantesques blocs de pierres grises, fichées là de temps immémorial : tout, en cette terre d'Armorique, jusqu'au ciel bas et sombre qui si souvent écrase l'horizon, exerce sur l'esprit et le cœur une action d'autant plus pénétrante qu'elle est plus contenue et plus lente.

Aussi, nulle part en France, le vieux culte païen n'a-t-il laissé des mythes plus tenaces. L'empire des esprits s'étend par toute la Bretagne ; la légende s'y attache, comme une mousse séculaire, à tous les détails du site régional, au chemin sinueux entre les haies, au vieux mur croulant que le lierre enlace, à la fontaine qui murmure dans l'herbe, à la roche bizarrement ébréchée qui s'incline vers le sentier solitaire, et qui, sous les pâles lueurs de la lune, à l'heure où se brouillent les contours des objets, semble se mouvoir sur sa base.

De la mare à demi cachée sous l'ombrage sort, la nuit, une femme blanche ou une lavandière fantastique. Parfois aussi, c'est le *Houpoux* qui, en imitant le cri de l'homme, *hou! hou!* attire le voyageur attardé vers quelque gouffre invisible. Et la grande *charretée nocturne*, qui ne l'a vue passer transportant les morts? Et la *charrette moulinoire* dont les essieux grincent, le soir, par les chemins creux et à travers champs? Elle roule, roule toujours, conduite par le diable, en écrasant tous ceux qu'elle rencontre. Quant au *Chariot de David*, c'est dans les airs qu'il chemine, mais seulement par les belles nuits d'été.

Chose étrange au premier abord, en parcourant les montagnes du Tyrol, j'ai retrouvé dans l'épique vallée qu'arrose la Sarca, avant d'aboutir au lac de Garde pour en ressortir à Peschiera sous le nom de Mincio, un certain nombre de superstitions qui semblaient propres à la Bretagne, et, spécialement, ces personnifications des grands cubes de granit placés en vedettes au bord des chemins. Je me souviens, par exemple, d'un certain bloc, dit Dos de Mulet (*Schena da Mul*), qui se trouve non loin de Pietra Murata, et qui, la nuit, surveille toute la gorge. Aperçoit-il un passant harassé en quête d'un endroit pour se reposer, il lui offre aussitôt sa large échine, et dès qu'il le tient sur sa croupe, il l'emporte vers un défilé voisin et le précipite dans l'abîme. Il y a aussi la *Pebordu*, qui vous jette un sort lorsqu'on la regarde : incontinent on est pris de folie; on court, on court toujours, comme une bête traquée par la meute du chasseur, jusqu'à ce qu'on tombe mort d'épuisement.

Le lutin *Mourioche*, en Bretagne, est encore proche parent du *Bas-rouge* tyrolien (*Calzella rossa*); c'est celui dont on effraie les enfants mutins, et il revêt, assure-t-on, toutes les formes. Un autre lutin breton s'en vient, la nuit, arracher la crinière et le poil des chevaux ou les emmêler de telle sorte qu'il n'est plus possible d'y remettre ordre; il prend volontiers la figure d'une bête, sans qu'on puisse préciser au juste s'il ressemble à un chien ou à un veau. Parfois il s'amuse à se substituer aux chevaux de labour, et, une fois enfourché par le fermier, il part à fond de train et galope trois jours et trois nuits sans discontinuer.

La mer a aussi ses lutins spéciaux, qui jouent toutes sortes de tours aux pêcheurs : c'est, par exemple, *Nicoli*, qui hante spécialement les baies de Saint-Brieuc et de Saint-Malo. Il troue ou brouille les filets, il lève les ancres des bateaux à huîtres, pendant que les matelots sont occupés à draguer les bancs, ou bien il fait dériver les chaloupes. On croit l'avoir aperçu en dernier lieu sous la forme d'un marsouin ; puis il a disparu tout d'un coup des parages des Côtes-du-Nord. Certaines gens disent qu'il s'est attaché à un navire de Terre-Neuve ; mais qui sait s'il ne reviendra pas?

Quant aux fées marines, elles sont innombrables. Ces grottes que la mer a creusées, par exemple, au cap Fréhel et sur tout le littoral, de Cancale à Erquy, la Salle à Margot, la Poul-i-Fée, sont les antres où elles habitent. Ces excavations portent le nom de *goules* ou de *houles*, mots qui semblent traduire, par leur harmonie imitative, le bruit que produit la vague en s'y engouffrant.

La première grande échancrure qu'on rencontre, après l'estuaire de Saint-Malo, c'est la baie de Saint-Brieuc, encore une ancienne terre envahie par les eaux, où l'on a retrouvé des traces d'habitations gallo-romaines. La fameuse table de Peutinger, qui date du temps d'Alexandre Sévère (an 320 après Jésus-Christ), mentionne là, au cap d'Erquy précité, l'existence d'une ville appelée *Reginea*. Dans quelques siècles, l'océan, qui empiète de 2 mètres par an sur les cultures du littoral et y substitue des galets et des sables, aura sans doute changé en îlot plus d'une des péninsules actuellement existantes.

Saint-Brieuc, le chef-lieu de ce département maritime au flanc septentrional duquel les flots mordent si furieusement, est à 2 kilomètres et demi de la côte ; mais, grâce à son port du Légué, sis à la rive gauche du Gouët, à 1500 mètres de l'embouchure, la ville n'en fait pas moins un commerce de cabotage très actif et arme même pour Terre-Neuve et l'Islande. Seulement, au lieu de 5000 *mathurins* que Saint-Malo et Saint-Servan, par exemple, envoient au *banc* transatlantique, Saint-Brieuc ne fournit pour la pêche à la morue qu'une soixantaine d'hommes ; tout le reste de ses habitants se compose, comme on dit là-bas, d'*éléphants*, de gens qui restent attachés au plancher des vaches, s'y occupant de fabriquer des étoffes, d'expédier des denrées agricoles ou d'exploiter les carrières de granit du pays.

La ville n'a guère de monuments. La cathédrale Saint-Étienne, commencée au XIII° siècle, l'église Saint-Michel, toute moderne, l'église collégiale de Saint-Guillaume, où une fresque représente saint Brieuc, le missionnaire venu d'outre-Manche à la fin du v° siècle, prêchant l'Évangile aux païens de Bretagne, en sont, avec la chapelle de pèlerinage Notre-Dame d'Espérance, la préfecture et l'hôtel de ville, les édifices les plus remarquables. En revanche, ses rues ont conservé un certain nombre de maisons de bois ornées de sculptures ; citons celle du

« joueur de biniou », la maison de style Renaissance dite « hôtel des ducs de Bretagne », puis, dans la rue Bas-Fardel, une construction du xv° siècle à pignon et à étages en encorbellement, c'est-à-dire soutenus en saillie, ainsi que les tourelles du temps, par des pierres superposées que l'on nomme *corbeaux*; citons enfin, rue des Pavés-Neufs, une magnifique habitation de la même époque, l'Hôtel de Rohan, qui à un portail sculpté joint une façade à mâchicoulis et une colonnade intérieure.

A partir de la baie de Saint-Brieuc, la côte, comme on peut le voir sur la carte, dessine une longue inflexion au nord-ouest, jusqu'à la petite anse de Paimpol, en

Le Légué. — Port de Saint-Brieuc.

face de laquelle se trouve l'île Bréhat. Avec ses plaines, ses vallons, ses montagnes en miniature, cette île, peuplée de 1 200 habitants, est comme un petit monde complet, relégué à 2 kilomètres au large. Une infinité de baies minuscules et de caps bizarres en découpent les rivages. Elle était autrefois divisée en deux par un bras de mer, la Corderie, d'une vingtaine de mètres de largeur; mais Vauban, lorsqu'il parcourut ce littoral pour y organiser la défense, fit jeter sur ce menu détroit une chaussée de communication. Outre une rade bien abritée, où peuvent séjourner les bâtiments de guerre, Bréhat possède deux ports excellents. Ses roches curieuses et romantiques, dont l'une, celle du Paon, se soulève et s'abaisse alternativement sous l'action du flux, pour retomber sur une autre roche, avec un frappement de marteau sur l'enclume, attirent un assez grand nombre de touristes; aussi, entre l'îlot et Paimpol, existe-t-il un service de vapeurs.

Aux environs de Bréhat émerge un petit archipel d'écueils dont la traînée se prolonge au sud-ouest jusqu'à l'embouchure de la rivière de Pontrieux, localité qu'il ne faut pas confondre avec sa presque homonyme Portrieux, située tout près de Saint-Brieuc. Sur l'un de ces rochers, les Héhaux, s'élève un phare de premier ordre, dont la tour de granit, haute de 45 mètres, et large de 18 à sa base, domine seule, au moment du flux, le sein verdâtre de l'océan. L'éclairage en est complété par deux feux rouges établis sur des récifs voisins.

Enfin, à la hauteur du groupe des Sept-Iles, au sommet d'un promontoire, à la rive droite du Jaudy, on rencontre la vieille cité de Tréguier, qui possède la plus belle cathédrale du département, et, plus au sud-ouest, celle de Lannion, à laquelle le Légué forme un port maritime. Quelles charmantes excursions à faire en amont, sur les bords de ce dernier cours d'eau, où surgissent de toutes parts des ruines de castels féodaux, Coëtfrec avec sa tour à créneaux, Kergrist, Runfao, Tonquédec au site plein d'une sauvagerie romantique! Sur la côte intermédiaire se blottit, au fond de son anse, signalée par quatre fanaux, la jolie bourgade balnéaire de Perros, qu'avoisinent les fameux rochers de Ploumanac'h, sculptés d'une façon si étrange par les agents météorologiques : ce pittoresque district est quasi dédié à saint Quinec, moine qui vint de la Grande-Bretagne au vɪᵉ siècle, et dont la statue de bois est le rendez-vous traditionnel des jeunes filles désireuses de se marier dans l'année.

Figuier géant, près de Roscoff.

IX

LA CORNOUAILLE — QUIMPER ET QUIMPERLÉ — A LA BAIE DE QUIBERON

Passé Tréguier et Lannion, la côte redescend au sud-ouest jusqu'à l'embouchure de la rivière de Morlaix.

Là, nous sommes dans le Finistère, au seuil de l'antique Cornouaille, dont les monts d'Arrée au nord et les montagnes Noires au midi embrassent toute la partie centrale. Quand on approche de Morlaix par le chemin de fer de Paris à Brest, on aperçoit à gauche les crêtes toutes déchirées du premier de ces reliefs, que franchit magnifiquement, plus au sud, la route de voitures menant de Carhaix à Landerneau. « La Cornouaille du Nord, a-t-on dit, est l'Arabie Pétrée de la Bretagne, celle du Sud en est l'Arcadie florissante. » Dans l'une, des chaînes de collines noires et arides, des routes poudreuses, des déserts d'ajoncs et de genêts, des ruines tombant pièce à pièce le long des chemins; dans l'autre, un labyrinthe de vergers et de champs fleuris, des vallons et des coteaux pleins de grâce, des villages cachés dans les bois, des cités gaiement étagées au bord d'eaux courantes.

Cette dernière, c'est la région de Quimper, où nous arriverons tout à l'heure, après avoir achevé de contourner ce littoral tempêtueux et grondant qui atteint le cap Saint-Mathieu et plonge de là dans la baie de Douarnenez.

Un semis d'îlots, d'écueils et de bancs de galets sépare l'estuaire de Morlaix de celui de Saint-Pol-de-Léon, dite la ville « aux clochers à jour », à cause de l'aspect caractéristique qu'elle présente de loin sur son éminence. Siège autrefois de l'un des cinq évêchés bretons, et renommée par toute la province pour la richesse de ses églises, cette ex-cité sacro-sainte est aujourd'hui absolument morte; mais il lui reste, de son passé, une merveille : c'est cette chapelle de Creizker, fondée, dit la tradition, par une jeune fille du pays que l'archidiacre saint Kirec avait guérie miraculeusement. Bien que cette cure nous reporte au vi° siècle, l'édifice ne date pourtant, en majeure partie, que du xiv°. Le style gothique *flamboyant*, ainsi appelé des ornements de son ogive, qui ne sont pas sans analogie avec une flamme droite ou renversée, n'a rien produit de plus élégant que ces deux porches, l'un aux fenêtres splendides, l'autre aux voussures couvertes de figurines et de feuillages profondément fouillés. Le clocher carré, haut de 77 mètres, s'élève sur

SAINT-POL-DE-LÉON. — Notre-Dame de Creizker.

quatre arcades aux piliers formés de colonnettes en faisceau, et se termine par une flèche à jour que flanquent quatre clochetons. La cathédrale de Saint-Pol, partie romane et partie gothique, est aussi un remarquable édifice dont les deux tours sont reliées par une balustrade à flèches et à clochetons. A l'intérieur sont les tombeaux des anciens prélats; quant au palais épiscopal, il a été transformé en hôtel de ville.

Au delà du petit port de Roscoff, qui fait face, plus haut, à l'île de Batz, et où, grâce au courant du *Gulf Stream*, les figuiers croissent en pleine terre, comme dans le Midi, la côte de Cornouaille, toujours entaillée de mille déchiquetures, s'infléchit légèrement au sud-ouest jusqu'à la bourgade de Ploudalmézeau, vis-à-vis de laquelle sont les roches de Porsal. Là encore, dans de vastes dunes, est englouti une ancienne forêt de chênes dont on aperçoit des vestiges au retrait des marées d'équinoxe. A 22 kilomètres en mer apparaît l'île d'Ouessant, terre de 8 kilomètres de long sur 3 et demi de largeur moyenne, qu'entoure presque entièrement un rempart de falaises abruptes, percées çà et là de grottes et découpées de ponts naturels. Trois baies et quelques petites anses interrompent seules cette ceinture rocheuse. A l'intérieur règne un plateau ondulé et couvert de cultures, mais sans autres arbres que quelques ormes et des pommiers au tronc incliné par le vent. Deux phares de premier ordre s'y élèvent aux pointes nord-ouest et nord-est : l'un projette sa lumière au large, l'autre signale l'entrée de ce terrible chenal du Four qui sépare du conti-

DOUARNENEZ. — La baie.

nent breton la grande île et les îlots à sa suite. Nul passage n'inspire plus d'effroi aux marins que ce dédale plein de courants contraires et semé d'écueils, où les brouillards, les sautes de vent brusques ne sont pas moins fréquents que les orages. « Qui voit Ouessant, voit son sang », dit un proverbe connu. C'est pourtant par ce détroit ou, plutôt, par cette série de détroits qu'on arrive à la belle rade de Brest.

Au-dessous de ce grand port militaire, dont le *goulet* d'accès a 6 kilomètres, et des péninsules intérieures de Plougastel et de Daoulas, le littoral, découpé en manière d'étoile, projette une nouvelle série de caps étroits : pointes du Gouin, du Toulinguet, de Pen-Tir, de Dinant, de la Chèvre ; le dernier commande au nord la magnifique baie de Douarnenez. A l'entrée opposée du golfe, en face de l'île de Sein, dont la dangereuse traînée de récifs est signalée par un phare, s'ouvre une autre baie au sinistre renom, celle des Trépassés. Dans cette anse où les marins croient entendre aujourd'hui les plaintes des naufragés mêlées aux sifflements du

BREST. — Le port.

vent et au fracas des galets qui s'entre-choquent, les vieux Gaulois nos pères écoutaient parler le dieu des tempêtes. Neuf vierges druidesses, spécialement chargées de fléchir sa colère, desservaient, dans l'île de Sein précitée, les sanctuaires de Koridwen, la Fée blanche, déesse mystérieuse des ténèbres. Le nautonier qui, dans les nuits d'orage, rasait ces écueils escarpés, toujours battus des flots en furie, entrevoyait sur la pointe des rocs des fantômes aux longues chevelures secouant des torches ardentes dont la lueur se mêlait à celle des éclairs. Malheur à celui qui tentait d'aborder sans la permission de ces terribles prêtresses! Dominant sur la nature entière, pouvant prendre à volonté la figure de n'importe quel animal, elles n'accueillaient que les navigateurs qui s'étaient embarqués tout exprès pour consulter leurs oracles.

C'était là aussi, près de la pointe du Raz, dans l'abîme marin qu'on appelle aujourd'hui l'Enfer de Plogoff — gouffre terrible où les lames se heurtent avec un mugissement de tonnerre, — que, la nuit du 1er novembre, Samhan, le Juge des Morts, faisait comparaître devant lui les âmes de ceux qui avaient trépassé dans l'année. A minuit, tous les pêcheurs du littoral gaulois entendaient heurter à leurs portes. Ils se levaient, allaient à la plage, et trouvaient là des barques inconnues qu'ils sentaient s'alourdir sous le poids de passagers invisibles. Avec leur charge, ils faisaient voile vers la Bretagne emportés dans une course vertigineuse. Dès qu'ils arrivaient à la côte située vis-à-vis de l'île de Sein, les embarcations s'allégeaient soudain : les âmes les avaient quittées pour aller subir le jugement de Samhan.

Une tradition veut que, dans ces parages, il y ait eu autrefois une grande ville, nommée Is, qui aurait été engloutie tout à coup dans les circonstances que voici. Cette ville, commerçante et riche, était défendue contre l'océan par une digue puissante dont l'écluse ne laissait passer que la quantité d'eau nécessaire. Chaque mois, le roi Grallon venait l'ouvrir en personne au moyen d'une clef d'argent, symbole de son autorité, qu'il portait sans cesse suspendue à son cou. Or la fille de ce prince, nommée Ahès, était une sorte de Marguerite de Bourgogne que ses débordements et ses crimes rendaient odieuse à tout le pays. Un jour, le saint abbé de Landévennec, monastère situé près de Brest, et le plus ancien de la Bretagne, vint trouver Grallon et lui dit : « Hâte-toi de fuir avec tes fidèles; Ahès a ouvert l'écluse avec la clef d'argent qu'elle t'a ravie, et ta cité va être engloutie. » Le roi voulut néanmoins sauver sa fille; il la prit en croupe, et partit au galop. Comme il franchissait les portes de la ville, un grondement terrible lui fit retourner la tête. Is n'existait plus; à sa place s'étendait une immense baie. La vague cependant le poursuivait et allait le gagner de vitesse : « Grallon, lui cria une voix, si tu ne veux périr, débarrasse-toi du démon que tu portes derrière toi. » Ahès, épouvantée, roula dans les flots, qui, satisfaits de cette proie, s'arrêtèrent soudain. Quant à Grallon, il arriva sain et sauf à Kemper (Quimper), qui devint dès lors sa résidence et la capitale de la Cornouaille. Il y mourut au commencement du VIe siècle, et fut inhumé dans l'abbaye de Landévennec, qu'il avait comblée de ses dons.

Arrêtons-nous, comme le roi d'Is, à Quimper, puisque la légende nous y a conduits.

Quimper, ou Quimper-Corentin, comme on l'appelait autrefois, est un port d'estuaire sis à 18 kilomètres de la mer, au point de jonction de deux rivières, le Steir et l'Odet, qui descendent de cette chaîne des montagnes Noires dont je vous ai parlé ci-dessus : de là sa dénomination de *Kemper*, qui, en breton, signifie confluent. La ville s'étend principalement sur la rive droite de l'Odet, qui est pourvu de quais sur une longueur de près de 700 mètres, et peut recevoir des navires de 300 tonneaux. Malgré les moqueries dont ce chef-lieu de la Basse-Bretagne était volontiers l'objet en un temps où l'unique moyen de locomotion était le lourd coche à l'attelage essoufflé dont parle La Fontaine, et où, partant, on ne voyageait guère, il est peu de localités provinciales dont le cadre et l'aspect soient aussi plaisants que ceux de la cité de saint Corentin. Ce dernier, dont elle a gardé le nom accolé au sien, fut, vous le savez, au v° siècle, son premier évêque. Ajoutons qu'un certain nombre d'hommes éminents à des titres divers, les jésuites Bougeant et Hardouin, le critique Fréron, l'antagoniste acharné de Voltaire, le navigateur Kerguélen, fameux par ses découvertes aux terres australes, le docteur Laënnec, inventeur de l'auscultation, l'académicien de Carné, mort seulement il y a quelques années, sont nés à Quimper.

Pointe du Raz.

Comme Saint-Pol-de-Léon au nord, cette métropole de l'antique Cornouaille était jadis une sorte de centre religieux, et aujourd'hui encore elle est fort vénérée des populations catholiques de Bretagne. Sa cathédrale, dédiée à saint Corentin, est un somptueux édifice, aux lignes un peu massives peut-être, qui fut commencé en 1239, et achevé seulement à notre époque à l'aide de la souscription dite « du sou de Saint-Corentin », laquelle fournit en cinq ans près de 200 000 francs, et permit de porter les deux tours jumelles à 75 mètres de hauteur. Le grand portail, du xv° siècle, est splendide à voir avec ses deux fenêtres de style flamboyant superposées et son triple rang de figurines d'anges ; mais la merveille en est encore la série de représentations héraldiques qui orne le fronton et ses alentours, et où le lion de Montfort tient si fièrement la bannière de Bretagne. La statue équestre qu'on aperçoit à la balustrade de la plate-forme est celle de ce roi Grallon dont je vous ai raconté l'histoire singulière; mais c'est une œuvre toute moderne. Avant celle-ci, il y en avait une autre qui donnait lieu, jadis, à l'usage que voici.

Chaque année, le jour de la Sainte-Cécile, un des sonneurs de cloche de la cathédrale montait en croupe sur le cheval de Grallon, muni d'une bouteille, d'un verre et d'une serviette. Là, il avalait une bonne rasade, en ayant soin de se dissimuler derrière la personne de l'ex-roi d'Is; il présentait ensuite la coupe vide au monarque de pierre, et lui essuyait la bouche avec la serviette, aux applaudissements des spectateurs réunis sur la place; puis, ce rite accompli, il jetait le verre au milieu de la foule, et c'était à qui s'efforcerait de le recevoir intact, pour mériter le louis d'or qui était la prime du gagnant.

L'artère la plus animée et la plus commerçante de Quimper est la rue de Kéréon, qui se détache, au nord-ouest, de la place de la cathédrale, et, après avoir franchi le Steir, se continue, par celle du Chapeau-Rouge, jusqu'à l'ex-couvent des Ursulines, converti actuellement en caserne. Mais c'est surtout les jours de foire que la jolie petite ville se réveille et apparaît toute souriante. Les vieux costumes bretons, un

QUIMPERLÉ. — Vieilles maisons.

peu rajeunis, il est vrai, par quelques accommodements qui essaient de les mettre au goût de l'heure présente, s'exhibent alors aux yeux de l'étranger avec leurs broderies multicolores fabriquées dans le pays même. Ces jours-là aussi, sous les Halles, le joueur de biniou fait danser les couples de mariés.

Au sud-ouest, sur la rive gauche de l'Odet, qui fait face à la ligne des quais, s'étendent de belles allées d'ormes menant à l'église de Locmaria, fondée en l'an 1030 par je ne sais plus quel comte de Cornouaille. Suivons, de ce côté, le cours du fleuve, bordé de jardins et de riants paysages, à travers lesquels montent et des-

QUIMPER. — Vue prise dans une rue.

cendent de charmants chemins aux voussures de feuillage. L'Odet, large à peine de 100 à 150 mètres à Quimper, se développe bientôt en un vaste estuaire, dont les berges, découpées d'anses profondes, sont distantes de plus d'un kilomètre l'une de l'autre; puis, au village de Benodet (*Pen-Odet*, tête de l'Odet), se montre à nous la charmante baie où, entre deux phares, la rivière débouche dans la mer. A gauche se profile la pointe rocheuse de Penmarc'h; au large, en face de la baie de Fouesnant ou de la Forêt, s'étend l'archipel des Glénans, groupe de neuf îlots détachés du continent par les flots. Au fond de la baie se trouve Concarneau, port de pêche florissant; puis, à une quarantaine de kilomètres dans les terres, sur la voie ferrée de Quimper à Lorient, la petite ville de Quimperlé, qui a mérité le surnom d'Arcadie de la Basse-Bretagne.

Situé, lui aussi, au confluent de deux rivières navigables, l'Ellé et l'Isole, issues de la ligne de hauteurs, parallèles au rivage, qui prolongent, au sud-est, les montagnes Noires, Quimperlé, avec ses maisons peintes, entourées de verdure et de terrasses fleuries, est, en effet, le plus délicieux nid qu'on puisse voir. De ses anciens murs, il ne lui reste qu'une tour, dont les eaux de l'Ellé lèchent le pied; mais quels curieux édifices que ses deux églises Saint-Michel et Sainte-Croix! Près du porche de la première s'élève une maison en bois sculpté, du xv° siècle, qui est, à elle seule, un petit poème d'archaïsme. Le port n'est fréquenté que par des bâtiments de 30 tonneaux au plus; en revanche, la ville possède une école d'irrigation et de drainage presque sans rivale en France.

Ici nous quittons le Finistère pour entrer dans le Morbihan. Laissons Lorient et Port-Louis de côté, et courons droit à la pointe du pays, c'est-à-dire à la presqu'île de Quiberon. Cet éperon mamelonné, de 10 kilomètres de long sur 2 kilomètres de large en moyenne, n'est relié au continent que par un isthme sablonneux et une chaussée construite de main d'homme que submergent les hautes marées : de là, on le sait, le désastre effroyable essuyé par les émigrés qui, en 1795, essayèrent de débarquer sur cette langue de terre sans issue. Refoulés par les *Bleus* qui s'avançaient, il leur fallut se jeter dans les flots ou se rendre. C'est entre la baie que cette péninsule délimite à l'ouest et l'embouchure de la Vilaine à l'est, que s'ouvre le lac marin, la petite mer intérieure, si étrangement découpée, et toute parsemée d'îles et d'îlots, qui a donné son nom au département dont Vannes est le chef-lieu. C'est là aussi que, sans aller plus loin pour l'instant sur cette côte de France, nous voulons offrir au lecteur une dernière vision de la vieille Armorique.

La Bretagne est, on le sait déjà, la région par excellence des monuments mégalithiques. Plus d'une fois, dans notre course trop rapide à travers la grande presqu'île celtique, nous avons rencontré de ces gros blocs de pierre dressés et fichés en terre, soit isolément, soit par groupes alignés. Le plus souvent ils s'élèvent au sommet de buttes ou *tombelles*, œuvres de la nature ou de l'homme. Parfois le mégalithe est posé en équilibre sur une autre pierre, et, au moindre choc, il oscille. D'autres fois, il figure une table (*dolmen*) supportée par des piliers frustes et au-dessous de laquelle s'ouvre une sorte de grotte fermée à un bout. Ailleurs enfin, les blocs sont disposés en de vastes cercles inclus les uns dans les autres (*cromlech*). Les légendes populaires attribuent ces singulières constructions à des êtres surnaturels ; mais l'homme instruit sait qu'elles sont dues soit aux habitants primitifs du pays, soit aux Celtes ou Gaulois qui s'y sont établis après eux. Les fouilles qu'on a pratiquées dans ces sévères monuments, dénués de tout art architectural, semblent avoir démontré qu'ils avaient, les uns une destination funéraire, les autres un caractère religieux, et souvent les deux à la fois.

C'est surtout à l'extrémité ouest de la péninsule gaélique, là où l'on parle encore la langue des Kymris (autre nom des Gaulois), que ces alignements ou ces superpo-

CARNAC. — Les Alignements.

sitions de pierres prennent des proportions extraordinaires. Arrêtons-nous, je vous prie, à la plage nord-ouest de la baie de Quiberon, et gravissons, près du bourg de Carnac, l'éminence, de 80 mètres de long sur 20 mètres de large, qu'on appelle le mont Saint-Michel. De son sommet, qui porte une chapelle, se déroule à nos yeux une plaine couverte de bruyères sauvages, sur laquelle se profile à perte de vue toute une armée de pierres gigantesques et symétriquement disposées sur onze rangées parallèles : c'est ce qu'on nomme les *alignements de Carnac*.

Les unes se dressent droites et majestueuses, les autres sont penchées vers le sol et toutes tapissées d'une mousse séculaire. Au XVIe siècle, paraît-il, ces piliers étaient encore au nombre de douze ou quinze mille ; les paysans les ont exploités en carrière pour en faire des clôtures à leurs champs ; ce qui ne les empêche pas d'y voir, selon l'occurrence, une œuvre maudite ou sacrée. Les habitants de Carnac, que les problèmes archéologiques n'embarrassent guère, expliquent le plus simplement du monde l'origine de ces alignements : saint Cornély, qui est leur patron, et dont la fête tombe le 13 septembre, se trouvant poursuivi par une armée de païens, et ne pouvant, faute d'un bateau, se sauver sur la mer, eut une inspiration lumineuse : en vertu de son pouvoir de saint, il changea en pierre les soldats qui allaient le saisir. De là le nom de *Soudar del Sunt Cornély* (soldats de saint Cornély) que portent encore ces blocs dans le pays.

A 16 kilomètres de là, sur la rive ouest du Morbihan, les environs de Locmariaquer offrent une assemblée de mégalithes plus étrange encore. De la rivière de Crach à la mer, ce ne sont que tumulus, menhirs, dolmens, intacts ou mutilés, debout, couchés à terre ou en partie enfouis dans le sol. Un de ces monolithes, la Pierre de la Fée, a été brisé par la foudre en quatre morceaux; on évalue son poids

LOCMARIAQUER. — La Table des Marchands.

à 200 000 kilogrammes, et l'on se demande comment les hommes primitifs, qui ne possédaient aucun de nos moyens techniques, ont pu transporter de telles masses de granit loin des gisements qui les ont fournies. Un autre, la Tranche-de-Beurre, a 20 mètres de long. Citons aussi le tumulus de la Montagne de la Fée, qui recouvre un dolmen (grotte), et auquel on arrive par un sentier bordé de menhirs, la Pierre-Longue, les Pierres-Plates, et enfin la Table des Marchands, qui a 14 mètres de circonférence. Dans un des îlots du Morbihan, celui de *Gavr'inis* (île de la Chèvre), il y a une tombelle plus étrange encore : elle a 8 mètres de haut sur 100 mètres de circonférence; à l'intérieur, elle recèle une grotte aux parois couvertes d'hiéroglyphes indéchiffrables et de sculptures impossibles à décrire. Cette terre celtique, aux bords de laquelle la nature a accumulé tant d'épouvantements, serait-elle donc aussi celle où l'homme a entassé le plus d'énigmes?

Forêt de Fontainebleau. — Restaurant à Franchard.

X

LA FORÊT ET LE CHATEAU DE FONTAINEBLEAU — LÉGENDES TABLEAUX DE GENRE ET HISTOIRE

A l'époque où les Romains envahirent la Gaule, cette région, transformée aujourd'hui en un territoire de culture, n'était guère qu'une vaste forêt entrecoupée çà et là de clairières. Au sud, la chaîne des Cévennes était tout entière couverte d'épais bois; à l'est, les futaies du Dauphiné, du Jura et des Vosges se reliaient à celles du pays des Helvètes (Suisse) et aux massifs hercyniens de la Germanie, dont le fossé du Rhin les séparait seul; à l'ouest, la presqu'île de Bretagne ainsi que la contrée où devaient plus tard s'établir les Normands, étaient également revêtues d'une riche parure arborescente. Les forêts actuelles d'Orléans et de Montargis ne sont aussi que les débris d'immenses frondaisons qui occupaient jadis tout l'espace compris entre la Loire et la Seine; au nord, enfin, s'étendaient d'autres fourrés gigantesques, dont ceux de Villers-Cotterets, de Chantilly, de Compiègne, de Coucy sont les faibles restes, et qui se continuaient sans interruption, jusqu'au fond de la Gaule Belgique, par cette inextricable forêt Charbonnière (Ardenne), dont César parle avec une stupeur presque égale à celle de Henri Stanley quand il nous décrit sa grande futaie noire du centre de l'Afrique.

Au temps des Carolingiens, ces zones silvestres, prises en leur ensemble, n'avaient pas encore subi de diminutions très sensibles; seulement, grâce aux coupures et aux chemins qui s'y multipliaient déjà, elles tendaient à se subdiviser en massifs distincts; puis, peu à peu, les défrichements, opérés surtout par les moines, y créèrent autant de centres agricoles qui allèrent toujours en s'agrandissant. L'abbaye d'abord, comme le château féodal ensuite, fut le noyau de bourgades qui, pour la plupart, devinrent des cités. Mais le district de notre vieille Gaule qui se trouva le plus vite éclairci, en raison de son importance politique et de la densité de sa population, ce fut l'Ile de France. Le site de Lutèce, à l'origine, n'était pas moins touffu que le reste du pays; au XIIe et au XIIIe siècle encore, la capitale était entourée de forêts. Celle de Rouvray, par exemple, dont le bois de Boulogne est le dernier relief aménagé en parc de plaisance, s'avançait jusqu'à Chaillot. Celles de Bondy et de Livry, à l'est, rejoignaient au sud le massif de Sénart, et celui-ci, qui, sous Henri II, se continuait jusqu'aux portes de Charenton, ne faisait probablement qu'un tout avec la grande forêt de Bière (*Silva Bieria, Foresta Bieriæ*), dont les halliers extrêmes devaient eux-mêmes se rattacher aux futaies d'Orléans et de Montargis.

Cette forêt de Bière, ou de Fontainebleau, comme nous l'appelons aujourd'hui, était alors, et est encore, la plus considérable de la région. Elle mesure 90 kilomètres de pourtour et une superficie de près de 17000 hectares. On ne connaît pas au juste l'origine de sa dénomination primitive. Vient-elle du chef danois Bier, dit Côte de Fer, qui, vers 845, y avait son quartier général, et ravageait de là les cantons d'alentour, ou l'étymologie en remonte-t-elle au terme bas-latin *biera, briera*, qui signifiait *plaine*? Le problème, à vrai dire, nous importe peu. Toujours est-il que le second nom de la forêt n'apparaît qu'au milieu du XIe siècle; il serait dû, selon les uns, à une source qu'un chasseur découvrit dans le voisinage du château, et dont l'onde lui plut tellement qu'il l'appela *Fontaine belle-eau*, d'où Fontainebleau. D'autres racontent que ce fut un chien nommé *Bléaud* qui mena son maître, mourant de soif, à cette source. Une troisième version enfin veut qu'il ait existé anciennement, à l'endroit où s'élève le château, un domaine seigneurial qu'on appelait le Bréau; une des pièces d'eau, en effet, porte encore cette désignation.

De tout temps, les forêts, avec leur majestueux silence et leurs hauts troncs dont l'aspect semble témoigner d'une durée éternelle, ont agi sur l'esprit de l'homme, qui les a peuplées d'êtres mystérieux et redoutables. Chez les Anciens, c'étaient des lieux sacro-saints où régnaient des divinités. Diane-Artémise particulièrement avait l'empire des bois et des bêtes fauves qui les habitaient; puis, au-dessous d'elle, venaient des génies secondaires: les Satyres velus et cornus, aux pieds de chèvre; les Faunes taquins et moqueurs, les Sylvains dont on effrayait les enfants, les Silènes ventrus et ivrognes qui possédaient la sagesse orphique et qu'on enchaînait de fleurs — demandez à Virgile — pour les contraindre à chanter et à prédire, puis toute une famille de nymphes ou de dryades, et enfin Pan, le grand dieu pastoral et forestier, dont la voix était si retentissante, et qui *vaticinait*, lui aussi.

Quand le christianisme eut évincé cette hiérarchie de dieux et de demi-dieux païens, les fées et les lutins prirent leur place. Les vastes futaies de la Gaule eurent leurs *korrigans*, leurs *fadets*, leurs *sorcières*, leurs *hommes-loups*, habitant des grottes retirées dont nul humain n'eût osé s'approcher. Autant que toute autre, la forêt de Fontainebleau s'emplit de ces êtres redoutés et maudits. Longtemps, par exemple, elle fut hantée par une apparition fantastique que l'on appelait le *Grand Veneur*. La nuit, les halliers reten-

Forêt de Fontainebleau. — Un sentier dans la forêt.

tissaient d'un bruit effroyable : c'était la chasse mystérieuse qui passait, avec sa meute infernale et ses piqueurs tout de rouge vêtus. L'Estoile nous parle de ce fantôme, que tant de gens prétendaient avoir vu « de leurs yeux ». Le mercredi 12 août 1598, écrit-il, le roi Henri IV, chassant dans la forêt, entendit des jappements de chiens, des cris et des sons de trompes qui n'étaient pas ceux des bêtes et des gens dont sa suite était composée; sur quoi, s'imaginant que des intrus se permettaient de gêner sa chasse, « il commanda au comte de Soissons de pousser en avant, pour voir quels étaient ces téméraires. Le comte ne vit qu'un grand homme noir qui l'interpella dans l'épaisseur des broussailles, puis disparut. »

En Angleterre, un chevaucheur nocturne du même genre était, dit-on, l'ombre d'Arthur, le héros breton, qui, durant sa vie, avait été un chasseur forcené. En Pro-

Forêt de Fontainebleau. — Entrée des Gorges d'Apremont.

vence, il y avait le *chasseur blanc*; ailleurs, le veneur Caïn, puis, en Allemagne, le fameux roi des Elfes. Le point de départ commun de toutes ces traditions de même ordre, c'était la croyance que les âmes des morts, identifiées avec les souffles des vents, se rassemblaient en troupe dans les airs : le mugissement de la tempête n'était que le bruit qu'elles faisaient en passant.

La forêt de Fontainebleau logeait d'autres hôtes plus dangereux qui n'étaient pas un simple produit de l'imagination populaire : c'étaient les voleurs et les malandrins qui y avaient établi leur repaire. On rapporte qu'en 1264 le roi Louis IX, lancé à la poursuite d'un cerf, y fut attaqué par eux; il sonna du cor pour appeler ses gens, dont il se trouvait séparé, et l'on accourut le délivrer : l'endroit où ce fait se passa porte actuellement le nom de Butte Saint-Louis. Au xvii° siècle encore, une troupe de brigands occupait les Gorges d'Apremont; en 1647, elle enleva l'ermitage de la Madeleine qu'on avait bâti en 1617, pour y installer un ordre de chevalerie destiné à poursuivre les duellistes, lesquels allaient volontiers se battre dans ces fourrés. Plus tard, celui de Franchard eut le même sort; tous les religieux en furent massacrés par les bandits.

Sillonnée aujourd'hui par un système de routes et de sentiers qui ne mesure pas moins de 20 000 kilomètres, et dont Henri IV commença le tracé, la forêt de Fontainebleau ne renferme plus ni bandits ni spectres. Elle a cependant conservé ses mystères, mais des mystères pleins de sérénité et de poésie, qu'elle ne révèle qu'aux âmes capables de les comprendre. C'est la futaie-musée, la grande solitude ombreuse où l'initié et l'artiste vont chercher des sources d'inspiration. Non moins que cette région de la Campagne romaine qui s'étend vers les monts de la Sabine, de Tivoli à Genazzano, ses fourrés et ses gorges ont été l'école favorite de nos modernes paysagistes. Les villages de Marlotte au sud et de Barbizon au nord-ouest sont devenus

Forêt de Fontainebleau. — Franchard : la Roche-qui-pleure.

comme leur domaine privé. Aussi nulle forêt du monde n'a-t-elle été, plus que celle-ci, reproduite par le pinceau ou le crayon : Théodore Rousseau, Diaz, Decamps et d'autres l'ont dessinée sous tous ses aspects, et tel arbre, tel rocher dont je vous parlerai tout à l'heure, figurent sur une infinité de toiles.

Les études de ces amants passionnés de la nature ont été du reste facilitées par un modeste collaborateur, qui, s'il eût vécu dans l'antiquité, au lieu de vivre au xixe siècle, eût certainement passé au rang de personnage mythique : c'est l'ancien militaire Denecourt, celui qu'on a surnommé à bon droit le « Sylvain de Fontainebleau ». A partir de 1842, ce pieux auxiliaire de l'art a commencé de tracer dans les dédales ignorés de la forêt une série de chemins et de sentiers qui en ont révélé aux touristes les beautés les plus pittoresques. Sa vie entière a été consacrée à cette œuvre, et c'est grâce à lui que nous pouvons aujourd'hui admirer à l'aise tel site ravissant, tel chaos de roches imposant ou bizarre, tel tronc solitaire et vénérable, qui, auparavant, demeuraient perdus au sein d'impénétrables massifs.

La forêt de Fontainebleau, qui a la figure d'un quadrilatère ébréché à l'est et au centre duquel à peu près est bâtie la ville du même nom, occupe un site caractéristique. Qu'on se représente une série de collines parallèles, ou plutôt de hautes vagues de terrain, s'allongeant de l'est à l'ouest, et formées principalement de sable et de roches de grès entremêlés çà et là de belles cristallisations. Entre ces boursouflures du sol, que l'on désigne sous le nom de *plattières*, et dont l'élévation moyenne est de 40 à 60 mètres, se creusent en manière de vallées d'étroits sillons que bordent, comme un ourlet, un semis de gros blocs tabulaires, éboulis tombés des plateaux supérieurs et massés parfois en de grandioses entassements. L'ensemble est surtout remarquable par sa variété infinie d'aspects : ici, des intumescences nues ou verdoyantes, là de hauts et profonds labyrinthes boisés, ailleurs des steppes sablonneux ou hérissés de bruyères, des cirques au pourtour rocheux, des gorges romantiques ou sauvages, des clairières toutes tapissées de mousse, bref, tous les tableaux mélancoliques ou riants de la nature gauloise, hormis cependant les fraîches perspectives qui appartiennent aux paysages humides. Malgré son nom, en effet, cette épique forêt n'a point d'eau; nulle part la moindre source n'y filtre; de place en place, seulement, se rencontre une mare à la nappe dormante. N'ayant point d'eau, elle n'a pas d'oiseaux. Point de vocalises ni de coups d'ailes frémissants dans le feuillage; les longs rameaux de ses grands troncs restent muets, et ce silence des airs, joint à l'aridité du terrain, ajoute encore à l'étreignante impression de solitude qu'elle produit sur l'âme.

FORÊT DE FONTAINEBLEAU. — Roche naturelle à Franchard.

A la vue de ces sites alpestres, de ces roches aux amoncellements chaotiques,

FORÊT DE FONTAINEBLEAU. — Sentier descendant dans la Gorge-aux-Loups.

de ces ravins dont le lit semble fait pour recevoir des torrents écumeux, on a peine à comprendre que des cascades ne se précipitent pas de toutes les *plattières* et que des ruisseaux ne bruissent point à travers les bauges profondes de verdure. Mais combien de splendeurs aux effets imprévus rachètent cette lacune! On se croirait parfois au pays des mirages. Tantôt à l'extrémité d'une crête, où l'on a longtemps marché sous le couvert d'une dense frondaison, apparaît tout à coup au regard, par une éclaircie de la feuillée, un vaste pan de ciel azuré qui figure, à s'y méprendre, une tranche de la Méditerranée aperçue d'un des brusques tournants du magique chemin de la Corniche. Tantôt, au contraire, le promeneur, perdu comme indéfiniment dans le dédale touffu des hauteurs qui se succèdent sans interruption et des vallées qui rejoignent les vallées, s'imagine voyager à l'aventure à travers ces grands bois de l'Ouest américain dont les trappeurs ont fait leur empire. D'autres sites ont donné lieu à des assimilations plus étranges encore : telle est, par exemple, cette partie de la forêt que l'on a appelée la Petite-Kabylie; tel est aussi, du côté d'Arbonne, ce cône de sable tout éblouissant de blancheur auquel son faux aspect de névé a valu le nom de Petit Mont-Blanc.

Il y a, il est vrai, quelques ombres au tableau. Un certain nombre de districts, livrés à l'exploitation des grès, en vue surtout du pavage de Paris, présentent çà et là des excavations déplaisantes à l'œil; tout un canton, celui des Monts-Aigus, un des plus pittoresques, et sis près de la ville, a été de plus interdit au public par l'administration des Forêts, qui a jugé bon de l'enclore; enfin plusieurs futaies, et non des moins belles, celle de la Mare-aux-Evées, par exemple, sont tombées sous la cognée du bûcheron; néanmoins, en dépit de ces mutilations, le massif conserve des beautés naturelles qui en font une des merveilles de la France.

Qui n'a entendu parler de ces bibliques Gorges de Franchard, où les blocs de grès se superposent d'une manière si bizarre? Dans cette ex-thébaïde, où l'on voit encore les ruines du couvent qui avait succédé à l'ermitage primitif, il y a aujourd'hui un café-restaurant. Tout près de là, au milieu d'un site aride et sauvage, se trouve, entre autres curiosités, la fameuse *Roche-qui-pleure*, ainsi appelée à cause de l'eau qui, d'une mare située au-dessus, suinte à travers les fissures de grès. Et cet ensemble agreste, et si étrangement emmêlé, de collines glabres, de rochers, de vallons et de défilés, connu sous le nom de Gorges d'Apremont, qui n'en a vu la figuration quelque part? Ce désert n'a pas moins de 12 kilomètres de circuit, et pour l'explorer en détail, il faut toute une semaine au touriste.

Les essences dominantes de la forêt sont le chêne, le hêtre, le charme, le bouleau et le pin silvestre ou de Genève. Ce dernier, qui est le représentant principal de la famille des résineux, n'y a été introduit qu'à la fin du siècle dernier; c'est lui qui couvre en majeure partie les Gorges d'Apremont et du Houx. Cet arbre prospère jusqu'à cent ans et plus; sa couche d'aiguilles d'un vert glauque amende merveilleusement le sol et le prépare à recevoir des essences supérieures. Quant au pin maritime, dont on a aussi essayé pour le repeuplement, il n'a pas réussi; cette espèce a la nostalgie des côtes ensoleillées du Midi.

Le roi incontesté des forêts gauloises et de celle de Fontainebleau en particulier, c'est le chêne. Si ses rameaux ne rendent plus d'oracles, comme ils faisaient jadis à Dodone, il est toujours le plus bel ornement des massifs. Tout en lui est concentré : avec son feuillage austère et terne, ses fleurs et ses fruits de peu d'apparence, son écorce impénétrable sous laquelle s'accumulent et durcissent lentement ces fibres

Forêt de Fontainebleau. — Vieux chêne dit : le Pharamond (la Tillaye).

résistantes qui repoussent le ciseau et la hache, il est bien l'arbre du mystère et du dogme, l'arbre fatidique qui, de tout temps, s'imposa à l'imagination. Il est sociable pourtant; dans sa jeunesse et sur un sol favorable, il s'unit volontiers à ses pareils pour former une gigantesque futaie. Sa tige s'élève droite vers le ciel, et dès qu'il a passé cent ans, on peut y tailler des pièces de charpente de 4 mètres de tour sur 15 de long. Seulement, à mesure qu'il vieillit et que son aristocratique ramure s'étale et s'élargit davantage, il prend des allures despotiques et moroses, il fait place nette autour de lui. Les représentants les plus vénérables de son espèce sont presque toujours solitaires. Regardez plutôt, dans les massifs les plus renommés de Fontainebleau, le *Briarée* du Bas-Bréau, le *Pharamond* de la Tillaye du Roi, le *Superbe* du Gros-Fouteau, et le *Jupiter* de la Vente-des-Charmes. D'autres, tels que le *Charlemagne* du vallon de la chaîne du Mont-Ussy, et le *Bouquet du Roi* de la Tillaye précitée, ont été mutilés par la foudre ou ont disparu. A cause de l'aridité du sol, ces chênes de Fontainebleau sont tous des arbres à *bois gras*, aux couches très rapprochées l'une de l'autre, et n'offrant pas l'élasticité de ceux qui proviennent de terrains plus fertiles : aussi fournissent-ils très peu de chose à la charpente et à la marine ; en revanche, ils sont excellents pour la fente : on en fabrique des douves et des lattes.

C'est sur les géants de la grande forêt qu'il faut étudier les évolutions dernières de l'essence ; bien que lente et progressive, la décadence n'en est pas moins implacable. Chaque fonction du végétal s'enraye et se paralyse peu à peu. Cet état morbide peut durer des années ; mais, chaque jour, la défaillance s'accuse davantage. Un moment vient enfin où la tête de l'arbre se *couronne*, c'est-à-dire s'arrondit : c'est le symptôme d'une mort imminente. Les rameaux se dessèchent à l'extrémité, le feuillage de la cime s'éclaircit, jaunit de bonne heure, et tombe dès les premiers jours d'automne. Souvent même, comme un crâne humain d'où la source de vie se retire, le front du colosse se dépouille entièrement. A l'extérieur, le tronc paraît encore sain, mais, au dedans, les canaux s'obstruent, les derniers sucs s'extravasent au travers des tissus engorgés, et ces suintements forment des ulcères. Enlevez l'écorce qui s'en va par fragments : vous apercevrez les galeries sinueuses que la larve meurtrière a creusées dans l'aubier. Au premier ouragan, ce qui reste de feuilles desséchées s'envolera. Le grand fût cependant demeurera debout, semblable à un squelette décharné ; et ce ne sera que peu à peu et lentement que son tronc crevassé s'écroulera par morceaux.

Le compagnon et le rival du chêne, c'est un arbre essentiellement gaulois, lui aussi, le hêtre, appelé communément *fau, fayard, fou* (d'où *fouteau*, hêtraie). C'est sous le grand *fau* de la colline de Domremy que Jeanne Darc entendit ses *voix*. A Fontainebleau, la superbe futaie déjà mentionnée du Gros-Fouteau nous offre des hêtres de trois cents et quatre cents ans, aussi bien conservés que des chênes. Pendant longtemps cette essence croît obscurément, puis, tout à coup, elle prend son essor ; à cinquante ans, plus précoce que le chêne, elle est dans la plénitude de sa force et de son développement. Avec son écorce d'un gris clair et lisse, ses feuilles d'un vert tendre, et la vaste envergure de son branchage, qui se subdivise presque à l'infini, elle corrige l'aspect monotone des forêts par la variété de ses couleurs. Comme le chêne, elle étouffe tout autour d'elle ; peu de plantes parasites croissent au pied du hêtre. C'est l'arbre ombreux par excellence, celui sous lequel, dans l'églogue de Virgile, nous voyons le berger Tityre se reposer en jouant de la flûte. Pline nous dit que, mêlé au chêne, il occupait tout l'emplacement primitif de Rome ; jusqu'à la guerre de Pyrrhus en effet, c'est-à-dire pendant près de cinq siècles, les

FORÊT DE FONTAINEBLEAU. — Le Gros Fouteau.

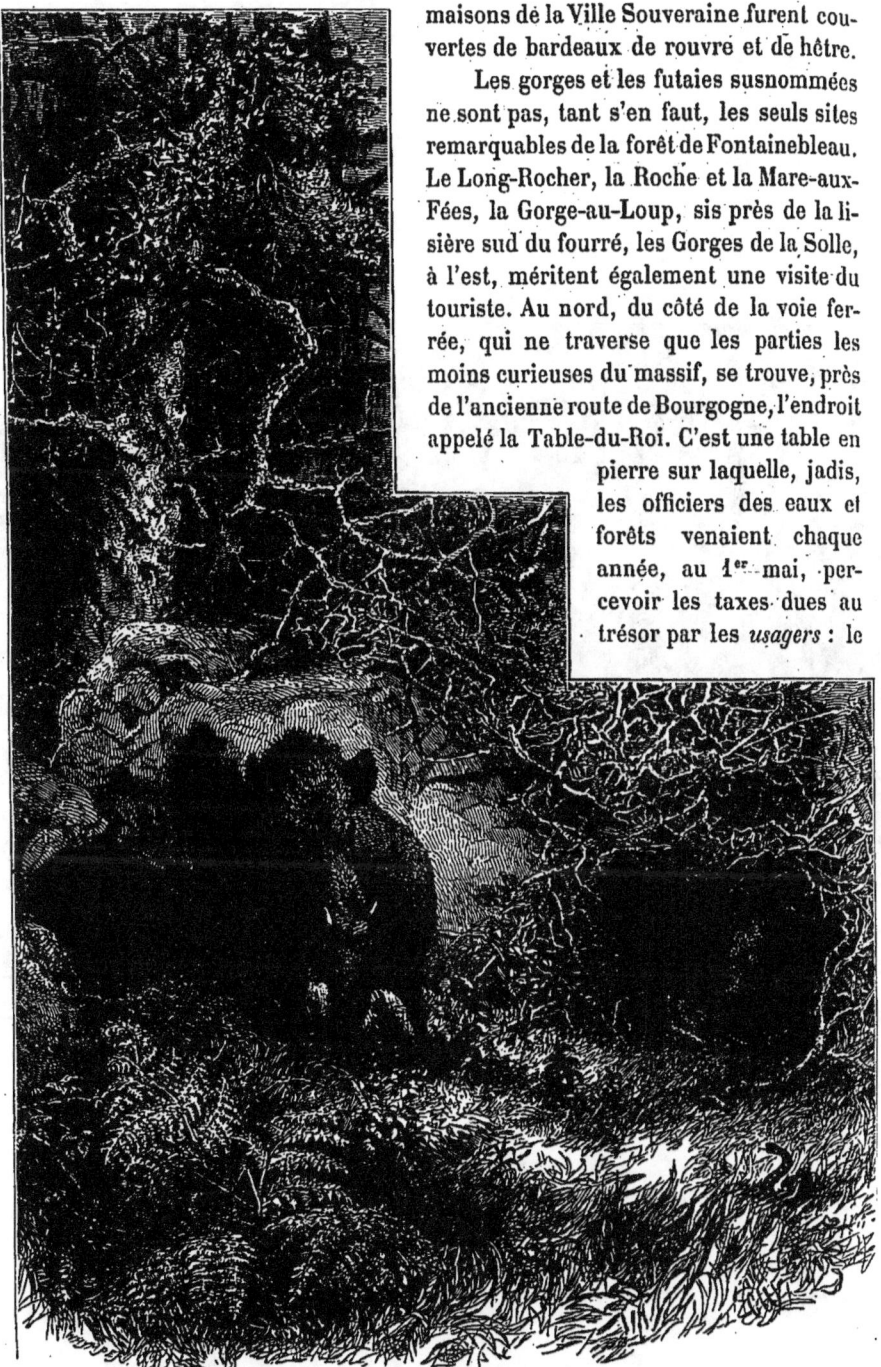

maisons de la Ville Souveraine furent couvertes de bardeaux de rouvre et de hêtre.

Les gorges et les futaies susnommées ne sont pas, tant s'en faut, les seuls sites remarquables de la forêt de Fontainebleau. Le Long-Rocher, la Roche et la Mare-aux-Fées, la Gorge-au-Loup, sis près de la lisière sud du fourré, les Gorges de la Solle, à l'est, méritent également une visite du touriste. Au nord, du côté de la voie ferrée, qui ne traverse que les parties les moins curieuses du massif, se trouve, près de l'ancienne route de Bourgogne, l'endroit appelé la Table-du-Roi. C'est une table en pierre sur laquelle, jadis, les officiers des eaux et forêts venaient chaque année, au 1ᵉʳ mai, percevoir les taxes dues au trésor par les *usagers* : le

FORÊT DE FONTAINEBLEAU. — Un sanglier dans la forêt.

Forêt de Fontainebleau. — Futaie.

droit d'usage consistait, par exemple, à prendre du bois dans la forêt, à y faire paître des troupeaux, à y mener des porcs à la glandée. La redevance se payait en nature ou bien en espèces. L'abbesse du Lys, dit la chronique, apportait au lieu du rendez-vous un jambon et deux bouteilles de vin; chaque nouveau marié de la paroisse Saint-Ambroise de Melun, un gâteau et cinq deniers.

De tout temps, la forêt de Fontainebleau a été un district de chasse pour nos rois et souverains. Aujourd'hui encore, la faune sauvage y est assez riche. On y compte 1 500 cerfs ou biches, et un certain nombre de sangliers, ce dont ne laissent pas de se plaindre les gens des localités d'alentour. De temps en temps on fait des battues. Pour détruire les biches, on emploie le procédé dit du *panneautage*. Les portions de bois où se trouvent ces bêtes sont entourées de hauts filets; les traqueurs et les chasseurs pénètrent dans cette espèce de *cerne*, et y refoulent le gibier devant eux. Biches et faons, acculés contre la clôture de toiles, qui forme poches par en bas, tombent dedans et entraînent en leur chute les piquets de soutènement. On n'a plus alors qu'à les prendre ou à les assommer. Quelques animaux cependant réussissent à franchir l'enceinte et échappent ainsi à la mort.

Disons maintenant un mot du palais. C'est un peu avant le grand viaduc courbe de Changis, dont les trente arches, de 10 mètres d'ouverture chacune, franchissent la vallée vers Thomery, que se trouve la station du chemin de fer Lyon-Méditerranée. De la gare, on n'aperçoit ni le château, ni la ville, éloignés de plus d'un kilomètre. La ville, peuplée de 15 000 âmes environ, n'a en soi rien de remarquable; les rues en sont généralement larges; les maisons, à un seul étage pour la plupart, n'ont point de prétentions architecturales, et se contentent d'être aérées et commodes. D'industrie, peu ou point; le site lui-même nourrit l'habitant, grâce aux bans de curieux qu'il attire.

Fondé au XIIe siècle, probablement par Louis le Gros, le château de Fontainebleau fut d'abord un manoir féodal, une véritable citadelle entourée d'un fossé et flanquée de tours et de donjons. Louis VII, le successeur du vainqueur de Bouvines, y data un certain nombre de chartes, avec ce libellé : *Apud fontem Bleaudi*, qui nous reporte à l'étymologie que je vous ai ci-dessus indiquée sous réserves. La demeure était avant tout un rendez-vous de chasse; Philippe le Bel y mourut même en 1314 d'une chute de cheval qu'il avait faite en poursuivant un sanglier à travers la forêt. Puis, pendant quelque temps, ce séjour est déserté par nos rois. Louis XI lui préfère Plessis-lès-Tours, Charles VIII le château d'Amboise, et Louis XII celui de Blois. Mais, avec François Ier, la cour y revient, et c'est alors que le manoir féodal est remplacé par un palais, à l'embellissement duquel travaille toute une pléiade de peintres et de sculpteurs italiens. C'est le moment où, sous le souffle de la Renaissance, s'élèvent, sur tous les points de la France, de grandes et féeriques résidences. Les châteaux de Saint-Germain-en-Laye, de Madrid, de la Muette, de Villers-Cotterets, de Chambord, datent en effet de la même époque. Parmi les maîtres que François Ier manda d'outre-monts, citons Serlio, Primatice, Rosso, Andrea del Sarto, Niccolo dell' Abbate, Léonard de Vinci, Jules Romain et Benvenuto Cellini.

LE PALAIS DE FONTAINEBLEAU.

L'œuvre du roi-chevalier fut continuée par Henri IV, qui fit construire notamment la galerie de Diane, la porte Dauphine, la cour des Offices avec les bâtiments qui l'encadrent, et creuser le Grand Canal. Du règne de son successeur, qui naquit au

FORÊT DE FONTAINEBLEAU. — Au Bas-Bréau.

château, dans la chambre dite aujourd'hui Salon de Louis XIII, date l'escalier de la cour du Cheval-Blanc. Sous Louis XIV, Le Nôtre dessina le parc et la terrasse qui le domine. Ce ne fut pas néanmoins à Fontainebleau que le Grand Roi établit son siège de prédilection; ce fut à Versailles et à Marly. Il se bornait à faire chaque année un voyage au château forestier de ses aïeux; et ce fut même dans une de ces visites qu'il signa la révocation de l'Édit de Nantes. Louis XV y séjourna également, pour s'y livrer au plaisir de la chasse, et le 30 mai 1717 il y reçut le tsar Pierre le Grand, comme François Ier, en 1539, y avait hébergé Charles-Quint. En 1752, le *Devin de Village* de J.-J. Rousseau y fut représenté pour la première fois. La Révolution dépouilla le palais, qui, en 1804, était tombé dans un tel état de délabrement que Napoléon Ier dut dépenser 6 millions pour le restaurer et presque autant pour le remeubler.

Cinq ans plus tard, l'empereur, encore au faîte de la gloire, y faisait prononcer son divorce; puis, en 1812, il y retenait prisonnier le pape Pie VII, et,

Viaduc de Changis.

lui-même, au printemps de 1814, il y signait son abdication sur un petit guéridon d'acajou qu'on montre au premier étage du palais. Le règne de Louis-Philippe fut une nouvelle époque de rénovation pour la demeure dynastique; plusieurs millions furent consacrés aux frais de réfection et d'embellissement. En mai 1837 eut lieu dans la galerie de Henri II le mariage du duc d'Orléans et de la princesse Hélène de Mecklembourg. Enfin le dernier hôte couronné du château fut l'empereur Napoléon III, qui y avait sa vénerie, aux ordres du prince de la Moskowa.

L'édifice, remarquable surtout à l'intérieur, est une agglomération de bâtiments bas reliés par des pavillons plus élevés, et dont l'ensemble irrégulier, groupé autour de plusieurs cours, offre un aspect dépourvu d'unité et de caractère. L'entrée principale est par la cour d'honneur, appelée longtemps cour du Cheval-Blanc, à cause

PALAIS DE FONTAINEBLEAU. — Cour du Cheval-Blanc.

d'un moulage de plâtre qui se trouvait autrefois au milieu; on la nomme aussi Cour des Adieux, parce que c'est là que, le 20 avril 1814, Napoléon Ier, partant pour l'île d'Elbe, prit congé de la vieille garde : une peinture d'Horace Vernet a popularisé cette scène historique. Longue de 152 mètres sur 112 de large, cette aire est la plus vaste du château. Au fond se développe la façade avec ses cinq pavillons surmontés de toits aigus et l'escalier central en fer à cheval que Lemercier a construit sous Louis XIII. L'aile gauche est formée de bâtiments de service à un seul étage, dont les cheminées portent le chiffre de François Ier; l'aile droite, élevée sous Louis XV, a remplacé la galerie d'Ulysse, ainsi nommée de la série de fresques où Niccolo dell' Abbate avait retracé l'histoire du roi d'Ithaque.

De la cour du Cheval-Blanc on passe dans celle de la Fontaine, limitée au sud par l'étang des Carpes. Ces hôtes frétillants et voraces, auxquels l'étranger ne manque pas de jeter d'énormes morceaux de pain débités par un marchand de la cour, ont, eux aussi, leur célébrité. Ils ne sont pas cependant d'un âge aussi vénérable qu'on le croit. Le bassin, mis une première fois à sec en 1815, lors de l'occupation du château par les hordes cosaques qui y pillèrent tout, a été de nouveau vidé en 1866; puis, tout récemment, en l'été de 1890, une épidémie s'étant déclarée parmi la population aquatique, on a derechef nettoyé l'étang. Quelques échantillons de l'espèce ont-ils encore été mis de côté? Je l'ignore. Si tout a péri dans cette occurrence, les fameuses carpes de Fontainebleau auront eu finalement le sort de leurs sœurs et rivales de Charlottenbourg, qui dataient du temps de Frédéric-Guillaume (1715), et qui venaient, au signal d'une cloche, chercher leur nourriture au pont dit *Klingelbrücke* : ces dernières ont toutes été tuées par l'hiver de 1864.

Au fond de la cour de la Fontaine s'élève la galerie de François Ier; à l'ouest est l'aile qu'habita le pape Pie VII. Une entrée monumentale, désignée sous le nom de Porte Dorée et décorée par le Primatice, donne accès de là dans la cour Ovale ou cour du Donjon, dont le périmètre est en partie celui du château primitif. Le fond en est occupé par le pavillon de Saint-Louis. De l'ancienne demeure féodale il ne subsiste guère qu'une tourelle. Une autre porte monumentale, dite Porte Dauphine ou Baptistère, parce que Louis XIII fut baptisé sous son dôme, fait communiquer cette troisième cour avec celle des Offices ou de Henri IV, en avant de laquelle se trouvent deux Hermès colossaux.

La merveille du palais, à l'intérieur, c'est la galerie des Fêtes ou de Henri II, longue de 30 mètres et large de 10. Construite par François Ier, décorée par son successeur, puis magnifiquement restaurée sous le règne de Louis-Philippe, elle reçoit le jour de dix croisées séparées l'une de l'autre par des massifs de muraille en saillie qui transforment chaque baie de fenêtre en une sorte de cabinet profond. Soixante compositions mythologiques, exécutées par Niccolo dell' Abbate sur les dessins du Primatice et repeintes à l'encaustique par Alaux (1834), forment l'ornementation de cette salle grandiose.

La grande chapelle de la Trinité, bâtie également par François Ier, n'est pas moins curieuse au point de vue de l'art. Les peintures de la voûte sont dues à Fréminet, le premier peintre de Henri IV, surnommé un peu emphatiquement le Michel-

PALAIS DE FONTAINEBLEAU. — Galerie de François Ier.

Ange français. On voit aussi dans cette chapelle, où fut baptisé en 1810 Napoléon III, un autel du temps de Louis XIII et des statues de Charlemagne et de saint Louis attribuées à Germain Pilon.

La plus longue galerie (80 mètres) est celle de Diane (Diane de Poitiers, la favorite de Henri II). Construite par Henri IV, elle fut refaite par Napoléon Ier et décorée sous la Restauration. Depuis 1859, la bibliothèque y est installée. Au-dessous d'elle est la galerie des Cerfs, où la reine de Suède Christine fit égorger en 1657 Monal-

PALAIS DE FONTAINEBLEAU. — Cour de la Fontaine et étang des Carpes.

deschi, son grand écuyer. C'est le souvenir le plus funèbre du château. On y montre encore la cotte de mailles et l'épée du fameux favori, dont le corps, littéralement criblé de coups, fut inhumé tout près de là, dans l'église d'Avon.

Les jardins sont au nombre de trois : il y a d'abord le parterre, carré de 3 hectares dessiné par Le Nôtre et situé en partie devant la façade sud du palais; la pièce d'eau du Bréau et le bassin du Tibre le décorent. Il y a ensuite le jardin anglais, dans lequel on pénètre par la cour de la Fontaine, et que borde d'un côté l'étang des Carpes; il a été fait sous l'Empire, et contient des plantations de sophoras, de tulipiers, de platanes, de cyprès d'Amérique. Une partie de son aire composait, sous François Ier, le jardin dit des Pins, lequel était orné d'une grotte dont les cariatides ont été conservées. Le troisième jardin, celui de Diane ou de l'Orangerie, s'étend contre la galerie des Cerfs; il est tout à fait interdit au public. Quant au parc, d'une superficie de 84 hectares, il est situé à l'est du parterre et de la ville. Un canal de 1200 mètres de long, dû à Henri IV, le traverse; des deux côtés s'élève une bordure

PALAIS DE FONTAINEBLEAU. — Cariatides de la grotte du jardin des Pins (jardin anglais).

de vieux arbres. C'est à son extrémité nord que se trouve la fameuse treille du Roi, qui produit un chasselas si renommé. A droite, enfin, sont les bâtiments de la vénerie et les écuries; mais, morte la royauté, morts aussi sont les grands hallalis.

Le mont Auxois et la statue de Vercingétorix.

XI

A TRAVERS LA BOURGOGNE. — LES VILLES ET LE SITE EN DEÇA DU TUNNEL. LES CHATEAUX. — LA LIGNE DE FAITE. — DESCENTE SUR DIJON.

Les paysages normands et bretons sont, nous l'avons vu, tour à tour épiques ou gracieux; en Bourgogne, au contraire, les sites régionaux n'atteignent guère jusqu'aux aspects grandioses et sauvages. Les plus pittoresques — et ce sont précisément ceux que traverse la voie ferrée de Paris à Dijon — offrent un genre de beauté moyenne et contenue qui récrée l'œil et charme l'esprit sans provoquer de violentes émotions. C'est une nature avant tout grasse et riche, qui semble se complaire et se reposer dans son bien-être traditionnel, et n'a nul souci des coups de théâtre. Ce trait se retrouve aussi dans les habitants. Le Bourguignon, en général, a l'allure et l'humeur d'un homme qui n'a pas été, de père en fils, trop misérable et trop tourmenté en ce monde. Certes, il a eu sa part des communes calamités de la Gaule; mais, toutes proportions établies, il paraît s'en être tiré à meilleur compte que ses congénères des autres provinces, et si, l'histoire en main, on voulait dresser le bilan de son passé, on verrait que le sort lui a été relativement très propice.

Pendant plus de cinq siècles, la Bourgogne a eu l'heureuse fortune de vivre à part sous des princes qui ne l'ont pas trop mal gouvernée, dont elle a obtenu, sans être obligée de recourir aux révoltes, une somme de franchises assez respectables, et lorsque, en 1477, après la mort du dernier grand-duc d'Occident Charles le Téméraire, elle a été réunie à la France, les temps les plus durs, ceux des guerres des Anglais, étaient passés, la royauté administrative des Valois se trouvait définitivement assise, de sorte qu'en perdant son indépendance, la contrée eut du moins l'avantage d'entrer dans un ordre de choses qui lui permettait de continuer sans secousses son train de vie régulier et normal.

De là, sans doute, cet air de satisfaction paisible et cossue qui est la marque du Bourguignon, ces façons libres et pleines d'aisance, cette sérénité physique et morale, également éloignée de l'indolence et de la surexcitation, et aussi cette pointe de scepticisme jovial, — ce qu'il en faut pour aider au bien-vivre, — qu'on retrouve comme résumées et condensées dans la physionomie de Dijon, l'ancienne capitale, et dans celle de ses habitants.

Géographiquement, la Bourgogne présente une figure assez singulière. Elle est séparée en deux parties, appartenant l'une au bassin de l'Océan, l'autre à celui de la Méditerranée, par une longue chaîne de faîtes qui n'est, en réalité, que la continuation du relief cévenol dans la direction du nord-est. Cette ligne de montagnes, désignée sous des noms divers — monts du Beaujolais, du Charolais et du Mâconnais, monts de l'Autunois et de la Côte d'Or, — rejoint à son extrémité septentrionale le plateau de Langres, qui est lui-même relié aux Vosges par les monts Faucilles. Sur chaque versant, les aspects et les coupes de terrain diffèrent, aussi bien que la flore. Au sud, grâce à la douceur relative du climat rhodanien, poussent les grands crus, renommés dans le monde entier, le chambertin, le clos-vougeot, le montrachet, le romanée. Les rivières qui, de ce côté, se rendent toutes à la Saône, fournissent, en général, un parcours de peu d'étendue; l'Ouche dijonnaise, la plus importante, n'a pas plus de 100 kilomètres de long.

Sur le revers océanien, plus humide et plus froid, les vignobles de haute marque disparaissent; mais les ceps n'en donnent pas moins des produits excellents. Là naissent les grands cours d'eau : la Seine et ses gros affluents ou sous-affluents, l'Yonne, l'Aube, l'Armançon, le Serein, le Cousin et la Cure; puis, plus au sud, des tributaires de la Loire, tels que l'Arroux autunois, qui descend des plateaux de la Côte d'Or. Sur ce même versant se trouve le massif mi-bourguignon et mi-nivernais du Morvan, qui commence, au nord, à Avallon, et se prolonge, au sud, jusqu'à Luzy (Nièvre). Il forme une sorte d'îlot rocheux, de 88 kilomètres de long sur une quarantaine de large, qui a dû jadis attenir au relief central de l'Auvergne et n'en est aujourd'hui séparé que par la dépression où passe la Loire à Roanne.

C'est au delà du pont de Montereau, célèbre par l'assassinat de Jean sans Peur, le 10 septembre 1419, que le voyageur venant de Paris pénètre en Bourgogne. La Seine, qu'il a jusque-là côtoyée à main gauche, s'enfuit tout à coup à l'est vers la Champagne, livrant à l'Yonne, sa vassale, l'empire de la sinueuse vallée qui s'étend de ce point jusqu'à La Roche. Avec ses méandres et ses claires ondes, l'Yonne, en cette section inférieure de son cours, est, sans conteste, une jolie rivière. Du chemin de fer même, qui en suit toutes les courbes, on a une vue à souhait sur la riche verdure de ses rives ainsi que sur les coteaux vineux qui s'alignent le long du cours d'eau.

Ces premiers paysages bourguignons ont déjà une empreinte caractéristique : rien de heurté ni d'excessif; la nature semble rentrer ses nerfs; c'est de la chair bonne et fraîche, si j'ose dire, en laquelle domine, comme dans l'homme du pays, une certaine animalité saine, dont l'observateur est frappé tout d'abord. Je dois vous avertir cependant qu'à mesure que vous avancerez vers le long souterrain foré à travers le point culminant de la ligne de faîte, cette sorte de *crescendo* d'aspects, qui est le propre de toutes les vallées montantes, ne manquera pas de s'accuser ici, non pas avec ces brusques changements à vue particuliers aux sillons alpestres, mais selon des gradations harmonieuses formant une gamme de couleurs accomplie. Même dans les hauts districts de Darcey et de Blaizy, où vous aspirerez l'âpre vent des montagnes, le site, en revêtant une sorte de grandeur relative, conservera toujours ses tonalités du début.

Cathédrale de Sens.

Le charme principal de cette Bourgogne « en deçà du tunnel », c'est, d'un côté, la façon quasi artistique dont les villes ou les simples bourgades s'enchâssent dans le paysage, s'adaptent aux accidents de terrain, et s'entendent à tirer, des reliefs comme de l'habillement du sol, d'heureux effets de décor; ce sont, d'un autre côté, les châteaux, qui forment à cette partie du pays une véritable parure historique dont l'équivalent ne se retrouve peut-être qu'aux bords de la Loire.

Voici d'abord, à 34 kilomètres de Montereau, sur la rive droite de l'Yonne et près du confluent de la Vanne, la charmante petite ville de Sens, dominée par la masse imposante de sa cathédrale. C'est l'ancienne capitale des *Senones*, une de ces hardies peuplades gauloises qui, au IVe siècle avant notre ère, envahirent l'Italie centrale, battirent les Romains aux rives de l'Allia et s'emparèrent de la cité du Tibre. Ce fut aussi une de celles qui, après la chute de Vercingétorix, essayèrent encore, désespérément, de résister aux légions victorieuses; quatre cents ans plus tard, sous César Julien, elle eut, en outre, l'honneur de mettre en échec les bandes des Alamans et des Francs. Et cet esprit d'énergie se retrouve, à toutes les époques, chez les gens du terroir. L'histoire atteste avec quelle opiniâtreté les bourgeois de Sens, au moyen âge, surent revendiquer leurs libertés communales; comment, au cours de la guerre de Cent Ans, ils secondèrent vaillamment Charles VII dans sa lutte contre les Anglais; comment enfin, en 1814, la ville se défendit contre les Cosaques et tout un corps de troupes des alliés.

La cathédrale Saint-Étienne, inachevée — c'est le sort d'une moitié au moins des grandes églises épiscopales — est une des plus belles de France et le plus ancien monument gothique de notre pays avec la basilique de Saint-Denis. Sa tour unique mesure 73 mètres de haut; sa façade, 47 mètres de largeur. Outre son triple portail de front, si richement sculpté, l'édifice a deux autres portails latéraux dont l'ornementation n'est pas moins remarquable de ciselure et de délicatesse. A l'intérieur, rien d'ascétique. Cette nef de 114 mètres de long est la plus lumineuse peut-être et la mieux aérée qu'on puisse voir. De splendides verrières y représentent l'histoire de saint Thomas de Cantorbéry, la parabole de l'Enfant prodigue, les légendes de saint Étienne et de saint Nicolas, la résurrection des morts, puis des épisodes mi-sacrés et mi-romanesques de la vie de saint Eutrope, cet évangélisateur d'origine asiatique, fils d'un roi de Babylone, dit la tradition, qui s'en vint en Gaule convertir la fille du chef des Santons et fut mis à mort, pour cet acte de séduction pie, par le père de la jeune princesse.

Dans une chapelle se trouve le tombeau du Dauphin, père de Louis XVI, mort en 1765 : cette pièce funéraire est l'œuvre de Guillaume Coustou. Quant au mausolée du fameux cardinal-chancelier Duprat, qui fut archevêque de Sens de 1525 à 1535, il n'en reste que des bas-reliefs et quelques fragments. La salle du Trésor, où l'on accède par un escalier et une vieille porte ornée de ferrures du XVIe siècle, renferme, entre autres curiosités, des tapisseries et des étoffes précieuses figurant l'adoration des Mages, le couronnement d'Esther par Assuérus; puis des portraits historiques, des coffrets arabes, des médaillons, des émaux, et les ornements sacerdotaux de Thomas Becket, qui, réfugié en France, au cours de sa lutte contre le roi d'Angleterre Henri II, séjourna pendant quatre années, de 1166 à 1170, au monastère de Sainte-Colombe. Les débris de ce cloître, fondé en 620 par Clotaire II, subsistent encore à une demi-heure au nord-ouest de Sens.

Les seuls hommes célèbres que la ville ait vus naître, ce sont Bourrienne, le secrétaire intime de Napoléon Ier, l'historiographe Claude Malingre, et surtout Jean Cousin, l'artiste du XVIe siècle, qu'on peut regarder comme le créateur de la peinture française. On ne connaît de ce maître que deux tableaux : l'un, le *Jugement dernier*, est au musée du Louvre; l'autre, la fameuse *Eva prima Pandora*, est resté depuis trois cents ans la propriété d'une famille de Sens, qui garde jalousement son trésor; mais ces deux œuvres suffisent pour légitimer l'hommage que les concitoyens de Jean Cousin rendent à sa mémoire et l'érection de la statue, en marbre blanc, qu'ils lui ont dressée sur un square ombragé et fleuri.

Quittons cette cité si gaie d'aspect et si bien encadrée, pour continuer notre course en amont, le long des rives de sa belle rivière; encore allons-nous être obligés de brûler plus d'une étape du trajet.

Cette autre localité bourguignonne qui, à 14 kilomètres de là, nous tend le tablier de son vieux pont, de 214 mètres de longueur, comme une invite à franchir le fleuve et à lui jeter un coup d'œil au passage, c'est Villeneuve-sur-Yonne, chef-lieu de canton de 6000 âmes environ, coquettement assis au pied d'aimables collines boisées.

JOIGNY. — Vieille maison.

Ce nom de Villeneuve, elle a pu le mériter il y a sept cents ans, quand le roi Louis VII, son fondateur, la fit jaillir du sol tout d'une pièce, avec son enceinte de larges remparts agrémentés de tours et de poternes. Pour nous, aujourd'hui, encore qu'elle ait refait toilette depuis lors, c'est une vieille ville, et une vieille ville à laquelle il reste assez de marques de vétusté pour inspirer une nuance de respect. Témoin ses deux portes du XII° siècle, sa tour de Louis-le-Gros, délabrée à souhait, son église ogivale à vitraux du temps, et cette curieuse maison du XVIII° siècle, une ancienne hôtellerie, dont chaque étage est orné de médaillons représentant tous les dieux de l'Olympe.

Que de spécimens du passé, que d'intéressants souvenirs historiques sont ainsi perdus et presque oubliés dans les moindres localités de Bourgogne, et comme on voudrait avoir le loisir de fouiller à l'aise chaque repli de terrain où l'on aperçoit un groupe de demeures blotties autour d'un clocher d'église!

Saint-Julien-du-Sault, par exemple, qui se trouve à 8 kilomètres de Villeneuve, n'est qu'une bourgade de 2200 âmes, au confluent de l'Ocques et de l'Yonne : là encore, cependant, il y a une église à trois nefs, des XIII° et XVI° siècles, qui est une œuvre des plus remarquables, et dont les vitraux seuls mériteraient une visite du touriste.

Mais le touriste, généralement, s'en va tout droit à Joigny, dont la situation et l'aspect extérieur excitent d'emblée sa curiosité. Il connaît d'ailleurs de réputation ce coteau de Saint-Jacques qui produit des crus si prisés. C'est sur cette colline aux flancs escarpés que s'étage pittoresquement la ville. A ses pieds coule, d'une allure mesurée, cette rivière de l'Yonne, la plus belle et la plus limpide de « l'aqueuse Bourgogne », comme Shakespeare appelle, dans le *Roi Lear*, cette province si abondamment arrosée. En haut serpente la ville moyen âge, avec ses deux châteaux, ses rues étroites et montantes, dont quelques-unes ont conservé de vieilles maisons de bois possédant leurs sculptures et leurs enseignes d'autrefois. Trois églises, Saint-André, Saint-Jean, Saint-Thibault, se détachent de l'ensemble. La première se recommande par sa jolie porte de la Renaissance, la seconde par ses trois nefs ogivales, la dernière par ses élégants pilastres et son tableau du *Crucifiement* attribué à Albert Dürer. En bas, comme correctif à cette physionomie un peu âpre de l'ancienne cité

AUXERRE.

des comtes de Joigny, s'étend un quai moderne bordé de belles habitations et avoisiné de riantes et spacieuses promenades.

Neuf kilomètres plus loin est la bifurcation de La Roche, où se trouve l'embouchure septentrionale du canal de 60 lieues de long qui unit la Seine au Rhône par l'Yonne et la Saône, en franchissant la ligne de faîte à Pouilly-en-Auxois, à l'aide d'un souterrain de 3333 mètres d'étendue, creusé à 378 mètres d'altitude. La sinueuse rivière que la voie ferrée côtoie à main droite, avant de la franchir, c'est l'Armançon, un des tributaires de l'Yonne. Quant à celle-ci, à partir de La Roche, elle oblique au sud vers le chef-lieu du département qui lui doit son nom.

Suivons-la tout de suite en amont, non pas jusqu'à sa source, qui se trouve au fond du Morvan, à 726 mètres au-dessus de la mer, entre Château-Chinon et Autun, mais seulement jusqu'à la ville d'Auxerre.

Bien que située dans une région assez monotone, aux plaines généralement nues, aux monticules pelés et blanchâtres, qu'on peut appeler, par comparaison, la partie laide de la Bourgogne, Auxerre n'en offre pas moins en soi une figure des plus caractéristiques. Là encore, nous retrouvons cette fusion intime et harmonieuse du massif urbain et du site, propre aux localités de la province. Toute ramassée sur sa colline, au-dessus du cours de l'Yonne, semé d'îlots verdoyants, la cité du maréchal Davout et de Fourier le mathématicien ressemble, on l'a dit, « à un énorme bouquet aux tiges inégales ou à une corbeille trop pleine », d'où émerge, à la façon d'une fleur maîtresse, une jolie cathédrale gothique, dédiée, comme celle de Sens, à saint Étienne, et, comme elle aussi, inachevée.

Avec ses rues tortueuses et ses maisons à l'air vieillot, le cœur de la ville est bien franchement bourguignon. Point de vain étalage ni de prétentions au bel air. On sent que la population qui loge dans ces demeures « à la bonne franquette » songe, avant tout, à ses aises, n'a d'autre souci que de se laisser vivre doucement et grassement. On assure qu'Auxerre était autrefois la localité la plus joyeuse de toute la Bourgogne ; c'était là qu'au moyen âge se célébrait cette fameuse fête populaire « des Fous », que le concile de Bâle crut devoir interdire. On prétend aussi que « Cadet Roussel », le type grotesque que l'on connaît, était un bourgeois d'Auxerre. Aujourd'hui cet esprit carnavalesque, cet amour du baroque et de la folie semblent complètement éteints. La ville, avec ses 18 000 âmes, a moins de gaieté et d'animation que Sens, qui n'en a que 14 000.

AUXERRE. — Église de l'ancienne abbaye de Saint-Germain.

De son passé religieux il lui reste, en revanche, des vestiges importants. L'évêché, fondé au IIIe siècle par saint Pèlerin, est un des plus anciens de France, et Auxerre fut, à une certaine époque, une ville toute ecclésiastique, marquée à l'empreinte de ses chanoines et de ses prélats. Cinq papes l'ont même habitée au XIIe siècle. Voulez-vous retrouver un reflet de cette gloire ? Visitez l'ancien palais épiscopal, devenu aujourd'hui la préfecture. Dans cet édifice, en majeure partie du XIIIe siècle, on vous fera voir le promenoir des évêques, belle galerie romane de 22 mètres de longueur, ornée d'arcatures à chapiteaux, puis la salle synodale, sise dans un bâtiment à double pignon en ogive. Allez aussi à l'abbaye de Saint-Germain, dont les écoles furent jadis si célèbres, et qui, avec son mur d'enceinte, formait une sorte de cité conventuelle. La partie neuve en est actuellement occupée par l'Hôtel-Dieu et l'École normale primaire ; mais, des constructions primitives, il subsiste encore une portion de muraille crénelée, un clocher imposant et des cryptes où sont les tombeaux des évêques. Avec la Tour Gaillarde ou de l'Horloge, qui date du XVe siècle, et dont l'arcade était autrefois une des portes de la ville, ces débris sacro-saints représentent les principales curiosités archaïques d'Auxerre.

Reprenons notre chemin vers la ligne de faîte le long du canal et de l'Armançon.

Après avoir traversé ce dernier cours d'eau au-dessus de la bourgade de Briennon, ancienne possession seigneuriale des archevêques de Sens, la voie ferrée gagne Saint-Florentin, localité de 3 000 âmes environ, qui possède, elle aussi, une belle église de style mixte dédiée au martyr du III° siècle dont elle porte le nom; bientôt après, on arrive à Tonnerre.

Assise pittoresquement, comme Joigny, au revers de collines escarpées, sous

TONNERRE.

lesquelles l'Armançon déroule ses replis, cette petite ville, au nom sonore — l'ex-*castrum Tornodorense* des Romains — mérite mieux qu'un regard distrait du passant. Au point culminant du site se dresse, sur une pointe de rocher, une église Renaissance qui ne manque pas d'intérêt. Tout alentour moutonne un écheveau de hauteurs et de monticules aux flancs couverts d'une sombre verdure. L'hôpital a une origine non moins vénérable qu'illustre. Fondé en 1293 par Marguerite de Bourgogne, femme de Charles d'Anjou, le terrible chevalier de la maison de France qui conquit le trône de Sicile, cet édifice offre un aspect grandiose peu ordinaire à ces séjours de la maladie et de la misère. La salle primitive a été convertie en église, et ce vaisseau, long de 101 mètres, produit sur le visiteur une impression d'autant plus saisissante, que l'œil n'y est arrêté ni par des rangées de piliers ou de colonnettes, ni par des chapelles latérales, ni par aucun exhaussement. C'est une aire immense entre des murs nus. Sa seule décoration, ce sont des tombeaux : celui de la princesse fondatrice, placé dans l'abside centrale; en face, celui de Louvois, qui, sur la fin de sa vie, porta le titre de comte de Tonnerre; puis un saint-sépulcre du xv° siècle aux statues admirablement conservées.

C'est à quelques kilomètres de là, à Tanlay, que commence la série des beaux châteaux historiques de Bourgogne. Celui de Tanlay, bâti au xii° siècle, passa en 1535 aux mains des Coligny, qui le reconstruisirent en partie; il fut ensuite acheté (1642) par l'Italien d'Emery, ce fameux surintendant des finances dont les édits furent une des causes occasionnelles de la Fronde; puis il appartint à son gendre, Louis Phelypeaux de la Vrillière, en faveur duquel la seigneurie de Tanlay fut érigée en marquisat.

Le massif édifice, à tourelles et à dôme, est précédé d'un vaste et beau porche Louis XIII, qui est, à lui seul, un véritable château. On y montre, entre autres curiosités, la galerie de 25 mètres ornée de figures mythologiques, la chapelle, qui contient une *Descente de Croix* attribuée au Pérugin, et la salle de la tour dite de la Ligue, où se réunissaient, pour concerter leurs plans politiques et militaires, les chefs du parti protestant, les Coligny et les Condé. Dans cette pièce voûtée et d'une rigidité toute huguenote, un artiste du temps a peint une assemblée des dieux de l'Olympe, qui est bien le conseil de guerre le plus chaud et le plus mouvementé qu'on puisse voir.

Quatorze kilomètres plus loin, toujours dans la vallée de l'Armançon et près du canal de Bourgogne, s'offre à nous le château d'Ancy-le-Franc, qui a une histoire analogue, quoique sensiblement moins ancienne. Construit seulement vers le milieu du xvi° siècle, sous la direction du Primatice, puis de Serlio, à ce qu'on assure, par un des comtes de la grande famille de Clermont-Tonnerre, il échut, en 1683, à Louvois; les héritiers de ce dernier le gardèrent pendant plus de cent soixante ans, jusqu'en 1846, époque où il revint aux descendants de ses propriétaires primitifs, lesquels ont replacé leur écusson sur la porte d'entrée.

Cette résidence, considérablement modifiée au cours des âges, est un énorme massif, régulier et carré, qui tient plus du palais que du château, et dont les galeries, les vestibules, les salles immenses, où partout les fresques sont semées à profusion, ont un cachet de grandeur imposant. Il y a la salle des Empereurs romains, décorée des images de ces princes; la chambre de Diane, renfermant un *Jugement de Pâris*, celle du Cardinal, avec un portrait de Richelieu et huit tableaux représentant les Sciences et les Lettres; la galerie de Pharsale, celles de Médée et de Jason, la chapelle, et enfin le cabinet du *Pastor Fido,* sorte de boudoir à boiserie de chêne, où sont peintes les scènes principales de cette fameuse pastorale de l'Italien Guarini (1590), genre littéraire qu'allaient bientôt mettre à la mode chez nous Mlle de Scudéry et d'Urfé.

Au delà de Nuits-sous-Ravières, la station qui fait suite à Ancy, et qui a également son château du xvi° siècle, entouré de beaux ombrages, on entre dans la vallée de la Brenne, petit affluent de l'Armançon, et l'on ne tarde pas à atteindre Montbard (*Mons Barrus*), étagé à gauche sur une colline qu'entourent la rivière et le canal de Bourgogne. Ici, nous sommes au pays de Buffon et de son collaborateur Daubenton.

Le donjon pittoresque que vous apercevez sur la hauteur touffue est celui qu'habita l'illustre auteur de l'*Histoire naturelle*. Au moyen âge, les ducs de Bourgogne y tinrent fréquemment leur cour; Jean sans Peur y fut élevé, et, en 1423, y eut lieu le mariage de la princesse Anne, sœur de Philippe le Bon — celui qui livra Jeanne Darc aux Anglais, — avec le fameux duc de Bedford, régent de France.

Le château tombait en ruine, lorsque Buffon, qui n'avait pas encore le titre de comte, l'acheta en 1742. Il le fit reconstruire et la demeure perdit son caractère féodal pour revêtir l'aspect bourgeois. Alors furent créés ces magnifiques jardins en

ANCY-LE-FRANC. — Le château.

terrasses, réunis par des escaliers, qui constituent aujourd'hui un des plus beaux parcs-promenades de la France. Du bâtiment primitif, le nouveau propriétaire ne conserva que le massif mur d'enceinte et le gros donjon à quatre étages, carré d'un côté et mi-octogonal de l'autre, que termine une plate-forme munie de créneaux et de mâchicoulis.

L'intérieur en est encore tel qu'il était au xviii° siècle, et l'on montre toujours dans le parc — la pièce est-elle authentique ou non? — le cabinet de travail de l'écrivain. De la tour-belvédère, haute de 49 mètres, Buffon pouvait dominer à l'aise toutes les collines et tous les mamelons de la région bourguignonne d'alentour, et y étudier, comme on l'a remarqué, cette « correspondance des angles rentrants et des angles saillants des montagnes », qui joue un si grand rôle dans la *Théorie de la Terre* et dans les magnifiques tableaux des *Époques de la Nature*. C'était, à vrai dire, un théâtre restreint pour un observateur scientifique; rien de sublime dans ces horizons de Montbard, dont les lignes s'harmonisent et s'ordonnent avec une sorte de majesté sereine qui se reflète dans le style même de Buffon; mais, les hardiesses de l'hypothèse et l'ampleur de l'intuition aidant, l'esprit de l'écrivain sut apercevoir, par delà son petit monde natal, le grand monde dont il aspirait à nous retracer les révolutions et la genèse. C'est ainsi que Schiller, à un autre point de vue, par la seule puissance de divination du génie, a si bien évoqué, dans son *Guillaume Tell*, cette nature alpestre qu'il n'avait jamais vue.

La sépulture de Buffon se trouve dans l'église, édifice des xii° et xv° siècles situé à gauche du terre-plein sur lequel est le donjon. Au devant, en dehors du parc, s'élève sa statue, sculptée en bronze par Dumont. Elle le représente debout, la tête nue,

MONTBARD. — Château de Buffon, au xviii° siècle.

avec l'habit brodé et la culotte courte; dans la main droite il tient un crayon, dans la gauche un rouleau de papier sur lequel on lit : *Histoire naturelle*.

A Montbard, nous sommes sortis du département de l'Yonne pour entrer dans celui de la Côte-d'Or, qui est à cheval sur la ligne des monts. Le chemin de fer traverse ensuite la Brenne et infléchit vers la plaine des Laumes. En regardant à main droite, on aperçoit au loin le mont Auxois, dont l'immense bastion, haut de 418 mètres, domine le triple bassin de la Brenne, de l'Oze et de l'Ozerain.

C'est un des points historiques, non seulement de la Bourgogne, mais de la France même. Sur cette sommité se dressait jadis ce fameux *oppidum* gaulois d'Alésia, où Vercingétorix, dont nous reparlerons plus en détail à propos d'un site tout semblable, celui de Gergovie en Auvergne, tenta son suprême effort contre César. L'antique cité des Gaëls couvrait tout le plateau, de 2 kilomètres de long sur 800 mètres de large, qui forme le couronnement de la montagne. Le camp du chef gaulois occupait le versant oriental qui regarde la vallée de l'Oze; celui des Romains était assis sur le côté opposé, au delà du vallon d'où sort l'Ozerain.

César se garda bien d'attaquer par la force ouverte l'importante position stratégique d'Alésia. Il enferma la ville et l'armée ennemies dans une gigantesque circonvallation de 11 milles de développement, protégée par 23 forts et munie d'un fossé de 20 pieds de profondeur. Néanmoins, assailli à la fois par les troupes de Vercingétorix et par tous les contingents des peuples gaulois qui s'avançaient, de la plaine au nord-ouest, au secours de la place affamée, il put croire un moment que sa fortune allait le trahir comme à Gergovie. Un mouvement tournant de sa cavalerie rétablit ses chances à la dernière heure. Les défenseurs d'Alésia, pris de panique, en se voyant attaqués en tête et en queue, se rompirent et se replièrent sur leur camp. Le combat, dès lors, ne fut plus qu'une boucherie. A la vue des fuyards, la masse des Gaulois, déployée au loin sur les hauteurs, se débanda à son tour et s'enfuit. « Toute cette grande armée, dit Plutarque, s'évanouit comme un rêve. »

L'épilogue du drame est connu : pour éviter la mort et la servitude individuelle à ses frères qu'il n'avait pu sauver, Vercingétorix se livra au vainqueur, qui l'emmena en triomphe à Rome, et, après six ans de captivité, sa tête tomba sous la hache du bourreau.

En souvenir de cette épopée, vieille de plus de dix-neuf cents ans, on a érigé de nos jours, à la cime de la montagne bourguignonne, une statue colossale du héros arverne, due au ciseau du sculpteur Millet. Quant à la cité d'Alésia, dont aucune trace visible ne témoigne, elle a été remplacée par le village d'Alise-Sainte-Reine, sis sur la pente de l'espèce de col que figure le relief en se bifurquant au-dessus de la plaine.

Près des Laumes, nous avons encore deux châteaux à voir. C'est d'abord à l'est, dans un vallon verdoyant, celui de Bussy-Rabutin. Il se trouve à 6 kilomètres du village très disséminé de Bussy-le-Grand, où naquit Junot, duc d'Abrantès, et appartient actuellement au comte de Sarcus.

Flanqué de quatre tours d'angle que relie une façade assez lourde, cet édifice a pour annexe un joli parc incliné contenant de beaux arbres, de curieux rochers et une vaste pièce d'eau. Il date probablement du XIIe siècle. Au XVIIe seulement, il échut à la famille de ce fameux cousin de Mme de Sévigné, que ses incartades firent mettre à la Bastille, cette prison aristocratique par excellence de l'ancien régime, puis exiler dans ses terres pour un temps assez long.

Ce fut à Bussy que l'ex-mestre de camp, qui vécut moins à l'armée qu'à la cour et dans les salons, passa surtout le temps de sa disgrâce. Pour se distraire dans sa solitude, il appela auprès de lui des artistes qui, sous son inspiration fantaisiste, couvrirent d'emblèmes et de portraits toutes les murailles et toutes les boiseries de son château. C'était comme un second pamphlet en peinture venant après le pamphlet écrit et en aggravant les audaces satiriques. Bien que ces rancunes de gentilhomme aussi bien que ces scandales de cour nous touchent assez peu aujourd'hui, il y a cependant, pour le dilettante de lettres qui possède à fond son xvii° siècle, un intérêt piquant dans toutes ces malices de décoration et surtout dans la savoureuse galerie de portraits dont cette étrange demeure est remplie.

Une salle dite des *Devises* nous offre une suite de tableaux allégoriques que le maître du logis fit exécuter pour tirer vengeance de l'infidélité de son « amie » Mme de Montglat. Les autres héroïnes galantes de l'époque ont aussi leur place dans ce musée, mi-partie aphrodisiaque et guerrier, car les grands hommes d'épée du temps y ont également leur salon de pose. La marquise de Sévigné, bien entendu, occupe deux chambres à part, en compagnie des femmes illustres ses contemporaines, depuis

ENVIRONS DES LAUMES. — Château de Bussy-Rabutin.

Mme de la Sablière jusqu'à Mme de Maintenon et jusqu'à la duchesse de Berry, la fille du Régent. La *Tour dorée*, pièce circulaire ornée de la base au faîte, en sa moindre corniche, est une sorte d'encyclopédie de la science et de la galanterie tout ensemble. Quant à la chapelle, située dans la tour du sud, elle a un caractère plus exclusivement artistique : on y remarque deux tableaux originaux du Poussin, le *Frappement du rocher* et le *Buisson ardent*, une toile de Murillo (*Saint Jacques de Compostelle*) et une *Madone* attribuée à André del Sarto. Bref, ce château « des représailles », comme on pourrait presque l'appeler, demeure une des pages historiques les plus complètes et les plus vivantes que le siècle de Louis XIV nous ait léguées.

L'autre manoir curieux de la région est celui d'Époisses, situé à une vingtaine de kilomètres à l'ouest des Laumes, dans la direction d'Avallon. Il remonte, dit-on, à la reine Brunehaut ; mais ses parties les plus anciennes ne datent actuellement que du xiv° siècle. Cette résidence, qui n'a pas cessé d'appartenir à la famille de Guitaut, qui la possédait du temps de Mme de Sévigné, renferme de beaux portraits par Philippe de Champagne, des objets d'art et des manuscrits précieux.

Pour le visiter, nous avons dû passer par Semur-en-Auxois, l'ex-cité mandubienne, dont le site est peut-être le plus pittoresque de toute la Bourgogne, là où cette province confine au Morvan. Sise sur une presqu'île entourée de trois côtés par l'Armançon et dont les parois tombent à pic, elle présente, extérieurement, avec ses remparts et son donjon à quatre tours, la figure achevée d'une ville moyen âge.

En bas de la colline, d'où les habitations dévalent jusqu'à la rivière, s'élèvent deux énormes poternes percées de deux ouvertures étroites; en face d'elles, un pont jeté sur l'Armançon réunit les deux coteaux. L'intérieur cependant ne répond point à ces dehors féodaux. Sauf quelques vieilles maisons de la rue Buffon, la localité est toute bourgeoise, plébéienne même, et rien n'y rappelle le passé. Les Semurois d'aujourd'hui tannent le cuir, filent la laine, brassent une bière estimée. Ils ont un cours, formé de belles allées, où, leur besogne faite, ils se promènent avec cet air de contentement que donne une aisance bien acquise, un champ de foire également planté d'arbres, un musée de tableaux et une galerie d'histoire naturelle. Leurs deux édifices les plus an-

VALLÉE DES LAUMES.

ciens, en dehors du donjon, c'est l'hôpital, établi dans l'ex-hôtel du gouverneur, puis une église Notre-Dame, à trois tours, singulièrement svelte et étroite, qui occupe le point culminant du site, et date des XIII° et XV° siècles.

A partir des Laumes, la montée s'accentue. A l'aide d'une série de rampes, la voie ferrée se hisse, par Darcey et Verrey, jusqu'au point de partage des eaux. Si, laissant la locomotive gémir en son effort d'ascension, nous obliquions à gauche vers le plateau de Chanceaux, nous arriverions en deux heures environ à un vallon boisé et rocheux où se trouvent, à 471 mètres d'altitude, les sources de la Seine. Le fleuve bourguignon y jaillit en six gerbes qui vont se réunir au fond de la dépression pour y former un ruisseau, lequel, un kilomètre plus loin, traverse l'étang de la Grillande.

L'endroit était jadis sacro-saint. Des fouilles pratiquées sur l'emplacement des sources ont prouvé qu'il y avait eu là un temple gallo-romain, consacré à la déesse *Sequana*. On y a même découvert une petite galère en bronze qui a été transportée au musée de Dijon. L'édicule antique est remplacé aujourd'hui par un monument moderne où figure la Nymphe de la Seine, couchée et accoudée, comme le Rhin de l'*Ode* de Boileau, sur son urne penchante.

Mais reprenons notre itinéraire. La machine continue de haleter et de souffler. Aux pittoresques collines d'aval succèdent des montagnes hautes de 600 mètres; aux aspects gracieux des campagnes de l'Armançon et de l'Yonne, des paysages plus sévères et plus âpres. On atteint enfin la tranchée de Blaisy-Bas, à 407 mètres d'altitude, et l'entrée du long tunnel de 4100 mètres, par lequel on passe du bassin de la Seine dans celui du Rhône. La sommité aux entrailles de laquelle nous nous enfonçons, c'est le mont Tasselot, point culminant d'où l'on distingue le relief du Jura et même le mont Blanc.

Au sortir du noir souterrain, auquel succèdent d'autres galeries et toute une suite de viaducs et de tranchées, on se trouve sur le plateau de Mâlain. Là commence cette descente vertigineuse sur Dijon, par des rampes où, la nuit, les *rapides* de Lyon-Méditerranée passent comme autant de boulets rouges à la trajectoire fantastique. A gauche apparaissent des replis chaotiques de terrain sillonnés de sentiers sauvages; à droite se dresse une montagne conique; puis, tout à coup, passé la combe de Fain, on aperçoit, de ce dernier côté, la verdoyante vallée où, entre des coteaux tour à tour rocheux ou boisés, coulent ensemble la rivière d'Ouche et le canal de Bourgogne.

ENVIRONS DE DIJON. — Descente sur la vallée de l'Ouche.

Un peu plus loin, on arrive à Velars, la station de sinistre mémoire où, au mois de septembre 1888, se heurtèrent si effroyablement les deux express de Mâcon et de Marseille. Sur le versant ouest s'élèvent le mont Afrique et le Plan de Suzon, îlots de montagnes à la crête isolée et de près de 600 mètres de haut, qui commandent toute cette riante vallée. Le voyageur, que le train emporte avec un bruit tonitruant, ne peut que deviner les jolis paysages, les fourrés ombreux, les combes mystérieuses, les roches aux excavations bizarres qui se cachent à droite et à gauche dans cet écheveau de reliefs. Enfin, au delà de Plombières, la vision tournoyante disparaît avec ses fantasmagories; la vallée de l'Ouche se rétrécit; la scène n'appartient plus qu'à de jolies prairies plantées de peupliers; encore quelques souterrains et quelques viaducs, et, au sortir d'une sombre tranchée, on débouche brusquement sur Dijon.

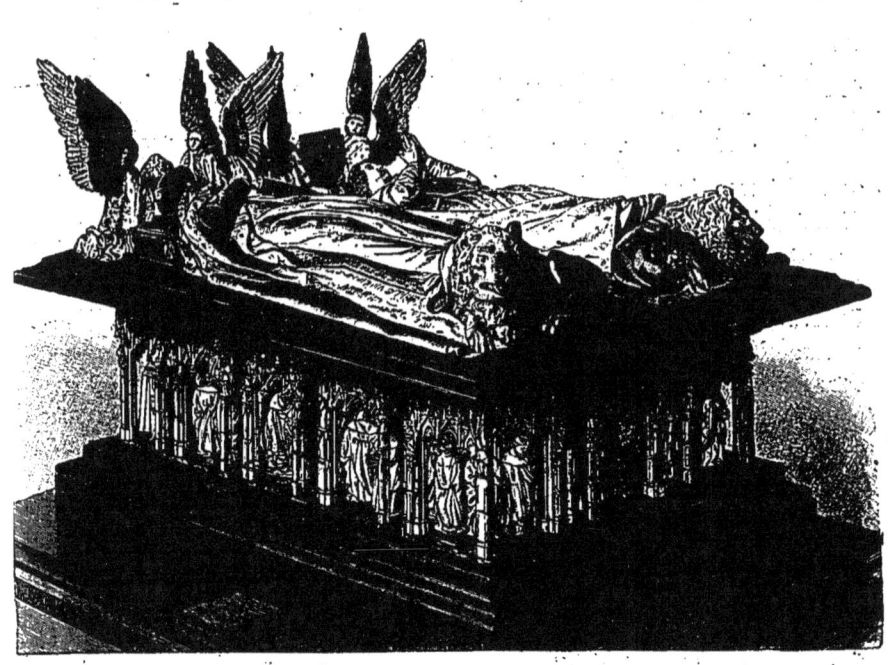

DIJON. — Tombeau de Jean sans Peur, duc de Bourgogne.

XII

LA VILLE DE DIJON ET SES MONUMENTS

A l'époque gallo-romaine, Dijon n'était encore, sous le nom de *Divio*, qu'un simple *castrum* du pays des Lingons; mais le « camp fortifié » ne tarda pas à devenir une localité relativement importante. Grégoire de Tours, qui l'habita longtemps au vi[e] siècle, parle d'elle avec complaisance, vante sa situation, décrit son enceinte mérovingienne, percée de quatre portes et flanquée de trente-trois tours, et s'étonne qu'elle n'ait pas déjà le titre de cité épiscopale. Jusqu'au xviiie siècle, en effet, elle continua de dépendre du diocèse de Langres.

L'histoire de Dijon est celle de ces deux maisons princières de Bourgogne sous lesquelles, pendant plus de quatre cents ans, la ville se voit érigée au rang de capitale. La première, la capétienne, fondée en 1032 par Robert, frère du roi de France Henri Ier, dure jusqu'en 1361, époque où, le douzième titulaire, Philippe de Rouvre, étant mort sans enfants, le duché est momentanément réuni à la couronne. La seconde commence en 1364, avec Philippe le Hardi, quatrième fils du roi Jean le Bon, et inaugure la phase brillante de l'histoire du pays. Les « grands ducs d'Occident » comptent dès lors parmi les plus riches et les plus puissants princes de l'Europe; leur cour, fastueuse et artistique à la fois, est renommée au loin pour son apparat de haut goût et la magnificence de ses fêtes.

On sait comment, après la mort de Charles le Téméraire, tué à Nancy, la Bourgogne fut occupée par Louis XI et incorporée définitivement au royaume. Dijon ne déchut point cependant pour cela. Il garda ses États généraux; il ravit même à Beaune, sa voisine, le parlement de la province; au XVIIIe siècle, ses écoles étaient célèbres, et ses salons tant aristocratiques que bourgeois rivalisaient avec ceux de Paris. Nulle ville en France ne salua avec plus d'enthousiasme la révolution de 89; en revanche, elle sut à peu près se garder des excès de la Terreur. J'ai déjà dit que, chez cette population bourguignonne, l'ardeur naturelle du tempérament est corrigée par un certain sens sceptique et un fonds de jovialité spirituelle qui l'empêchent de se porter aux extrêmes. En apparence, les têtes sont chaudes; les visages, hauts en couleur, s'animent volontiers; c'est le vin généreux du terroir qui cause cette exaltation tout à fleur de peau; l'effervescence du verbe et du geste s'éteint vite dans un rire bon enfant.

DIJON. — Place d'Armes, Hôtel de Ville.

La page dramatique de l'histoire de Dijon se rapporte à l'« année terrible ». La ville essaya, on le sait, le 29 octobre, de résister aux Allemands. Contrainte de se rendre à la suite d'un bombardement, elle fut durement rançonnée. Deux mois plus tard, l'ennemi, qui l'avait évacuée, revint l'attaquer. La lutte, cette fois, fut plus sérieuse, grâce au concours de Garibaldi et de ses volontaires qui s'étaient chargés de couvrir la place, fortifiée d'ailleurs dans l'intervalle, et finalement, après une bataille de trois jours, du 21 au 23 janvier 1871, la victoire resta aux défenseurs de la cité bourguignonne.

Nulle ville peut-être, après Paris, n'a produit plus d'hommes illustres que Dijon; nulle aussi n'a un souci plus méthodique de ses gloires régionales. Chaque demeure restée historique à ce point de vue y a sa plaque commémorative qui vous frappe le regard au passage. Grâce à ces inscriptions, l'étranger, qu'il le veuille ou non, ajoute à sa promenade de touriste une excursion à travers les âges qui ne lui coûte ni recherche ni fatigue. Il revoit tour à tour les maisons où vécurent ces érudits, ces lettrés, ces magistrats hors ligne, qui s'appelèrent Charles de Brosses, Nicolas Brûlart, Pierre Jeannin, Bouhier, La Monnoye; il retrouve celle qu'habita, au XIVe siècle, Hugues Aubriot, le fameux prévôt des marchands de Paris, celle où le poète Alexis Piron se livra à ses facéties scabreuses et burlesques, celle où Crébillon écrivit ses tragédies véhémentes.

Passant ensuite du profane au sacré, il est arrêté, place Saint-Jean, par le grand nom de Bossuet. Là naquit, au n° 10, le prélat dont la voix éloquente, après avoir empli tout un siècle, nous jette encore ses échos puissants. Sainte Chantal, antérieure de cinquante ans à « l'aigle de Meaux », Rameau, le musicien dont les accords préludèrent au fracas de la Révolution, le comte de Vergennes, ministre de Louis XVI, Maret, duc de Bassano, sont également de Dijon. Citons enfin, parmi les contemporains, Mᵐᵉ Ancelot, Cabet, Louis Viardot, le philosophe Jouffroy, le maréchal Vaillant, et les sculpteurs Ramey et Rude. Quant à saint Bernard, qui a sa statue monumentale sur une place neuve qui porte son nom, il est né, non pas à Dijon même, mais au petit village de Fontaine, sis dans la vallée de l'Ouche, à 4 kilomètres de distance.

La ville s'étend au pied oriental des monts de la Côte d'Or, dans un riant et fertile bassin qui se prolonge jusqu'aux premiers contreforts ouest du Jura. Deux petites rivières déjà nommées, l'Ouche et le Suzon, l'enserrent de leurs replis méandriques. La première a même sa légende, que nous raconte Bernard de la Monnoye, l'auteur des *Noëls bourguignons* en patois, et qui prouve que les Dijonnais, à l'exemple des habitants de Soleure[1], une ville de l'ancienne Bourgogne transjurane, prétendaient remonter bien au delà du déluge. Voici cette légende qui, par son caractère bouffon, eût pu entrer dans le poème burlesque que Scarron a composé sous le titre de *Gigantomachie*.

Lors de la guerre des Titans contre les dieux, il y eut, nous le savons, un moment où les maîtres de l'Olympe eurent le dessous et furent obligés, pour échapper au géant Typhon et à ses amis, de se sauver où ils purent. Jupiter en fut même réduit à prendre la forme d'un bélier, et Junon celle d'une vache, comme le lui commandait d'ailleurs son épithète de *Boôpis*, et ce fut pendant ce temps-là que les Titans entassèrent Pélion sur Ossa pour essayer d'escalader le ciel. Mais c'est là une tradition hellénique qui ne s'accorde pas avec une autre version, d'essence purement bourguignonne.

D'après cette dernière, les dieux, au lieu de se changer en bêtes, se réfugièrent tout simplement à Dijon. Là Vulcain, le frappeur d'enclumes, s'installa naturellement rue des Forges (il eût pu également choisir celle de la Chaudronnerie) et y ouvrit boutique, pour tuer le temps et attendre l'heure de la revanche. Or l'officine était si malpropre et surtout si obscure que Vénus n'y pouvait faire sa toilette. Pour se mirer, elle était obligée de se rendre jusqu'au bout de la rue, à une encoignure qui s'appelle encore le Coin du Miroir. Ce que voyant, Pallas et Junon, chez qui le malheur commun n'avait pas apaisé les vieilles haines, imaginèrent, par méchanceté pure, de lui casser son miroir. La pauvre déesse, à partir de ce jour, n'eut plus d'autre ressource que de s'aller regarder dans la rivière qui coulait à l'extrémité de la ville. Mais le cours d'eau n'était point et n'est point encore très limpide, en sorte que Vénus s'y voyait fort mal. Que firent alors ses envieuses

---

1. Voyez notre *Suisse, études et souvenirs*, t. II, in-4° illustré, Hachette et Cⁱᵉ.

rivales? Elles prétendirent, toujours par méchanceté pure, que ce n'étaient pas les reflets troubles de l'onde qu'il fallait accuser : si l'épouse du forgeron boiteux n'y pouvait discerner son image, c'était uniquement la faute de ses yeux, parce qu'elle était louche. Vénus louche! Qu'étaient toutes les douleurs de l'exil, à côté de ce dernier coup? Toujours est-il que l'appellation en resta à la rivière dijonnaise, qui, depuis lors, se nomme l'*Ouche*.

Qui a vu Dijon il y a quinze ou vingt ans, le trouverait aujourd'hui bien changé.

Le vaste espace qui s'étend entre le chemin de fer de Lyon et la place Darcy s'est couvert d'immenses pâtés de constructions, d'immeubles de rapport et sans caractère architectural, qui jurent avec le reste de la ville. C'est tout un nouveau massif urbain qui s'est juxtaposé à l'autre, avec une hâte peut-être excessive. Les anciens remparts ont été également couverts de lignes de maisons. Seul le noyau de la cité n'a subi ni altération ni retouche.

A partir de l'arc de triomphe qui a remplacé, au siècle dernier, la vieille porte Guillaume du xi° siècle, on retrouve le pittoresque dédale des rues provinciales de nos pères, ces hôtels à tourelles, confortables d'ordonnance et d'aspect — c'est là surtout leur caractère — où se plaisaient, aux xvii° et xviii° siècles, les gens de robe et de plume. L'ensemble offre une architecture bourgeoise et sans prétention qui s'harmonise bien avec ces voies tracées sans art, sans préoccupation apparente de la perspective, et qui y atteignent cependant, grâce à leurs lignes heureusement sinueuses, interrompues par des places demi-circulaires ou ovales, d'un dessin presque toujours réussi.

C'est sur une aire de ce genre, au centre de la cité, que s'élève l'hôtel de ville de Dijon.

Cet édifice, construit, au xvii° siècle, sur l'emplacement du palais primitif des ducs de Bourgogne, a conservé, de l'ancienne résidence princière, les cuisines, les salles voûtées du rez-de-chaussée, et deux tours, la grande tour à cinq étages bâtie par Philippe le Bon en 1419, et la tour de Brancion ou de Bar. La partie neuve, bâtie en 1852, à l'endroit où se trouvait une sainte-chapelle du xii° siècle, s'appelle le Palais des Beaux-arts et renferme les musées, qui figurent parmi les plus riches de France. L'ex-salle des gardes, magnifique galerie à panneau sculpté, avec une cheminée monumentale et des retables splendides, appartient elle-même au musée, et renferme deux curiosités hors ligne, les tombeaux de Philippe le Hardi et de son fils Jean sans Peur.

Le premier, œuvre en marbre noir du « maître imagier » hollandais Claux Sutter, offre une perfection admirable de détails. Voyez d'abord ces arcades ogivales qui en encadrent les quatre faces et que surmonte une galerie à jour soutenue par des pilastres ornés de colonnettes, de clochetons et de figurines d'anges; regardez ensuite la statue même du duc, qui est couché la tête reposant sur un coussin et les pieds appuyés au dos d'un lion. L'originalité expressive du monument tient surtout à la multiplicité des figures. Quarante statuettes de personnages civils et de moines encapuchonnés, toutes frappantes d'attitude et de physionomie, peuplent et animent le cloître qui entoure la table funéraire.

Le second tombeau, celui de Jean sans Peur et de Marguerite de Bavière, sa femme, est en quelque sorte la reproduction du précédent: mais il est d'un achèvement plus récent et plus ouvragé encore. Il y a même en lui une outrance toute espagnole d'ornements, et, de fait, il est dû au ciseau de l'Aragonais Juan de la Huerta.

Non loin du Palais Ducal, appelé aussi Palais des États, se dresse le Palais de Justice, où siégeait jadis le parlement de Bourgogne. C'est un édifice du xv° siècle, remarquable par sa façade à pignon, son péristyle et son immense salle voûtée en bois qu'étayent des poutres sculptées.

Les tombeaux de Philippe le Hardi et de Jean sans Peur étaient jadis dans la Chartreuse dite de Champmol, construite à grands frais, aux portes de Dijon, à la fin du xiv° siècle, et démolie lors de la Révolution. C'était, paraît-il, une véritable merveille. Sur son emplacement s'élève aujourd'hui un hospice d'aliénés. Outre les tombeaux transportés au Palais Ducal, il en reste deux portails, une tour octogonale, et le précieux débris qu'on nomme le Puits de Moïse.

DIJON. — Le Puits de Moïse.

Ce puits, situé primitivement au centre du grand cloître, a 7^m,15 de diamètre et est surmonté d'un immense piédestal hexagone, autour duquel sont rangées les statues des prophètes Moïse, David, Jérémie, Zacharie, Daniel, Isaïe. Ce monument, devant lequel la pensée se reporte d'elle-même vers d'autres figures de prophètes, celle que Michel-Ange peignit, cent ans plus tard, aux murs de la chapelle Sixtine, est tout simplement magnifique. On en a pu voir un moulage, à Paris, au musée des Arts rétrospectifs du Trocadéro. L'auteur de l'œuvre est ce même Claux Sutter qui a sculpté les tombeaux des ducs.

Si les personnages n'y ont pas la sublimité des créations de Buonarroti, ils n'en offrent pas moins une élévation d'idée et une profondeur de sentiment remarquables.

Ce sont bien là les représentants de l'ancienne loi hébraïque, avec l'expression de dureté et de rigueur implacable sous lesquelles on se les figure. C'est en même temps la glorification de la puissance de l'art flamand, à une époque où l'aurore de la Renaissance avait à peine pointé en Italie.

Les principaux édifices religieux de Dijon sont la cathédrale Saint-Bénigne, l'église Notre-Dame et Saint-Michel.

Saint-Bénigne, la plus rapprochée du chemin de fer, est un ancien sanctuaire abbatial, reconstruit en partie à plusieurs reprises. L'intérieur a un aspect gothique imposant. Dans la crypte, aux voûtes ornées de peintures, se trouve le tombeau du saint du XIIe siècle dont l'église porte le nom; dans la grande nef est la pierre funéraire de Wladislas le Blanc, ce dernier rejeton de la dynastie des Piasts, qui, avant de ceindre la couronne de Pologne, fut tour à tour pèlerin en Terre Sainte, chevalier porte-glaive, puis moine au couvent de Saint-Bénigne, et qui mourut en 1388 à Strasbourg, en demandant à être enterré à Dijon.

DIJON. — Églises Saint-Bénigne et Saint-Philibert.

Notre-Dame, voisine du Palais Ducal, date du XIIIe siècle. Elle est surmontée d'une flèche moderne de 80 mètres de haut. L'heureuse disposition de son plan et la pureté sobre de ses détails font d'elle un des spécimens les plus élégants du style ogival bourguignon. Sa façade arrête tout de suite le regard par son originalité : elle est précédée d'un porche à trois nefs où l'on accède par trois grandes arcades, et que surmontent deux rangs superposés d'arcatures à jour. C'est dans une de ses tours inachevées, celle de droite, que trône la fameuse horloge de Jacquemart, enlevée, je l'ai dit, à la ville de Courtrai par Philippe le Hardi, après la bataille de Roosebeke.

Saint-Michel, qui forme une si belle perspective de fond à la longue rue qui part de la place Darcy et passe devant le Palais Ducal, a aussi, extérieurement, une figure des plus caractéristiques. Nul touriste, à coup sûr, n'a oublié cet étrange et indéfinissable édifice, dont la façade est toute percée de niches, le faîte coiffé de petites pyramides, et dont les deux tours ressemblent à des pigeonniers gigantesques. Quoique gothique d'aspect, cette église est cependant, par certains détails, de forme grecque et romaine. De loin, on ne sait trop si l'on a devant les yeux un temple chrétien ou une basilique païenne, et, de fait, les divinités de l'Olympe polythéiste s'y mêlent aux personnages de la Bible.

Citons encore Saint-Étienne, la ci-devant cathédrale, et le plus ancien monument religieux de Dijon, transformé actuellement en un magasin municipal; puis Saint-Jean, qui a remplacé cette basilique « hors les murs » dont parle Grégoire de Tours. C'est dans ce dernier temple que Bossuet fut baptisé; c'est là aussi que sont les tombeaux des évêques de Langres saint Urbain et saint Grégoire.

La plus célèbre promenade des environs de la ville est le Parc, auquel mène une belle allée de tilleuls partant de la place Saint-Pierre, au sud. C'est un admirable massif, un vrai bois, commencé en 1670 par le grand Condé, qui fut gouverneur de Bourgogne après la mort de son père, et achevé par le duc d'Enghien son fils, sur les dessins de Le Nôtre. Les Condé avaient, à la lisière de l'ombreux fourré, un petit manoir, la Colombière, encore existant.

DIJON. — Église Saint-Michel.

Un dernier détail, pour dire adieu à l'ex-capitale du duché de Bourgogne. Parmi ses industries multiples figure, on le sait, la fabrication de la moutarde. Si ce condiment, à juste titre apprécié, n'a en soi rien de noble et d'épique, l'étymologie du mot qui le désigne, à supposer qu'elle soit authentique, semble faite pour en rehausser encore la saveur : on prétend, en effet, que l'origine du nom vient de l'ancienne devise de la ville : *Moult ne tarde*.

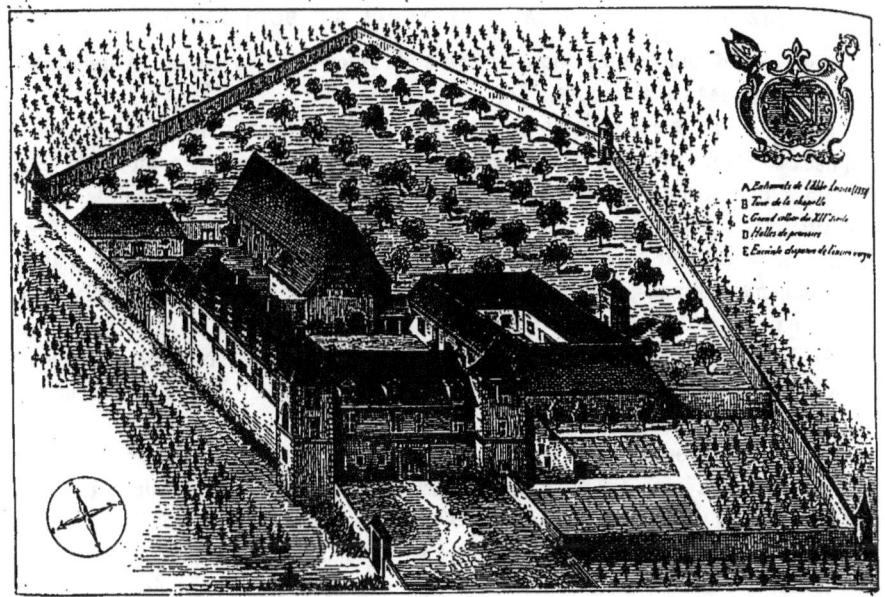

Côte d'Or. — Vue ancienne du Clos-Vougeot.

XIII

A TRAVERS LE GRAND VIGNOBLE DE BOURGOGNE, PROPOS D'HISTOIRE ET DE TERROIR

Au delà de Dijon commence une région assez monotone d'aspect, mais dont il serait malséant de médire, car c'est dans cette zone que poussent les meilleurs crus de Bourgogne. Ces vins, déjà vantés par Grégoire de Tours, rendirent même un jour aux Dijonnais, par la vertu persuasive de leurs effluves capiteux, un service que ceux-ci n'ont pas oublié. C'était en 1513, après le désastre de Novare. Les Suisses et les Impériaux étaient venus assiéger la ville, qui, prise au dépourvu, n'était guère en état de résister. Ne pouvant se battre, La Trémouille, qui commandait la place pour le compte de Louis XII, parlementa, et, dès le début des pourparlers, il comprit quel était le meilleur argument à opposer à l'ennemi. Il fit donc charger sur des voitures un certain nombre de barriques de vin et s'en fut au camp des alliés. Là, tout en discutant, on but ferme, et les têtes s'échauffèrent. Celles des assiégeants particulièrement s'échauffèrent si bien que, sous l'influence d'une ébriété douce et conciliante — *bonum vinum lætificat cor hominum* — ils en vinrent à signer un accord aux termes duquel la ville de Dijon et le royaume lui-même se virent délivrés des envahisseurs.

Le grand vignoble bourguignon, fort éprouvé, lui aussi, par le phylloxera, produit deux sortes de vins, des fins et des ordinaires. Les premiers, constatons-le tout de suite, ont beaucoup moins souffert de l'insecte ravageur que les seconds. Cette végétation rase, je le répète, n'est pas très plaisante à l'œil : ce qui ne l'empêche pas d'avoir sa couleur et son harmonie à part. Dans ces fourrés bas, aux plants méthodiquement alignés, chante, dès le printemps, la grive vendangeuse au plastron grivelé, qui a, d'ordinaire, pour compagne la roselle, arrivée du Nord au temps de la Saint-Denis. Vers l'automne, on l'y retrouve encore, se gorgeant à bec que veux-tu de raisin, et c'est ce régime de choix qui l'amène à cet état de graisse onctueuse qui fait d'elle un gibier si cher aux gourmets.

Les ceps occupent le versant oriental de la chaîne de coteaux avancés au-dessus desquels s'élève la ligne de faîte dont j'ai parlé, et qui porte ici le nom de Côte d'Or. Les « clos » les plus renommés sont longés par la voie ferrée de Dijon à Mâcon, à une distance variant de 3 à 6 kilomètres. En les voyant dans la saison propice, on pense, malgré soi, à ce bas-relief du musée du Vatican qui représente des génies mignons poussant un char rustique chargé de corbeilles de raisin, en présence du dieu Terme, protecteur des champs; seulement cette divinité rustique n'eût sans doute pu défendre son royaume de la terrible maladie qui s'est, de nos jours, attaquée à la vigne.

Quel dur travail et quels soins délicats de tous les instants s'imposent au vigneron avant que la vendange couronne ses efforts ! C'est une sorte de combat à outrance contre un adversaire mystérieux et insaisissable. Et ce qui complique d'autant le labeur, c'est que le vignoble est souvent composé de cépages mûrissant à des époques différentes. Puis, il faut prendre de loin ses dispositions, se pourvoir de futailles nouvelles, réparer les vieilles, mettre en état les pressoirs, les cuves et les bannes, recruter à temps des vendangeurs, des charretiers, des attelages, afin d'accélérer le plus possible la rentrée de la savoureuse récolte. C'est surtout à la France que s'applique cette pastorale du grand peintre qui nous montre Bacchus tenant une coupe pleine et s'appuyant sur un tonneau, au-dessus d'une cuve où un homme agenouillé verse des raisins. Dans le Bordelais, on foule les grappes au son du violon; des troupes de vendangeurs traversent, musique en tête, la région de Pauillac; en Bourgogne, on presse le fruit vermeil en chantant des Noëls.

Le plus ancien de nos grands vins français est le vin de Champagne. L'Empereur et roi de Bohême Wenceslas, qui, en 1398, vint voir Charles VI à Reims, appréciait si fort ce cru, qui était encore sec, que, chaque soir, dit-on, il fallait le mettre au lit comme un simple reître. L'autre vin en faveur était le bourgogne, dont « l'ordre des Coteaux », célébré par Boileau, vantait la puissance et l'arome. Quant aux produits de la côte du Rhône, on les laissait aux petites gens. Puis, au XVIIIe siècle, commença la vogue du bordeaux, vogue due, paraît-il, au gouverneur de Guyenne, le vieux duc de Richelieu, dont une cure de ce vin avait rétabli l'estomac délabré. Ce fut alors que, pour soutenir la concurrence de ses deux rivaux, le champagne se transforma et se fit mousseux.

Il n'est pas un clos de Bourgogne qui n'ait son histoire. Suivez-moi plutôt sur le chemin de Chagny, et faites avec moi le dénombrement des « climats », comme on dit dans le pays.

Le premier village de la Côte qui s'offre à nous, c'est Chenove, dont les vins *clos du Roi* et du *Chapitre* se servaient autrefois sur les tables des ducs de Bourgogne et du chapitre de la cathédrale d'Autun. Je n'insiste ici, bien entendu, que sur les terrains plantés en *pinot*, espèce qui, seule, donne des produits fins, et a, pour ainsi dire, ses titres de noblesse; je laisse de côté le cep ordinaire, dit *gamay*, regardé volontiers comme un intrus et cultivé seulement dans les plaines et dans les sites mal exposés.

Viennent ensuite, tant en bas que sur les hauteurs, Marsannay, Perrigny, Couchey, puis Fixey, avec son clos renommé de la « Perrière », Brochon, où s'élevait jadis le manoir de Crébillon, et dont le clos est de « première cuvée », c'est-à-dire fournit un vin *extra*.

Allons toujours. Voici, au débouché du vallon boisé et pittoresque qu'on nomme Combe de Lavaux, Chambertin et ses clos (Haute-Grillotte, Saint-Jacques, de Bèze et autres) si parfaits au bout de dix ou douze ans. Le clos de Bèze particulièrement remonte à plus de douze siècles; il appartenait jadis à la célèbre abbaye du même nom, sise plus au nord, près de ce bourg de Fontaine Française où Henri IV, au mois de juin 1590, battit le duc de Mayenne et les restes de l'armée des Ligueurs. Puis, toujours à main droite de la voie ferrée, nous apercevons les vignobles de Morey (clos de Tart et clos de Laroche), ceux de Chambolle, avec leurs délicats Musigny, et, quelques kilomètres plus loin, aux sources de la Vouge, affluent de la Saône, Vougeot, aux crus fameux dans le monde entier.

Arrêtons-nous un instant à ce roi des « climats » bourguignons.

Le Clos-Vougeot, qui mesure une superficie de 50 hectares environ, date du commencement du XII° siècle, et son histoire se confond avec celle de la célèbre abbaye de Cîteaux, située à 10 kilomètres de là et dont je reparlerai tout à l'heure. A cette époque, les moines du couvent, ayant reçu en don du prieuré de Saint-Vivant une terre en friche dont personne ne voulait, car elle impliquait le payement de la dîme, se mirent à y planter des vignes et à y bâtir des celliers. Peu à peu, grâce au travail incessant des frères convers, surveillés par le maître cellérier, le domaine vinicole s'agrandit, et il finit par être enceint de murs : cette propriété fermée, ce fut le Clos-Vougeot.

En 1551, un abbé renommé pour sa magnificence, dom Jean Loisier, construisit à côté du vignoble un château dont le touriste peut encore admirer les belles cheminées Renaissance. La réputation du clos se propagea avec celle de ses propriétaires, et son vin fut définitivement classé au nombre des grands vins de l'Europe. En 1791, le terrain fut mis aux enchères comme bien national et adjugé à un Parisien du nom de Focart. On rapporte qu'à cette occasion le dernier intendant du cellier, dom Gobelet — le nom n'est-il pas expressif? — sortit en pleurant et emporta le plus de vin qu'il put. Il mourut en 1813 à Dijon, où il s'était fixé, sans avoir jamais consenti à vendre une seule bouteille de son cher nectar.

La majeure partie du Clos-Vougeot appartient aujourd'hui au marquis de Lagarde.

Plus vaste et non moins prisé est le vignoble de Vosne-Romanée (200 hectares), qui nous apparaît un peu plus au sud, et dont les « têtes de cuvée », comme on appelle les pièces *extra*, sont le Romanée-Conti, le Richebourg, la Tache et la Romanée. Plus grand encore (240 hectares) est celui de Nuits-sous-Beaune, auquel nous arrivons de ce pas. Rien que les ceps fins ou *pinots* s'y divisent en cinquante « climats », parmi lesquels je me contenterai de citer le Saint-Georges, les Vaucrains, les Poreys, le Château-Latour.

C'est de l'autre côté du chemin de fer, c'est-à-dire à l'est de Nuits, belle bour-

BEAUNE. — Hôpital de la Charité. (Voir p. 144.)

gade à l'air prospère, comme tous les chefs-lieux de canton de ce district, que se trouve l'ex-abbaye de Cîteaux, convertie aujourd'hui en une colonie pénitentiaire. Fondée en 1098 par saint Robert, elle dut son développement à saint Bernard et à ses moines défricheurs qui vinrent s'y installer seize années plus tard. Un quart de siècle après, plus de 60 000 Cisterciens se répandaient dans toute l'Europe, jusqu'en Scandinavie et en Pologne, et un jour vint où la maison mère, d'où sortirent des prélats illustres et même quatre papes, gouverna plus de 3 000 monastères. La fameuse abbaye de Clairvaux, dans l'Aube, était, rappelons-le, une des « filles » de Cîteaux.

De l'édifice conventuel, sis dans une campagne plate et monotone d'aspect, il ne subsiste que quelques bâtiments datant du xviii° siècle et dénués d'intérêt archéologique.

Aux vignobles de Nuits succèdent ceux de Premeaux, après lesquels commence, toujours à droite, la côte de Beaune, avec ses crus rouges et blancs, dont le plus connu est le Corton.

Beaune, gentille petite ville de 12 000 âmes environ, située sur le cours naissant de la Bouzoise, au pied d'une haute colline, est, après Dijon, la perle de cette partie de la Bourgogne. Au milieu de son enceinte de boulevards verdoyants, elle a conservé du passé maint vestige remarquable et précieux. Ses deux tours rondes, restes de l'ancien château, ses hôtels du xviii° siècle, son beffroi du xiv° surmonté d'une toiture aiguë et de clochetons, son église Notre-Dame, mi-partie gothique et romane, et surtout son hôpital de la Charité, une des merveilles de la France, forcent d'emblée l'attention du touriste.

Rien qu'à voir cet hôpital de Beaune, dit M. Viollet-le-Duc, on aurait envie de tomber malade. Il ressemble en effet à un palais plus qu'à un logis de pauvres et d'infirmes. Fondé par Nicolas Rolin, chancelier de Bourgogne sous le duc Philippe le Bon, et achevé par Guigone de Salins, sa veuve, il représente, comme on l'a remarqué, l'art le plus brillant des Flandres « transplanté tout vif en Bourgogne ». Sa longue façade, son svelte clocher, ses innombrables lucarnes à clochetons dentelés, tout, en lui, est original et rappelle les édifices de Bruges et de Malines. La porte d'entrée, avec son toit à triple pignon, est, à elle seule, un bijou d'archéologie. Sa superbe cour intérieure, à double galerie de bois sculpté, sa grande chambre, sa chapelle, sa cuisine, son musée, les tapisseries de la salle du Conseil, le beau carrelage de la salle des Archives, contribuent à faire de l'ensemble un des monuments historiques les plus curieux que nous possédions.

Beaune a vu naître, en 1746, Gaspard Monge, le célèbre géomètre qui fut un des fondateurs de l'École polytechnique, et dont la statue, œuvre du sculpteur dijonnais Rude, s'élève sur la place du Marché, au pied de la tour de Buffon.

Quelques kilomètres plus loin, on atteint Meursault, aux crus également renommés ; puis, sur la pente escarpée du Signal de Saint-Aubin, relief haut de près de 500 mètres, se montre le clos de Montrachet, dont le vin blanc a une réputation hors ligne ; enfin, au delà des deux rivières qu'on appelle les Dheune, près du canal du Centre, qui réunit la Saône à la Loire, Châlons à Digoin, apparaît la petite ville de Chagny (5 000 habitants) avec son église des xii° et xiv° siècles. Là nous sommes à la limite sud de ces grands vignobles de la Côte d'Or, dont nous venons de faire, au vol, le dénombrement.

CREUSOT. — Vue des puits houillers Saint-Pierre et Saint-Paul.

XIV

MACON ET LES SOUVENIRS DE LAMARTINE. — CLUNY. — UNE VISION DE L'USINE DU CREUSOT. — AUTUN ET LES RUINES DE BIBRACTE

A Chagny nous avons pénétré dans le département de Saône-et-Loire, dont le railway de Paris à Lyon traverse toute la partie orientale, en longeant à gauche, d'assez loin d'abord, puis de tout près, la rivière de Saône, entrée elle-même dans le département à quelque distance de Seurre, fameuse dans les troubles de la Fronde. Chalon, Tournus et Mâcon sont les trois localités principales de cette section du trajet.

La première, l'ex-*Cabillonum* des Romains, après avoir été la plus grande cité de cette confédération des Éduens dont j'ai déjà eu occasion de parler, devint par la suite une des villes les plus considérables des Gaules. Les rois burgondes et mérovingiens y résidèrent tour à tour. Malheureusement, sa situation même, qui faisait d'elle une station stratégique et un centre de négoce tout indiqués sur le grand chemin du Midi et de l'Italie, lui valut bien des désastres et des ruines. Pas un ban d'envahisseurs ne manqua de la saccager au passage. Plus tard, étape forcée des rois de

France, lors de leurs expéditions au delà des monts, elle sut plus que toute autre ce que coûtait, en ce temps-là, aux communes l'honneur d'héberger les puissants et leur suite.

Aujourd'hui, la mignonne cité est tout entière aux soins du trafic et de l'industrie. A la flotte de guerre fluviale que les Romains y avaient établie a succédé une active batellerie de commerce qui la met, par des services réguliers, en communication avec toutes les localités de la Saône et du Rhône. Son édifice le plus curieux au point de vue archéologique, c'est l'église Saint-Vincent, dont on aperçoit de loin les deux tours ogivales. Elle n'a plus, il est vrai, le rang de cathédrale; depuis le commencement de ce siècle, le siège diocésain a été transporté à Autun; mais un souvenir plus ancien du passé religieux de Chalon revit à 3 kilomètres de la ville, dans cette célèbre abbaye de Saint-Marcel, fondée par le roi Gontran à l'endroit où l'évangélisateur de la région subit le martyre au IIe siècle, et qui, transformée en prieuré, vit mourir Abélard en 1142.

BORDS DE LA SAÔNE.

Tournus (*Tinurtium*), où est né le peintre Greuze, l'auteur de la *Cruche cassée*, est sis au point le plus spacieux de la verdoyante vallée de la Saône, dont les prairies, plantées de peupliers, s'allongent vers l'est à perte de vue, et trop souvent, lors des crues du fleuve, se transforment en une vaste nappe d'eau. C'est également une cité plaisante et active, qui possède, en son église Saint-Philibert, un des édifices religieux les plus remarquables de l'époque romane.

Quelques kilomètres plus loin, près de Mâcon, nous entrons dans un nouveau vignoble, celui du Mâconnais, qui s'étend, sur un rayon de 15 à 20 kilomètres, au sud, à l'ouest et au nord de la ville. Le phylloxera, dans ces derniers temps, l'a réduit des deux tiers; mais on commence à le reconstituer à l'aide du cépage américain. Les meilleurs crus rouges du terroir sont ceux de Romanèche, de Davoyé et de Saint-Amour; les produits blancs les plus estimés sont ceux qu'on récolte à Pouilly et à Solutré.

Le commerce des vins de Mâcon ne date, en réalité, que de la seconde moitié du XVIIe siècle, et en voici la genèse, telle qu'on la raconte dans le pays :

Il y avait, en ce temps-là, à Charnay, bourgade sise à une lieue de la ville, un vigneron appelé Claude Brosse, qui se chagrinait fort, comme de juste, de voir que les bons ceps de la région, et ceux de son propre clos en particulier, n'avaient pas le débit qu'ils méritaient. Comment faire pour leur ouvrir des débouchés en rapport avec leur valeur? Claude Brosse alors imagina de porter jusqu'à Paris la grand'ville ce qu'il avait de mieux dans sa cave. C'était en 1660 : l'idée pouvait sembler téméraire; elle était originale à tout le moins.

L'entreprenant Mâconnais arrima donc sur une charrette deux ou trois pièces de son cellier, et, avec un attelage de bœufs, il se mit en route, pour la capitale.

« Pour sûr, il n'arrivera jamais ou n'arrivera qu'avec ses tonneaux défoncés », disaient les gens en se moquant. Mais le vigneron était un gaillard d'une taille gigantesque et d'une force musculaire peu commune, ce qui était le meilleur passeport sur les grandes routes de cette époque. Quelles furent les péripéties de son voyage? Il n'en a pas laissé le carnet. On sait seulement que sa pérégrination dura trente-trois jours entiers, et qu'il entra sain et sauf dans Paris avec son rustique équipage et ses futailles intactes à souhait.

Tout en cherchant un acheteur d'élite, capable d'apprécier et surtout de payer sa denrée, Claude Brosse parcourut la ville, où Mazarin achevait en paix la dernière année de son étrange principat marqué par tant de vicissitudes; puis, quand il eut visité la ville, il se rendit à Versailles, où se trouvait — encore en tutelle, pour peu de temps, il est vrai — le futur « Roi Soleil ». Or, un jour que l'on célébrait la messe du monarque, celui-ci, au moment de l'élévation, aperçut dans la foule agenouillée un homme qui semblait rester debout. Choqué de l'irrévérence, il envoya un de ses officiers rappeler à l'ordre cet assistant malappris. L'officier s'acquitta de sa mission, et revint dire à Louis XIV que l'homme en question était bien à genoux comme les autres, et que c'était sa haute stature qui le faisait ainsi émerger au-dessus des fidèles.

MÂCON.

La messe terminée, le roi eut la curiosité de voir ce géant. On le lui amena, sous les espèces d'un paysan coiffé d'un feutre énorme et vêtu d'un long tablier de peau blanc au-dessous duquel on apercevait des jambes serrées dans des guêtres de toile. Louis XIV demanda au provincial ce qu'il était venu faire à Versailles. « Sire, répondit Claude Brosse, j'arrive quasi céans de Mâcon, avec deux tonneaux de vin délicieux pour lesquels je cherche acquéreur. — Eh bien! je veux goûter ce vin, et s'il est tel que tu le dis, je l'achète. »

L'ordinaire de la cour, c'étaient, pour lors, les crus de Suresnes et de Beaugency. Aussi, à peine Louis XIV eût-il dégusté ce produit nouveau, qu'il en fut tout émerveillé. Non seulement il prit, contre espèces, la marchandise de l'heureux Mâconnais; mais tous les seigneurs de la cour s'empressèrent, à l'exemple du maître, de faire leur commande à Claude Brosse, qui dut s'en retourner au pays quérir de nouvelles futailles, et qui passa le reste de ses jours à porter à la capitale les trésors de sa cave et les récoltes des vignerons ses compères.

Mâcon, primitivement *Matisco* — encore une place des Éduens — est avant tout, pour le touriste épris de grands souvenirs, la ville de l'illustre poète des *Méditations* et de *Jocelyn*. Voici comment Lamartine, au début de ses *Confidences*, décrit lui-même sa cité natale :

« Sur les bords de la Saône s'élève, au penchant d'un coteau à peine renflé au-dessus des plaines, la ville petite, mais gracieuse, de Mâcon.... Au-dessous des ruines de la cathédrale antique s'étendent, sur une longueur de près d'une demi-lieue, des files de maisons blanches et des quais où l'on débarque et où l'on embarque les marchandises du midi de la France et les produits du vignoble mâconnais.... Le haut de la ville, que l'on n'aperçoit pas de la rivière, est abandonné au silence et au repos; on dirait une ville espagnole. C'est le quartier de ce qu'on appelait autrefois la noblesse et le clergé. »

Ajoutons quelques détails à l'esquisse.

SAINT-POINT. — L'église.

De cette vieille cathédrale de Saint-Vincent dont parle le poète, et à laquelle a succédé une église neuve dédiée à saint Pierre, il ne reste que la façade, deux tours amputées, l'une de son dôme, l'autre de sa flèche, mais encore d'une hauteur suffisante pour dominer au loin l'horizon, et le *narthex*, sorte de vestibule d'attente sis en avant de la nef et réservé, dans les temples primitifs, aux catéchumènes qui n'avaient pas encore le droit de se joindre à la communion des fidèles. Quant à l'ancien palais épiscopal, transformé en hôtel de ville, la longue façade jaunâtre qu'il présente à la Saône, sur le quai du sud, a un certain air de grandeur. Par contraste, le palais de justice est un tout petit hôtel du XVIII° siècle, à l'aspect vieillot, mais charmant, dont le mérite original est de ne ressembler à aucun des édifices consacrés chez nous à Thémis.

La maison natale de Lamartine, à laquelle on doit bien un pèlerinage, est située rue des Ursulines, en face de l'ancien monastère des religieuses de ce nom, converti actuellement en caserne. C'est une modeste maison à deux étages. Au-dessus de la porte, on lit cette inscription gravée en lettres d'or sur une plaque de marbre noir : « ICI EST NÉ ALPHONSE-MARIE-LOUIS DE LAMARTINE, LÉ 21 OCTOBRE 1790. »

Le poète a en outre sa statue sur le quai, au-devant de l'hôtel de ville, et le lycée de Mâcon porte son nom, comme celui de Rouen porte le nom de Corneille.

Aux environs se trouvent ses trois campagnes favorites : Milly, Saint-Point et Montceau. Le château de Montceau a été vendu, et aucun vestige matériel n'y rappelle le séjour de Lamartine. Milly, où s'écoula une partie de son enfance et qui n'est qu'une demeure rustique d'apparence assez confortable, a passé aussi en des mains étrangères. Seul Saint-Point, situé plus à l'ouest, sur la Valouze, en dehors de la voie ferrée de Mâcon à Cluny, n'a pas été mis aux enchères, et conserve quelques souvenirs de l'hôte illustre qui en fit sa résidence de prédilection et qui y fut enterré en 1869.

Des trois propriétés, cette dernière est la plus pittoresque de cadre et d'aspect. Elle offre la figure d'un épais manoir à grosses tours étêtées, que relie une galerie extérieure bordée d'une balustrade à trèfles et renflée d'un vieux portique à colonnettes. Tout alentour on aperçoit des pentes touffues, des ravins, des eaux ruisselantes, des moulins, des prés, des vignes et de beaux bouquets d'arbres. Un des chênes voisins du château est resté historique : on l'appelle l'*arbre de Jocelyn*, parce que c'est à l'ombre de ces rameaux que Lamartine écrivit le poème sentimental de ce nom. L'ancienne chapelle est devenue l'église du village ; en face d'elle est une autre chapelle, de style byzantin, que Lamartine avait fait élever et qu'il a léguée à la commune. Dans son caveau funéraire reposent le poète et différents membres de sa famille.

CLUNY. — L'abbaye.

De Saint-Point à Cluny il n'y a qu'un pas. La célèbre abbaye de bénédictins, fondée au x° siècle par saint Bernon dans ce bassin forestier de la Crosne, qui portait primitivement le nom de Vallée-Noire, est de toutes parts environnée de montagnes aux coupes harmonieuses et charmantes. Rien n'égale dans le Mâconnais la molle tiédeur de ce paysage, entrevu surtout dans les pâles journées de l'arrière-saison. La petite ville de Cluny, avec ses vieilles maisons, aux fenêtres à double baie et à colonnettes, de l'âge roman, de l'époque gothique et de la Renaissance, a elle-même une grâce caressante et originale dont le reflet semble se retrouver dans les œuvres du plus fameux de ses enfants, le peintre Prud'hon.

A peine édifiée, l'abbaye, autour de laquelle se forma la cité, fut comme le centre intellectuel de la chrétienté. Que de savants et d'esprits hors ligne sortirent de son sein ! Grégoire VII, l'orgueilleux pontife qui rêva de subordonner à la papauté toutes les souverainetés temporelles du monde, vécut et médita dans ce cloître, au temps du fameux abbé Saint-Hugues, un parent des premiers Capétiens. Bientôt des milliers de monastères relevèrent de celui de Cluny, qui devint une immense cité conventuelle, pourvue d'une merveilleuse basilique romane à deux transsepts, à quatre clochers, à cinq nefs soutenues par soixante piliers et percées de trois cents fenêtres. Avec son *narthex*, l'édifice mesurait 171 mètres de longueur ; Saint-Pierre de Rome, le plus vaste temple chrétien qui existe, n'a que 12 mètres de plus.

Parmi les abbés commendataires et de haute lignée du couvent, on vit figurer, dans les derniers siècles, quatre membres de la maison de Guise, les cardinaux de Richelieu et Mazarin, un prince de Conti, deux La Tour-d'Auvergne, deux La Rochefoucauld. La Révolution enleva aux grands cette riche proie. Fermée en 1790, l'abbaye fut ensuite vendue comme propriété nationale. Sa gigantesque église fut démolie pièce à pièce sous le Consulat, et des rues entières de la ville sont aujourd'hui formées de ses débris. Bref, il n'en reste plus qu'une portion de transsept, d'un effet encore saisissant, une énorme tour octogonale, et un bâtiment annexe transformé en musée. Dans son démembrement même, elle représente quelque

CLUNY. — L'église, en 1789.

chose d'immense. Une école professionnelle, un collège, un hôtel de ville, une justice de paix, un haras même, occupent les constructions subsistantes.

Revenons maintenant sur nos pas jusqu'à l'entrée nord du département de Saône-et-Loire.

De Chagny se détache au sud-ouest une voie ferrée qui mène au Creusot, et, de là, remonte jusqu'à l'embranchement qui se dirige sur Autun. Elle suit le sillon boisé de la vallée de la Dheune, si célèbre par ses antiquités, en longeant le canal du Centre, dont la ligne liquide, jalonnée d'un rideau de peupliers, apparaît chargée de chalands.

On entre ici dans le terrain houiller le plus fécond du département, celui où s'échelonnent du nord au sud les mines de Saint-Bérain, de Longpendu, de Montchanin, de Blanzy et de Montceau. Le site n'a rien d'agréable à l'œil : ce sont des intumescences de grès aux teintes grisâtres et de schistes noirs et feuilletés. Entre ces deux couches s'interpose la houille, ce combustible fossile produit par la décomposition lente des menus végétaux et des arbres ensevelis dans le sol depuis l'âge lointain qu'on nomme l'époque carbonifère. Mais il nous faut, pour quelques instants, faire trêve au pittoresque pur et nous résigner à entrer dans le domaine utilitaire et industriel.

Le Creusot est une ville toute neuve, créée, on peut le dire, dans la seconde partie de ce siècle par Eugène Schneider, qui a, comme de juste, sa statue sur l'ancienne place du Marché. Ainsi que dans cette autre cité travailleuse dont Charles Dickens nous fait une si saisissante peinture en son roman des *Temps difficiles*, tout y est tourné vers le « fait »; tout y proclame le triomphe de l'action et des ressorts qui la mettent en jeu. Il y a cent ans, à cette place, il n'y avait qu'une vallée sauvage et inhabitée, qu'on appelait là *Charbonnière*, à cause de la couche de charbon qui y affleurait; aujourd'hui il s'y élève un établissement métallurgique sans rival, des quartiers ouvriers, des églises, des écoles, un théâtre, un bureau de poste et de télégraphe, bref, tout ce qu'il faut pour assurer la régularité symétrique de la vie matérielle et morale dans une cité de vulcains où l'outil est souverain roi et fonctionne seul sous la surveillance d'hommes qui apprécient le « fait » à sa juste valeur.

La vraie villa ici, ce sont ces titaniques ateliers d'où sortent, tous les jours que Dieu fasse, les rails qui sillonnent nos grands chemins modernes, les locomotives qui courent affolées sur les rails, les canons qui ont pour mission de percer toutes les plaques de blindage, et les plaques de blindage dont le rôle est de se rire de tous les canons. Le personnel de l'immense officine dépasse 15 000 hommes; l'étendue des railways, 300 kilomètres. En parcourant méthodiquement les différentes parties de l'usine, dominée par une cheminée de 80 mètres de haut, le visiteur peut saisir toutes les phases de ce labeur effroyable, depuis l'entrée du minerai jusqu'à la construction des machines.

CREUSOT. — Mineur remontant d'un puits.

Au nord de la ville, sur le versant de l'une des collines, séparées par une sorte de combe, sont les fours à coke et les hauts fourneaux dont la coulée, le soir surtout, est d'un prodigieux effet. A l'extrémité est de l'usine, sur 12 hectares de superficie, s'étend la grande forge, avec ses fours de *puddlage*, c'est-à-dire de pétrissage, de modelage, où la fonte est convertie en fer, et sa halle de *laminage*, où les barres de métal brut sont étirées, profilées, transformées en tôles ou en plaques. Ajoutez à cela les *aciéries*, les ateliers de *bandages*, où se trouve le fameux marteau-pilon de 100 tonnes qu'on a pu voir à l'Exposition de 1878, les ateliers de construction, celui de l'artillerie, avec son outillage complet, enfin le polygone où s'essaient les canons, et vous aurez une idée sommaire de l'ensemble.

La houille s'extrait au Creusot même (il en vient également de Montchanin et d'ailleurs), par les *puits* Saint-Pierre et Saint-Paul, sis au nord de l'usine. C'est dans les tortueuses galeries ouvertes au fond de ces trous que le mineur, descendu à l'aide de la *cage* que l'on sait, accomplit son travail souterrain, que nous n'avons pas à décrire ici. Quant au minerai de fer, on va le chercher un peu partout, à Mazenai, non loin du Creusot, puis dans le Charolais, dans la Nièvre, en Berry, dans le Doubs, à l'île d'Elbe, et même en Algérie.

CREUSOT. — Ouvrier des houillères.

Quand on sort du Creusot pour se diriger vers Autun par la voie ferrée, on laisse d'abord à gauche la gigantesque butte du mont Saint-Vincent, qui s'élève à 603 mètres. C'est le point culminant du département de Saône-et-Loire. De son sommet, la vue, si le ciel est clair, s'étend par delà le Jura jusqu'au mont Blanc de Chamonix. On

CREUSOT. — L'usine.

remonte ensuite la vallée du Mesvrin pour gagner Mesvres et Étang, après quoi l'on infléchit au nord-est le long de l'Arroux, affluent de la Loire. Au sud se dresse la montagne d'Uchon (684 mètres) ; au nord, celle de Montjeu (*mons Jovis*, mont de Jupiter, 643 mètres), commandée par l'ancien manoir seigneurial du même nom.

La région est, du reste, pleine de châteaux antiques ou modernes. Un d'eux, celui de Chazeu, que l'on voit à main droite, fut jadis une propriété de ce comte de Bussy-Rabutin, dont je vous ai brièvement esquissé l'histoire, et la marquise de Sévigné y a encore écrit quelques-unes de ses lettres. Enfin, passé le confluent de la rivière morvandiote de la Grande-Verrière, descendue des montagnes de Glaine, on entre dans le large bassin d'Autun, et l'on aperçoit la ville, qui s'étage majestueusement, dominée par sa cathédrale, sur les pentes nord-ouest du Signal de Montjeu, dont l'Arroux baigne le pied.

Parmi les grandeurs déchues, il n'en est peut-être pas une dont la déchéance s'accuse à l'œil d'une manière plus sensible et plus brusque que celle de cette ville éduenne qui, sous le nom d'*Augustodunum*, succéda comme chef-lieu du pays au fameux *oppidum* gaulois de Bibracte et devint, en deçà des Alpes, la cité favorite des Romains.

AUTUN. — Porte d'Arroux.

En ce temps-là, l'enceinte de ses murs, défendue par plus de cinquante tours, mesurait près de 6 000 mètres. Des temples de marbre étincelants, des thermes aux fières colonnades, des palais, des écoles célèbres, des portés qui étaient des arcs de triomphe, toute une banlieue de villas riantes, lui donnaient vraiment l'air d'une capitale ; et la nature environnante, le cercle de hautes montagnes qui ferment de toutes parts l'horizon, ajoutaient un cadre grandiose à ce beau décor architectural.

AUTUN. — Porte Saint-André ou Saint-Symphorien.

Aujourd'hui, Autun couvre à peine le tiers de son emplacement primitif. Saccagée une première fois vers l'an 270 par les Bagaudes de Tetricus, dévastée ensuite par les Barbares et les Sarrasins, elle échut finalement au duché de Bourgogne, et, depuis lors, mutilée, tronçonnée, réduite un moment à l'état de « bruyère », si l'on en croit Guillaume Le Breton, elle ne marqua plus dans l'histoire que par le rôle de son évêché, un des plus illustres des Gaules.

De l'époque romaine il lui reste une ligne de murailles ruinées, un fragment de temple dit de Janus, encore d'un très bel effet, la pyramide de Couhard, un théâtre qui, à en juger par ses débris ou, plutôt, par sa simple empreinte enfouie dans le gazon, pouvait contenir de trente à quarante mille spectateurs, et deux portes monumentales.

L'une de celles-ci, la porte d'Arroux — autrefois porte de Sens (*porta Senonica*) — formait l'entrée de la ville sur la rive gauche de la rivière dont elle a pris le nom, et s'ouvrait sur la voie d'Agrippa. C'est un magnifique et massif ouvrage de 70 mètres de haut sur 19 de large, composé de deux vastes arcades auxquelles s'accotent deux autres plus petites réservées aux piétons. Au-dessus règne une galerie de dix arcades séparées par des pilastres d'ordre corinthien.

La seconde porte, celle de Saint-André (ex-*porta Lingonensis*), avoisine l'entrée du faubourg du même nom ; elle a des pilastres ioniques et a conservé une de ses tours de défense. Quant au temple de Janus et à la pyramide de Couhard, ils sont situés en dehors de la ville, l'un à l'ouest, sur la rive droite de l'Arroux, l'autre à trois quarts d'heure au sud.

A une heure environ à l'ouest, en avant du massif du Morvan, se dresse, entre les affluents de l'Arroux et ceux de l'Aron, une montagne de 810 mètres de haut qui domine toute la contrée d'alentour : c'est le mont Beuvray. Sur son immense plateau était sise cette forteresse gauloise de Bibracte, dont César parle dans ses *Commentaires* et où Vercingétorix fut proclamé généralissime.

C'était, avant la fondation d'Autun, une très grande cité, dont on entendait, disait-on, « crier les portes sur leurs gonds jusqu'à Nevers ». Des fouilles successives pratiquées sur son emplacement ont mis à nu des talus de circonvallation qui atteignent 30 pieds de hauteur, et plus de 2 000 médailles gauloises du siècle antérieur à notre ère, sans parler de vases et autres objets de la même époque. Sur le *forum*, découvert de 1873 à 1875, on a retrouvé des restes de boutiques en charpente où s'installaient les marchands nomades. On a également exhumé du sol et des revers de la terrasse deux grandes habitations, dont l'une était ornée de mosaïques, des écuries à bœufs, un temple dédié à la déesse *Bibracta*, dont la fête attirait chaque année une affluence de peuple considérable, puis des forges et des ateliers appartenant au quartier des métallurgistes, des chaudronniers et des émailleurs, et attestant l'essor qu'avait pris cette triple industrie dans cette cité de montagne, sœur par le site et le destin des places d'Alésia et de Gergovie.

Le Puy de Dôme, vu d'Orcines.

XV

EN AUVERGNE : LA CHAINE DES DOMES; CLERMONT-FERRAND ET ROYAT. LE PLATEAU DE GERGOVIE. — SITES ET LOCALITÉS DE LA LIMAGNE. AU MONT DORE

Au centre de la France se trouve une région de montagnes volcaniques répartie entre trois départements, ceux du Puy-de-Dôme, du Cantal et de la Haute-Loire. Les deux premières de ces divisions correspondent à l'ancienne Auvergne, dont Sidoine Apollinaire vante si lyriquement les beautés, et que Froissart appelle, de son côté, « un pays moult gras et rempli de tous biens ». Explorons, si vous le voulez, quelques recoins de ce massif, en commençant par les monts Dômes, qui en sont le relief le plus septentrional.

On appelle Dômes une suite de 60 ou 70 pyramides à la teinte gris noirâtre et terne, qui s'alignent du sud au nord, entre le cours de l'Allier à l'est et celui de la Sioule à l'ouest, et dont la chaîne, longue de 30 kilomètres, s'arrête aux environs de Riom.

Ces cônes, plus ou moins aigus ou tronqués, ont pour socle commun un plateau d'un millier de mètres d'altitude qui s'abaisse, en se continuant plus au nord, pour aller s'unir aux monts de Combraille et aux collines du pays de Montluçon, derrière lesquelles commencent les plaines forestières du Berry. La plus haute de ces sommités (1 465 mètres) et la plus régulière de forme, c'est le célèbre puy de Dôme, que les paysans de la contrée révèrent comme une sorte de géant protecteur ou hostile, selon l'occurrence, et qu'ils personnifient volontiers. Peut-être, chez eux, ce sentiment superstitieux est-il une réminiscence de l'âge et du culte celtiques. Jadis, en effet, la cime du mont portait un temple consacré au grand dieu gaulois que César, dans ses *Commentaires* (VII, 17), désigne sous le nom de Mercure, mais qui n'est autre que Teutatès, le père de la nation gaélique. Là aussi se dressait, nous dit Pline, une statue de bronze gigantesque, représentant cette divinité. C'était le plus haut bloc de sculpture qui existât, après le colosse de Néron à Rome, et l'on connaît le nom de l'artiste qui l'avait exécuté en Auvergne.

Des fouilles pratiquées au sommet du puy ont mis à nu des vestiges considérables du sanctuaire antique. Des plates-formes reliées entre elles par des escaliers monumentaux, une porte garnie de son linteau, des séries de pièces aux murs énormes, des fûts de colonnes, des fragments de frises ornementées, des statues, des débris de poterie, des monnaies romaines, attestent la grandeur imposante de cet édifice sacro-saint.

Pour l'imagination populaire, l'endroit, au moyen âge, était devenu un lieu infernal; c'était là, disait-on, près de la chapelle de Saint-Barnabé, encore existante au XVIIe siècle, et renversée depuis lors, par les tempêtes vraisemblablement, que s'assemblaient pour leur sabbat solennel toutes les sorcières du pays gaulois. La science, venant après la légende, s'est emparée à son tour du puy de Dôme, et lui a donné une consécration d'une nature essentiellement différente. C'est sur sa cime que Périer fit, le 19 septembre 1648, d'après les indications de Pascal son beau-frère, alors à Rouen, les premières expériences concernant la pesanteur de l'air. Depuis 1876, la montagne volcanique est, comme le Vésuve napolitain son frère, surmontée d'un observatoire qui fait d'elle désormais un centre permanent d'études météorologiques.

Certains cratères de la chaîne des Dômes offrent encore une figure très distincte. Ce sont des cavités régulières en forme d'entonnoirs, laissant passer au travers du gazon plus ou moins épais qui les recouvre quelques bourrelets de laves rougeâtres. D'autres, au contraire, ont disparu en partie, et se sont transformés en terrains de culture. Quelques-uns sont devenus des coupes lacustres qui épanchent leurs ondes dans la vallée. Les courants de matières ignées vomies par ces montagnes, à l'époque où elles étaient en travail, sont aussi parfaitement reconnaissables; en patois auvergnat, ces coulées se nomment *cheires*.

Le puy de Dôme, particulièrement, au lieu de se creuser en cratère, se bombe au contraire en coupole, et, comme son nom l'indique, ressemble tout à fait à un *dôme*. Il est composé d'un calcaire siliceux qu'on ne retrouve nulle part ailleurs, et que, pour cette raison, on appelle *domite*. Cette roche est extrêmement poreuse. Aussi le sol du sommet, quand on le frappe avec force, résonne-t-il comme si la croûte supérieure reposait sur un immense creux. Ce puy est du reste la seule montagne de la chaîne qui, de quelque point qu'on la regarde, présente des lignes harmonieuses et grandioses. Toutes les autres protubérances du relief sont laides, informes, pelées, et en outre ne s'élèvent guère que de 150 à 200 mètres au-dessus du plateau qui leur sert de support; le puy de Dôme, lui, domine son socle de plus de 600 mètres, et sa masse, escarpée de 45 degrés, parfois de 60, est tout entière revêtue d'un gazon dru où percent çà et là des bosselures rocheuses.

De son sommet, où l'on accède, de Clermont, par trois routes au choix, le regard saisit, par un temps clair, l'orographie complète de l'Auvergne.

Au nord et au sud s'aligne, dans le même axe, toute une file de volcans. D'un côté, c'est d'abord le petit puy de Dôme (1 268 mètres), amas de scories et de

Puy de Dôme. — Chaîne des Dômes, vue de la base du Puy Chopine.

cendres qui s'appuie à la base septentrionale du grand et semble n'en être qu'un contrefort; son cratère à la coupe régulière et profonde l'a fait surnommer le « Nid de la Poule ». Après lui viennent le puy de Côme (1 255 mètres), à l'ouest duquel s'étend sur 16 kilomètres carrés l'immense coulée de laves de Pontgibaud; le puy de Pariou (1 210 mètres), avec son magnifique entonnoir herbu, taillé en un gigantesque escalier par le pied des vaches qui en paissent le gazon savoureux; le Grand Sarcouy, ou le « Chaudron renversé », comme l'appellent les pâtres; le puy Chopine, qu'on a comparé à une « tranche de jambon dans un sandwich »; puis, plus loin, le puy de Louchardière, « *lo chadeiro*, le fauteuil », et celui de la Nugère, dont le courant lavique, exploité en carrière depuis plus de six cents ans, fournit la fameuse « pierre de Volvic », qui a servi aux constructions du pays.

Du côté opposé, vers le sud, une rangée semblable de dômes volcaniques se succède sur 10 ou 12 kilomètres de longueur. Ce sont, entre autres, la montagne de Gravenoire, dont les scories dominent la vallée de Royat, les puys Noir, de Monchié, de la Vache, de Montchal, celui de l'Enfer, qu'un plateau mamelonné, où brille, dans son enchâssement de malachite, le lac azuré d'Aydat, sépare de la chaîne du mont Dore ; puis, tout au fond de l'horizon, par delà-le seuil du Cézallier, couloir de passage ménagé aux vents entre le bassin de l'Allier et celui de la Dordogne, se montrent les monts du Cantal. Plus à l'est apparaissent les massifs du Velay, du Forez et du Beaujolais. Retournez-vous : vers le nord-ouest, vous apercevrez les collines indécises de la Creuse.

Ces volcans éteints peuvent-ils se rallumer quelque jour ?

A pareille question il n'y a qu'une réponse. Plus de deux cents ans avant notre ère, lorsque Spartacus campa avec son armée de gladiateurs insurgés dans le cratère béant du Vésuve, celui-ci, au repos depuis des siècles, était tout entier, nous dit Strabon, couvert d'herbes et d'arbustes. Des troupeaux paissaient sur les flancs du cône, au bord de petits lacs miroitants ; les bocages y résonnaient de la flûte des bergers ; rien enfin dans l'aspect de la montagne campanienne ne laissait soupçonner les tempêtes de feu qui couvaient dans son sein.... Tout à coup, le 23 novembre de l'an 79 après Jésus-Christ, éclata l'épouvantable éruption qui ensevelit en un clin d'œil les trois cités de Pompéi, Herculanum et Stabies, et depuis lors le Vésuve n'a plus cessé de flamber ou de fumer.

Cette région des Dômes était jadis le domaine de cette fière peuplade des Arvernes, dont la confédération s'étendait, au sud, jusqu'au delà des pays occupés par les Volkes Tectosages (Haut Languedoc), lesquels avaient pour chef-lieu Tolosa (Toulouse). Leur ligue était devenue si puissante et si riche que lorsque, en l'an 121 avant notre ère, leur chef-roi Biteut se heurta contre les Romains, que Massilia (Marseille) venait d'appeler en Gaule, il put réunir autour de lui près de 200 000 combattants. La bataille se livra entre le Rhône et l'Isère. Le consul Fabius Maximus commandait les légions. On raconte que Biteut parcourut sur un char d'argent le front de ses lignes à l'extrémité desquelles retentissaient les hurlements des dogues royaux dressés au combat comme un corps d'auxiliaires : « Voilà donc les Romains, s'écria-t-il en apercevant l'ennemi étroitement massé dans sa position ; ce n'est pas un repas de mes chiens ! » De tout temps, la race gauloise, en sa bravoure confiante et fougueuse, a eu de ces témérités de langage.

Le succès de la journée fut longtemps balancé ; mais, à la fin, les Arvernes, déconcertés, comme les Romains eux-mêmes l'avaient été au temps de Pyrrhus, par la vue et l'irruption des éléphants armés en guerre, prirent peur et se mirent en déroute. 120 000 Gaulois, dit Tite-Live, périrent égorgés par les légionnaires ou noyés dans le Rhône.

C'était le plus grand désastre que ce peuple eût encore essuyé.

Biteut, pris par trahison, fut envoyé à Rome, traîné en triomphe au Capitole avec son char d'argent, et mourut prisonnier à Albe. Les vainqueurs n'osèrent pas toutefois s'emparer du pays. Ce ne fut que soixante ans plus tard que César, qui avait besoin de dominer la Gaule pour devenir maître de la république, s'attaqua au principal centre de résistance des contrées celtiques, à ce « milieu sacré » de la terre gauloise qu'on appelait l'Arvernie.

Alors se noua la grande conjuration celtique de l'an 53 avant Jésus-Christ. Les Arvernes, résolus à défendre leur indépendance, se groupent autour d'un des leurs, le jeune Vercingétorix, c'est-à-dire le « grand chef des cent têtes » que sa haute stature, sa beauté, son adresse aux armes, et l'éclair de génie qui brillait dans ses yeux, désignaient d'avance à ce rôle glorieux. A sa voix, tous les gens des montagnes se lèvent; des Dômes, des monts Dore, du Cantal, on descend sur la vallée de l'Allier. Les grands, qui veulent s'opposer au complot, sont chassés, Vercingétorix est proclamé chef suprême, et vingt nations ratifient ce choix.

César, qui se trouvait à Rome, se hâte d'accourir. En plein hiver, à travers six pieds de neige, il franchit ces montagnes cévenoles que les habitants de l'Arvernie

CLERMONT-FERRAND, vu de la route d'Issoire.

regardaient comme un rempart inexpugnable, et il va mettre le siège devant Avaricum (Bourges), qu'il prend et incendie. Après ce succès sur les Bituriges, alliés et clients de Vercingétorix, il se porte contre la capitale des Arvernes, la grande cité de Gergovie, dont nous visiterons tout à l'heure l'emplacement. Cette fois, il est moins heureux. Au bout de plusieurs semaines d'efforts, il se voit contraint de se retirer. Vercingétorix, qui l'a tenu en échec, se lance à sa poursuite, et l'atteint près de la Saône. Là se livre une bataille à la suite de laquelle les Gaulois, vaincus, sont obligés de se réfugier dans Alésia, sur les pentes du mont Auxois, en Bourgogne. On sait le reste : la forteresse d'Alésia est prise, après une résistance héroïque. Vercingétorix, désespérant des destinées de sa patrie, se livre de lui-même au vainqueur, et, comme Biteut l'avait été avant lui, le héros de l'indépendance gauloise est emmené à Rome, puis remis aux mains du bourreau, après six ans de captivité dans les cachots du Capitole.

La complète soumission des Gaules n'amena pas toutefois la ruine immédiate de Gergovie; de nombreuses médailles consulaires et impériales qu'on y a découvertes pêle-mêle avec des médailles gauloises prouvent qu'elle continua d'exister. Ce ne fut que soixante-quinze ans plus tard qu'Auguste entreprit d'assimiler la Gaule au reste de l'empire et d'y effacer les souvenirs nationaux. Les vieilles fédérations, les clientèles de peuple à peuple furent brisées et remplacées par de pures divisions administratives. L'Arvernie, pour son compte, fut incorporée dans la province d'Aquitaine, qui s'étendit des Pyrénées à la Loire et de l'Océan aux Cévennes. Alors aussi fut rasée la patrie de Vercingétorix, l'antique cité de la montagne qui avait eu la gloire de montrer que César pouvait être vaincu.

Qui hérita de sa fortune? Ce fut une modeste bourgade celtique qui, sous le nom de Nemetum, s'élevait à 7 kilomètres plus au nord, et où les habitants de Gergovie se virent contraints d'émigrer en masse.

Cette bourgade, appelée ensuite Claromons (*Clarus Mons*) d'un château de ce nom qui la domina jusqu'au temps de Pépin d'Austrasie, est aujourd'hui la ville de Clermont-Ferrand. Érigé en municipe par Auguste, Nemetum, ou Augustonemetum, eut dès ce moment son capitole, son forum, ses théâtres, et devint le centre le plus important de ce vieux pays des Arvernes, où les Romains s'étaient empressés de construire comme partout des routes, des temples, des aqueducs, et aussi des thermes, car la région était déjà renommée pour ses sources minérales. Après la chute de l'empire, les Visigoths s'emparèrent de l'ex-Arvernie; puis, en 507, la victoire de Voulon (et non de Vouillé), gagnée par Clovis sur Alaric, la fit passer sous la domination des Francs.

On sait quelle terrible guerre éclata, quelques années plus tard, entre les fils de Clovis, et quelle âpre vengeance Théodorik, le roi des Ripuaires, tira des Arvernes, qui s'étaient donnés à Childebert. Les Barbares, rapporte Grégoire de Tours, passèrent sur la vallée de l'Allier comme une nuée de sauterelles; arbres, moissons, chaumières, couvents et églises, tout fut couché au ras du sol. Clermont dut se rendre; mais sa soumission n'arrêta pas les hordes furieuses qui, après la plaine, envahirent les hauteurs, poussèrent jusqu'à ces solitudes sauvages du mont Dore et du Cantal où les légionnaires romains eux-mêmes n'avaient point pénétré. Roches volcaniques et forêts de sapins, tout fut fouillé par les guerriers du Nord. On ne laissa rien en propre aux petits ni aux grands, hormis la terre, que les Barbares ne pouvaient emporter avec eux. Femmes, adolescents et enfants furent traînés, les mains liées derrière le dos, à la suite de l'armée, et vendus à l'enchère çà et là. Les clercs, arrachés à leurs églises et à leurs monastères, furent emmenés aux bords du Rhin et de la Moselle.

Longtemps l'Arvernie resta sous le coup de ce désastre (532).

Deux siècles après, un autre torrent d'hommes, venu non plus du nord-est, mais de l'extrême sud, déborda d'Espagne sur le midi et le centre de la Gaule. C'étaient les tribus arabes d'Asie et d'Afrique qui se ruaient à la conquête des contrées de l'Occident. Eudes, le roi d'Aquitaine, ne put résister. Les cavaliers du Yémen et de la Numidie envahirent, ventre à terre, les monts et les pâturages de l'Auvergne. Clermont, cette fois, fut incendié, et sa cathédrale, bâtie par l'évêque Namace, eut le même sort. Sans Charles Martel et ses Austrasiens qui broyèrent dans les plaines de Poitiers Abd-er-Rahman et ses hordes, qui sait ce qu'il fût advenu de la Gaule?

Clermont avait à peine eu le temps de se relever de ses ruines, que, de nouveau, il eut à essuyer la fureur des Francs d'Austrasie et de Neustrie. C'est qu'il fallait que les destins s'accomplissent. L'ex-Nemetum entendait demeurer gallo-romain; Pépin le Bref, lui, voulait qu'il fût franc.

C'est pourquoi, en 761, il fondit sur l'Aquitaine, accompagné de son fils aîné Karl (Charlemagne), qui, dans cette campagne, fit ses premières armes. Le roi Waïfre essaya de lutter. Tous les châteaux furent emportés d'assaut, y compris celui de *Claromons*, citadelle de la cité d'Auvergne (*urbs Arvernia*). Une partie de la population périt, en cette occurrence, dans les flammes. L'année suivante vit se continuer cette guerre de conquête qui visait l'Aquitaine tout entière, et qui ne se termina qu'en 768 par l'annexion du pays aux possessions franques.

Après la dissolution de l'empire carolingien, l'Aquitaine subit, elle aussi, les morcellements de la féodalité; non seulement elle se partagea en diverses régions, Auvergne, Berry, Bourbonnais, Forez, Marche;

CLERMONT-FERRAND. — Rue des Gras.

mais chaque région se subdivisa à son tour, et toute la contrée se couvrit de châteaux forts; puis, à partir de 1155, l'Auvergne fut scindée en deux parties: le Comté, domaine de la branche cadette, et le Dauphiné, domaine de la branche aînée.

En dehors de ces péripéties politiques, les deux faits saillants de l'histoire de Clermont, c'est d'abord, en 1095, la tenue du fameux concile que présida le pape Urbain II, et où, grâce à Pierre l'Ermite, fut décidée la première croisade; c'est ensuite, en 1665, la réunion des Grands Jours d'Auvergne, assises extraordinaires destinées à punir les seigneurs qui avaient abusé de leur pouvoir. Fléchier nous a raconté en détail la procédure de cette cour de justice dont la session ne dura pas moins de six mois, et où l'on vit figurer parmi les accusés les personnages les plus marquants du pays.

Ajoutons que Clermont a donné le jour à une quantité d'hommes illustres, parmi lesquels je citerai Sidoine Apollinaire, qui avait sa villa d'*Avitacum* au bord du lac d'Aydat susnommé; les historiens Grégoire de Tours, Dulaure et Montlosier, le jurisconsulte Domat, les poètes Thomas et Delille, le prédicateur Massillon, et enfin Blaise Pascal, l'écrivain et le savant hors ligne. Le reste de l'Auvergne n'a pas fourni moins de célébrités en tous genres : les environs d'Aurillac ont vu naître le fameux Gerbert (930), dont j'ai déjà eu occasion de parler; Aigueperse compte au nombre de ses enfants le chancelier Michel de l'Hospital (1503); Riom est la patrie de Marivaux (1638); le village de Thiers, à 14 kilomètres de Clermont, est celle de Chamfort; Desaix enfin, le héros de Marengo, était originaire de Saint-Hilaire-d'Ayat, près de Riom.

Sis à 407 mètres au-dessus de la mer, dans un vaste bassin demi-circulaire formé par les puys que je vous ai dépeints, et ouvert seulement vers l'est et le nord-est, du côté de cette riche plaine de l'Allier qu'on désigne sous le nom de Limagne, Clermont-Ferrand vaut surtout par son site. Ses maisons, construites en lave noire de Volvic, ont en général un aspect triste et sombre; mais quels admirables points de vue et quels jeux inépuisables de lumière on découvre de certaines de ses places, au nord de l'Hôtel de Ville notamment, d'un côté sur les dômes volcaniques qui l'encadrent, de l'autre sur le large bassin, radieux de fécondité et de verdure, qui sépare le relief auvergnat du massif cévenol et des monts du Forez ! Si la ville n'a conservé intact aucun de ses monuments primitifs, il suffit, en revanche, d'y fouiller le sol pour en exhumer mille vestiges des époques gauloise et romaine. L'amateur d'archéologie n'a qu'à visiter le musée de Clermont; il y trouvera, en fait d'armes, de médaillons, d'urnes, de vases, de statuettes, d'inscriptions romaines et chrétiennes, de fragments de thermes et d'aqueducs, de quoi satisfaire sa curiosité d'antiquaire et de chercheur.

La cathédrale, commencée au xiii° siècle, offre une pureté de style et une élégance d'ornementation qui rappellent les plus beaux sanctuaires gothiques du nord de la France; Notre-Dame-du-Port, beaucoup plus ancienne (ix° et x° siècles), et dont la crypte demi-circulaire renfermait une de ces « vierges noires » si vénérées jadis dans le pays, est le type par excellence de l'architecture romane particulière à l'Auvergne. Quelques maisons et intérieurs du vieux temps (rues des Gras et des Petits-Gras, par exemple), un beau jardin, une jolie fontaine du xvi° siècle, alimentée par les sources de Royat, puis d'autres fontaines aux ondes pétrifiantes ou ferrugineuses, telles que celle de Saint-Allyre avec ses ponts de travertin naturels, achèvent de donner à l'ex-Nemetum un caractère des plus pittoresques.

Le département dont Clermont est le chef-lieu est le plus riche de la France en eaux minérales; il en compte, à lui seul, 94, c'est-à-dire 25 de plus que les Hautes-Pyrénées, le plus favorisé après lui. Qui ne connaît de réputation le village balnéaire de Royat, sis à 6 kilomètres de la ville, au pied des puys de Chateix et de Gravenoire,

Environs de Clermont-Ferrand. — Vallée de Royat.

dans une gorge ombreuse qu'arrose la Tiretaine? Ainsi nommée (*Rubiacum*) à cause de la couleur rougeâtre de ses roches, cette bourgade eut pour origine un couvent de

ROYAT. — Le château.

femmes fondé au vi° siècle par saint Priest, évêque de Clermont. Son église, bâtie deux ou trois siècles après le monastère, présente, avec ses mâchicoulis reposant sur des arcs à plein cintre, l'aspect d'un véritable château fort.

Les sources de Royat étaient déjà connues et exploitées du temps des Romains, comme l'ont prouvé les restes de thermes antiques découverts lors des travaux de captage et d'aménagement des eaux. La grande curiosité de la vallée, c'est la grotte des Sources, sise dans le ravin que la Tiretaine s'est creusé au sein d'une épaisse

ROYAT. — La grotte.

coulée de lave. Figurez-vous une caverne de roches basaltiques, arrondie en forme de coupole aux extrémités, et revêtue de pendentifs que brodent des lichens et des capillaires. Sept jets d'onde aux reflets irisés s'en échappent comme d'un réservoir intérieur, pour tomber en gerbe cristalline dans un *lavoir* d'où ils vont ensuite se réunir au torrent de la Tiretaine. Dans une excavation murée et aménagée en *regard* sont recueillies les eaux qui alimentent la ville de Clermont.

Au-dessus de Royat se dresse, je l'ai dit, le puy de Gravenoire, d'où a jailli au sud et au nord, vers le village de Ceyrat et vers le mont Rognon (573 mètres), un double courant de lave, dont le dernier a obstrué toute la gorge et barré le cours de la rivière.

L'ascension de ce cône, haut de 823 mètres, offre le plus vif intérêt pour le promeneur et l'archéologue. Aux points dits l'*Enfer* et la *Cheminée*, on voit entassées des scories en cylindres, en spirales, en cercles, et des pouzzolanes rouges et noires telles qu'en présentent les pentes du Vésuve et de l'Etna. Une belle allée de frênes réunit le hameau de Fontanat et celui de la Font-de-l'Arbre, où se trouvent les restes de l'aqueduc construit par l'empereur Auguste pour conduire les eaux à Clermont. Là l'épaisse coulée de laves s'atténue et disparaît sous un tapis de verdure ; la vallée en même temps s'élargit, et la Tiretaine y coule au travers d'un verger idyllique, entre des pentes de granit et de basalte couvertes d'arbres et de gazon, où, au fond de sentiers perdus, murmurent de charmantes cascatelles. Un peu plus loin, on débouche sur une route qui mène, presque sans transition, au plateau des Dômes, en face du grand puy, lequel est situé sur le territoire de la commune d'Orcines, distant d'un kilomètre de Clermont.

C'est au sud-est du puy de Gravenoire que s'élève ce plateau de Gergovie, que Vercingétorix avait enceint tout entier, à mi-côte, d'un immense retranchement de blocs bruts, hauts de 6 pieds, enfermant la ville et le camp, et dont la vue frappa César de stupeur. C'est un quadrilatère, arrondi aux angles, qui mesure 744 mètres de hauteur, sur 1600 de long de l'ouest à l'est, et 600 de large du sud au nord. Son flanc septentrional est tellement abrupt que l'escalade en est impossible ; le versant opposé figure, au contraire, un vaste escalier naturel dont les gradins s'inclinent légèrement vers la plaine. Six chemins en partie pavés y traversent d'énormes amas de pierres basaltiques, semés de fragments de poterie, qui sont, à n'en pas douter, des débris de rues et de constructions de l'ancienne Gergovie.

Des fouilles entreprises sur le côté est du plateau ont mis en effet au jour des fragments de marbres et de mosaïques, des armes, des ustensiles domestiques, des médailles et des monnaies, que l'étranger peut voir au musée de Clermont. Ces ruines et le territoire sur lequel elles s'élèvent appartenaient, au moyen âge, à une abbaye de Prémontrés voisine ; aujourd'hui, le nom de l'antique acropole gauloise n'est plus porté que par un misérable hameau tapi sur le versant oriental.

Quant à la petite ville de Montferrand, l'ex-*Vicus Ferreus* des Romains, dont le nom est resté accolé à celui de Clermont depuis qu'en 1731 elle lui a été réunie administrativement, elle se trouve à 2 kilomètres au nord du chef-lieu. Elle n'en est même plus guère qu'un faubourg, que, tôt ou tard, achèveront d'englober les quartiers neufs qui rayonnent de la gare. C'était à Montferrand que siégeait jadis la Cour des Aides de la province, autrement dit le tribunal chargé de juger en dernier ressort tous les procès relatifs aux impôts appelés aides (vins et boissons), gabelles et tailles.

Quoique inanimée aujourd'hui, la localité n'en mérite pas moins une visite du touriste, ne fût-ce que pour les demeures curieuses et à arabesques qu'elle a conservées du vieil âge : telle est, par exemple, la maison de l'Apothicaire, qui possède un chapiteau en encorbellement du xv° siècle, et, derrière l'église, celle de l'Éléphant, ainsi nommée d'une enseigne peinte à fresque sur sa façade.

Au pied des puys dont je vous ai donné une vision, s'étalait jadis un vaste lac, le « Léman d'Auvergne », dont les eaux s'étaient déjà écoulées avant que les volcans voisins eussent cessé de cracher leurs bavures de laves. C'est actuellement l'admirable plaine que Grégoire de Tours nomme *Limania* (Limagne), et que Salvien qualifie de « moelle des Gaules ». Le plus grand désir de Childebert, l'un des fils

ENVIRONS DE CLERMONT-FERRAND. — Le plateau de Gergovie.

de Clovis, était « de voir avant de mourir cette belle Limagne d'Auvergne » qu'on ne cessait de lui vanter « comme le chef-d'œuvre de la nature et une sorte d'enchantement ».

Quiconque est allé de Nîmes à Clermont par la voie ferrée d'Alais et de Langogne sait que cette vallée, parcourue par l'Allier, troue au sud le mur des Cévennes dans la direction des cours du Tarn, de l'Hérault, du Gardon et de l'Ardèche. Vichy en représente le point extrême au nord-est ; Riom en occupe à peu près le centre.

Situé, comme Clermont, à la base des puys volcaniques, et bâti tout en pierre de lave, Riom, le *Vicus Ricomagensis* des Romains, a gardé l'air de qualité et l'aspect un tantinet sévère d'une ville de magistrats et de légistes qui se souvient, par surcroît, d'avoir été jadis la seconde capitale de la Basse Auvergne. Les rues en sont cependant larges et bien percées, et une ceinture de belles plantations forme à cette cité de Thémis, où sont nés, entre autres, le chancelier d'Aguesseau et les deux Dubourg, la plus riante et la plus fraîche des banlieues. Sa tour de l'Horloge, du xv⁰ siècle, construction octogonale décorée de fines sculptures, est coiffée d'un dôme, comme une de ses églises, Notre-Dame du Marthuret, qui date de la même époque. La Sainte-Chapelle, attenante à l'ex-palais ducal, rebâti et transformé en hôtel de ville, est un édifice du xiv⁰ siècle couronné d'une superbe galerie à jour aux contreforts surmontés de pinacles. Quelques vieilles maisons du xv⁰ siècle et du xvi⁰ ont encore leurs tourelles et leurs sculptures du temps. La rue Croisier notamment offre des recoins archaïques faits

Riom. — Un coin de cette ville.

pour réjouir l'œil de l'amateur. Près du beffroi, il y a, en outre, une cour intérieure qui est un chef-d'œuvre de décoration.

A 7 kilomètres au sud-ouest de Riom, dans la direction de Pontgibaud, se trouve, à la base du puy de la Bannière, dont le flanc est porte une statue colossale de la Vierge, la petite ville de Volvic, qui envoie à Riom les ondes abondantes et limpides qu'un château d'eau y distribue à de jo-

Riom. — Rue Croisier.

lies fontaines Renaissance. Les carrières laviques d'où s'extrait la fameuse pierre à bâtir sont à 5 kilomètres plus au sud. Plus près de Volvic, mais au nord, se dressent, sur un monticule escarpé dominant au loin la Limagne, les restes d'un des plus célèbres châteaux du pays, celui de Tournoël.

Cet ancien fief des comtes d'Auvergne était entouré d'une triple enceinte dont les traces, encore visibles, prouvent quelle était autrefois l'importance de la forteresse. Quelques parties de murailles du XIIe siècle sont demeurées debout. La tour du donjon, haute de 32 mètres, renferme un escalier en hélice et des oubliettes féodales, de 8 ou 10 mètres de profondeur. Ces cachots, dont l'ouverture est juste assez large pour laisser passer le corps d'un homme, n'ont garde de narrer leurs

Environs de Thiers. — Rives de la Durolle.

secrets au visiteur qui les sonde du regard. L'escalier d'honneur, à trois étages, conduit à une grande salle au-dessus des cuisines, puis à une autre salle richement sculptée, et enfin à la chapelle, placée sous l'invocation de sainte Anne. Une paysanne a la garde de ce manoir, propriété de la famille de Chabrol, dont on voit à Riom l'ancien hôtel transformé en musée.

Un peu plus au nord de Volvic, le touriste ne manque pas d'aller voir le ravin du Bout du Monde, gorge romantique close à sa partie supérieure par une barrière de roches abruptes et pelées qui laisse apercevoir au travers d'une échancrure médiane les merveilleuses campagnes de l'Allier, toutes diaprées de moissons et de verdure.

A l'est de la Limagne s'élève le plateau alpestre et boisé du Forez, que parcourt la Dore et dont les points culminants se trouvent en aval de la ville d'Ambert. Juste sur sa lisière, à 46 kilomètres de Clermont-Ferrand par la voie ferrée de Montbrison, se rencontre une des cités les plus pittoresques et les plus industrieuses à la fois de toute la France : c'est Thiers, l'ex-*Tighern*, la *Ville noire* du roman de George Sand.

CHATEAU DE TOURNOEL.

On disait jadis, en parlant des diverses localités de la Basse Auvergne : Clermont le riche, Riom le beau, Thiers le peuplé. Après Clermont, qui compte 49 000 habitants, Thiers est encore le centre le plus populeux du pays (16 000 âmes). Bâti sur les pentes escarpées du mont Besset (623 mètres), il descend de là en amphithéâtre jusqu'à la rive droite du torrent la Durolle, dont le cours, profondément encaissé entre d'âpres bordures de rochers et semé de jolies cascatelles, fait mouvoir les turbines et les roues de nombreuses usines.

La Bruyère a dit que Thiers semblait « peint » sur le penchant de sa colline. Il s'y incruste en effet si bien, que, de loin, le relief de ses constructions se discerne à peine. La plupart des rues ne sont que des rampes étroites où des escaliers sur lesquels s'étagent pêle-mêle de sombres maisons à l'aspect moyen âge. La rue du Pavé, notamment, monte à pic jusqu'à l'intérieur de la ville. Aussi, pour permettre aux voitures de gagner le sommet, a-t-on tracé une artère carrossable qui se développe en lacet sur 2 kilomètres d'étendue. Pour la fabrication de la coutellerie, Thiers rivalise avec Sheffield, le grand centre britannique du comté d'York; cette seule branche de travail occupe dans le pays près de 20 000 ouvriers, et l'on peut dire que, dans la ville et aux environs, chaque maison est un atelier. La gainerie, la tannerie et la papeterie y sont aussi très florissantes.

Les principales curiosités de cette cité haut perchée sont : l'église Saint-Genès, fondée vers 580 sur le tombeau du martyr de ce nom par saint Avit, évêque de Clermont, puis reconstruite aux xie et xiie siècles; l'ex-église abbatiale du Moûtier, dont certaines parties datent des viie et viiie siècles; le palais de justice, puis des maisons du xve siècle, en bois, en pisé et en briques. De sa terrasse, on jouit d'une perspective admirable, à l'ouest sur toute la Limagne et les Dômes, au sud-ouest sur les monts Dore, dont on distingue les plateaux herbus et les lacs luisants. Un peu en amont de la ville, sur la route de Lyon, vous devrez visiter les magnifiques gorges que le chemin de fer franchit en une série de tunnels. Là, la Durolle se précipite blanche d'écume sur un lit obstrué de rochers, qui figure un sauvage et grandiose défilé.

Une route taillée en corniche longe à cette place la rive droite du torrent, qui offre également, quand on le remonte par la berge opposée, jusqu'en face des hameaux de Degoulat et de Pont-Haut, une série de cascatelles pittoresques mugissant sous les sites les plus romantiques. Plus au nord, près de Saint-Rémy, se dresse le puy de Montoncel, pyramide haute de 1 300 mètres qui se termine par un plateau circulaire. De sa cime, quand le temps est clair, on aperçoit jusqu'au mont Blanc. Seul son versant sud appartient au département du Puy-de-Dôme; sa pente septentrionale fait partie de celui de l'Allier, et son revers oriental de celui de la Loire. Aux environs se trouve le massif des Bois-Noirs, aux flancs couverts de forêts de hêtres et de sapins, aux gorges retentissant du bruit des scieries. Si nous poussions un peu plus à l'est, toujours dans la direction de la Loire, nous arriverions aux bords du Lignon, la rivière aux idylliques paysages chantée par Honoré d'Urfé dans son récit pastoral de l'*Astrée*, qui fit si longtemps les délices de nos pères; nous retrouverions même encore là le château du célèbre romancier, dressant au sommet de sa montagne ses hautes tours crénelées que les gens du pays désignent sous le nom de Cornes d'Urfé. Mais revenons à la ville de Thiers.

Un des épisodes curieux de son histoire, c'est la visite que, le 10 septembre 1754, le fameux chef de contrebandiers Mandrin y fit, à la tête de ses hommes. On sait que, plusieurs années durant, ce Dauphinois, fils d'un maréchal ferrant, parcourut les provinces de l'est, depuis la Bresse jusqu'à l'Auvergne, en pillant les caisses publiques, les magasins des fermes et des gabelles, sans souci de la maréchaussée

THIERS. — Gorge des environs.

et des troupes royales qui le poursuivaient. Il entra dans Thiers accompagné de 125 cavaliers et de 30 hommes à pied escortant un convoi de 98 chevaux de bât chargés de tabac et d'étoffes prohibées.

En échange de sa marchandise, qu'il força comme toujours les entrepositaires et les gens riches de lui prendre, la ville dut lui payer 2040 écus. La réquisition se fit, il est vrai, avec la plus exquise politesse, et un gros négociant, dont la bande avait escaladé la maison, servit même au chef et à ses soldats un goûter arrosé de liqueurs fines. De là, Mandrin se proposait de marcher sur Riom; mais, les habitants de cette localité se disposant à une sérieuse résistance, il préféra se jeter au midi du côté d'Ambert. Le 16 du même mois, après avoir battu en plusieurs rencontres les détachements de cavalerie lancés contre lui, l'audacieux bandit occupa le Puy-en-Velay; quelques jours plus tard, il était à Langogne, au sein des monts de la Lozère. Son épopée eut pourtant un terme : arrêté, à quelques mois de là, sur les terres du duc de Savoie, il fut roué vif à Valence, le 26 mai 1755.

Le second relief volcanique de la Basse Auvergne, sur lequel nous ne pouvons que jeter un regard au passage, est celui des monts Dore. C'est, non plus une chaîne, mais un massif. Les montagnes, au lieu de s'aligner dans un seul et même axe, comme les Dômes, rayonnent autour du point culminant, en dessinant un écheveau de vallées et de gorges qui s'embranchent l'une dans l'autre ou divergent, et figurent tout un petit monde alpestre.

La coupure principale, celle qu'arrose la Dordogne naissante, formée de la réunion de la Dore et de la Dogne, part du pied du pic de Sancy, la plus haute sommité de la France centrale (1 886 mètres), et se dirige du sud au nord. C'est là, sur la rive droite du fleuve, à 1 046 mètres d'altitude, que se trouve le village des Bains. Très large à sa partie initiale, la vallée va ensuite se rétrécissant. Plusieurs vallons tributaires la rejoignent. Un d'eux descend au nord du lac de Guéry et se prolonge à l'ouest jusqu'à la Bourboule; un autre se détache, au sud, du Cacadogne et du puy Ferrand (1846 mètres), et, sous le nom de vallée de Chaudefour, envoie, à l'est, un ruisseau à l'idyllique lac Chambon. D'autres brèches de moindre importance ont pour centre le puy de Chambourguet, situé plus à l'ouest.

Ces cônes volcaniques s'élèvent, non pas sur les bords d'un bassin lacustre comme les puys de Clermont, mais du sein d'un plateau de pur granit, et se présentent sous la forme de lits superposés qu'ont entaillés de profondes déchirures.

Mont-Dore-les-Bains est une bourgade de 1 500 âmes environ, dont les maisons se groupent autour de l'établissement thermal. Cet édifice, bâti en un trachyte grisâtre, est alimenté par huit sources chaudes ou froides, dont le lecteur ne me demandera pas d'analyser ici les vertus curatives. Une enceinte de monts environne en partie le village : au nord se dresse le puy Gros, à l'est apparaît le puy de l'Angle (1728 mètres); au sud-ouest se montre la tête dénudée du Capucin (1463 mètres), qui ressemble en effet à un moine à genoux, revêtu de son froc à capuchon; plus loin, du même côté, est le puy du Cliergue (1 667 mètres), qui domine le cirque désolé de la Cour, long de 1 200 mètres et large de 600, et la gorge d'Enfer, ravin

MONTS DORE. — La vallée de la Dore et le village des Bains.

sauvage où dévale un ruisseau; tout au fond enfin s'élèvent les sommités principales du groupe, commandées par le gigantesque Sancy. A l'extrémité méridionale du village, un pont de pierre traverse la Dordogne, qui, à cet endroit, n'est encore qu'un ruisseau. Le parc, situé en aval, contient le casino, les débris d'un temple romain appelé Parthénon et des ruines de thermes césariens.

Plus élevés et plus escarpés que les Dômes, les monts Dore sont aussi d'un accès moins facile. L'été cependant, les caravanes de baigneurs et de touristes sillonnent en tous sens ce district chaotique, et, pour rendre les excursions plus aisées, la Section auvergnate du Club alpin a jalonné de poteaux de repère les divers chemins et sentiers qui conduisent aux plateaux et aux gorges. Les sites les plus visités sont, à l'ouest : le Salon du Capucin, clairière herbue dominée au sud par le pic du même nom; la gorge d'Enfer, déjà mentionnée; la cascade du Plat-à-Barbe, formée par la chute du ruisseau du Cliergue dans une sorte d'abîme que l'ombre de la forêt rend tout noir; celle de la Vernière, qui, plus petite et séparée en deux par un rocher, tombe également dans un bassin entouré de sapins et de hêtres. A l'est, il y a la Grande Cascade, haute de 30 mètres, et qu'on aperçoit du pont de la Dordogne. Le ruisseau qui en alimente la nappe se perd, au pied du rocher, au milieu des blocs innombrables qui couvrent de leur semis les pentes du puy de l'Angle. Plus haut, se trouve la cascade de Queureuilh, qui, au sortir d'un plateau couvert de sapins, se précipite en deux gerbes, subdivisées à l'infini, d'une assise de roche basaltique. Au nord est le beau lac de Guéry, dont la coupe, creusée à 1 240 mètres d'altitude, est environnée de grands pâtis nus. Il s'en épanche une rivière limpide qui va grossir de ses eaux la Dordogne.

En dehors des cascades et des lacs, la grande excursion régionale est celle du puy de Sancy, qui ferme au sud la vallée des Bains. C'est un trajet de quatre heures environ, qu'on peut faire avec des montures jusqu'à vingt minutes de la cime. Du sommet, couronné d'une croix de fer et entouré de précipices, on embrasse un panorama immense. Au sud, vers les Pyrénées, nul obstacle ne circonscrit la vue; on ne discerne pourtant pas la chaîne franco-espagnole; mais on aperçoit tout le massif du Cantal, à gauche les monts de la Lozère, et parfois aussi quelques linéaments des Alpes. Au nord se déroule, comme au fond d'un abîme, la vallée de la Dordogne, encadrée de reliefs tantôt nus, tantôt couverts de noires sapinières. Vers l'ouest, l'œil plonge jusqu'aux plateaux de la Corrèze. Du côté de l'est, enfin, apparaissent la Limagne et les hauteurs du Forez. Si belle qu'elle soit, cette perspective n'égale pourtant, ni en netteté ni en couleur, celle dont on jouit du haut du Mézenc, massif du Velay moins élevé, d'où l'on découvre au midi les plaines de Provence, à l'est les Alpes de la Savoie et du Dauphiné, puis le Jura et la vallée de l'Ain, c'est-à-dire deux mondes différents de climat et d'aspect séparés par la ligne de faîte qui court du Mézenc au Gerbier des Joncs.

HAUTE AUVERGNE. — La ville de Salers.

XVI

DANS LES MONTS DE LA HAUTE AUVERGNE. — LA VALLÉE DE LA CÈRE ET LE PLOMB DU CANTAL. — AURILLAC ET LA RÉGION DE SALERS

La Haute Auvergne, aujourd'hui le département du Cantal, a aussi son massif de montagnes, dont le puy culminant, le fameux Plomb, a inondé jadis de ses coulées de trachyte et de basalte une grande partie du sol granitique d'alentour. Rien de plus pittoresque et de plus curieux que ces épanchements volcaniques qui figurent tantôt des *tables*, tantôt des colonnades disposées en manière de tuyaux d'*orgues*, et qui se prolongent à l'ouest jusqu'à la rive droite de la Dordogne, c'est-à-dire jusqu'à la petite ville de Bort. Le puy Mary, le Griou, le Roc du Merle et le puy Violent constituent les sommités alpestres les plus grandioses de ce district que nous allons parcourir rapidement d'est en ouest.

Un des plus charmants affluents de l'Allier, c'est cet Alagnon aux ondes limpides et au cours sinueux, dont le chemin de fer d'Arvant à Murat et à Aurillac longe ou coupe tour à tour la vallée. Le trajet cependant est plus beau encore par la route de voitures. Libre de s'attarder aux pentes les plus âpres et de plonger dans les creux les plus chaotiques, cette voie de terre permet de contempler plus à l'aise les étranges accidents volcaniques qui font de ce défilé un sillon d'une magnificence sans pareille.

Représentez-vous, ici, de gigantesques falaises de 80 à 100 mètres de haut, entrecoupées de petits ravins, là d'immenses portails de rochers ou des pyramides à pic couronnées de châteaux et de villages. Parfois sur ces escarpements aux talus verdoyants se dressent des piliers effilés en aiguilles. A mesure qu'on s'avance dans l'étroite coupure, les montagnes croissent d'élévation, la flore arborescente devient de plus en plus riche : en bas brille le vert foncé des prairies, en haut se développent les fourrés de chênes, de bouleaux et de hêtres; à mi-hauteur s'étendent des vignes en terrasses.

La première vision du relief commence dès la bourgade de Blesle, qui est encore dans le département de la Haute-Loire, avec la masse imposante du Luguet (1555 mètres) et les splendides pâturages de ses flancs. Trois kilomètres plus loin, on arrive à la petite ville de Massiac, sise déjà à 540 mètres d'altitude, dans un riant et fertile bassin formé par un évidement des monts. Là, on entre dans le Cantal. La voie ferrée, que de fortes murailles de soutènement empêchent de choir à gauche dans le torrent, gagne ensuite la station de Neussargues, d'où part cette ligne de Marvejols par Saint-Flour, qui offre, on le sait, l'œuvre d'art la plus remarquable de tout le réseau français : c'est ce fameux pont-viaduc de Garabit, lancé par l'ingénieur Eiffel à 122 mètres de hauteur au-dessus des gorges de la Truyère, pour relier, à travers un abîme de près de 600 mètres, le rebord du plateau de la Planèze à celui du plateau de Saint-Chély. Un peu plus en amont, au confluent de l'Alagnon et du ruisseau de Bournantel, apparaît au pied de sa roche conique la ville de Murat. L'escarpement de 140 mètres qui la domine n'est qu'un prodigieux étagement de colonnes basaltiques mesurant chacune jusqu'à 15 mètres de haut sur 5 et 8 de largeur; une statue colossale de la Vierge couronne ce *signal*.

Passé Murat, la vallée de l'Alagnon se rétrécit de nouveau, serrée dans un double rempart de montagnes de 1500 à 1600 mètres d'élévation, d'où se précipitent de toutes parts des cascades. A gauche, voici le puy Lioran ou Massubiau, au revers duquel l'Alagnon prend sa source. C'est de ce point que se fait d'ordinaire l'ascension du Plomb du Cantal, séparé du Lioran par une dépression (le col des Sagnes) dans laquelle on a foré deux tunnels, l'un pour la route de terre (1410 mètres), l'autre pour le chemin de fer (1956 mètres). Les deux galeries sont superposées à quelques mètres seulement de distance, comme le sont, à l'Axenstrasse, sur les bords du lac des Quatre-Cantons, les souterrains de la double route du Gothard. La galerie supérieure, où passent les voitures, est munie de trottoirs latéraux et éclairée nuit et jour par quarante réverbères.

Que le Plomb du Cantal ait été, ou non, le grand centre du soulèvement volcanique de la Haute Auvergne, il n'en est pas moins le point culminant du massif (1858 mètres), le nœud d'où se détachent en éventail une série de chaînons qui tous envoient leurs eaux au Lot et à la Dordogne. L'Alagnon est la seule rivière du relief qui soit tributaire du bassin de la Loire.

Au delà de la station de Lioran, située à 1152 mètres d'altitude — 102 mètres de plus que Chamonix — on débouche dans la vallée de la Cère, qui, à l'ouest de l'énorme écran, continue la coupure de l'Alagnon, absolument comme le Rheinthal des Grisons continue, à l'est de l'Oberalp, la coupure valaisane du Rhône supérieur.

La vallée de la Cère, disent les gens du pays, est la reine des vallées cantaliennes. Nulle autre ne l'égale en effet pour l'exubérance de végétation, la richesse forestière, l'abondance d'ondes bruissantes et ruisselantes. Le premier exploit du torrent, à peine sorti de ses sapinières natales du Lioran, est de se creuser à travers les roches volcaniques le splendide couloir qu'on appelle le Pas de Compaing. C'est une suite de ravins et de précipices au fond desquels la Cère s'engouffre à 130 mètres de profondeur. Le chemin de fer, qui s'entend aux enjambements les plus formidables, n'a cure de ce défilé mugissant; pour la route de terre, c'est une autre affaire; elle se voit réduite, à ce pas critique, à n'être qu'une *vire* en corniche taillée tant bien que mal dans l'escarpement de la montagne au-dessus des abîmes tonitruants de la rivière.

A Thiézac, où nous arrivons d'abord, nous sommes déjà descendus de près de 400 mètres. Cette bourgade de 1800 âmes est bâtie dans un vallon qui vient du puy de la Poche (1503 mètres) et possède, soit dit en passant, une assez curieuse église ogivale et une chapelle ornée de belles fresques. A droite, non loin de là, se trouve le col de Mandailles, par lequel on monte au puy Griou (1694 mètres). On franchit ensuite plusieurs torrents tributaires; puis, le cours d'eau de la vallée rencontrant une traînée de roches basaltiques qu'il se voit obligé de couper, le bassin se rétrécit tout à coup. Cet étranglement est le fameux Pas de la Cère, sorte de brèche de Roland aux hautes parois blanches habillées de verdure, où la rivière, disparaissant à 140 mètres de profondeur verticale, écume et mugit en cataractes sur un lit de blocs chaotiques. On dirait d'un paysage de l'Oberland bernois; et l'illusion est d'autant plus complète que, de tous côtés, on entend tinter les clochettes des vaches cantaliennes. Bientôt après, le sillon fluvial s'élargit; on passe à Vic-sur-Cère, ou Vic-en-Carladez, intéressante petite localité de 2000 âmes, où se trouve un établissement d'eaux minérales assez fréquenté; puis, 20 kilomètres plus en aval, on arrive à Aurillac, chef-lieu du département.

Cette préfecture de 14000 habitants est encore à 622 mètres, sur la rive droite de la Jordanne, affluent que le puy Griou envoie à la Cère. Le site, géographiquement, ne manque pas d'importance : nous sommes ici au carrefour de croisement des routes qui montent du midi au mont Dore et de celles qui, d'est en ouest, relient le bassin de la Loire à celui de la Dordogne. Aussi, dès l'âge gallo-romain, a-t-il existé en cet endroit, sous le nom d'*Aureliacum*, un centre de population.

De cette première cité néanmoins on ne sait absolument rien; ce n'est qu'à la fin du ixe siècle qu'Aurillac apparaît dans l'histoire. Son territoire, à cette époque, appartenait à un comte appelé Géraud, dont les domaines formaient à l'ouest du Cantal « un triangle de 30 ou 35 lieues de développement dont le sommet s'appuyait au puy Griou ». C'était un homme fort pieux; sa piété finit même par tourner à l'ascétisme, si bien qu'en 898 il fonda au bord de la Jordanne une abbaye bénédictine autour de laquelle il groupa cent familles de serfs qu'il avait préalablement affranchies, et qui furent le noyau d'un *municipe* d'hommes libres. Après sa mort, il fut canonisé, et c'est à lui qu'est dédiée la cathédrale d'Aurillac.

Nous voyons par l'*Histoire littéraire de la France*, dont j'ai eu déjà occasion de parler à propos des Bénédictins du Mont-Saint-Michel, qu'au milieu du xe siècle la modeste cité de la Haute Auvergne était un foyer de lumières hors ligne; deux cents ans plus tard, ses écoles étaient placées au premier rang pour la science. On sait que, dans l'intervalle, l'abbaye d'Aurillac avait produit le célèbre Gerbert, ce pâtre auvergnat qui devint l'homme le plus savant de son époque et fut le premier prélat français élevé sur la chaire de saint Pierre. Sa statue en bronze, œuvre de

AURILLAC.

David d'Angers, se dresse à l'extrémité de la Promenade de la ville, près de la place qui porte son nom.

De son âge primitif, Aurillac n'a gardé qu'un reste du château Saint-Étienne, où naquit saint Géraud. De la plate-forme de cet édifice, aujourd'hui restauré et occupé par l'école normale supérieure primaire, on jouit d'une vue magnifique sur la ligne dentelée des monts du Cantal : au nord s'élève le puy Violent; au sud l'œil plonge sur le riche bassin d'Arpajon, la « Limagne » de la Haute Auvergne; enfin, immédiatement au-dessous de soi, on aperçoit Aurillac, la cité de chaudronniers, de ferblantiers et de fromagers, avec ses vieilles rues, ses boulevards modernes, sa ceinture de jardins et de prairies, où la Jordanne, issue des hauts districts plutoniens, se ramifie en de nombreux canaux répandant la fécondité et la vie.

Aurillac est relié au nord à Saint-Cernin, Salers et Mauriac par une route de voitures qui longe la pente occidentale des monts du Cantal et en traverse les vallées d'amorce; c'est un trajet d'une vingtaine de kilomètres qui livre au regard de splen-

ENVIRONS DE VIC-SUR-CÈRE. — Le Pas de la Cère.

dides perspectives sur le centre même du massif. Sis à 796 mètres d'altitude, Saint-Cernin, un chef-lieu de canton de 2400 âmes, échelonne ses maisons sur la rive gauche de la Doire, rivière qui n'est guère qu'un ravin. De la terrasse qui précède le portail de l'église, édifice roman du XIIIᵉ siècle, on embrasse de l'œil, quand il fait beau, tout le bassin fluvial, dominé par les quatre tours du château d'Anjony, ainsi que la sombre coupure que commandent les débris du donjon de Marzé, « une des ruines les plus frustes de la féodalité auvergnate ». De l'autre côté, au nord, s'épanche une immense nappe de matières vitrifiées que les cratères du Cantal ont projetées, pour ainsi dire, à la rencontre des coulées issues des flancs méridionaux des monts Dore.

Passé Saint-Cernin, la route, montant par une grande courbe à 841 mètres d'altitude, passe de la vallée de la Doire dans celle de la Bertrande. La merveille de ce nouveau district, c'est l'énorme faisceau d'*orgues* de Loubéjac, colonnades de basalte en forme de cirque, les unes inclinées, les autres debout, qui figurent de loin des bastions démantelés ou des tours en ruine. On descend ensuite à Saint-Chamand, dont le castel, des XIVᵉ et XVIIᵉ siècles, profile ses belles lignes grises sur la verdure luxuriante d'un parc ; puis on atteint le bourg de Saint-Martin-Valmeroux, situé sur la rive droite de la Maronne. A l'est, en perspective, se dresse le puy Violent. De ce point, la chaussée, de plus en plus âpre et sinueuse, s'engage dans le district auvergnat qu'on appelle l'Artense, plateau nu et froid, entaillé également de profondes coupures, que limitent, au nord, le pic de Sancy, à l'est, les plateaux du Cézalier, et, à l'ouest, la Dordogne.

AURILLAC. — Statue de Gerbert.

C'est à l'extrémité d'une sorte de promontoire basaltique, situé entre ce steppe et les monts du Cantal, que se trouve Salers, un vrai nid d'aigle accroché à des escarpements de roches au pied desquels coule la Maronne.

Ce chef-lieu de canton de 1200 âmes environ est à 918 mètres au-dessus du niveau de la mer. Depuis Aurillac, pour l'atteindre, nous avons donc monté de 300 mètres. La place, qui, au moyen âge, avait une certaine importance, est encore entourée de murailles féodales percées de portes et flanquées de tours. A l'intérieur, elle ne présente qu'un dédale de ruelles noires, pavées en basalte, dont plusieurs ne communiquent entre elles que par des voûtes où l'on s'étonne, machinalement, de ne plus voir de herses et de ponts-levis.

La ville possède quelques maisons des xv° et xvi° siècles, avec pignons pointus en façade et tourelles en encorbellement, ainsi qu'une église paroissiale plus ancienne encore. De la promenade de Barrouze au sud, le panorama est des plus

ENVIRONS DE SALERS. — Le puy Mary, vu du Roc du Merle.

grandioses : à gauche, on aperçoit le puy Violent (1594 mètres), sorte de presqu'île volcanique aux croupes arrondies et couvertes de pâturages qui forme le bastion le plus occidental de la grande forteresse du Cantal; plus à l'est s'élève le puy Mary (1787 mètres), la plus belle de beaucoup des sommités de la Haute Auvergne; puis, au pied même de Salers, se réunissent trois ruisseaux admirables : celui de la Maronne, dont le cours, bordé de prairies, serpente autour de la base nord du puy Violent; celui de Malrieu, dont le sillon retentit du bruit des cascades, et enfin la rivière d'Aspre, qui coule avec fracas au fond de ravins boisés et est elle-même formée de la réunion des ruisseaux de Chavaspre et de Chavaroche, le premier sorti du puy Gros, le second issu des hauteurs du puy Chavaroche (1744 mètres). Dans cette vallée romantique de l'Aspre se dressent sur un rocher moussu les ruines du château de Fontanges.

Au pied du puy Mary se déroule la magnifique forêt du Falgoux, une des merveilles du centre de la France. Les hêtres y montent jusqu'à 1 200 mètres, les sapins jusqu'à 1500, et à l'abri de ces troncs séculaires dont l'épaisse ramure emplit l'air d'effluves odorants, se déploie une sous-végétation luxuriante de coudriers, de framboisiers, d'aliziers et de sureaux. Dans cet inextricable fourré, des fûts même dont la sève est depuis longtemps tarie par la mort continuent encore de se tenir debout, au milieu d'un fouillis de plantes grimpantes et de convolvulacées de toute espèce, qui étreignent ces gigantesques cadavres, les parent d'un treillissement de fleurs et de verdure comme si elles voulaient en dissimuler la décrépitude aux humains. Au centre de cette immense futaie qui, de Salers au puy Mary, ne mesure pas moins de 9 kilomètres de longueur, se dresse, comme un observatoire naturel, l'énorme tour de basalte que l'on appelle le Roc du Merle : c'est du haut de ce signal que le touriste, avant de quitter les monts du Cantal, doit contempler dans son ensemble cette étonnante région de Salers.

Entre cette zone boisée du Falgoux et la rivière d'Aspre s'étend la région des pâturages où se forme la race bovine la plus estimée de la Haute Auvergne. Dans le Cantal comme en Suisse, on distingue entre les *prairies* d'en bas et les *pacages* de la montagne; chaque année aussi, comme en Suisse, les troupeaux ont coutume d'*estiver* sur les hauteurs. C'est au mois de mai que les bêtes partent sous la conduite des vachers et des chiens. La montagne où elles émigrent est divisée en deux parties : l'aire close, fumée par les vaches qui y couchent, et qu'on déplace successivement pour que tout le pâtis ait le bénéfice de l'engrais, s'appelle la *fumade*; le reste de l'herbage constitue l'*aigade*. Au point culminant se trouve le *buron* ou *mazut*, petite cabane à peu près aussi primitive que la hutte du chaletier alpestre. Cette case comprend deux compartiments : l'un sert de logis au vacher et à son aide; l'autre est la pièce où se fait la manipulation des fromages, qui, une fois fabriqués, se resserrent dans une cave au-dessous du buron. La traite a lieu deux fois par jour, le matin et le soir. Le buronnier en verse le produit dans un grand vase de sapin (*gerle*). Quand le caillé est séparé du petit-lait, il pétrit la *tome*, la laisse fermenter, la sale, puis la met sous presse. Quelques jours suffisent ensuite pour que la pièce soit compacte à souhait et puisse être emmagasinée.

Le rendement total, en fromages, d'un puy cantalien forme une *estivade* (produit d'une *estivation*); chaque estivade est d'ordinaire achetée en bloc par un gros marchand qui se charge de l'écouler en France et particulièrement dans le Midi.

De même que les bergers des cantons catholiques de la Suisse s'envoient, le soir, d'un pâtis à l'autre, à l'aide de la fameuse trompe alpestre, la prière mélodieuse qu'on appelle *Alpsegen*, de même, au lever et au coucher du soleil, les buronniers de la Haute Auvergne se saluent de crête en crête, par-dessus les précipices béants, de l'incantation montagnarde qu'on nomme *La Grande*. C'est une mélodie d'une tonalité grave, presque solennelle, qui ne se compose que de deux ou trois notes accouplées d'une façon caractéristique.

Les Causses. — La muraille du causse Méjan.

XVII

LES CAUSSES — COUP D'ŒIL SUR LE CAGNON DU TARN ET MONTPELLIER-LE-VIEUX

Au sud-est du Cantal, par delà les vallées de la Truyère et du Lot, s'ouvre la région dite des *Causses*, véritable merveille dont, hier encore, les touristes en quête de paysages étranges ou nouveaux ne soupçonnaient guère l'existence.

On appelle *causses* (du latin *calx*, chaux) de vastes *tables* de calcaire jurassique à travers lesquelles les torrents issus des anciens glaciers des Cévennes se sont creusé des couloirs-abîmes de 300 à 700 mètres de profondeur. Jusqu'en 1879, ces plateaux et les cluses qui les entaillent étaient, sinon inconnus, du moins presque inexplorés; depuis quelques années seulement on s'est mis à les parcourir, à en étudier la structure et les sites, à en sonder même les abîmes souterrains, tels que celui du *Puits de Padirac* (près de Rocamadour), avec sa rivière et ses lacs fantastiques, et la *découverte* de ces presqu'îles, aussi singulières de configuration que de climat, et qui offrent des roches rivales des fameuses *dolomies* du Tyrol, a donné naissance à une nouvelle section du Club Alpin français, celle de la Lozère.

Presque dénués d'arbres et de cultures, les Causses sont, à leur surface, de véritables déserts; en revanche, dans le fond des coupures, des sources nées de la filtration des ondes supérieures à travers des *avens* ou gouffres de la masse engendrent une végétation luxuriante qui contraste avec la nudité des plateaux.

Entre la vallée du Lot et les affluents de l'Hérault s'échelonnent du nord au sud quatre de ces intumescences tabulaires, séparées l'une de l'autre par des brèches dites *cagnons* au fond desquelles coulent les rivières. La plus septentrionale est le causse de Sauveterre, qui s'étend de la gorge du Lot à celle du Tarn, et se continue même à l'ouest du côté de Rodez et d'Espalion. Il est traversé par la route de terre, d'origine gauloise, qui va de Saint-Flour à Nîmes. Ensuite vient le causse Méjan, le plus régulier de forme. Le Tarn au nord, le Tarnon à l'est et la Jonte au sud l'environnent d'un immense fossé circulaire de plusieurs centaines de mètres de profondeur. Plus au sud-ouest, entre la Jonte et la Dourbie, se dressent les escarpements du causse Noir. Le dernier plateau enfin est celui de Larzac, entre Millau et Lodève, moitié dans l'Aveyron, moitié dans l'Hérault. C'est une vraie table de 800 à 900 mètres d'élévation, au plan un peu bossué et incliné d'est en ouest, dont le pourtour sud est déchiqueté par les affluents de l'Orbe et l'Hérault.

En contournant à grands pas le plateau du milieu (en patois *méjo*, d'où Méjan), que le Tarn sépare du causse de Sauveterre au nord, et la Jonte du causse Noir au sud, nous aurons l'avantage d'explorer du même coup les revers opposés des deux autres presqu'îles.

Ce causse Méjan est un îlot glabre, haut de 1000 à 1200 mètres, et absolument dépourvu d'eau; on n'y trouve que des citernes et des abreuvoirs à bestiaux appelés *lavognes*. Une seule suture le rattache à la terre ferme : c'est l'isthme qui rejoint le massif de l'Aigoual. Sauf à cette place, il présente partout un front de falaises verticales de 120 kilomètres de circonférence et de 500 à 700 mètres d'altitude. Cette aire, brûlée du soleil et raclée par les vents, a cependant été, aussi bien que les causses voisins, de tout temps habitée : témoin les dolmens dont elle est couverte et les cavernes de forgerons qu'on y a retrouvées. Visitons-en les rebords d'est en ouest.

Ispagnac, notre point de départ, du côté des Cévennes, est une ancienne petite ville forte blottie au pied d'un magnifique rocher rouge et crénelé qui commande le cours du Tarn à 546 mètres de hauteur. En face d'elle, dans un fourré de noyers, entre la rivière et les escarpements du causse Méjan, se cache Notre-Dame-de-Quézac, qui était, au moyen âge, un des lieux de pèlerinage les plus fréquentés de la région. Là nous ne sommes pas encore dans le cagnon ; ce n'est que passé le château de Rocheblave, manoir du XVIe siècle dominé par de bizarres roches effilées en manière de fuseaux, que nous nous engageons dans les solitudes de la gorge fluviale.

Depuis le pont d'Ispagnac, au nord-est, jusqu'au confluent de la Jonte au sud-ouest, le défilé mesure plus de 50 kilomètres de longueur. Les escarpements parallèles de cette brèche, où le Tarn déroule ses replis, sont écartés l'un de l'autre de 1500 à 2000 mètres au plus à leur faîte, et forment une muraille verticale de 400 à

600 mètres. A chaque pas, le paysage change, tantôt aimable et riant, tantôt écrasant de grandeur et d'une majesté fantastique. Voici d'abord à gauche, sur un éperon du causse Méjan, les maisons blanches et le vert ravin de Montbrun, arrosé par deux belles fontaines. Plus loin, dans une délicieuse oasis du causse de Sauveterre, nichent les hameaux de Pouzols et de Blajoux; en face d'eux, sur la rive gauche, un immense rocher enfoui dans la verdure porte les ruines du château de Charbonnières, édifice du XIII° siècle, qui était devenu, au temps de la Ligue, la terreur de tout le Gévaudan.

A quelque distance en aval, et du même côté, apparaissent, sur un quartier

ISPAGNAC.

de roc isolé, dominant de 60 mètres le cagnon, les restes inaccessibles d'un autre manoir, celui de Castelbouc. A ses pieds est un petit groupe d'habitations, à demi encastré dans les fissures de la falaise, et qui doit son existence à une énorme source jaillissant d'une grotte un peu en amont. Là il existe, dit-on, un four d'une telle dimension « que le pain y est cuit avant qu'on en ait fait le tour ». Ce four se trouverait dans le creux d'une roche sise au milieu d'une chaîne de rochers semblables et d'un circuit de trois ou quatre lieues.

C'est à ce point que, grâce à l'afflux de la source précitée, le Tarn commence à être navigable durant huit mois de l'année. Le trajet s'y fait sur des barques à fond plat, à l'arrière carré et très haut, où il n'y a qu'une planche pour tout siège. Ces embarcations n'ont pas de rameurs; elles ne marchent qu'à la gaffe et à la perche. De temps en temps un barrage oblige le touriste à relayer, je veux dire à changer d'esquif.

La perle de cette partie du trajet, c'est le cirque de Sainte-Énimie, qui s'ouvre sur la rive droite, à 17 kilomètres d'Ispagnac, et dans lequel est blottie la petite ville du même nom (1 100 habitants). Vue d'en haut, de la route en lacets qui descend du causse de Sauveterre, elle a l'air d'être au fond d'un puits. Cette capitale du cagnon, tout environnée de roches rouges flamboyant au soleil, doit, paraît-il, son origine et son nom à la fille d'un prince mérovingien qui fonda dans cette sorte de conque un monastère dont il reste encore d'importants débris flanqués de deux grosses

SAINTE-ÉNIMIE.

tours. Près de là sort de terre la fontaine de Burle où la sainte se purifia par deux fois de la lèpre qui dévorait son corps. Au printemps, tout ce chaos de roches ressemble à une pittoresque corbeille de fleurs; noyers, amandiers, châtaigniers et pêchers y croissent comme dans une serre chaude; les Caussenards ont aménagé l'espace en terrasses, ils y ont créé des jardins, planté des légumes, puis des ceps dont ils tirent un vin excellent.

Plus loin, au delà d'un étranglement du cagnon, s'évide un second cirque, celui de Saint-Chély, où un autre village, Pougnadoires, s'adosse à un gigantesque éperon de roches également rougeâtres et trouées de cavernes. Un grand contrefort du causse Méjan s'avance ici dans le Tarn et l'oblige à décrire une inflexion au sud-ouest. A droite, le rocher de l'Escalette plonge à pic dans les flots de la rivière ; puis, à un tournant de la falaise, se montre, plaqué contre elle, au milieu d'un massif de grands arbres, le château xv° siècle de la Caze, avec ses tours, ses mâchicoulis, ses fossés taillés dans le tuf, et ses belles croisées à meneaux. Dans toute cette partie du parcours, trois barrages successifs rendent nécessaire un changement de barque. Le troisième point où l'on accoste de cette façon, c'est la Malène, encore une oasis vineuse, située au croisement de deux ravins, autrement dit au débouché d'une brèche du causse de Sauveterre, à laquelle fait face, sur l'autre rive, une brèche du causse Méjan. La gorge ensuite semble barrée par un rocher que couronnent les ruines du château de Planiol, démantelé en 1632 par l'ordre de Richelieu ; autour de ce cap croît le meilleur vignoble de tout le district.

POUGNADOIRES.

Une demi-heure plus loin s'ouvre, entre deux falaises abruptes, le passage qu'on appelle le Détroit ou les Étroits : c'est le site le plus surprenant du cagnon, une cluse comparable à celle de ce défilé pyrénéen d'Urzainqui qui conduit à la vallée espagnole de Roncal. On y file entre deux murs de falaises au-dessus desquels s'élancent à 500 mètres les immenses bastions ou les fines aiguilles qui forment à droite et à gauche la colossale bordure des deux causses. Dans chaque crevasse du rocher on aperçoit des pins dressés ou penchés, des fouillis d'arbustes, des traînées de verdure. Au sortir de ce splendide vestibule, sorte de nef découverte qui a la sonorité grave d'une cathédrale, on débouche dans le cirque grandiose des Baumes.

Celui-ci est un immense hémicycle rougeâtre, de 3 à 5 kilomètres de large, et qui fut primitivement un lac. Du fond de cet évidement émergent à 500 mètres de hauteur des roches dolomitiques figurant toute une architecture fantastique d'aiguilles, de tours, d'arceaux, où des jeux inépuisables de lumière et d'ombre diversifient sans cesse les aspects. On traverse ensuite un autre « étroit » chaotique, et l'on arrive au Pas de Soucy.

Là il faut débarquer derechef, au pied des immenses roches de la Sourde et du grand monolithe de l'Aiguille, car, sur un espace de 400 mètres, le Tarn disparaît complètement sous l'énorme éboulis de blocs qui l'écrasent. Avant qu'il revienne au jour, près du hameau des Vignes et des falaises du château de Dolan, j'ai le temps

LA MALÈNE. — Entrée du Détroit.

de vous dire, telle qu'on la raconte, la légende du Pas de Soucy. Sainte Énimie en est l'héroïne.

A l'époque où l'auguste abbesse vint s'établir près de la source de Burle, ce pays des Causses était encore à demi païen, et les failles dont il est traversé étaient, paraît-il, autant d'issues dont Satan se servait pour sortir commodément de l'Enfer. Le malin, que contrariait fort, on le devine, l'érection d'un couvent à cette place, essaya par tous les moyens de porter le trouble dans l'enceinte sacrée; mais Énimie

PAS DE SOUCY. — Descente des rapides.

veillait. Elle avait obtenu de Dieu le pouvoir d'enchaîner son ennemi s'il s'introduisait dans le monastère. Surpris un jour par elle, le diable put cependant s'échapper et s'enfuit par la gorge du Tarn. La sainte se mit à sa poursuite à travers l'affreux dédale de rochers.

La chasse fut longue, dit le manuscrit du XIV° siècle qui nous en relate les péripéties : Satan connaissait à fond tous les replis et les arcanes du cagnon. Le passage dangereux pour lui, c'était celui du cirque des Baumes. Là se trouvait un pieux ermite que sainte Énimie avait prévenu, et qui devait couper la retraite au démon. Celui-ci réussit toutefois à se soustraire à sa surveillance, et déjà il allait plonger dans la faille ouverte à cette place pour regagner de là les Enfers, lorsque Énimie, qui le serrait de près, sans avoir pu néanmoins l'atteindre, eut une inspiration lumineuse. Elle se jeta à genoux, en s'écriant : « A mon secours, montagne ! Arrête-le ! »

Immédiatement les grands blocs dévalent du haut des falaises et se précipitent sur Satan. L'effroyable masse de la Sourde le saisit, juste au moment où il touchait le bord du gouffre. La Roche-Aiguille, moins alerte à la course, à cause sans doute de sa taille plus élevée, n'était encore qu'à mi-côte : « As-tu besoin de moi, ma sœur ? crie-t-elle à la Sourde. — Inutile, je le tiens bien, » répond sa compagne. Alors tous les rocs, sur un signe d'Énimie, s'immobilisèrent à la place et dans l'attitude où ils se trouvaient : c'est ce qui vous explique pourquoi quelques-uns d'entre eux, et l'Aiguille entre autres, sont restés penchés en avant comme s'ils écoutaient encore le rugissement du diable pris au piège.

Plus heureux que Satan, nous sortons de ce titanique chaos, et, dépassant le hameau des Vignes, puis le pic colossal de Cingleglos (1 000 mètres environ) et le cirque de Saint-Marcellin, encombré d'un rapide sous roche qui entrave de nouveau la navigation, nous gagnons sains et saufs le village du Rozier, au point de jonction du Tarn et de la Jonte, sur les limites du département de l'Aveyron. De là jusqu'à la ville de Millau (16 000 habitants), au confluent de la Dourbie, fossé méridional du causse Noir, il y a encore 26 kilomètres. Laissons cette dernière section de la coupure en aval, et remontons un instant par terre le défilé intermédiaire de la Jonte.

La fissure, plus courte et moins creuse, où écume, entre le causse Méjan et le causse Noir, l'affluent non navigable du Tarn, n'offre pas des aspects moins curieux. Au sud, à la paroi du causse Noir, se suspendent les plus étranges dolomies ; au nord, le front du causse Méjan est tout en bastions fendillés, imitant des minarets pointus, des arabesques de palais arabes.

A droite, en entrant, c'est le cirque de Madasse, vraie futaie de pierre, toute en aiguilles, en statues, en dais, en clochetons ; de l'autre côté, c'est la caverne de Nabrigas, une de ces grottes, si précieuses pour l'étude des temps préhistoriques, qui s'ouvrent dans les deux parois de ce cagnon. Là, à 300 mètres au-dessus de la Jonte, on a retrouvé des ossements du grand ours primitif et des restes de l'homme quaternaire contemporain du grand plantigrade. Traversons derechef la gorge : voici, à la muraille du causse Noir, l'immense grotte de Dargilan, dont une salle a plus de 30 mètres de haut et 100 mètres de circonférence. Six kilomètres plus à l'est se trouve, à 766 mètres au-dessus de la Jonte, qui reçoit là deux ruisseaux tributaires: le chef-lieu de canton lozérien de Meyrueis, peuplé de 2 000 habitants. Au-dessus de lui se dresse l'Aigoual (1 567 mètres), cime qui porte un observatoire analogue à celui du puy de Dôme. Au sud-est, là où le causse Noir se soude par un isthme étroit à la masse granitique du mont, apparaît le cirque de Bramabiau (littéralement, « beuglement de taureau »), au fond duquel jaillit d'un rocher la cascade mugissante qui lui vaut son nom. On peut, de là, par Lanuéjols, gagner la gorge

MONTPELLIER-LE-VIEUX. — Un cirque.

de la Dourbie, qui limite au sud le causse Noir, en s'arrêtant à *Montpellier-le-Vieux*, la merveille des merveilles de toute cette région.

C'est en 1883 seulement que nous a été définitivement révélée l'existence de ce site sans pareil, et déjà il est, à bon droit, aussi célèbre que les plus fameux paysages des Alpes ou des Pyrénées.

Qu'on se figure une cité fantastique suspendue au bord du causse Noir, à 400 mètres au-dessus de la Dourbie, sur des remparts dolomitiques du genre de ceux que je vous ai décrits. Ce simulacre de ville est tout en rocher; la nature seule en a fait les frais; c'est elle qui l'a édifiée à l'état de ruines grandioses comme vous la voyez. Ces arches immenses, ces colonnades, ces piliers, ces ogives gigantesques, tout cela est l'œuvre de l'érosion. C'est l'eau sauvage qui, en s'écoulant, a donné naissance à ces bizarres accidents; c'est elle qui, dans cette zone de roches hétérogènes, a ouvert des carrefours et des rues, a creusé des cirques, a érigé des temples, des obélisques, des arcs de triomphe, si bien que, de loin aujourd'hui, on croirait voir une Pompéi cyclopéenne, une Babel imparfaitement démantelée par les siècles.

Les nuages seuls, dans leurs jeux d'architecture magique, arrivent à produire de pareilles constructions; mais les visions qu'ils enfantent ne durent qu'un instant : ce qu'un nuage a fait, un autre le défait, et la féerie tout entière s'écroule aussi vite qu'elle est née. Montpellier-le-Vieux, au contraire, c'est le caprice moulé indestruc-

MONTPELLIER-LE-VIEUX. — La Basilique.

tiblement dans la pierre, c'est le rêve titanique sculpté en roc vif, à une époque bien antérieure à celle des Titans.

D'où vient que cette curiosité géologique est demeurée si longtemps ignorée des touristes et des géographes?

Cela tient à deux causes : la première, c'est qu'elle a pour piédestal une assise de remparts naturels absolument semblables à toutes celles que présentent les frontons extérieurs des Causses, et que, des berges de la Dourbie, on ne pouvait soupçonner l'étrange travail d'évidement et de ciselure qui s'est accompli au dedans de ces murailles. La seconde raison, c'est que les gens du pays, qui avaient pénétré le mystère caché derrière cette enceinte, en étaient restés saisis de terreur; leur esprit superstitieux avait vu là une sorte de Sodome frappée de la colère céleste et devenue le séjour exclusif des démons et de Satan. A peine si les pâtres eux-mêmes, pour rallier leurs bêtes vagabondes, osaient s'approcher de ces ruines sinistres. Aussi, loin d'y conduire les étrangers, les Caussenards se gardaient-ils bien de leur souffler mot de ce lieu redouté et maudit qu'ils appelaient *Montpellier-le-Vieux*, du nom de la grande ville de l'Hérault voisine, qui, pour eux, était la cité par excellence.

Après 1880 seulement, un grand propriétaire du causse Noir essaya, sur quelques indications vagues, de reconnaître, en compagnie de deux de ses parents, la mystérieuse ville de dolomies; puis, en 1883, ils la visitèrent tous trois en partie, et communiquèrent à deux journaux du Midi le résultat de leurs investigations. Depuis lors, de nombreux touristes, des photographes, des dessinateurs, sont montés à la « Cité du Diable », dont on a levé le plan topographique et reproduit les sites principaux. Bref, Montpellier-le-Vieux est devenu dès maintenant un lieu obligatoire d'excursion, le centre quasi officiel d'où les caravanes de promeneurs rayonnent sur les gorges et les plateaux d'alentour. Des hôtels s'élèveront bientôt

MONTPELLIER-LE-VIEUX. — La Porte de Mycènes.

au bord des cagnons; des buvettes, des refuges se créeront dans les fissures des roches sourcilleuses, et le Caussenard, en homme avisé, fera litière de ses vieux préjugés pour guider et héberger, moyennant rétribution honnête, les touristes férus des beautés de son pays.

N'est-ce pas, après tout, l'histoire de Chamonix et de Zermatt, ces repaires supposés de brigands, ces labyrinthes *maudits* des grandes Alpes que la superstition régionale tint si longtemps fermés aux curieux, et dont la science dut en quelque sorte forcer l'entrée!

Voici la figure de Montpellier-le-Vieux, dans ses linéaments sommaires.

Autour d'un massif central, la *Citadelle*, sorte d'Acropole élevée de 830 mètres à son point culminant, se groupent cinq dépressions circulaires presque entièrement closes, et dont la profondeur varie de 80 à 120 mètres. Cet ensemble a pour muraille du côté des ravins une circonvallation rocheuse percée d'étroites brèches, qui est tout simplement le rempart dolomitique dont est bordée la vallée de la Dourbie. La place possède en outre une véritable ceinture de forts détachés, de redoutes, de tours de guet, sis au delà des ravins qui lui servent de fossés.

Un de ces castels suburbains, celui de Roquesaltes, qui ne formait qu'un bloc unique avant que la foudre l'eût divisé en trois donjons distincts, n'a pas moins de 60 mètres de haut, et son sommet dépasse de 16 mètres encore celui de l'Acropole. La cité entière, avec ces faubourgs fortifiés, occupe une superficie de 1000 hectares. A l'intérieur, la Citadelle, formée de trois rochers turriformes, dont deux, le Corridor et le Douminal (le Seigneur), sont séparés par la Brèche dite de Roland, présente les dispositions d'un véritable manoir, avec une salle des Gardes, une salle des Fêtes, et diverses avenues. Le cirque du Lac est une sorte de Colisée où fourmillent les pilastres, les tombeaux, les couloirs, les gradins; on vous y montrera l'Autel du Diable, la Chapelle, l'Amphore, la marmite colossale qu'on appelle l'Oulo, la Cathédrale, avec ses arceaux, sa grande nef et ses bas-côtés. Le cirque des Amats est une place d'armes dominée par des tours dont l'une porte le nom de Château-Gaillard, et qui renferme une Avenue des Obélisques, un Grand Sphinx, une Porte de Mycènes, une Tête de Chien, analogue à celle qui surplombe Monaco, et cent autres bizarreries analogues.

Dans le cirque des Rouquettes, on n'aurait qu'à redresser quelques piliers, à restaurer quelques gradins, pour avoir une *plaza de toros* ou une arène de gladiateurs à plus de 700 mètres d'altitude. Du centre de cet amphithéâtre, de véritables rues tirées au cordeau rayonnent vers les autres quartiers de la ville. Le cinquième cirque enfin, celui de la Millière, qui est le plus vaste (1000 mètres sur 400), offre l'image complète d'une cité régulièrement distribuée : il y a là un Forum, une Tribune aux Harangues, une Basilique haute de 40 mètres, une Rue des Tombeaux avec ses rangées d'urnes funéraires comme à Pompéi.

Chose étrange! sur ce plateau de dolomie d'où les eaux, à une époque inconnue, ont fait surgir ces créations merveilleuses, il ne suinte plus le moindre filet liquide. Mais, grâce aux pluies, qui suppléent ici aux ondes terrestres, Montpellier-le-Vieux est revêtu d'une flore luxuriante de pins silvestres, de chênes et de hêtres que le voisinage des roches colossales rapetisse à la taille de simples arbustes, et qui sont cependant des arbres superbes. Une végétation secondaire d'arbousiers, de ronces et de houx grimpe en outre à l'assaut des colonnes et des murs; des lierres aux racines énormes se poussent dans toutes les fissures... En quel lieu du monde irait-on pour rencontrer une cité aux proportions plus sublimes, à l'architecture plus grandiose, que cette capitale mort-née des Causses, que les humains n'ont jamais habitée et qui surpasse tout ce que les humains ont jamais construit de plus formidable?

BAYONNE. — Le château.

XVIII

BAYONNE ET ORTHEZ. — LE CHATEAU DE PAU. — CHRONIQUE DE BÉARN
ET DE FRANCE. — EXCURSION AU PAYS D'OSSAU ET A LA VALLÉE DE GAVARNIE

Le dernier grand fleuve français tributaire de l'océan Atlantique, c'est l'Adour. Né dans le massif du Pic du Midi de Bigorre (Hautes-Pyrénées), il sort des montagnes à 5 kilomètres en aval de Bagnères, il gagne le territoire sablonneux des Landes, contourne au nord les collines béarnaises de la Chalosse et du Marensin; puis, au lieu de couler de là en droite ligne vers la mer, il infléchit sur Dax au midi. Il s'engage ensuite par un défilé où il serpente jusqu'à son confluent avec les deux magnifiques gaves d'Oloron et de Pau, qui, réunis dans un lit commun, lui apportent une quantité d'eau supérieure de beaucoup à la sienne. De ce point, il oblique à l'ouest vers Bayonne, où il se grossit à gauche de la Nive, et se transforme alors en un véritable estuaire marin large de 250 à 400 mètres sur une profondeur de 5 ou 6 mètres.

Par malheur, son embouchure est entravée par une *barre* à bon droit redoutée des matelots. Cette barre semi-circulaire, composée de sables et de graviers arrachés aux bancs de roche sous-océaniens, enveloppe le fleuve d'un rempart sur lequel la mer, quand elle est grosse, se brise violemment. Les eaux de l'Adour, contenues entre des jetées, franchissent cet obstacle, qu'elles rongent et creusent dans une direction variable. L'étroit sillon ainsi formé constitue la *passe*. La position et la largeur du chenal se modifient selon les alternatives de vent et de houle, mais l'accès en est toujours difficile aux navires.

L'embouchure du fleuve, il est vrai, n'a pas été de tout temps à la place où elle se trouve aujourd'hui. Au XIV° siècle, une tempête, en obstruant la barre, fit refluer l'Adour à 30 kilomètres plus au nord, là où est actuellement le Vieux Boucau (Vieille Bouche), et pendant deux cents ans son cours garda cette direction; puis, au XVI° siècle, on se décida à pratiquer une coupure dans les dunes qui s'étaient accumulées sur son ancien lit entre Bayonne et la mer, et, une forte crue aidant, la rivière s'ouvrit au sud le chenal (Boucau Neuf) par lequel elle débouche à présent dans le golfe de Gascogne directement à l'ouest de la ville.

Dès le XIII° siècle, Bayonne était un havre important. Nous voyons en effet qu'à l'époque d'Édouard d'Angleterre, son contingent de guerre était fixé à 20 vaisseaux et à 10 galères. En 1541, sous Charles VII, Dunois la reconquit, et depuis lors elle est restée inviolablement attachée à la France.

Le port actuel se compose de la partie de l'Adour comprise entre l'embouchure et le pont de Pédénavarre, sur une longueur de 7 700 mètres, et de la section de la Nive sise entre le confluent et le port Saint-Léon, à l'entrée de la ville, sur un espace de 844 mètres. On distingue : l'avant-port, qui s'étend, avec une largeur variant de 250 à 450 mètres, entre les balises des Casquets et la tour des Signaux, sur laquelle se trouvent les feux et d'où l'on dirige les navires dans le chenal de la barre; la rade, qui va des Casquets à l'extrémité du quai des Allées Marines (370 à 480 mètres de largeur); le port proprement dit, qui finit aux ponts de l'Adour et de la Nive; puis deux arrière-ports, l'un sur l'Adour, l'autre sur la Nive, ce dernier inaccessible aux bâtiments de mer.

Bayonne est une place de guerre de première classe, entourée de murs percés de portes et dominée au nord par une puissante citadelle; elle n'a pas cependant l'air contraint et resserré des villes qu'enveloppe une cuirasse de fortifications. Ses promenades, ses places, les amples échappées de vue que lui ouvrent aux horizons est et sud les dépressions de ses deux rivières, lui prêtent un aspect essentiellement aéré et lumineux. Cet air de gaîté est encore accentué par la couleur de ses maisons diversement peintes à la mode transpyrénéenne et les arcades de ses rues. C'est du reste une cité à demi espagnole : partout on y entend résonner l'idiome qui se parle au delà de la Bidassoa, et les costumes sont déjà ceux d'outre-monts.

Elle se divise en trois parties : le Grand-Bayonne, le Bourg-Neuf ou le Petit-Bayonne, entre l'Adour et la Nive, et le faubourg Saint-Esprit. De l'ancienne ville il reste peu de chose, et tous les jours il en disparaît un morceau. A peine si, çà et là, on aperçoit encore une vieille voûte, une tourelle, une ogive, ou une de ces façades en encorbellement qu'ornaient jadis des peintures grimaçantes ou bizarres. Dès le XVIII° siècle, grâce aux ressources fournies tant par la course en mer que par le commerce avec l'Espagne et l'Amérique du Sud, on se mit à nettoyer la ville et à l'embellir; la plupart des maisons furent alors reconstruites. Certaines rues cependant rappellent encore l'antique industrie locale : telle est la rue des Faures, ainsi nommée de cette corporation bayonnaise des forgerons (en gascon, *faures*) qui fabriquait surtout des armes de guerre, des épées, des armures, vantées dès le xiii° siècle en Espagne et en France. Cette spécialité est perdue. Les vins, le maïs, les laines, les résines et les planches, les armements pour la pêche de la morue, le trafic des jambons d'Orthez et de Salies, forment aujourd'hui le fond du commerce bayonnais.

Quelques maisons ont gardé un souvenir historique. Dans la rue de Montaut, par exemple, on montre celle où logea en 1638 le père du grand Condé quand il vint assiéger Fontarabie, qu'il ne réussit pas plus à prendre, il est vrai, que son fils, neuf

BAYONNE. — Confluent de la Nive et de l'Adour.

ans après, ne réussit à s'emparer de Lérida. Rue de la Vieille-Boucherie, est la demeure où naquit, en 1581, un des fondateurs de Port-Royal, Duvergier de Hauranne, abbé de Saint-Cyran; celui-ci ramena plus tard avec lui à Bayonne le célèbre Jansénius, qu'il avait connu à l'Université de Louvain, et qui devint principal du collège. Ajoutons que ce fut à Bayonne que se réfugia en 1708 Anne de Neubourg, — la reine de *Ruy Blas*, — quand Philippe V l'eut exilée d'Espagne; elle y demeura trente-deux ans, et il reste de son séjour une chronique aussi détaillée que curieuse que nous n'avons malheureusement pas le loisir de feuilleter.

La cathédrale, bâtie du xiii° au xv° siècle, le Château-Vieux (xii° siècle), sis à l'extrémité de la rue Thiers, le Château-Neuf (xv° siècle) qui se trouve dans le Petit-Bayonne, sont, avec la bibliothèque et le musée, les édifices principaux de la ville. Le centre de celle-ci est toujours l'ancien *forum*, successivement dénommé place du Marché, puis de Notre-Dame, puis de la Liberté, et sur lequel s'ouvrait la *viâ major* des Romains (rue Mayou). La Porte d'Espagne, ancienne *porta meridionalis* de l'enceinte primitive, à laquelle aboutissait cette artère maîtresse, était encore au commencement de ce siècle le point le plus curieux de la cité. C'était là que se trouvait la grande station de *cacolets*. On appelait ainsi des espèces de paniers à dos, posés sur des mulets et garnis d'oreillers, qu'on employait jadis dans nos armées pour le transport des blessés et des vivres, et qui étaient aussi les véhicules dont les Bayonnais se servaient pour communiquer avec Biarritz et le bord de la mer.

A 66 kilomètres à l'est de Bayonne, par le chemin de fer de Toulouse, s'élève au pied d'une colline, sur la rive droite du gave de Pau, un autre chef-lieu d'arrondissement, de 7 000 habitants sans plus, qui a été cependant autrefois la capitale du pays : c'est Orthez. Saluons, je vous prie, en passant cette modeste localité qui, avec ses vénérables maisons deux et trois fois séculaires, conserve un air de qualité propre à inspirer le respect. Avant que Pau, sa voisine, lui eût ravi le sceptre du Béarn, elle était le siège d'une noblesse aussi brillante que nombreuse, et une de ses demeures flanquée de tourelles s'appelle encore la Maison de Jeanne d'Albret.

Il n'y a aujourd'hui que deux choses à voir à Orthez : c'est, d'abord sur un plateau, accessible seulement à l'est, la tour de Moncade, débris du château construit au xiiie siècle par Gaston VII; puis un vieux pont de la même époque, au milieu duquel se dresse une tour de défense restaurée en 1873 et demeurée historique par un coin de son étage supérieur. Là se trouve une ouverture, appelée Fenêtre des Prêtres (*frinesto dous Caperous*), d'où les calvinistes de Montgomery précipitèrent dans le Gave les capucins qui avaient défendu la ville.

Pau n'est qu'à 40 kilomètres plus loin. Je ne m'attarderai pas à vous décrire par le menu cette Nice pyrénéenne, dont le climat délicieux et tonique attire, l'hiver, tant d'étrangers, et d'où l'on jouit d'une si belle perspective sur la grande chaîne franco-espagnole. La ville est bâtie à 190 mètres d'altitude, sur le bord d'un plateau qui se rattache, vers le nord, aux landes du Pont-Long, et domine au sud les ravins du Gave et de l'Ousse. Un ruisseau encaissé, que l'on nomme l'Hédas, la sépare en deux parties reliées par cinq ponts. C'est au confluent de ce cours d'eau et du Gave que s'élève le fameux château dont l'histoire résume celle de la ville et de tout le Béarn.

On sait que, durant des siècles, cette principauté de Béarn sut se maintenir indépendante et souveraine entre la France et l'Espagne. Ses comtes, de grands batailleurs, excellent en même temps à flairer le vent; s'ils aiment les aventures, ils s'entendent aussi aux calculs. Toujours les premiers aux rudes coups, ils ne négligent pas pour cela les affaires. Étant à la fois ambitieux et pauvres, désireux de s'enrichir sans se faire pourtant les sujets de personne, ils savent si bien conduire leur fortune, qu'à la fin leur dernier successeur, tout en portant des pourpoints rapiécés, met la main sur la couronne de France, à laquelle il avait droit, il est vrai, en sa qualité d'arrière-petit-fils de saint Louis.

Fondé au xe ou au xie siècle, le primitif castel féodal fut restauré, on peut même

LE CHATEAU DE PAU.

dire rebâti à nouveau, par le fameux Gaston Phœbus, le mari d'Agnès de Navarre, sœur de Charles le Mauvais. A cette époque (1375), c'était encore la ville d'Orthez qui était le séjour habituel des comtes de Béarn; mais, à partir de ce moment, ceux-ci commencèrent à faire à Pau de longs séjours; puis, au siècle suivant, ils s'y transportèrent définitivement, et alors s'ouvrit l'ère brillante et glorieuse du manoir transformé en un palais de la Renaissance.

ORTHEZ. — Pont du XIIIᵉ siècle (restauré).

Qui ne connaît les magnificences de la cour de Henri II et de la « Marguerite des Marguerites », la reine du « Parnasse béarnais »? Les premiers apôtres de la Réforme, partout persécutés, trouvaient au château de Pau un asile aussi sûr que cordial. Lorsque Henri II fut mort en 1559, Jeanne d'Albret lui succéda comme reine de Navarre et dame souveraine du Béarn. Née en 1528 et élevée au Plessis-lès-Tours, cette princesse s'était vue forcée d'épouser à l'âge de onze ans le duc de Clèves; puis, cette union ayant été annulée, elle s'était remariée au duc de Vendôme, Antoine de Bourbon, dont la famille descendait de Robert, comte de Clermont, sixième fils de saint Louis. C'était la femme la plus énergique et la plus instruite de son temps; à la connaissance du latin et du grec elle joignait celle de la plupart des langues vivantes.

A son avènement, le futur Henri IV, celui que les Béarnais appellent « notre Henri » — *lou noustre Henric*, lit-on tout simplement sur la statue de l'Esplanade de Pau, — n'avait encore que deux ans. Il avait vu le jour au château, le 14 octobre 1553.

En ce temps-là, au milieu du Gave, en face de l'aile droite du manoir, s'élevait, à l'extrémité d'un pont aujourd'hui disparu, une chapelle de la Vierge, célèbre par ses miracles. Nulle Béarnaise, au moment d'accoucher, ne manquait d'aller adresser ses vœux à cette Notre-Dame « du bout du pont ». Jeanne d'Albret, dit la chronique, s'acquitta, elle aussi, de ce pèlerinage, et l'aïeul crut sans doute sa prière exaucée, car, aussitôt que l'enfant fut né, il le présenta aux montagnards du Béarn comme un prince destiné à mettre un jour hors de pair la maison de Bourbon.

Le baptême fut célébré au château; mais le petit Henri n'y fut pas élevé tout d'abord; ce fut à quelques lieues plus à l'est, au vieux castel patrimonial de Coarraze, que s'écoulèrent ses premières années. Ce fut là qu'il grandit à la diable, en compagnie des enfants du pays, gravissant, pieds nus, les rochers, se nourrissant de pain noir, d'ail, de fromage, se gourmant avec ses rustiques camarades comme un simple montagnard du Bigorre. A cinq ans, il fut emmené à Paris par sa mère et présenté au roi Henri II, qui le fiança tout de suite à sa fille, Marguerite de Valois, laquelle était à peu près de son âge. Quatre ans plus tard (1562), lorsque Henri de Bourbon eut été tué au siège de Rouen, Jeanne d'Albret se réinstalle à Pau, où sa cour huguenote et austère continue d'être le centre du mouvement réformé dans le Midi.

Là, comme à Coarraze, le jeune prince mène une vie simple et frugale, couchant sur une simple paillasse, se levant dès l'aube pour faire des courses à cheval ou à pied, et se préparant, par ce dur régime, aux épreuves plus dures encore que lui réservait son noviciat de prétendant. Une révolte des catholiques chasse un instant Jeanne d'Albret de ses États; mais elle ne tarde pas à y rentrer, grâce à l'appui de Montgomery. On sait comment, en cette circonstance, ayant invité à un banquet les chefs du parti rebelle, elle les fit tous égorger au dessert (24 août 1569); trois ans après, jour pour jour, les cloches de Saint-Germain-l'Auxerrois à Paris donnaient le signal du massacre de la Saint-Barthélemy.

Cette même année (1569), Louis de Condé, le chef du protestantisme français, ayant péri à Jarnac, la reine de Navarre n'hésite plus : elle conduit à La Rochelle son fils, âgé de seize ans, et, sous la direction de Coligny et de Dandelot, les deux neveux de Montmorency, le dévoue solennellement à la cause de la Réforme. Bientôt après, Henri allait à Paris épouser Marguerite de Valois et devenait ainsi le beau-frère de Charles IX. Comme compensation à ce fâcheux mariage, le même voyage lui valut un auxiliaire dévoué et hors ligne, sans l'aide duquel, peut-être, il n'eût pas été tout ce qu'il fut : je veux parler du cadet de Béthune, le jeune Maximilien de Rosny, qui, âgé alors de onze ans, lui fut présenté à Vendôme et lui jura obéissance pour la vie : à quoi le Béarnais répondit en promettant « d'aimer toujours » son petit page. Tous deux devaient tenir leur parole : Henri IV et le duc de Sully sont restés si étroitement

Les Pyrénées, vues du château de Pau.

unis que la mort ne les a point séparés et qu'on les retrouve compagnons dans l'histoire comme ils l'ont été dans la vie.

Dès ce moment commença, pour le maître et le serviteur, cette série d'étapes guerrières qui, des plaines de Coutras à la vallée d'Arques, des rives de l'Eure aux murailles de Paris affamé, devait aboutir, après audition d'une messe à Saint-Denis, à la conquête du trône des Valois. Bien rares furent les instants de répit, au cours de ces chevauchées et de ces lourds travaux : de courtes pauses à la cour de Nérac, quelques visites en Béarn ou à Foix, de temps à autre une chasse à l'ours dans les monts du Bigorre, tels furent les seuls entr'actes du drame.

Comme Pau avait détrôné Orthez, Paris la grande ville détrôna Pau. Quelque temps encore, Marguerite de Valois y avait tenu sa cour, qui ne ressemblait guère à celle de Jeanne d'Albret, sa belle-mère. Avec elle, les réjouissances dissolues et fastueuses étaient entrées au manoir de Phœbus. Chaque jour, c'étaient des fêtes nouvelles; la reine figurait en personne dans les danses à la mode, la *pavane* d'Espagne, le fol *passamento* d'Italie, ou bien elle chantait, en s'accompagnant du luth, des romances composées par elle-même. Puis, un beau jour, elle se dégoûta du Béarn et le quitta en jurant de n'y jamais revenir.

Quant à la sœur de Henri IV, Catherine de Navarre, elle mourut en 1604. Six ans après, le 14 mai 1610, son frère était assassiné par Ravaillac, et l'on sait quelle explosion de douleur causa dans la France entière la nouvelle de ce crime. « Jamais on n'a tant pleuré », écrit Malherbe dans ses *Lettres*. C'est, en réalité, le seul roi que le peuple ait sincèrement regretté. « Le jour de sa mort, dit Mézerai, l'écu de ses armes qui était sur la porte du château de Pau tomba à terre et se brisa. » A la même heure, par une coïncidence singulière, « les vaches du troupeau royal, qui paissaient là auprès, s'étant toutes couchées en rond et meuglant horriblement, le principal taureau (on le nommait le *roi*) vint tout furieux rompre ses cornes contre la porte du château, puis se précipita dans le fossé et se creva de sa chute, de sorte que le peuple, accouru, cria : « Le roi est mort! » et ce cri lamentable s'épandit par tout le Béarn en moins de deux heures. »

Ce ne fut pas sans résistance que la principauté pyrénéenne, après le décès de son dernier prince, se résigna à échanger son titre d'État indépendant contre celui de simple province ; il fallut pour cela que Louis XIII se rendît à Pau en personne ; il en profita, disons-le, pour commencer la spoliation du manoir. Louis XIV donna ensuite ce qui restait du mobilier royal à l'intendant Foucault, pour le récompenser du zèle déployé par lui contre les huguenots après la révocation de l'édit de Nantes. Enfin, sous la Révolution, le castel, ayant été affecté au casernement des gardes nationaux, subit des dégradations de toute sorte. Il n'en est pas moins, aujourd'hui comme jadis, l'édifice historique par excellence, aux yeux des populations béarnaises.

Relié à la ville par trois ponts, ce château est flanqué de six tours : au sud-ouest, à gauche de l'entrée, le donjon de Gaston Phœbus, haut de 35 mètres ; à droite, la tour Montaüset ou Monte-Oiseau, ainsi nommée parce qu'autrefois on n'y pénétrait qu'au moyen d'échelles qu'on retirait après soi ; à l'est, la tour Neuve ; au nord-ouest, la tour de Billères, ainsi nommée du village tout voisin où Henri IV fut mis en nourrice ; à l'ouest, les tours de Mazères ; au sud enfin, au bord de l'escarpe dominant le Gave, celle de la Monnaie.

L'intérieur, soigneusement restauré, est orné de magnifiques tapisseries de Flandres, de cheminées richement sculptées, de bahuts gothiques, de fauteuils et de lits du XVIe siècle. Au rez-de-chaussée se trouvent la salle des Gardes et la grande salle à manger, jadis la salle des États, où le pâtre ossalois s'asseyait à côté des douze barons du Béarn. Le premier étage, auquel conduit un escalier qui est un véritable chef-d'œuvre d'art et de caprice, variant à l'infini les arcs et les ogives de sa voûte, renferme le grand salon de réception, où des tapisseries commandées par François Ier représentent le jardinage, la pêche, la chasse au faucon, la tonte des moutons et le tir à l'arc; puis la chambre des souverains, le boudoir et la chambre à coucher de la reine. Au second étage, on remarque la

PAU. — Le château

chambre de la reine Jeanne; la pièce où naquit Henri IV, et où sur un faisceau de lances repose l'écaille de tortue qui lui servit de berceau; puis celle qu'Abd-el-Kader habita lors de sa captivité.

L'émir africain, qui fut le dernier prisonnier du château, y arriva le 29 avril 1848 avec quatre-vingt-sept personnes de sa famille et de sa suite, entre autres sa mère la sultane Zhora, sa femme légitime Khiva, cinq autres femmes, ses sept enfants, ses trois frères, son intendant et son secrétaire. Il y resta jusqu'au 2 novembre de la même année, puis il fut transféré à Amboise et ensuite à Brousse (Turquie d'Asie).

Dans une partie haute de la tour de Montaüset, il y a des cachots pratiqués au sein d'épais murs; là se trouvait, dit-on, une statue de fer armée de poignards, qui étreignait les condamnés et les rejetait palpitants dans une basse fosse. Ne faut-il voir là qu'une légende? Ce qu'il y a de certain, c'est qu'en 1772, lorsqu'on ouvrit pour la première fois une porte d'accès dans cette tour, on y découvrit une espèce de puits avec des restes de chaînes et des débris humains. Au-dessous du manoir est creusé en outre un profond souterrain qui était, dit la tradition, d'une longueur fabuleuse, et débouchait à Lescar, c'est-à-dire à 7 kilomètres de là. En 1828, on voulut y descendre; mais les décombres qui l'obstruaient en empêchèrent l'exploration; depuis lors l'entrée en a été bouchée par les maçonneries qui servent d'appui à l'une des piles du nouveau pont.

Le château était jadis entouré de dépendances considérables: son domaine, au XIIIe siècle, se composait de vignes, de taillis et de moulins. De ces annexes, il ne reste plus aujourd'hui que la belle promenade de la Basse-Plante, anciennement le bois des Hormelettes, où Jeanne d'Albret s'était fait construire au fond d'un vallon son castel Béziat, et le Parc, vaste hêtraie mélangée de chênes aux longues allées solitaires, au-dessous desquelles les ondes du Gave coulent entre deux berges sableuses.

C'est surtout du donjon de Phœbus que la perspective est splendide: immédiatement sous ses pieds, on aperçoit le torrent béarnais avec ses méandres; plus loin les vallées fleuries de Gan et de Lestelle, les coteaux vineux de Jurançon et ceux de Gélos, et enfin, à l'horizon, les cimes blanches, première vision de cette zone pyrénéenne où nous allons, pour un instant, pénétrer.

Immédiatement au sud de Pau se déroule la vallée d'Ossau, arrosée par le gave d'Ossau. Une voie ferrée de 49 kilomètres de longueur la parcourt jusqu'à Laruns; mais ici, comme en toute contrée de montagne, la route de terre est de beaucoup préférable pour le touriste désireux de contempler les sites à loisir. A son extrémité supérieure, c'est-à-dire du côté de l'Espagne, la verdoyante coupure est close par le Pic du Midi d'Ossau (2885 mètres), dont, pendant tout le trajet, on aperçoit à l'horizon la tête blanche; plus à l'est se dresse le Balaïtous (3146 mètres) qui forme l'angle du val d'Azun, sis dans le département des Hautes-Pyrénées.

Ce « pays d'Ossau », comme on l'appelle, est celui des Osquidates de César (*Osca*, en basque, signifie gorge). Il se compose de dix-sept communes, fières à

LES PYRÉNÉES. — Au val d'Ossau.

l'envi de leur antiquité, et ses habitants ont conservé en partie leurs mœurs originales du vieux temps. Le village de Bielle, auquel on arrive au sortir de Jouvie, point où commence en réalité la vallée, était autrefois la capitale de ce solitaire district de montagne; là était le dépôt des archives; là se réunissaient les jurats chargés de régler les affaires communes. Une église gothique, un reste d'abbaye romane et de tour, puis quelques maisons des xv° et xvi° siècles, sont les seules curiosités de cet ex-chef-lieu de la région ossaloise.

La principale localité de la vallée, aujourd'hui, est Laruns, bourgade peuplée de 2500 âmes et animée par des scieries de marbre et de bois qui lui donnent l'importance d'une ville. L'aspect en est caractéristique : une rue étroite, bordée de vieilles maisons qui semblent chanceler sur leur base, conduit à une vaste place ornée d'une fontaine, et dont les constructions aux grands toits pointus font l'effet le plus pittoresque. Plus loin s'élève une halle aux amples arcades; à droite, sur une artère montante, apparaît une jolie église de marbre : le tout encadré à souhait par le splendide décor des montagnes.

Chaque année, le 15 août, a lieu à Laruns une fête patronale qui attire les populations d'alentour; on y vient de Pau, d'Oloron, des Eaux-Chaudes, des Eaux-Bonnes, d'Espagne même, et aux cérémonies religieuses se joignent, comme de juste, des divertissements d'un genre plus profane. Aux sons de la flûte, du hautbois, du tambourin et de la grosse caisse, on danse le *batch*, le *branlou*, et autres danses vertigineuses du pays. C'est alors que l'étranger peut contempler les Ossalois des deux sexes avec leurs costumes traditionnels, les hommes, aux longs cheveux flottants, revêtus de la veste rouge et du gilet blanc, les femmes habillées du corsage noir à parements rouges et coiffées du capulet en drap écarlate posé sur un petit bonnet rond.

De Laruns se détache à gauche la route des Eaux-Bonnes, village situé à 748 mètres d'altitude, au confluent de deux torrents, la Sourde et le Valentin. Une grande rue montant du parc à l'établissement thermal, puis quelques tronçons d'artères latérales, voilà le gros de cette bourgade, où le train de vie est celui des stations balnéaires du même genre. Le matin, cure aux sources; l'après-midi et le soir, flânerie au casino, ou promenade aux alentours, soit sur les *replats* de la montagne de Gourzy, du haut de laquelle on aperçoit toute la plaine du Béarn jusqu'à Pau, soit sur les pentes boisées qui dominent le cours du Valentin. Ce gave écumeux et grondant se précipite en cascades à travers la vallée; une de ses plus belles chutes est celle du pont de Discoo, où ses eaux dévalent, de gradin en gradin, dans une sorte de cirque; plus loin est la gorge du Serpent, énorme entaille naturelle à la paroi verticale du mont; le ruisseau qui s'y jette rampe littéralement écrasé sous l'entassement chaotique des blocs; son lit, à cette place, n'est plus qu'une ruine.

A droite de la vallée de Laruns, une fente se montre entre deux remparts de granit cannelés : c'est le chemin qui mène aux Eaux-Chaudes, autre station balnéaire sise sur le gave d'Ossau, dans une gorge tellement resserrée qu'à peine si, des deux côtés de la route, il y a place pour les maisons du village. De là, en douze heures environ, par une chaussée praticable aux voitures, on peut se rendre aux bains de Panticosa en Espagne.

LARUNS. — Place du Marché.

Tout ce pays est un des districts traditionnels de la chasse aux ours. Le fameux Courdé, qui tua soixante de ces plantigrades et finit par périr sous la griffe du soixante et unième, était d'Assouste, hameau de la Montagne Verte tout voisin des Eaux-Bonnes. Bien que dans les Pyrénées, comme dans les Alpes, l'ours devienne de plus en plus rare, il y a cependant encore des endroits où l'on a chance de le rencontrer. La forêt de Gabas, près des Eaux-Chaudes, et les hauts versants des crêtes boisées qui avoisinent le grand pic d'Ossau, sont deux de ses repaires favoris. Chaque année, dans la belle saison, on organise de ce côté des *traques* qui, à vrai dire, réussissent rarement, le gibier à poil qui en est l'objectif étant, de sa nature, très méfiant. Quelques représentants de l'espèce s'approchent parfois des Eaux-Bonnes; en 1886, par exemple, il en est descendu un par la rainure blanche qu'on aperçoit à l'entrée de la commune, au-dessus d'une cabane de tir; là l'imprudent s'est fait tuer.

Une autre fois, on en signala un dans la forêt de Caous-Bétérères. Celui-là était un malin, qui donna force fil à retordre aux traqueurs. Ceux-ci finirent cependant par l'obliger à passer à deux mètres à peine de l'un d'eux. Jean-Pierre Barringou — c'était le nom du chasseur favorisé de cette aubaine — renversa la bête d'un coup de fusil; mais l'ours, se relevant aussitôt, traversa une petite clairière et s'en alla donner du nez contre un autre chasseur appelé Lamazou. Ce dernier lui logea deux balles dans le ventre, et, du coup, le rejeta sur un autre de ses compagnons, un certain Cabeilh. Ledit Cabeilh, qui se trouvait sur une pente excessivement raide, ne put éviter le choc de l'animal endenté et velu; il se laissa donc dégringoler, avec lui, sur Cambas, qui était en arrière, et qui, mordu au bras droit, fut par surcroît entraîné dans la pelote.

On se figure les bonds et les contorsions auxquels se livrait cette grappe vivante, tout en roulant sur une roche humide n'offrant point de relief où l'on pût se cramponner. Les deux chasseurs s'efforçaient toujours de se hisser sur le dos de la bête, afin de se soustraire à ses griffes; la bête, de son côté, refusait de se prêter à ces tentatives de chevauchement. Par bonheur, l'ours était mortellement blessé, et il expira bientôt. C'était un individu magnifique, et tout noir, ce qui est rare dans les Pyrénées.

Par leur disposition et leur structure, les Pyrénées diffèrent essentiellement des Alpes. Celles-ci se composent d'un immense *massif* ou, plutôt, d'un enchevêtrement de *massifs*, qui, de Nice à Trieste, ne mesure pas moins de 1 200 kilomètres de longueur sur 150 de largeur entre Genève et Ivrée et plus de 300 entre Munich et Vérone. Aussi représentent-elles tout un monde, comparées aux autres montagnes d'Europe. De quelque côté que l'on y pénètre, on se trouve pris dans un gigantesque ensemble de reliefs dont la traversée demande plusieurs jours, et qui renferme en son sein des parties d'État et des États même, républiques, royaumes et empires. On y passe d'une région politique à une autre, du climat du sud au climat du nord, ou inversement, sans sortir du réseau orographique et du lacis multiple des monts.

Les Pyrénées, au contraire, plus étendues en longueur qu'en largeur (480 kilomètres sur 115), forment ce que l'on appelle une *chaîne*, et, malgré ses dédoublements partiels, offrent en somme une architecture d'un dessin aussi simple que symétrique. De la ligne principale du relief se détachent seulement de courts appen-

CAUTERETS. — Le pont d'Espagne.

dices rayonnant en arêtes de poisson. Point de vallées *longitudinales*, c'est-à-dire parallèles à la chaîne; rien que des coupures *transversales*, plus ou moins perpendiculaires à l'axe. Aussi n'est-ce jamais pour un long temps que l'on y perd de vue le plat pays. Si étroit et si bien clos qu'y soit le défilé où l'on chemine, on n'a qu'à côtoyer pendant quelques heures le cours du torrent qui l'arrose ou à faire l'ascension de quelque haute cime pour revoir à l'horizon les plaines de l'Espagne ou de la France.

Plus que les Alpes pourtant, les Pyrénées ont formé barrière entre les contrées qu'elles séparent; cela vient de ce que les cols ou *ports* (en espagnol *puertos*) qui échancrent cette muraille mitoyenne, au lieu de s'ouvrir à mi-hauteur des crêtes, comme c'est le cas ordinaire dans les Alpes, y sont situés beaucoup plus haut, c'est-à-dire aux deux tiers en moyenne. En revanche, dans les Pyrénées aussi bien que dans les Alpes, les sommités dominantes se trouvent en dehors de la crête proprement dite. Si l'on admet, par exemple, que le nœud de l'orographie alpestre est la coupole effondrée du Gothard, on remarquera que les plus puissantes citadelles du massif, les groupes du Mont-Rose, du Mont-Blanc, du Grand Paradis, de la Jungfrau, du Pelvoux et du Bernina, se dressent en dehors de ce nœud du système. De même les plus hauts sommets pyrénéens, au lieu de se trouver sur l'axe de la crête, ont pour socles des bourrelets extérieurs reliés transversalement à la chaîne par des arêtes de glace et de neige.

Si la France, depuis 1860, possède, avec le Mont-Blanc, la pyramide maîtresse du massif alpestre, elle n'a point sur son territoire les trois cimes culminantes des Pyrénées : celles-ci appartiennent à l'Espagne. C'est d'abord le groupe isolé des Monts-Maudits (Maladetta), qui s'étend au sud du *port* de Veñasque (Luchon), sur une longueur de l'est à l'ouest de 15 kilomètres environ, et dont le pic principal, celui de Néthou, atteint l'altitude de 3404 mètres; c'est ensuite le pic de Posets (3367 mètres) qui s'élève un peu plus à l'est, et enfin le Mont-Perdu (3352 mètres) que l'énorme massif du Marboré rattache à l'axe de la chaîne.

La plus grande sommité des Pyrénées françaises, c'est le Vignemale, qui s'appuie à l'est sur le haut contrefort du Montferrat et domine à l'ouest le précipice au fond duquel s'ouvre le col des Oulettes. C'est moins une montagne qu'un amas de montagnes superposées, et couronné de quatre pointes, dont la plus haute, la Pique-Longue, se dresse à 3298 mètres.

De même que le Pic du Midi d'Ossau commande au sud la vallée de Laruns, de même le relief du Vignemale forme un des grands bastions de clôture de cette splendide vallée bigorrane, parcourue par le gave de Pau — encore une coupure perpendiculaire, — qui développe son sillon de Lourdes à Gavarnie, en passant par Argelès et Luz.

C'est à peu près à son point médian que s'ouvre, à l'ouest, le fameux val de Cauterets, station thermale qui est le point de départ de tant d'intéressantes excursions, parmi lesquelles je citerai seulement celles du pont d'Espagne et du lac de Gaube.

Le pont d'Espagne n'est qu'un assemblage de sapins jetés au-dessus d'un torrent; mais le torrent, qui est le gave du Marcadau, exécute, sous cette passerelle rustique, deux sauts de 100 mètres chacun de hauteur, qui forment une cascade à double étage dont la nappe plonge dans un gouffre. On est ici à près de 1500 mètres au-dessus du niveau de la mer, et ce gave dont on admire les audacieuses cabrioles a déjà roulé sur des pentes effroyables, depuis le réservoir d'où ses ondes s'échappent.

Ce réservoir, c'est le lac de Gaube, dont la coupe est encore à 300 mètres plus haut, deux heures et demie au delà du pont. Il s'ouvre entre trois sommités, élevées de 2500 mètres en moyenne, celles de Labassa et de Meya à l'est, le pic de Gaube à l'ouest, et au fond le Vignemale, dont le glacier septentrional l'alimente. Sur ses

Luz. — Église des Templiers.

bords s'élève une auberge; tout près de là, un monument rappelle la mort tragique de deux jeunes mariés qui ont péri à cet endroit victimes de leur imprudence. Aux alentours, presque plus de végétation; c'est la région des plateaux désolés qui commence; une âpre bise vous frappe au visage, et, entre ses immenses parois nues, la nappe vert émeraude du bassin offre l'aspect d'un miroir rigide.

A part ce lac de Gaube, qui mesure 720 mètres de long sur 320 de large,

presque tous les lacs pyrénéens ne sont guère que des récipients d'eau glaciaire, des *laquets* ou *gourgs*, comme on dit dans le pays, dont la forme et la dimension varient avec la quantité de neige tombée sur les cimes. Quelle différence entre ces simples cuvettes, toutes situées à 1500 ou 2000 mètres d'altitude, sur les flancs mamelonnés de crêtes granitiques, et ces vastes mers intérieures, artères de négoce, sillonnées de bateaux à vapeur et de grands *coches d'eau*, qui s'étalent au sein du massif alpestre ! Dans leurs proportions restreintes, ces vasques de la chaîne franco-ibérique n'en sont pas moins d'une beauté merveilleuse. Des

LES PYRÉNÉES. — Lac de Gaube et Vignemale.

sommets qui entourent le val espagnol d'Aran, lequel, géographiquement, devrait nous appartenir, puisqu'il est situé tout entier sur le versant nord, et qu'il donne naissance aux rivières les plus importantes du bassin de la Garonne, on aperçoit quelquefois une vingtaine de lacs étagés à diverses hauteurs comme sur une série de paliers successifs. A une altitude inférieure, les lacs de Portillon et d'Oo, sis aux environs de Bagnères-de-Luchon (Haute-Garonne), sont aussi des coupes admirables, l'un avec le glacier crevassé qui détache sur sa nappe de grands blocs flottants, l'autre avec son escarpement de roches et l'imposante cascade de 273 mètres de hauteur qui retombe en écharpe sur les roches éboulées de ses bords.

La simplicité de lignes orographiques qui empêche les Pyrénées d'avoir de grands lacs s'oppose aussi à ce que ce relief, où il pleut d'ailleurs beaucoup moins que dans les Alpes, possède des glaciers aussi vastes que ceux de la Suisse. Les longues pentes y faisant défaut, les courants issus des névés ne s'y peuvent épancher sur des espaces de plusieurs lieues d'étendue comme dans l'Oberland bernois, par exemple. Le glacier nord du Vignemale, dont je parlais tout à l'heure, est celui qui descend le plus bas, et sa moraine frontale reste encore à plus de 1000 mètres au-dessus de celle du glacier de Grindelwald, qui pousse ses séracs craquetants et croulants jusqu'à la zone des prairies et des habitations humaines... Autre particularité à noter : si les coulées de glaces, dans les Pyrénées, se laissent glisser bien moins bas que dans les Alpes, les hôtelleries sont loin également de monter aussi haut. Celle du Pic du Midi de Bigorre (à l'est de Barèges), construite à 2400 mètres, est de beaucoup la plus élevée de la chaîne. Bref, les gîtes de cette sorte y sont rares au-dessus de 1500 mètres, tandis que partout, sur les cimes helvétiques, on trouve des auberges ou des *abris* aux altitudes les plus vertigineuses.

Continuons, je vous prie, d'explorer en courant la vallée qui monte jusqu'à Gavarnie.

A partir de Pierrefitte, point où s'arrête l'embranchement de chemin de fer qui se détache à Lourdes de la ligne de Toulouse, la route de voitures gagne d'abord la bourgade de Luz (2000 âmes), sise au débouché de quatre vallées. L'une d'elles est celle de Bastan, au milieu de laquelle se trouve, sous les avalanches (1232 mètres), le village de Barèges. Ces quatre vallées formaient autrefois, avec Luz pour capitale, une réunion de républiques ayant chacune leur autonomie. Quatre villages composaient un *vic*, et les députés des vics s'assemblaient au chef-lieu commun. Les sources barégiennes de Barzun ayant été amenées à Luz au moyen de conduites souterraines, cette localité possède, elle aussi, son établissement thermal. Une église à tour crénelée bâtie au XIIe siècle par les Templiers, puis, au sommet d'une colline, les débris d'un château du XIVe siècle à deux donjons, sont les seuls monuments que le bourg ait conservés du passé.

De Luz, on atteint Saint-Sauveur, autre village balnéaire situé sur le flanc d'une montagne dominant la rive gauche du gave; puis on arrive à Gèdre, au point de jonction des vallées de Gavarnie et d'Héas. Au delà de cette localité, dont l'altitude est de 995 mètres, on entre dans l'amas d'éboulis qu'on appelle le *chaos de Gavarnie*.

La route se tord péniblement à travers les blocs qu'a projetés de toutes parts l'effon-

LES PYRÉNÉES. — Cirque et cascade de Gavarnie.

drement d'un des contreforts du Coumélie; néanmoins les travaux de correction de la chaussée ont déjà fait disparaître un des géants de pierre qui barraient autrefois le passage; c'était le rocher sur lequel les guides montraient au touriste l'empreinte des pieds de *Bayard*, le cheval de Roland. Ayant pris son élan du haut du Marboré, ce légendaire coursier avait bondi d'Espagne en France en exécutant un saut de quatre lieues.

Le *chaos* une fois franchi, le défilé fait

LES PYRÉNÉES. — Brèche de Roland.

mine un instant de s'élargir; puis il se resserre de nouveau sous les flancs abrupts du mont d'Aspé, et, au débouché du val d'Ossoue, on aperçoit au loin le Vignemale. Une dernière inflexion à gauche, et l'on atteint Gavarnie.

Ce petit village, dont le nom est aujourd'hui connu dans le monde entier, tend à devenir de plus en plus le Chamonix des Pyrénées. Comme Luz, c'était autrefois une possession des Templiers, qui y furent massacrés jusqu'au dernier quand on appréhenda, en 1307, tous les membres de l'ordre dans le Bigorre. Il s'y tient annuellement une foire où les Bigorrans amènent leur bétail et les Espagnols leurs mules. Du pont qui traverse le gave en aval, on aperçoit nettement les premiers plans du fameux *cirque*, creusé à 2 kilomètres de là dans la muraille même du Marboré.

Ces étranges vallons circulaires, qu'environnent des masses rocheuses taillées en gradins et en escaliers, sont la revanche des Pyrénées sur les Alpes. Qu'on se figure ici une vasque colossale, une enceinte en forme de cuve, la *Grande Oule* (marmite), disent les gens du pays, qui mesure 3600 mètres de développement sur une hauteur absolue de 1400 à 1700 mètres; comme front, trois étages de murs verticaux; sur chaque étage, des gradins plus ou moins visibles d'en bas; le long de tout cela, un ruissellement de cascades; au-dessus de tout cela, un étincellement de glaces éternelles : vous avouerez qu'il est difficile de rien rêver de plus grandiose et de plus formidable.

Voulez-vous bien voir cette sorte de champ clos ménagé, croirait-on, pour un peuple de Titans, et dominer du même coup les cirques voisins d'Estaubé et de Troumouse : gravissez le Pimené par la route en lacets qui traverse le bosquet d'Allanz. Le Pimené n'a que 2800 mètres de haut; ce n'est donc qu'une cime de second ordre en comparaison des colosses d'alentour, le Marboré (3300 mètres), l'Épaule du Marboré (3200), les Tours (3000), le Taillon (3150), le Casque (3006); mais quel observatoire merveilleux pour sonder la gigantesque enceinte! Ce qui attire surtout l'attention dans le cirque, ce sont les cascades qui se précipitent de toutes les assises de rocher, et dont le nombre varie suivant la saison et la fonte plus ou moins abondante des neiges.

La reine de ces chutes d'ondes glaciaires, haute de 422 mètres, ne tarit jamais; elle a sa source à 2300 mètres, dans les névés du Marboré. Au printemps, c'est un véritable fleuve vertical, gonflé de tous les afflux des terrasses supérieures de la cime; l'été, elle est superbe encore; mais alors elle se divise en deux gerbes, rompue qu'elle est à moitié route par une saillie de roc, et l'on n'en aperçoit plus que la partie inférieure, haute de 130 mètres environ. Au bas de la muraille, cette nappe, sous l'action du vent, se résout en une sorte de poussière liquide comme le Staubbach de l'Oberland bernois, et le soleil, en la frappant, la colore de tous les feux du prisme. Par contre, en hiver, toutes les eaux qui tombent des corniches se congèlent et forment de longues stries blanchâtres pareilles à des colonnes de marbre.

Du cirque de Gavarnie à la *Brèche de Roland*, qui s'ouvre, plus au sud-ouest, à 2804 mètres d'altitude, dans la crête même du Marboré, le trajet est de trois heures et demie environ.

On s'engage par l'unique fissure que présente la muraille du cirque et qui mène au premier gradin. Aux deux tiers de la course, on franchit la fontaine des Sarradets et l'on entre dans le désert de pierre, de neige et de glace de l'étage supérieur. Il faut ensuite traverser le glacier, lequel est assez escarpé pour que d'ordinaire il soit nécessaire d'y pratiquer des *pas* à la hache, et, au bout de trente minutes, on atteint la Brèche, entaille faite, dit la tradition, par le paladin Roland du tranchant de sa fameuse *Durandal*.

La fissure a 40 mètres environ d'écartement à la base et 60 au tiers de sa hauteur. Le coup, on le voit, n'a pas été appliqué d'aplomb et le fer a dévié à mi-chemin. Cette ouverture est, en somme, une gorge, située à des hauteurs où d'ordinaire on ne rencontre plus ces sortes de brisures, un couloir ménagé entre deux parois lisses, sur un espace d'un kilomètre et demi. L'attrait principal du site, c'est la vue de l'Espagne. Au delà, en effet, les versants du Marboré glissent vers les vallées transpyrénéennes, et, par un temps clair, on discerne au-dessous de soi les collines aux contours bleuâtres qui bordent le cours de l'Èbre.

DAUPHINÉ. — Grenoble et les Alpes dauphinoises.

XIII

ESQUISSES DAUPHINOISES. — LES GORGES DE PONT-EN-ROYANS.
LE MASSIF DU PELVOUX ET LA VALLOUISE.
LE LONG DES RIVES DE LA DURANCE

Le Dauphiné n'est certes pas aussi beau que la Suisse, à laquelle nulle région de l'Europe et peut-être du monde ne saurait se comparer; mais il est la plus belle contrée de la France, et s'il n'attire pas des visiteurs autant que les monts de l'Oberland bernois, c'est faute surtout d'être connu et célébré comme il le mériterait. Que de découvertes il reste à y faire! Que de sites merveilleux, que de gorges et de cascades pittoresques, dont l'existence est à peine soupçonnée du gros des touristes, renferment les immenses massifs de Belledonne, des Grandes-Rousses, de l'Oisans, et autres!

Par malheur, on n'y peut voyager à l'aise comme dans les Alpes de l'Helvétie. Presque partout manquent les gîtes, les moyens de transport, les guides et les chemins praticables. Ce n'est que tout récemment qu'on a fait l'ascension de la cime culminante du relief, cette Barre des Écrins, qui, en altitude, ne le cède que de 700 mètres au Mont-Blanc. Les glaciers régionaux, dont l'un, celui du mont de Lent (ou Lans), n'a pas moins de 15 kilomètres carrés, sont quasi vierges de pas humains.

Je ne prétends pas ici lever le voile qui cache ces magnificences ignorées ; forcé d'aller vite, pour aller dans le plus d'endroits possible, je me contenterai de jeter un coup d'œil sur deux ou trois districts dauphinois, à seule fin de piquer la curiosité des amis de la nature alpestre.

Je suis sûr d'ailleurs qu'il vous suffira d'apercevoir des quais ou des forts de Grenoble les splendides points de vue qu'offre l'horizon, pour que vous éprouviez aussitôt le désir d'explorer quelque peu le labyrinthe des monts du Graisivaudan. L'excursion classique et facile entre toutes, c'est, bien entendu, celle de la Grande-Chartreuse, où, en dehors des sentiers de mulets, on accède par trois chaussées carrossables. Mais on a décrit tant de fois et si bien l'immense monastère, perché à l'altitude de 1 000 mètres, qui est le principal attrait de ce massif de plus de 120 kilomètres de pourtour, on a dépeint tellement en détail et cette fameuse enceinte rocheuse du *Désert*, où saint Bruno, il y a huit cents ans, vint chercher une retraite avec ses compagnons, et cette magnifique cime du Grand-Som (2 033 mètres) d'où l'on embrasse tout le pays d'alentour depuis le Jura jusqu'au Mont-Blanc, que je me garderai de retoucher le tableau. Suivez-moi plutôt vers d'autres régions aux attraits un peu moins déflorés pour l'instant.

Après avoir passé à Grenoble et décrit au sortir de cette ville un ample circuit au nord, l'Isère infléchit brusquement au sud-ouest, dans la direction de Valence, en contournant les Quatre-Montagnes, que son cours sépare du relief plus septentrional de la Grande-Chartreuse ; puis, à 37 kilomètres en aval, elle atteint Saint-Hilaire-Saint-Nazaire, où ses ondes rallient celles de la Bourne.

Là on est dans le Royannais, et il suffit de remonter le cours d'eau affluent sur deux lieues et demie de distance environ, pour arriver à l'ex-capitale du pays, aujourd'hui un simple chef-lieu de canton peuplé de 1 100 âmes au plus : j'ai nommé la bourgade de Pont-en-Royans. La région qui s'étend de ce point jusqu'à Die, au midi, s'appelle le Vercors. C'est un relief sillonné de deux vallées superposées l'une à l'autre et arrosées par la Vernaison. La Vernaison et la Bourne se réunissent au-dessus de Pont-en-Royans, et c'est devant ce confluent singulier que je vous prie de vous arrêter un instant.

Mais, d'abord, qu'est-ce que Pont-en-Royans? Les gravures ci-jointes vous donnent déjà une idée du site. Vous y apercevez des maisons accrochées à deux murs de rochers, à 50 mètres au-dessus de l'abîme au fond duquel mugit le torrent. Les étais de bois qui les soutiennent sont aussi étranges que les logis mêmes. Des fenêtres des étages supérieurs, les gens peuvent pêcher à leur aise les truites savoureuses de la Bourne. En aval, un étroit pont franchit le défilé. Peut-être n'y a-t-il pas en France un lieu moins fait pour être habité. Jusqu'à nos jours, cependant, toutes les demeures de l'unique rue de l'endroit étaient bâties à cette image.

Certes, au temps où le brigandage se pratiquait d'une façon un peu plus ouverte qu'aujourd'hui, c'était là un poste de choix pour écumer commodément le plat pays, et de ce nid d'aigle, en effet, les hobereaux qui trônaient dans le castel dont les ruines commandent encore la bourgade ne se faisaient pas faute de détrousser et d'égorgiller au besoin les voyageurs insuffisamment escortés, qui traversaient leur territoire de montagne. Puis, comme tout s'use ici-bas, à cette lucrative industrie de grand chemin succéda un autre genre de trafic, à savoir la fabrication du drap, qui prit même une certaine importance à Pont-en-Royans. De nos jours, les choses ont encore changé : c'est le tissage de la soie et le travail du bois tourné qui occupent ceux des habitants que la culture ne fait pas subsister. Un léger souffle de révolution a

PONT-EN-ROYANS. — Pêche dans la Bourne.

secoué la roche elle-même. Les Royannais, amis du progrès, ont fait sauter une partie de l'abrupte muraille de la gorge, et sur l'aire ainsi conquise ils ont élevé de nou-

PONT-EN-ROYANS. — Autre aspect.

velles constructions. D'autres maisons ont pris pied, sans plus de façons, sur les terrasses supérieures, où elles se sont étagées tant bien que mal.

Telle est l'histoire de Pont-en-Royans, aux phases diverses de sa fortune. Voyons à présent par quels procédés la Vernaison, qui ne semblait pas, originairement, destinée à venir lécher les assises de ce bourg, a pu cependant se rencontrer là avec les eaux de la Bourne.

L'une et l'autre arrivent de deux points de l'horizon diamétralement opposés. La Bourne naît au nord, dans le massif des Quatre-Montagnes; la Vernaison, elle, prend sa source au sud, entre le mont de Nève et le But-Sapiau, hauts chacun de plus de 1 600 mètres. A 20 kilomètres environ de son berceau, celle-ci, dans sa marche au septentrion, s'est trouvée heurter une montagne calcaire qui paraissait la devoir renvoyer à l'ouest, dans la direction de Die et de la Drôme. Mais le torrent ne s'est pas laissé détourner de sa course; il s'est creusé patiemment une fissure dans le rempart qui prétendait l'arrêter. Le trou fait, voilà la Vernaison débouchant en bonds capricieux dans le val d'Echevis. Seulement, au bout de ce défilé, force lui a été de recommencer son travail de sciage : à son extrémité nord aussi bien qu'à son extrémité sud, la coupure était close. Le torrent a encore triomphé de l'obstacle, et, finalement, il a rejoint la Bourne en amont de Pont-en-Royans.

Les deux sillons extrêmement curieux par lesquels s'opère cette jonction s'appellent les Grands et les Petits Goulets, et ce sont ces passages qu'il nous faut visiter. Des siècles durant, la Vernaison seule avait profité de ce raccourci pour pénétrer du Vercors dans le Royannais. Bien que la distance entre les deux districts ne soit que de 12 kilomètres au plus, les hommes, moins ingénieux que les torrents, ne pouvaient aller d'un pays à l'autre qu'en escaladant, par des sentiers de roc pleins d'aspérités et de périls, une montagne de plus de 2 200 mètres de hauteur. L'hiver, toute communication devenait impossible; l'été, plus d'un mulet de charge roulait dans les précipices.

Bref, la contrée tout entière dépérissait, faute de pouvoir tirer parti de ses ressources naturelles. Il fallait absolument aviser : c'est pourquoi, au milieu de ce siècle, on se décida à suivre l'exemple de la Vernaison, et à tailler coûte que coûte une route dans les massifs de rochers à pic. Qui fut le plus étonné de l'aventure? Ce fut sans doute le torrent, lorsqu'il vit se tordre au-dessus de lui, dans la percée qui était son œuvre, une rampe audacieuse où non seulement les hommes et les bêtes, mais encore les voitures elles-mêmes filaient sans souci de ses colères impuissantes.

Non moins que la gorge qu'elle côtoie, cette route est une véritable merveille. Suivons-en les circuits fantastiques jusqu'au delà des deux défilés.

Au sortir de la rue montante et tortueuse de Pont-en-Royans, on descend en amont dans la vallée de la Vernaison, qu'on remonte ensuite sur la rive gauche, à travers des vergers et des cultures magnifiques, jusqu'aux coteaux de Sainte-Eulalie, point où l'on quitte le département de l'Isère pour entrer dans celui de la Drôme. Bientôt, en face de soi, on aperçoit, sous un énorme cirque de montagnes, l'ouverture des Petits Goulets. Le torrent s'y élance en cascade d'une fente étroite entre deux parois de roches verticales. Cinq tunnels successifs permettent au chemin de franchir ce pas, au-dessous duquel écume et se débat, à 150 mètres de profondeur, la rivière aux flots courroucés. De cette gorge, on entre dans la vallée d'Échevis, la première conquête de la Vernaison. C'est un défilé morne et nu, à l'issue duquel on

PONT-EN-ROYANS. — Les Grands Goulets.

se sent tout aise de revoir la coupole du ciel bleu et des pentes revêtues de mûriers, de noyers et de châtaigniers.

La route redescend de là en pente douce jusqu'aux bords du fleuve, qu'elle traverse au moyen d'un pont de pierre, pour remonter par la rive droite, à l'aide d'une rampe en zigzag de 5500 mètres de développement, suivie d'une nouvelle galerie souterraine, jusqu'à l'orifice nord des Grands Goulets.

Le paysage prend ici un caractère tout à fait âpre et alpestre. Plus de champs cultivés; rien que d'immenses rochers à la teinte gris jaunâtre et aux coupes bizarres dominant le cours chaotique du fleuve. La chaussée, à cet endroit, ressemble en grand aux passerelles aériennes de la gorge valaisane du Trient. Faute d'une base pour l'asseoir, les ingénieurs ont dû en suspendre le tablier sur des crampons de fer enfoncés dans le roc. Comme au Trient aussi, les ouvriers mineurs chargés d'exécuter cette besogne ont dû travailler arrimés à des cordes au-dessus de l'abîme. Si, d'aventure, une des pierres tranchantes de la paroi en saillie coupait le câble de soutènement, c'en était fait de l'audacieux tâcheron, qui plongeait, corps et âme, dans le gouffre.

A partir de là, tout le parcours n'est plus qu'une série de tunnels, de *vires* en surplomb, de rebroussements et d'encorbellements titaniques, où, dans une obscurité sinistre, on entend, sans le voir souvent, glapir le torrent dont les échos rocheux répercutent les blasphèmes et les plaintes. A une place, on repasse de la rive droite sur la gauche : c'est le point le plus saisissant du trajet; après quoi l'enfilade des tunnels recommence de plus belle. A la fin, le cœur se serre, la respiration devient haletante; on aspire, sans le dire, après le moment où l'on s'évadera de ce noir Ténare... Aussi, avec quel soulagement, au débouché du dernier souterrain, on se retrouve dans une lumineuse vallée, d'un kilomètre environ de largeur, dont les versants couverts de cultures attestent la présence de l'homme. C'est la même impression que celle qu'on éprouve lorsque, sur le grand chemin du Gothard, on sort tout à coup de l'infernal Trou d'Uri pour entrer dans le riant bassin d'Andermatt.

Transportons-nous à présent dans un autre district dauphinois.

Le massif granitique de l'Oisans, appelé aussi massif du Pelvoux, à cause de la superbe cime aux deux cornes séparées par un long couloir de glace, qu'on aperçoit de la vallée de la Durance, est le seul grand relief alpin qui soit exclusivement français. Les plus hautes crêtes du mont Viso (3836 mètres) s'élèvent en effet sur le territoire italien. L'Oisans n'a guère que 40 kilomètres de long sur 20 de large; mais, dans cet espace restreint, il renferme un tel dédale de glaces, de rochers, de gorges et de pics, que l'on y pourrait voyager durant des mois consécutifs sans arriver à le parcourir en entier.

Hier encore, cet ensemble de monts, bien qu'il confine à des villes importantes, telles que Gap, Briançon et Grenoble, était presque absolument inconnu. Du côté de la Maurienne, il présente, de l'est à l'ouest, une vaste muraille à pic qui s'étend depuis les névés de Monetier jusqu'aux pâtis du mont de Lent, voisin de Bourg-d'Oisans, et que domine la pyramide de l'Aiguille du Midi ou Meije. Là coule la Romanche, tributaire de l'Isère. Au sud-est, en deçà de la voie ferrée de Briançon à Gap, se creuse la dépression de la Vallouise, arrosée par des affluents de la Durance. A l'ouest, une série de cols gazonnés et de sommets calcaires, sillonnés de profondes coupures, que parcourent des torrents impétueux, entaillent les flancs du relief et constituent les seules voies d'accès des hauts pics.

Un de ces cours d'eau, le Vénéon, aux ondes couleur de lait s'enfonce au centre même du massif, sous le pied sud des pâturages du mont de Lent. Il suffit de le remonter à partir du joli village de Venosc, pour arriver au chaos de l'intérieur, immense éboulis de blocs troué de couloirs latéraux où déferle au printemps l'avalanche. Plus loin, on atteint Saint-Christophe, puis, à trois heures de là, le hameau de la Bérarde (1738 mètres), qui clôt l'extrémité de la vallée.

Il n'y a pas longtemps encore, cette pauvre agglomération de cabanes représentait de ce côté le « bout du monde » : défense, de par les glaces, de pénétrer plus avant. Les Anglais les premiers, qui se piquent de ne pas connaître d'obstacles, ont tenu à infirmer le *veto*. Dès 1840, ils ont franchi un passage que des chasseurs

VILLE-VALLOUISE.

français de la région avaient, il est vrai découvert et frayé au-dessus de la zone des neiges persistantes, et ils ont pu ainsi traverser tout le massif. Ce passage, auquel sont venus ensuite s'ajouter d'autres chemins au nord et à l'est, est celui du col de Saïs; il s'ouvre à plusieurs centaines de mètres au-dessus de celui du Grand Saint-Bernard. Les pics les plus élevés du Pelvoux, l'Aile-Froide, l'Olan, les Écrins, dominent à droite et à gauche cette effrayante dépression, aux abords de laquelle, aujourd'hui, se trouvent un certain nombre de *refuges* établis par le Club Alpin français pour l'exploration du grand labyrinthe.

Là se rencontrent, au seuil vertigineux de la Vallouise, dans un défilé large d'un demi-kilomètre à peine, les deux gigantesques coulées du glacier Noir et du glacier Blanc. En face de cette arène effroyablement crevassée, qui, chaque année, engloutit des victimes, se dresse, au-dessus d'un étagement de névés, les flèches gothiques, hérissées de clochetons, de la sommité du Pelvoux.

La Vallouise, où, pour notre compte, nous descendons de là sans péril, est une tortueuse vallée qui se développe sur 20 kilomètres de longueur depuis ces nappes glaciaires jusqu'au confluent de sa rivière avec la Durance. Elle renferme peut-être les paysages les plus beaux et les plus riches en contrastes de toutes les Alpes du Dauphiné. Ses gorges supérieures, qui appartiennent encore au Pelvoux, n'offrent qu'abîmes de glaces béants, roches écroulées, cascades mugissantes et bastions à pic. Plus bas apparaissent les conifères; plus bas encore commencent les croupes herbues entremêlées de buissons fleuris, les bouquets de hêtres et de trembles à travers lesquels courent des eaux ruisselantes. Le chef-lieu du pays, que ses habitants décorent emphatiquement du nom de *ville*, n'est en réalité qu'un humble village aux ruelles torses et sordides, aux maisons enfumées et minables; mais, fût-il cent fois plus délabré encore, le touriste, qui n'a d'yeux que pour le cadre, s'obstinerait à s'émerveiller quand même.

Le site, en effet, est incomparable. Ville-Vallouise occupe, à la jonction de la Gyr et de la Ronde, qui, réunies, forment la Gyronde, un plateau accoté à un promontoire crénelé, sur lequel s'étalent de splendides pâturages semés de chalets et de bois. Au sud-est de la bourgade, sur une longueur de 5 kilomètres, s'étend un autre plateau encore plus riant et gracieux : c'est celui de Puy-Prés. Avec ses prairies où gazouillent des ruisseaux, ses massifs d'aunes et de frênes penchés au bord des ondes frémissantes, ses champs cultivés, ses vastes forêts encadrées de fiers escarpements, ce plateau offre le coup d'œil le plus idyllique que l'on puisse rêver.

La Vallouise, primitivement appelée Valpute, est une sorte de petit monde clos, qui a eu pourtant autrefois ses orages politico-religieux, demeurés encore légendaires dans le pays, et dont nous ne raviverons pas trop le souvenir. C'est qu'en ce temps-là sa population appartenait à la secte *vaudoise*, ainsi nommée de Pierre Valdo, l'hérétique célèbre du XIIIe siècle. Aussi bien que les Albigeois, avec lesquels on les a parfois confondus, ces Vaudois étaient regardés comme des magiciens, comme des suppôts de l'Esprit des ténèbres, et persécutés cruellement, au nord comme au midi de la France. Ils vécurent néanmoins quelque temps cachés en Provence et dans les vallées piémontaises voisines qu'on appelle encore les *Vallées Vaudoises*. La caverne de la Balme-Capelu, sise au pied du Pelvoux, dans la *combe* de Capensure*, était, paraît-il, en Vallouise, une de leurs forteresses-abris. Puis, sur un arrêt du Parlement d'Aix, ils se virent de nouveau traqués sans merci au sein de leurs montagnes. En 1545, nous raconte l'historien de Thou, vingt-deux villages ou bourgs furent livrés aux flammes et leurs habitants passés au fil de l'épée. Dès lors

DAUPHINÉ. — Le Pelvoux.

la secte disparut de la France ou se fondit dans le calvinisme, que Louis XIV, à son tour, se réservait de proscrire comme on sait.

Le roi incontesté du pays, c'est le Pelvoux (3954 mètres), dont l'ascension se fait d'ordinaire en onze ou douze heures, du village des Claux (la Clef), situé à 5 kilomètres en amont de Ville-Vallouise, au confluent des torrents de l'Aile-Froide et de l'Échauda. Vu de là, le pic apparaît dans son isolement majestueux, avec sa double pyramide appuyée sur des contreforts de même forme, ses étroits glaciers qui semblent à pic, ses terrasses environnées de précipices, et ses rochers saupoudrés de neige. C'est lui seul que l'on voit de la vallée, car il cache de sa masse formidable les arrière-sommités qui, telles que la Barre des Écrins, le dépassent pourtant en hauteur. Il offre en somme une certaine analogie d'aspect avec le Viso, cette autre grande cime que l'on aperçoit de tous les points du Piémont et de la Lombardie, et que les Anciens considéraient comme le pic le plus élevé des Alpes.

Chose étrange! dans cette contrée, où la nature déploie une force et une beauté pleines d'exubérance, l'homme semble souvent s'étioler. Dans le Dauphiné, comme en Savoie et dans le Valais suisse, cette hypertrophie de la glande thyroïde que l'on appelle *goitre*, et qu'accompagne volontiers le crétinisme, se rencontre assez fréquemment. Tête grimaçante et difforme, buste atrophié et jambes grêles, œil éteint, cou énorme et lèvres pendantes, tels sont les signes physiques auxquels on reconnaît ces malheureux, privés en outre de mémoire et de toute force d'initiative. Est-ce à l'eau ou à l'air qu'il faut imputer ces infirmités? On a beaucoup discuté sur ce point. Peut-être l'insalubrité des étroites et fétides tanières où vivent parfois ces populations de montagne et leur régime défectueux d'alimentation en sont-ils les causes principales.

Le fleuve qui reçoit et emporte les eaux de fonte des principaux glaciers de l'Oisans, c'est la Durance, fille, comme l'Isère, des hautes Alpes.

Quiconque n'a vu cette rivière qu'à son confluent dans le Rhône ou en aval des défilés de Mirabeau ne saurait s'en faire une idée exacte. C'est à partir de Briançon, à plus de 1300 mètres d'altitude, qu'il faut en suivre la singulière et fantasque coulée. Tantôt c'est un large torrent, mugissant à pleins bords dans son vaste lit; tantôt, au contraire, ce n'est qu'une série de filets d'eau serpentant au milieu d'une arène caillouteuse. Et que de sites étranges elle contourne depuis ces défilés de la vallée de Nevache, au nord-ouest du Mont-Genèvre, où elle vient au monde sous le nom de Clairée! que de gorges épiques elle traverse dans les diverses sections de son cours! de combien de roches à la coupe majestueuse et de cités haut juchées ses flots battent le pied au passage! Tel est, par exemple, à 27 kilomètres au-dessous de Briançon, ce redan abrupt de Mont-Dauphin qui porte la citadelle que l'on sait. Près de là s'étend cette étrange région du Queyras, le « pays de pierre », si effroyablement ravinée par les eaux sauvages qui descendent du Viso, et où beaucoup de montagnes ne sont plus que des ruines croulantes. Non loin de là aussi, au sommet nord-est du chaotique district, s'élève le plus haut village de France, Saint-Véran, sis à 2000 mètres au-dessus de la mer.

EMBRUN. — Porche de la cathédrale.

Plus en aval, passé le défilé de la Serre-du-Buis, l'impétueuse rivière arrive à

SISTERON.

Embrun, petite ville de cinq milliers d'habitants plantée sur un roc de 100 mètres de haut. L'endroit vaut encore la peine qu'on accoste. Embrun a de vieux monuments. L'église Notre-Dame, du XIIe siècle, est décorée d'un porche roman avec péristyle à colonnes soutenues par des lions; la Tour Brune est plus ancienne encore de cent ans; la Maison du Chapitre remonte à la seconde période du style ogival; l'église des Cordeliers enfin, convertie aujourd'hui en halle, a une chapelle âgée de cinq siècles et quelques curieux restes de peintures. Ajoutons qu'une belle ascension, celle du Mont Saint-

Guillaume (2628 mètres), dont une des cimes porte un sanctuaire de pèlerinage, se fait d'Embrun en deux heures environ.

Quinze kilomètres plus loin, nous voici à Barcelonnette, au confluent de la Durance et de l'Ubaye (altitude 1133 mètres). De ce point, d'où une route moitié carrossable et muletière permet de gagner la vallée du Var, le cours d'eau décrit une inflexion au sud pour se diriger vers Serres, bourg de 1200 âmes, pittoresquement bâti en amphithéâtre, entre le Rocher d'Arambre à l'est (1437 mètres) et le Roc de Jardanne (1363 mètres) à l'ouest, au seuil d'un riant bassin où se réunissent le Buech et la Blême. Elle gagne ensuite Sisteron, ville forte de 4000 habitants, située encore à une altitude de plus de 500 mètres, au-dessus d'une étroite gorge où le Buech arrive au terme de sa course. Outre une citadelle et des restes de vieilles tours d'enceinte, la place possède une église des XI° et XII° siècles ornée de belles colonnes et d'arcades romanes. Un pont hardi la relie à son faubourg de la Baume, qui s'accote à un rocher bizarrement taillé et feuilleté.

Plus bas encore, la Durance passe, on le sait, à Manosque, puis à Pertuis, le pays des Mirabeau; après quoi, grossie du Verdon, et définitivement constituée comme masse d'eau, elle se voit tout à coup confisquée par l'homme qui la guette, aux abords du Rhône, pour s'emparer de ses belles ondes. C'est la fin de son épopée fluviale : emprisonnée dans une série de canaux et d'aqueducs, elle s'en va de là, par tronçons, aux quatre horizons de la Provence, au Rhône, à l'étang de Berre, à Marseille, à Aix, à Carpentras enfin, la cité injustement dépréciée du département de Vaucluse, au-dessus de laquelle se dresse cette majestueuse cime du Ventoux (1912 mètres), sorte de sentinelle avancée des grandes Alpes, qui domine de sa masse énorme et balaye de ses souffles puissants tout ce bassin du Rhône inférieur.

Vosges. — Cabane de bûcherons.

XX

ÉCHAPPÉE DE VUE SUR LES VOSGES. — LA FORTERESSE DE BELFORT ET LA CATHÉDRALE DE STRASBOURG

Entre les hautes Vosges, demeurées en partie françaises, et le Rhin médian, devenu tout entier germanique, s'étend la plaine alluviale et unie à laquelle l'Ill a donné son nom (*Illsass* ou *Elsass*, pays de l'Ill). Issu du Jura, près de Winckel (frontière suisse), à 527 mètres d'altitude, ce cours d'eau commence par décrire une ligne sinueuse à travers les collines et les ondulations initiales du Sundgau (Haute-Alsace), dont Altkirch était autrefois le chef-lieu; puis, à partir de la grande ville industrielle de Mulhouse, il se dirige parallèlement au Rhin, jusqu'à son confluent de la Wanzenau. Son cours total mesure 180 kilomètres.

La nature même et le relief du sol partagent ce territoire alsacien en trois zones. Au couchant se dresse le rempart des montagnes, qui courent du sud-ouest au nord-est jusqu'à la large échancrure de Saverne, et dont le cap le plus avancé vers la France se trouve près de Remiremont et de Plombières.

La caractéristique de la chaîne, ce sont ces sommets arrondis qu'on nomme *bâlons, ballons,* non pas, comme on le pourrait croire, à cause de leur forme, mais d'un ancien mot celtique (en dialecte alsacien, *Belch* ou *Belicha*; en allemand, *Belchen*) qui signifiait « pierre, élévation », et qui semble rappeler le culte rendu jadis à *Bal, Bel, Belen,* le dieu-soleil, par les peuples primitifs du pays. Au-dessous de cette région de forêts et de pâtis, aux crêtes et aux flancs parsemés de donjons féodaux en ruine et, par places aussi, de gigantesques constructions préhistoriques, telles que le fameux Mur Païen (*Heidenmauer*) du Donon, s'allonge, comme un gradin de transition, une bande de collines vineuses appuyées au relief. Au-dessous, enfin, se développe la plaine basse et uniforme dans laquelle prédominent les cultures,

STRASBOURG. — Aux approches de la ville.

la zone fertile de limon et de gravier, où les villages se pressent les uns sur les autres, et où les antiques « cités impériales » dressent les flèches de leurs dômes gothiques.

Le point culminant de ces monts des Vosges, qui se prolongent à travers le Palatinat jusqu'à Mayence et Bingen, c'est le Grand Ballon de Guebwiller (1 426 mètres), que traverse le col de Soultz. Après lui vient le Hohneck (1 366 mètres), qui s'élève, non pas sur la ligne de faîte, mais sur un chaînon transversal. Il est le nœud central du massif; de ses flancs, comme de ceux du Gothard helvétique, s'épanchent des cours d'eau, la Meurthe, la Moselotte, la Fecht, la Thur, qui se dirigent aux quatre points cardinaux. A ses pieds s'étale le vaste bassin de Gérardmer, célèbre par son beau lac et par la superbe route de 32 kilomètres de longueur qui va de là à Munster par l'admirable col de la Schlucht. Le Ballon de Servance (1 210 mètres) et le Ballon d'Alsace (1 259 mètres), qui se dressent au nord de Giromagny, à 30 kilomètres de Belfort, terminent la chaîne des hautes Vosges du côté de la Franche-Comté.

Quant aux basses Vosges, qui commencent à Saales, à 20 kilomètres de Saint-

Dié, elles ont pour cime dominante le Donon (1010 mètres), dont les deux versants appartiennent à l'Allemagne. Du plateau d'Abreschwiller, près de la Sarre Rouge, il offre la figure d'un lion couché; sa crête est couronnée de blocs énormes, pareils à des tours carrées, au milieu desquels est un cône de grès aplati. Une tradition veut que Pharamond y ait été enterré; il faudrait établir d'abord que ce chef mérovingien a bien existé.

La plupart des montagnes vosgiennes ont à leurs sommets de vastes surfaces horizontales couvertes de pâtis, où, comme en Suisse, le bétail émigre dans la belle saison. C'est là que les pâtres fromagers que l'on nomme *marcaires*, — par corruption de l'allemand *Melker*, trayeur (en dialecte alsacien *Melkar*), — ont leurs chalets d'été, où ils manipulent le lait et le beurre. Sur les pentes immédiatement inférieures croissent les belles futaies majestueuses, massifs de sapins auxquels se mêlent les essences feuillues du hêtre et du frêne, et où, dans les éclaircies, se trouvent les cabanes des bûcherons-schlitteurs et des charbonniers. Ces logis rustiques, tout en troncs d'arbres et en écorces, s'adossent d'ordinaire à un escarpement de rocher; un foyer ménagé dans un coin en est la cuisine; un trou dans le toit en est la cheminée; en fait de meubles à l'intérieur, il n'y a qu'un cadre de bois servant de lit : c'est la véritable hutte alpestre, et presque le train de vie primitif des travailleurs des hautes cimes helvétiques; mais redescendons à la plaine basse où se trouvent les cités populeuses de l'Ill.

Entre les dernières ramifications des Vosges et la muraille septentrionale du Jura s'ouvre, au pied du Ballon d'Alsace, la brèche qu'on appelle la *Trouée de Belfort*.

Ce défilé, creusé sans doute par les eaux, mesure environ 30 kilomètres en largeur, et son altitude la plus basse est cotée à 350 mètres. Vu de haut, il présente à l'œil un fouillis de collines au front boisé et d'intumescences rocheuses aux pentes raides, surgissant çà et là et sans ordre. C'est le point de partage des eaux entre le bassin de la Méditerranée et celui de l'Océan; d'un côté coulent les affluents du Doubs, de l'autre s'échappent ceux de l'Ill. Ce seuil de séparation est aussi un couloir de jonction, car il sert de passage au canal qui relie le Rhône au Rhin.

C'est par cette large porte ménagée à la limite sud-occidentale du Sundgau que, de tout temps, les peuples du Nord-Est sont entrés en contact avec ceux du Midi. De là jusqu'aux côtes de la Méditerranée, le territoire gaulois ne présente plus d'obstacles, et l'on se souvient que c'est à cette issue que César vint avec ses légions barrer le chemin aux Germains d'Arioviste. Le traité de paix de 1871 nous a laissé la possession du versant ouest de la ligne; la frontière suit actuellement le faîte de partage depuis Delle, où se trouve la douane franco-helvétique, jusqu'à la cime du Ballon d'Alsace. Entre celui-ci et le Donon, des bornes internationales jalonnent le sommet des Vosges. A l'ouest, Marsal et Château-Salins appartiennent à l'Allemagne; puis, en aval de Pagny, la frontière coupe la Moselle pour contourner les champs de bataille des 16 et 18 août 1870, et courir ensuite directement au nord, de manière à atteindre le Luxembourg entre Longwy et Thionville.

Belfort commande toutes les routes venant de France ou y aboutissant du côté de la Trouée. L'extrême droite de la ligne de défense, vers la Suisse, est formée par le fort de Lomont (Mont Terrible). Un chemin de fer relie en outre directement la place à Bâle, sans toucher le territoire allemand, par Delémont et la vallée de la Birse. La ville, primitivement une des principales localités du Sundgau, puis acquise par la France au traité de Westphalie, était naguère encore un chef-lieu d'arrondis-

BELFORT. — Le château.

sement du département du Haut-Rhin; depuis 1871 elle est devenue le chef-lieu du « Territoire » d'attente qui porte son nom.

Elle se compose de deux parties reliées entre elles par trois ponts : la ville proprement dite, située sur la rive gauche de la Savoureuse, rivière issue du Ballon d'Alsace, et les faubourgs qui s'étendent sur la rive droite, en dehors de l'ancienne enceinte de Vauban. Ces nouveaux quartiers suburbains, bâtis au lendemain de la guerre pour loger les Alsaciens émigrés, s'allongent de plus en plus à l'ouest, et ils débordent aujourd'hui au delà du chemin de fer de Paris à Mulhouse. D'importantes maisons industrielles de cette dernière ville ont en outre établi des succursales à Belfort, afin de pouvoir conserver leurs débouchés sur le marché français; aussi le chiffre de la population, qui n'était que de 8 000 âmes en 1870, a-t-il presque triplé depuis lors.

Les fortifications de la place ont été également fort agrandies. A l'intérieur de l'enceinte sont les casernes, les parcs, les magasins militaires. En dehors se trouve, au nord-est, le camp retranché du Vallon, dominé par les forts de la Justice et de la Miotte.

C'est de la vieille tour restaurée de ce dernier qu'on voit le mieux la Trouée. Dans le lointain, au delà du dédale d'intumescences à travers lequel la Savoureuse déroule son ruban d'argent sur le fond vert des prairies, se montre la crête du Lomont, premier gradin du Jura; du côté opposé, les sommets des Vosges se découpent autour du Ballon d'Alsace; et partout sur chaque relief apparaissent les lignes anguleuses d'ouvrages défensifs. Cette barrière protectrice est complétée à l'ouest par la nouvelle enceinte des faubourgs et les forts Denfert-Rochereau et des Barres. La gare du chemin de fer de l'Est est sise dans le triangle formé par ces derniers forts et le massif urbain, au sud du faubourg de France. Une chaussée traversant la Savoureuse, puis le Champ de foire, conduit de là à la belle Porte de France, qui bientôt n'existera plus, et devant laquelle se réunissent les quatre routes venant de Montbéliard, de Lyon, de Remiremont et de Paris. Tout, ici, procède, on le voit, d'une pensée stratégique.

Mais ce qui attire avant tout les regards à Belfort, c'est la forteresse du château, construite par Vauban. Avec quelle netteté cette citadelle, à cinq étages de feux, qui dit à l'étranger : « On ne passe pas », dessine son vigoureux profil sous le ciel! Dans le rocher même sur lequel elle s'élève est taillé le *Lion* colossal qui symbolise l'héroïque résistance de 1870-71. Ce morceau en grès des Vosges, de 16 mètres de haut sur 24 de long, est l'œuvre de l'Alsacien Bartholdi. Un autre monument commémoratif de la défense de la ville, dû au sculpteur Mercié, se dresse sur la place d'Armes, en face de l'église Saint-Denis : il représente une Alsacienne soutenant de son bras gauche un jeune mobile blessé à mort, et, de l'autre, brandissant fièrement le fusil du soldat; sur le socle de la statue on lit cette inscription laconique : *Quand même!*

On sait que Belfort ne se rendit que deux semaines après la conclusion de l'armistice du 28 janvier 1871, sur un ordre formel du gouvernement de la Défense nationale, et que la garnison de la forteresse sortit avec les honneurs de la guerre; ce fut à huit heures et demie du soir, le 13 février, que partit le dernier coup de canon de l'imprenable place.

A l'autre extrémité de la section naguère française de la plaine de l'Ill se trouve, à 4 kilomètres du Rhin, la grande et glorieuse cité que les hasards de la guerre ont promue au rang de capitale d'un pays d'Empire (*Reichsland*) appelé en tudesque *Elsass-Lothringen*, et, en français, Alsace-Lorraine. C'est l'ex-*Argentoratum* des Romains, Strasbourg, dont le nom, dans l'idiome régional, se prononce volontiers *Strossburj*.

Après la chute de l'empire d'Occident elle appartint au royaume d'Austrasie,

STRASBOURG. — L'Ill, à l'intérieur de la ville.

puis à celui de Lotharingie (Lotherrègne, royaume de Lothaire, d'où Lorraine), et fut enfin comprise, avec l'Alsace, dans l'agglomération germanique qui naquit, à l'est, des débris de l'empire de Charlemagne. Après être longtemps restée sous la sujétion de ses évêques, la ville s'affranchit au XIIIe siècle, et ses bourgeois se donnèrent un gouvernement municipal. Constituée en cité impériale, relevant immédiatement de l'Empereur, elle devint dès ce moment très prospère. Plus tard, à l'époque de la Réforme, puis à celle de la Renaissance, elle fut un centre brillant de vie politique et intellectuelle. Enfin, le 30 mai 1682, sur un vote unanime de ses citoyens, moins une voix, elle fut réunie à la France. Cent quatre-vingt-neuf ans après, le 28 septembre 1870, elle s'en voyait de nouveau séparée, après un siège de six semaines et trente et un jours d'un bombardement régulier qui avait détruit cinq

STRASBOURG. — Plate-forme de la cathédrale.

cents de ses maisons et réduit en cendres plusieurs de ses plus précieux monuments.

Aujourd'hui Strasbourg est une des plus formidables places de l'Allemagne; quatorze forts, onze sur la rive gauche du Rhin et trois sur la rive droite, lui forment une ceinture militaire de 8 kilomètres. Comme Belfort, mais grâce à l'immigration germanique, elle a crû en importance, et sa population atteint déjà le chiffre de 112 000 âmes. Néanmoins la fameuse place Kléber, où s'élève la statue du glorieux général de la République assassiné au Caire, le 14 juin 1800, par un mameluk fanatisé, le Vieux-Marché-aux-Vins, la rue de la Mésange avec ses beaux magasins, la place de Broglie, la place Gutenberg, représentent toujours le centre de la ville. A côté de splendides quartiers neufs subsistent encore beaucoup de vieilles maisons au pignon colossal et dentelé, épaves curieuses du moyen âge. Un spécimen de ces antiques demeures est la maison Kammerzell, sur la place de la cathédrale; le rez-de-chaussée date de 1467; les étages supérieurs sont de la fin du XVIe siècle. Une autre s'élève à l'encoignure du Marché-aux-Cochons-de-lait; mais le joyau de la vénérable cité, c'est sa cathédrale.

Commencée au XI° siècle par l'évêque Wernher, elle a succédé, sur l'emplacement

STRASBOURG. — Horloge astronomique de la cathédrale.

d'un temple d'Hercule, à une première église bâtie par Clovis, reconstruite par Charlemagne et brûlée en l'an 1007. Parmi ses divers architectes, le plus célèbre est le Badois Erwin de Steinbach. Une seule de ses tours, celle du nord, est achevée; c'est elle qui, de bien loin, annonce la ville au voyageur.

Ce *Münster* (*monasterium*) est le chef-d'œuvre du style gothique en Allemagne, après le Dôme de Cologne. La façade en est décorée de trois portails aux tympans et

STRASBOURG. — Une cheminée.

aux voussures enrichis de figures et de bas-reliefs; plus haut s'alignent dix statues équestres de rois et d'empereurs. Une *rose* en vitraux peints de 50 mètres de circonférence s'ouvre au-dessus du portail médian; au troisième étage, entre les tours, une gigantesque sculpture représente le Jugement dernier. Mais ce que l'édifice a encore de plus beau, c'est sa flèche, supportée par une tour octogonale, flanquée de tourelles : « une vraie tiare, dit Victor Hugo, avec sa couronne et sa croix, le prodige du gigantesque et du délicat ». A l'intérieur de cette masse de pierre ajourée et évidée, où tous les vents sifflent et déferlent, circule un escalier vertigineux. Montez seulement jusqu'à la plate-forme sise entre les deux tours : quelle perspective admirable! A vos pieds s'étend toute la ville, avec ses églises, ses édifices, ses pignons dentelés, ses toits inclinés et surchargés de lucarnes, ses cheminées où nichent les cigognes blanches, oiseaux quasi sacrés dans le pays, et les replis capricieux de l'Ill; comme horizon, le Rhin qui se cache mystérieusement derrière un rideau de grands peupliers, et trois chaînes de montagnes : les croupes de la Forêt-Noire au nord, les Vosges à l'ouest, les Alpes au sud.

À l'intérieur, l'église est d'une majesté imposante. La nef principale, longue de 115 mètres, est percée de vastes baies ogivales dont le soleil fait magnifiquement resplendir les verrières de couleur. C'est dans le transsept droit que se trouve la célèbre horloge astronomique qui attire à bon droit tant de curieux.

Cette horloge ne date que de cinquante ans; elle est l'œuvre du Strasbourgeois Schwilgué, mort en 1856, et la troisième de cette espèce dont le dôme ait été doté. La première fut construite, paraît-il, au xiv° siècle, puis remplacée, au xvi° par une nouvelle machine qui fut brisée lors de la révolution de 1789, mais dont on peut encore voir les restes dans le *Frauenhaus* (Œuvre de Notre-Dame) sis sur la place du Château. L'horloge actuelle contient un calendrier perpétuel qui indique toutes les fêtes variables et se règle même dans les années bissextiles; elle marque en outre les révolutions des planètes, les phases de la lune, les éclipses, et, par un mécanisme savant, fait mouvoir toute une série de personnages. Aussi, chaque jour, à midi, une foule ébahie attend-elle, les yeux rivés sur les compartiments supérieurs, que les figurines entrent en scène.

Au signal donné par un génie armé d'un sceptre et assis à côté du cadran, les quatre âges humains sonnent successivement les quatre quarts : d'abord, un enfant, avec un thyrse, frappe le premier quart; ensuite, un adolescent, sous la figure d'un chasseur, fait entendre la demie en lançant une flèche; puis un guerrier donne les trois quarts avec son glaive, et enfin un vieillard, appuyé sur une béquille, les quatre quarts. La Mort ensuite, squelette décharné et la faux en main, frappe de son os sur un timbre : c'est elle qui fait vibrer toutes les heures. Au coup de midi, les douze apôtres passent en s'inclinant devant le Christ qui les bénit; en même temps, un coq de métal, perché sur une tourelle à côté, allonge le cou, bat des ailes et chante par trois fois.

Ce coq est la curiosité historique et traditionnelle de l'horloge du *Münster;* à travers toutes les transformations et rénovations de l'ingénieuse machine, il s'est toujours maintenu; depuis plus de cinq siècles, il attire et amuse le peuple de Strasbourg, qui attend, sans le dire trop haut, de crainte des oreilles tudesques, que le vieux volatile gaulois lui jette quelque jour, de sa voix stridente, le cri de la délivrance.

Laves et colonnades sur le haut Allier.

XXI

AU FIL DE LA LOIRE NAISSANTE. — LA VILLE DU PUY-EN-VELAY ET LE BASSIN DE SAINT-ÉTIENNE. — PAYSAGES DU FOREZ ET DU NIVERNAIS DES HAUTES GORGES DE L'ALLIER AUX PLAINES DU BOURBONNAIS.

Revenons à ce plateau central dont nous avons déjà exploré une partie, d'Aurillac à Clermont.

Un peu au nord-ouest de Privas, à la lisière du département de l'Ardèche, qui n'est tout entier qu'un chaos de montagnes entrecoupées de gorges sauvages, se dresse sur un plateau volcanique une sommité en forme de pain de sucre, haute de 1551 mètres, dont l'aspect, a dit George Sand, rappelle celui du Soracte. C'est le Gerbier des Joncs ou de Jonc, ainsi nommé de l'espèce de gramens qui en tapissent l'étroite cime.

Moins élevé que le Mézenc (1754 mètres), qui lui fait face sur la ligne de partage d'entre Rhône et Loire, et qui est le point culminant de cette fraction des

Cévennes, ce *Suc* (tête), comme on dit dans le pays, offre, avec ses trois dents, une figure des plus caractéristiques. A le voir saillir tout luisant du milieu des crêtes déchiquetés et aiguës qui remplissent cette région de cratères éteints, on pense en effet à cette pyramide du Soracte posée sur la Campagne romaine comme une sentinelle avancée des Monts de la Sabine, et dont le Tibre, au sortir de l'Ombrie, contourne lentement les flancs déchirés.

C'est au revers sud-est de ce relief, à 1373 mètres d'altitude, que jaillit entre des roches plutoniennes la source de la Loire.

Comme la plupart des grands fleuves, celui-ci a, près de son berceau, quelque chose de mystérieux et de voilé qui frappe le touriste songeur. Bien que né à deux pas du Rhône, non loin de la Méditerranée, qui semble l'appeler, il s'en va tout là-bas au nord-ouest rejoindre l'Océan Atlantique, après avoir, dans un gigantesque circuit, traversé une douzaine de départements et fourni une carrière de près de 1000 kilomètres.

Ici cependant la plus large rivière de France n'est encore qu'un mince filet d'eau ; une saule que le vent incline sur ses bords suffit à lui faire un pont et une voûte. Son lit n'est qu'une minuscule rigole creusée dans les croupes herbues et fleuries du vallon qui descend vers Sainte-Eulalie, la fraîche bourgade renommée dans le pays pour sa foire estivale « aux violettes ». Puis, d'étage en étage, le cours d'eau arrive à d'étroites ravines où, mieux encaissé, il se met à bondir torrentueusement en décrivant toutes sortes de méandres dus aux coulées de lave du massif.

Supposez-vous lancé comme un fétu de paille sur ses ondes : voici la route et ses accidents.

Après avoir filé d'abord au sud, comme si vous deviez rejoindre l'Ardèche, vous atteignez le pont de Rieutort. Là, vous changez de direction, et vous vous trouvez emporté au nord-ouest. Regardez bien à droite et à gauche : les décors en bordure méritent d'être vus. Cette ruine pensive qui vous apparaît dans une gorge profonde au pied du Mézenc, c'est celle de la Chartreuse de Bonnefoy. La riviérette, à cet endroit, est déjà tombée de près de 500 mètres. Vous êtes encore dans l'ancien Vivarais ou pays de Viviers ; puis bientôt, après avoir longé la montagne au sommet de laquelle dort dans sa croupe cratériforme le beau lac d'Issarlès, vous entrez dans l'ex-Velay dont la ville du Puy est le chef-lieu. Jusque-là la Loire, ruisseau elle-même, n'a reçu que des ruisseaux : tel, par exemple, le Vernarzon, qui lui est venu de Saint-Cirques ; tels la Gagne et la Veyradeyre. Mais quel joli *Bach* de montagne elle représente en son cours sinueux à travers les escarpements basaltiques et les déchirures grandioses ou gracieuses dont est sillonné ce sol d'éruption !

Continuons notre marche en aval. Toujours à main droite, voici le Monastier, petite ville de 4000 âmes environ, dominée à l'est par de gigantesques entassements de laves ; sur la hauteur, encore des débris d'abbaye. Le château de Bouzols se montre ensuite, perché à plus de 800 mètres, et, au pied de ce sourcilleux bastion, le village du même nom, près duquel la Loire rallie le Magnore. Plus bas, à Solignac, la rivière, assez large déjà, est franchie par le pont de la Vestide, un fragment de la belle route de montagne qui va du Puy à Aubenas. Non loin de là, dans la direction de Langogne, il y a encore, à 1 208 mètres d'altitude, une vasque curieuse, le lac du Bouchet (4 500 mètres de superficie), ancien cratère aux parois abruptes qu'enserrent des monts de lave recouverts de végétation.

Nous débouchons à présent dans le bassin du Puy, le plus étrange coin de cette région tourmentée où tout n'est que bizarrerie et énigme. La localité reine de ce pays de « Vésuves éteints » n'est pas sur le fleuve lui-même; elle est juchée à 4 kilomètres de sa rive gauche, au revers d'un relief de forme conique, le mont Anis, entre la Borne et le Dolezon.

Cette vieille ville du Puy-en-Velay, peuplée d'une vingtaine de mille âmes, a été, au moyen âge, une cité quasi sainte. La partie haute, construite, on peut le dire, sur la roche vive, n'est qu'un écheveau de ruelles escarpées se déroulant en escalier ou s'envidant autour de la basilique romane qui fut jadis, avec les cathédrales de Chartres et de Boulogne, un des trois grands sanctuaires de pèlerinage consacrés à la Vierge. Le sévère édifice, avec ses hautes coupoles, produit une impression étrange, bien en harmonie avec la grandiose nature d'alentour. Au delà, de nouvelles marches taillées dans un chaos de rochers, parmi des débris de murailles et de tours d'enceinte, conduisent au Rocher Corneille. De ce massif de brèche volcanique, on domine, à 132 mètres au-dessous de soi, le centre du quartier moderne, cette vaste place du Breuil, sur laquelle se dressent le palais de justice, la préfecture et la fontaine monumentale décorée et sculptée par Crozatier. La statue colossale de Notre-Dame de France qui couronne la crête du rocher provient de la fonte de 213 canons russes rapportés de Sébastopol. Avec son piédestal, elle mesure 23 mètres de hauteur, et des degrés de fer permettent de monter jusque dans sa tête, comme on fait, à Arona (lac Majeur), dans celle de saint Charles Borromée. Et quelle vue on a de cet observatoire! Toute une partie du département de la Haute-Loire, avec les intumescences titaniques de cette contrée aux contrastes puissants, se déroule magnifiquement à vos regards.

HAUTE-LOIRE. — Château de Bouzols.

Un autre *signal*, plus bizarre encore, c'est le *dyke* volcanique qui surgit de la vallée de la Borne, à 500 mètres au nord de la ville, et qu'on appelle le Rocher d'Aiguilhe. Figurez-vous un véritable obélisque de lave, au front duquel on arrive par un escalier de 249 marches. Une église, fondée au Xe siècle, couronne ce relief élancé, et, comme de juste, c'est à Saint-Michel, le saint qui, nous le savons déjà, semble

Le Puy-en-Velay.

avoir confisqué à son profit tous les sites escarpés et étranges, qu'est dédié ce sanctuaire aérien. Comme de juste aussi, le sanctuaire, par sa forme et par ses détails, rivalise d'originalité avec le socle curieux qui le porte. Que de pèlerins ont gravi jadis sur leurs genoux les degrés qui mènent à l'édicule vénéré! Une tradition veut qu'une jeune fille du Puy, accusée de je ne sais quels manquements, et confiante dans la protection du saint, se soit élancée du haut de ce rocher, à seule fin de démontrer son innocence. Deux fois l'*épreuve* lui réussit; mais, au troisième saut, le diable s'en mêlant, elle se tua : d'où il appert qu'en toutes choses il convient de savoir se borner et qu'il ne faut pas tenter Dieu ou ses saints.

En aval du Puy, au delà des rochers de Peyredeyre, se creusent d'autres gorges

CHÂTEAU DE LAVOUTE-SUR-LOIRE.

à travers lesquelles la Loire s'ouvre un nouveau lit; c'est l'endroit que l'on nomme les Portes; puis, après un élargissement sous le pittoresque château de Lavoute, la vallée se rétrécit derechef, et le fleuve, laissant à droite Yssingeaux, file sur le bourg de Chamalières en traversant d'assez riches vignobles. A droite, voici le Gerbizon (1 049 mètres), d'où dévalent en cascatelles une infinité de torrents; à gauche, se dresse le mont Miaunes (1 069 mètres); entre les deux bâille une brèche de 500 mètres de profondeur, que la Loire a faite en tournant à l'est : c'est l'unique issue qui s'offre à elle pour sortir du labyrinthe des montagnes.

A ce point de son parcours, elle est déjà une imposante rivière; ce n'est pourtant pas qu'elle soit encore bien loin de sa source; Saint-Paul-en-Cornillon, où elle pénètre dans le département de la Loire, n'est, à vol d'oiseau, qu'à 60 kilomètres du Gerbier de Joncs; mais, grâce aux détours que le mouvement du sol lui a imposés, elle a fourni en réalité un trajet de 138 kilomètres.

Dyke et église de Saint-Michel d'Aiguilhe.

A partir de Retournac, où elle est censée devenir flottable, puis de Beauzac, où elle est dominée par les ruines du prieuré de Confolent, les ponts vont se multipliant. Déjà grossi de la Borne, de la Sumène, de l'Arzon et d'autres ruisseaux, le fleuve s'enfle en outre des eaux du Lignon du sud, descendu du Mézenc. Il arrive ainsi à Monistrol, chef-lieu de canton de 5 000 habitants, et, passant devant le château de Rochebaron, il atteint le Pertuiset, près duquel l'Ondaine lui apporte à son tour son tribut. Sur toute cette section de son cours se présentent des gorges superbes, qui méritent d'être visitées à pied, aussi bien que les vallons affluents et les monts aigus d'alentour. Tels sont par exemple ces défilés de Saint-Victor où la rivière se

SAINT-PAUL-EN-CORNILLON.

précipite avec fracas sur un lit chaotique de rochers entre des murailles à pic de 250 mètres de haut.

Quatre kilomètres plus loin, nous entrons dans les districts manufacturiers de la Loire : voici Firminy et, bientôt après, la Ricamarie, avec ses fameux embrasements souterrains qui durent depuis 500 ans, et qui, selon la légende, seraient dus aux Sarrasins. De plus en plus, la région devient métallurgique et industrielle ; partout apparaissent des ateliers grinçants et fumants.

Saint-Étienne, le chef-lieu et la plus grande ville du département (123 000 âmes), n'est pas, il est vrai, baigné par le fleuve dont nous avons suivi les méandres. Cette immense officine de quincailliers, de serruriers, de couteliers, de rubaniers, de passementiers, d'usiniers en fonte, en fer, en acier, ce centre grouillant d'un bassin houiller de 32 kilomètres de long sur 8 de large, reste à notre droite sur le Furens, affluent de 40 kilomètres sans plus, qui traverse néanmoins dans ce court trajet un site d'une beauté hors ligne, la gorge sauvage de Rochetaillée. Le mont Pilat, où il prend sa source, reste aussi là-bas sur la droite, un peu au nord-est de Saint-Étienne ;

mais une route de voitures partant de cette ville mène en quelques heures le touriste au pied des *crêts* du relief. Et ce Pilat, renflement extrême des Cévennes au nord, est vraiment la grande attraction de la contrée. Haut de 1 300 à 1 400 mètres, il est tout couvert de forêts et de pâtis, et Dieu sait quels délicieux paysages nichent aux flancs de ce massif dont les eaux s'écoulent d'un côté vers la Loire, et de l'autre vers le Rhône par le Gier.

Aux abords de Saint-Rambert, le fleuve s'étale enfin à son aise : il entre dans la plaine du Forez, bassin de 20 kilomètres environ de largeur sur une longueur à peu près double, dont on s'occupe aujourd'hui de dessécher les innombrables

MONTROND-SUR-LOIRE.

étangs et marais. Une trentaine de cônes solitaires jalonnent cette aire humide et parfois insalubre, qui se prolonge du sud au nord jusqu'aux collines de Néronde, à la latitude des montagnes de Tarare.

Dans ce parcours, nous apercevons, sur un coteau escarpé de la rive droite, la petite ville de Saint-Galmier, l'ex-*Aquæ Segestæ* des Romains, célèbre par ses eaux minérales. Du même côté, au point de croisement du chemin de fer de Montbrison à Lyon par l'Arbresle, nous apparaît Montrond-sur-Loire, ou Meylieu-Montrond, commune dominée par les ruines majestueuses d'un château des XIV° et XVI° siècles, qui a joué un rôle important dans les guerres de religion et la Fronde. Quant à Montbrison, l'ancien chef-lieu du département, ainsi nommé, dit-on, de *Briso*, la déesse des songes, qui y trônait à l'époque gauloise, on le laisse à quelque distance à main gauche, à l'intersection des lignes de Saint-Étienne et de Lyon à Clermont-Ferrand ; mais on l'aperçoit de temps en temps aux flancs de sa butte volcanique du Calvaire, avec son sanctuaire de Notre-Dame d'Espérance, le plus beau temple ogival du Forez.

Passé Feurs, l'antique *Forus Segusiavorum*, qui fut jusqu'au xv⁵ siècle la capitale du pays, la Loire s'engouffre en rapides dans de nouvelles gorges, où elle se précipite à certain endroit avec une telle impétuosité que les bateaux ne peuvent la remonter. C'est au sortir de ce couloir sinueux qu'elle débouche dans la plaine de Roanne.

Là finit ce que j'appellerai son épopée de fleuve de montagne; désormais plus de cabrioles, plus de lutte avec les reliefs en bordure, plus de corps à corps avec les rochers de granit ou de trachyte. Tombée de plus de 1 100 mètres, elle perd pour

ROANNE.

jamais en profondeur ce qu'elle gagne en largeur dans cet ancien lac où ses eaux maintenant s'épandent et se traînent. Le torrent limpide se transforme en une coulée paresseuse et jaunâtre, où apparaîtront de plus en plus, à l'étiage, ces bancs de sable et ces îles limoneuses qui caractérisent son lit en aval. Aussi est-ce à cet endroit que l'homme, pour les besoins de son négoce, a commencé de la doubler d'un canal de navigation.

Roanne, l'ex-*Rodomissa* de Ptolémée, est mentionnée sur la Table de Peutinger, qui date du temps d'Alexandre Sévère (320 avant notre ère), comme une station de la voie romaine allant de Lyon à l'Océan. C'est une ville industrielle assez propre, peuplée de 25 000 âmes environ, mais qui n'offre guère d'intérêt archéologique. Là, notre fleuve, laissant à gauche le chemin de fer de Saint-Germain-des-Fossés, achève par une inflexion à l'est le demi-cercle qu'il a commencé de dessiner près de Pinay, à 30 kilomètres en amont de Roanne, et le voilà filant vers le nord pour passer entre les deux départements de Saône-et-Loire et de l'Allier,

PAYSAGES DU FOREZ ET DU NIVERNAIS.

en ne baignant que par sa rive gauche ce dernier, auquel il sert de limite sur un espace de 80 kilomètres. Dans ce trajet, point de villes importantes; l'unique localité à noter, c'est, à quelque distance à l'ouest sur la Bèbre, le petit chef-lieu d'arrondissement de la Palisse, avec son château féodal des xv° et xvi° siècles, propriété de la famille de Chabannes.

L'ancienne province du Nivernais, dans laquelle nous pénétrons de ce pas, est essentiellement une contrée mixte et de transition, qui, partant, n'a pas de caractère bien tranché. Par le Morvan, elle se relie à la Bourgogne; par la vallée de la Loire, d'un autre côté, elle fait corps avec le Berry, qui lui-même la rattache aux provinces

CHATEAU DE LA PALISSE.

de l'ancienne Aquitaine. Il y règne une magnifique verdure; mais cette verdure même y a une nuance d'une pâleur triste qui, de plus en plus, nous deviendra familière, à mesure que nous pousserons en aval.

D'où vient cette teinte adoucie propre aux paysages des bords de la Loire, de Nevers à Tours particulièrement? Un regard sur la flore vous le dira : elle tient en partie aux essences qui prédominent dans le pays, à l'abondance des arbres au feuillage tendre qui tantôt s'y massent en bouquets, tantôt s'y alignent en rideau. Les saules et les peupliers surtout impriment leur effigie sur l'ensemble. Et le peuplier de la Loire n'est pas cette variété noire de Bourgogne dont on voit un si beau spécimen au jardin de l'Arquebuse à Dijon : c'est le peuplier blanc de Hollande à l'aspect glauque et aux airs mourants.

Le fleuve lui-même, par ses reflets indécis autant que par ses allures indolentes, complète le coloris régional. Je ne sais quel silence mélancolique plane sur cet ensemble qu'enveloppe une sorte d'atmosphère à part où tout paraît en demi-tons.

Et ce n'est pas la Loire, d'ordinaire, qui trouble ce recueillement de la nature. La Loire est le moins jaseur des cours d'eau ; ses ondes paresseuses glissent sans voix, presque sans murmure, le long des campagnes et des villes. Elles accomplissent furtivement leur besogne monotone et toujours la même. C'est à la sourdine et comme en dormant que le fleuve crée de ses alluvions les îlots verdoyants ou les mornes bancs qui attristent ou égayent son lit tour à tour. C'est sans bruit, avec une sorte de tendresse jalouse, qu'il caresse et lèche au repos ces intumescences qu'en ses jours de grande crue il se mettra au contraire à mordre et à dépecer furieusement.

Telle est la paisible contrée que, du haut de sa terrasse tournée au midi, regarde non moins paisiblement la vieille cité ducale de Nevers, l'ex-*Nebernus* des

NEVERS.

Romains. Du massif urbain en lui-même, il n'y a que peu de chose à dire : des rues étroites et tortueuses, des quais sans physionomie, voilà le gros de l'agglomération de 25 000 âmes étagée au-dessus de la rive droite de la Loire. Le touriste oublie cependant la maigreur et la tristesse de l'ensemble en faveur de deux ou trois édifices en lesquels revit un passé de plusieurs siècles.

L'un de ces édifices est le château transformé, aujourd'hui en palais de justice, qu'habitèrent tour à tour les Clèves et les Gonzague de Mantoue, et qui passa ensuite aux mains de Mazarin, puis en celles des Mancini, ses parents. Avec ses deux énormes tours d'angle, la construction aurait peut-être une apparence un peu sombre et altière, n'étaient les sculptures restaurées de la façade et la profusion d'armoiries, de figures, de bas-reliefs charmants, qui se déroulent si harmonieusement entre les fenêtres, au-dessous des lucarnes et tout le long des spirales de la tourelle hexagonale du centre. Les deux autres édifices remarquables de Nevers, ce sont la cathédrale de Saint-Cyr et l'église Saint-Étienne. La première date des XIIIe et XIVe siècles;

la seconde est un curieux spécimen de cette architecture romane d'Auvergne dont

NEVERS. — Le palais ducal.

j'ai déjà parlé au lecteur. Quelques restes de fortifications, la porte du Croux, les tours Saint-Éloi et Goguin, achèvent d'imprimer au chef-lieu de la Nièvre le cachet de vétusté qui convient à une ville déjà existante du temps de César et dont l'évêché remonte au règne de Clovis.

NEVERS. — Porte du Croux.

La grande courbe sud-ouest que la Loire décrit au-dessous de Nevers aboutit, on le sait, au *Bec d'Allier*. Le confluent vaut la peine que l'on s'y arrête et même que l'on remonte en deçà. Ce n'est, en effet, qu'après sa jonction avec ce « frère jumeau », issu comme elle du plateau central de la France, que la Loire acquiert l'importance d'un vrai fleuve. L'Allier pourrait presque lui disputer le parrainage du vaste bassin qui s'étend en aval. Non moins large qu'elle, à ce point final de son cours, il vient d'aussi loin, et même de plus haut, car il naît dans le département de la Lozère, à 1423 mètres d'altitude, entre Palavas-les-Bains et le Grau-du-Roi, tout près des sources du Chassezac, un tributaire du Rhône par l'Ardèche.

Comme la Loire, il fait mine de couler d'abord vers le sud, par les flancs du

Maure de la Gardille, massif de gneiss haut de 1500 mètres, qui se rattache à la
Margeride et qu'ombrage la forêt de Mercoire. Puis, au hameau de Marméjan, il
rétrograde vers le nord, pour filer par une série de gorges qui séparent les monts
du Velay des escarpements boisés de l'ancien Gévaudan, célèbre par ses bêtes
fauves. Mais bientôt il se voit repoussé à l'est par ce dernier rempart granitique,
dont ses ondes ne peuvent entamer les rochers. Résolu à faire quand même son chemin, il se met alors à ronger les laves moins dures de l'autre relief que je vous ai
décrit, et le résultat artistique de ce travail, ce sont les rangées de colonnes basaltiques que le touriste peut admirer, en allant par exemple de Monistrol à Langeac.
Ces coulées, sculptées et mises à nu par l'Allier, se prolongent jusque dans son lit

MENDE.

et le traversent même par places dans des gorges dont la profondeur atteint 500 mètres. C'est assurément le site fluvial le plus curieux de toute la région.

A cause de l'étroitesse des brèches où il court et de l'âpreté qu'y ont les versants, le haut Allier ne baigne point de villes importantes. Le moyen, pour un centre
de population, de s'établir le long de ces abîmes? Vers Langogne seulement, les
défilés s'adoucissent momentanément et s'évident en un cirque riant.

Langogne n'est qu'un chef-lieu de canton de 4000 habitants, blotti sur la pente
d'un vallon, près du confluent de l'Allier et du Langouyrou. Le voyageur qui va de
Nîmes à Clermont par les noirs districts où gisent les houillères de Tamaris et de
la Grand'Combe soupçonne à peine, de la station bâtie à un millier de mètres d'altitude, le site charmant de la mignonne ville dont, avec sa traîtrise habituelle, le
tracé du chemin de fer lui dérobe la vue. Et cependant, vous m'en pouvez croire, ce
nid lozérien mérite qu'on lui fasse l'honneur d'un arrêt. Les hôtels y sont restés des
auberges — des auberges où l'on soupe à bouche que veux-tu; — l'église romane

de l'endroit menace ruine; mais quelle inénarrable jouissance procure à celui qui a le cœur aux choses une promenade par ces rues chaotiques et montantes, bordées

VICHY. — Façade du Casino.

de vieilles maisons à bretèches, toutes originales en leur genre! C'est là surtout, dans ce petit centre perdu au sein des montagnes, qu'on a la perception nette et vraie de ce qu'est une humble cité de province. Quelle atmosphère rassérénante on respire au milieu de cette population simple et accueillante, dans ce monde quasi clos de tous côtés, et qui pourtant se suffit à lui-même, se meut, besogne et trafique, comme si l'univers finissait pour lui au vénérable débris de pont gothique qui enjambe l'Allier non loin de la gare!

Avec quel plaisir aussi on parcourt ce frais vallon, couvert d'arbres et de prairies, le long duquel la rivière rapide ne cesse d'étinceler et de bruire! Avec quel intérêt de curiosité on regarde partir de l'hôtel du *Cheval-Blanc* la fantastique diligence à la bâche poudreuse qui fait

VICHY. — Maison de Mme de Sévigné.

le service entre Mende et la localité! Pour peu que l'on connaisse le chemin, on la suit par la pensée sur la rampe qui se déroule en contre-haut du Langouyrou; on la voit ensuite s'engager par le plateau désert de Lestrezes, puis descendre vers la Clamouse, passer devant le Signal de la Pierre-Plantée, ligne de faîte entre le Lot et l'Allier, et gagner enfin, au bout de cinq heures, le pittoresque chef-lieu de la Lozère, sis à 46 kilomètres de Langogne, sous les escarpements d'un de ces *causses* dont je vous ai esquissé la figure.

Plus en aval, vers le bassin houiller de Langeac, la vallée de l'Allier s'élargit; le fleuve sort de sa longue série de défilés pour entrer dans la plaine de Brioude, en laissant toutefois sur la gauche, à un kilomètre et demi de distance, ce chef-lieu d'arrondissement de la Haute-Loire. Puis, près de Brassac, il pénètre dans le Puy-de-Dôme par 390 mètres d'altitude; il passe ensuite devant Issoire, baigne la fameuse

CUSSET.

Limagne d'Auvergne, que le lecteur a parcourue avec moi, et, se détournant, par une inflexion au nord-est, de Clermont-Ferrand et de Riom, il atteint, avec 200 ou 300 mètres de largeur, le département qui garde son nom.

Vichy et Moulins, voilà dans cette autre section de son cours les deux étapes à noter.

Vichy, l'ex-*Aquæ Calidæ* (Eaux-Chaudes) des Romains, est sis au débouché de la vallée du Sichon. Cette rivière de 40 kilomètres de long lui arrive des Bois-Noirs, voisins du Puy de Montoncel, après avoir, un peu plus à l'est, arrosé Cusset, le chef-lieu du canton qui, en réalité, ne compose avec Vichy qu'une seule et même cité balnéaire.

Depuis le temps (1676) où Mme de Sévigné vint faire une saison à Vichy, dans la maison aux arêtes saillantes et aux fenêtres encadrées de briques que notre gravure représente, la localité et le train de vie qu'on y mène se sont singulièrement modifiés. Le petit bâtiment, qu'on appelait au xviie siècle la *Maison du Roi*, a fait place à un luxueux établissement thermal, avec galerie des Sources, galerie-promenoir, bains de gaz, salles d'inhalation, de pulvérisation, que sais-je encore? Les marronniers et les tilleuls du vieux parc résonnent aujourd'hui d'un concert quasi perpétuel; des hôtels splendides se sont élevés tout alentour; un cercle international, un casino, un théâtre, des squares, des salons de fêtes, de lecture, de jeux, ont achevé de doter ce coin de terre bourbonnais, où affluent chaque année cinquante mille visiteurs, de toutes les attractions requises pour une station d'eaux à la mode. Comme jadis, « on tourne, on va, on vient »; d'accident même, « on entend la messe »; on dîne aussi, et après dîner « on va chez quelqu'un ». Ce « quelqu'un », c'est le Casino, succédané avantageux de ces « demoiselles du pays » qui venaient autrefois « avec une flûte » danser « la bourrée » devant ces messieurs et ces dames. Mais « dix heures » ont beau sonner aujourd'hui à tous les cadrans de la région, les baigneurs de notre temps ne songent guère à s'aller coucher, comme faisaient les quelques rhumatisants dont parle l'aimable marquise dans ses lettres à Mme de Grignan.

Le pays, lui, est toujours délicieux; il l'est même de plus

Moulins. — Cathédrale et restes du château.

en plus. On n'en a pas « ôté » les « petits bois, les chèvres, les ruisseaux, les prairies ». La vallée de l'Allier a toujours ses ombrages; la rivière a gardé ses îlots poétiques; les gorges du Sichon retentissent encore du fracas des claires eaux. La Montagne-Verte, presque inaccessible jadis, se laisse escalader à présent par des chemins en lacet à pente douce; il y a en outre à sa cime (396 mètres) un restaurant avec un belvédère et une lunette d'approche, à l'aide de laquelle on peut contempler tour à tour, selon le côté, la belle Limagne, la chaîne des Dômes, ou les monts cévenols. Cusset a toujours, lui aussi, ses demeures, du xve et du xvie siècle, que deux cents années de plus ont vieillies d'autant. A Vichy même, la Maison du Bailliage, déjà presque centenaire à l'époque où la délicate *épistolière* soignait ses mains et ses genoux malades, a conservé sa porte ogivale et son curieux escalier à vis.

Pour nous, touristes de passage, ce coin si vivant et si fastueux de l'ancien Bourbonnais est le dernier site vraiment pittoresque de l'Allier. Plus en aval, à Saint-Germain-des-Fossés, le paysage change de caractère; les coteaux s'abaissent; la vallée s'élargit; la rivière ayant plus de place pour y déployer ses méandres, ceux-ci perdent en grâce tout ce qu'ils acquièrent en ampleur. Bientôt on n'aperçoit plus qu'un vaste espace ouvert où verdoient au loin des bouquets d'arbres, et où çà et là se montre un marécage, résidu des inondations du fleuve.

C'est au milieu de cette aire monotone que se trouve la ville de Moulins. Un pont long de 300 mètres la relie à la rive gauche de l'Allier. Quand on l'aborde de ce côté, l'impression a quelque chose d'attristant et d'épique à la fois. A voir ces terrains sablonneux, ces longues avenues, ces landes mornes et vagues, ces *brandes*, comme on dit dans le pays, qui s'étendent presque à l'infini; à voir aussi ce fleuve aux rives plates qui s'en va comme à regret vers des horizons que délimite seule la courbe du ciel, on sent qu'on touche à cette « France dormante des grandes plaines » dont parle Michelet, à ces campagnes silencieuses du centre où il semble, en prêtant l'oreille, que l'on entend « pousser le blé ».

MOULINS. — Tour de l'Horloge.

La cité de 22 000 âmes qui commande cette Sologne bourbonnaise, qu'on s'occupe également de transformer et de fertiliser, mérite cependant une visite. Avec sa longue place d'Allier, le vrai type du forum de ville de province, et son dédale de rues tortueuses descendant vers le cours du fleuve, elle a un cachet caractéristique et plaisant à la fois. Mais le mieux, c'est encore de la voir lors de la foire aux bestiaux et aux grains, qui s'y tient, si je ne me trompe, chaque premier vendredi du mois. Impossible de se faire une idée de l'animation dont elle offre, ces jours-là, le spectacle. Quel grouillement de gens et d'animaux! Quel défilé d'éleveurs, de fermiers et de toucheurs de bêtes! Les bêtes surtout sont splendides. Il faut avoir contemplé ces moutons, ces taureaux à la croupe rebondie, ces bœufs de race charolaise, gras à ne pouvoir marcher, pour sentir toute la vérité pittoresque de cette expression : « de la viande sur pied ».

Ce n'est pas qu'en temps ordinaire le chef-lieu de l'Allier soit triste; mais le plus gros du mouvement s'y concentre alors vers la place précitée et vers les artères qui y aboutissent au-dessous de la cathédrale et de la Tour de l'Horloge.

Avec quelques restes de l'ancien château des ducs de Bourbon et l'ex-couvent de la Visitation où est installé le lycée, ces deux édifices sont les plus curieux que présente la cité natale du maréchal de Villars et du duc de Berwick. La Tour de l'Horloge, qui fait face à l'hôtel de ville, est un très haut beffroi carré du xv° siècle, pourvu d'une cloche de 3000 kilogrammes dont Anne d'Autriche a été la marraine en 1650. La cathédrale, commencée en 1463, a deux belles tours à flèche, de 95 mètres de haut, et le chœur ainsi que les chapelles en sont ornés de magnifiques verrières. Citons en outre le palais de justice, ci-devant collège des Jésuites, qui renferme un musée d'archéologie.

Au delà de Moulins, l'Allier, obliquant au nord-ouest, sépare le département du Cher de celui de la Nièvre, et va, je l'ai dit, s'unir à la Loire. La jonction se fait en aval du superbe pont-aqueduc, long de 500 mètres et à 18 arches, qui porte d'une rive à l'autre le canal latéral de ce dernier fleuve et le relie au canal du Berry. A ce *bec* finit l'histoire de la belle rivière que nous venons de voir naître et grandir; mais, avant de se perdre à jamais dans le sein de la Loire sa sœur, l'Allier remporte un suprême triomphe et donne une dernière preuve de sa force. En rencontrant le cours d'eau suzerain dans la courbe occidentale qu'il ébauche au sortir de la ville de Nevers, il le refoule si brusquement vers le nord, et, du heurt puissant de ses ondes, lui imprime si bien sa direction propre, que l'autre ne semble plus être que la continuation en ligne droite du tronc vassal qu'il vient d'absorber; on dirait que c'est l'Allier, et non pas la Loire, qui s'enfuit de là vers le pont d'Orléans; la Loire, en somme, doit à cet afflux, le plus gros qu'elle ait reçu jusque-là, de se voir presque doublée du coup.

Source du Loiret. — Le Bouillon.

XXII

LA LOIRE EN AVAL DE NEVERS. — LES COTEAUX DE SANCERRE. GIEN ET LES SOUVENIRS DE LA FRONDE. — GATINAIS, BEAUCE ET SOLOGNE. A LA COURBE D'ORLÉANS

A partir du confluent de l'Allier, la Loire ne touche plus au département de la Nièvre que par sa rive droite; l'autre appartient au Cher. De ce dernier côté, il n'y a qu'une plaine où passe le canal latéral, qui se termine plus bas, à Briare; les bourgs et les villages, sans cesse menacés par le fleuve, s'en écartent pour se réfugier sur le pied des coteaux éloignés. A l'est, au contraire, s'élèvent immédiatement en bordure des collines couvertes de vignobles.

Sauf au-dessous de Decize, où elle se rétrécit, la vallée nivernaise de la Loire a une largeur variant de 1 400 à 1 500 mètres; le développement de la nappe fluviale y est de 250 à 300 mètres, abstraction faite des îlots. En dehors de la Nièvre, qui a donné son nom au département, et dont le cours n'est que de 12 lieues, les principaux tributaires de droite y sont la Cressonne, l'Aron, qui se déverse en outre dans l'Yonne et, par conséquent, dans la Seine, par son autre branche appelée la Vaucreuse; ceux de gauche sont l'Acolin, la Colâtre et l'Ixeure, moins considérables de moitié que les précédents.

Dans cette section du trajet, nous passons d'abord sous le pont suspendu de Fourchambault, commune de la rive droite peuplée de plus de 6 000 âmes, et connue pour ses forges, qui, créées en 1821, sont aujourd'hui une des grosses usines métallurgiques de la France. De ses ateliers sont sortis notamment les arcs en fonte du pont des Saints-Pères à Paris, une partie des bronzes de la colonne de Juillet, les piliers du pont de Cubzac sur la Dordogne et les membrures d'une foule de viaducs. Viennent ensuite du même côté : Pougues-les-Eaux (1 600 habitants), avec son établissement thermal et son église du XIe siècle; la Charité (5 600 âmes), avec ses deux beaux ponts, ses débris de tours et d'enceinte du XIVe siècle et les restes de son église abbatiale de l'ordre de Cluny; Pouilly enfin, avec ses coteaux qui produisent

La Charité.

un cru blanc renommé, ayant le goût de pierre à fusil et se conservant bien.

Un peu plus loin, à gauche, c'est-à-dire sur la rive berrichonne, se montre un petit chef-lieu d'arrondissement de quatre milliers d'habitants : c'est Sancerre. Par son site, elle est la vraie reine de cette verte région. De quel air souverain, du haut de sa colline de 306 mètres d'élévation, d'où l'on aperçoit les monts du Morvan, elle commande le cours de la Loire! Du village de Saint-Satur, dont les maisons s'étagent au-dessous d'elle, moutonne jusqu'à la cime qu'elle occupe toute une série de ressauts de terrain, admirables de fraîcheur et de végétation, qui paraissent autant de monticules vassaux. De toutes parts, les ruisseaux bruissent dans ce fouillis de hauteurs agrestes, où, par surcroît, se récoltent des vins foncés, dits *gascons*, très appréciés pour les coupages. La ville elle-même, assez terne d'aspect, à cause de la couleur de ses constructions, n'a que des rues tortueuses et en pente, et de ses anciennes fortifications il ne lui reste qu'une tour cylindrique du XVe siècle, enclavée dans le parc d'un château appartenant au duc d'Uzès. Rappellerai-je que c'est à Sancerre qu'est né le maréchal Macdonald?

Au confluent du Nohain, tributaire de droite, dont la vallée inférieure est toute remplie de moulins et d'usines, nous passons sous les deux ponts suspendus qui, au travers d'une île ombreuse, relient Cosne à la rive gauche de la Loire; bientôt après, le fleuve, infléchissant au nord-ouest, pénètre dans le département du Loiret. A main droite, voici Briare, chef-lieu de canton de 6 000 âmes, d'où part le canal, commencé par Sully, qui, à l'aide de celui du Loing, relie la Loire à la Seine. Dix kilomètres plus loin, on arrive à Gien. Là se dresse un château à triple tourelle, que je n'ai

SANCERRE.

jamais pu voir, pour ma part, sans me ressouvenir d'un curieux épisode de la seconde Fronde narré par les Mémoires du temps.

C'était au plus fort de la lutte entre le prince de Condé et Mazarin. Anne d'Autriche, qu'Orléans refusait de recevoir, s'était réfugiée à Gien avec le jeune roi Louis XIV et la cour. Condé, de son côté, venait de quitter secrètement la Guyenne, pour venir prendre, à 130 lieues de là, le commandement de l'armée que ses partisans lui avaient rassemblée sur la Loire. Mais cette chevauchée clandestine, à travers les lignes ennemies et toute une moitié de la France, n'allait pas sans difficultés ni périls. Aussi, en partant d'Agen, le dimanche des Rameaux de 1652, avec le duc de la Rochefoucauld et quelques autres gentilshommes de marque, le vainqueur de Rocroy avait-il endossé une livrée de valet. Ses compagnons s'étaient également déguisés. Sans Gourville toutefois, l'homme à expédients et le factotum de la troupe, l'aventure eût couru grand risque de tourner mal. On ne pouvait pas entrer dans les villes où les troupes royales tenaient garnison; on s'arrêtait donc en dehors d'elles, dans les cabarets des villages, et c'était l'intendant susnommé du futur auteur des *Maximes* qui se chargeait d'aller aux provisions. Condé, lui, s'occupait à l'office.

Gourville raconte à ce propos que, le second jour du voyage, près de Cahusac, comme il n'y avait que des œufs pour le déjeuner, Monsieur le Prince se piqua de donner une idée sérieuse de son personnage de valet, et entreprit de faire une omelette. L'hôtesse lui ayant recommandé de la tourner pour la mieux réussir, du premier coup, « il la jeta bravement dans le feu ». Un même homme a rarement toutes les aptitudes : le grand Condé était né général, il n'était pas né cuisinier. Une autre fois, chose plus étonnante, un gentilhomme qui passait devant l'auberge où l'escouade avait fait halte, vit Condé flânant sur la porte, et lui ordonna de seller son cheval : Condé n'en put jamais venir à bout.

A quelques étapes de là, un paysan reconnut le prince, à ce visage d'aigle qu'on n'oubliait guère quand on l'avait vu, et il le nomma même tout haut ; mais les autres membres de la caravane plaisantèrent si bien là-dessus le pauvre homme, qu'il ne sut plus que penser. Le même soir, on s'arrêta dans un château ami où, pour la première fois depuis le départ d'Agen, « on eut le plaisir de se mettre entre deux draps ». En Périgord, les voyageurs logèrent chez un gentilhomme qui leur fit payer cher son hospitalité, car, sans soupçonner la qualité du vrai chef de l'escouade, il ne cessa, pendant tout le souper, de dauber verbeusement et malicieusement sur la famille des Condé. Le vendredi saint, on arriva au Bec d'Allier, qu'on eut beaucoup de peine à franchir, faute d'un bateau. Le samedi, on toucha aux portes de la Charité, où, sans trop d'encombre, on traversa la Loire, bien qu'il y eût dans la place deux compagnies ennemies commandées par Bussy-Rabutin, le fameux cousin de Mme de Sévigné, dont j'ai déjà parlé.

La journée de Pâques fut passée dans Cosne, et comme la cour était à Gien, tout près de là, Condé, pour détourner les soupçons, disait à qui voulait l'entendre qu'il allait avec ses compagnons rejoindre l'armée royale. Par malheur, il fut reconnu, au sortir de la ville, par un courrier de la reine, qui s'empressa de rebrousser chemin pour aller porter la nouvelle à Gien. Force fut alors à Monsieur le Prince d'obliquer vers Châtillon-sur-Loing ; mais, arrivé au bord du canal de Briare, il se trouva tout à coup au milieu de plusieurs escadrons de l'armée royale qui débouchaient de divers côtés pour prendre leurs quartiers dans les villages voisins.

Le cheval de Condé ne tenait plus debout ; Condé lui-même se mourait de fatigue, de faim et de soif. Il avait cependant encore une longue traite à faire, et le danger était d'autant plus grave que, sur l'avis du courrier, la reine et le cardinal avaient dépêché vers Châtillon un détachement de cavaliers aux ordres de Sainte-Maure, chargés de « prendre leur ennemi mort ou vif ».

Condé cependant put atteindre, le soir, la résidence d'un gentilhomme du parti, appelé La Brûlerie. Sa mauvaise étoile voulut qu'elle fût justement remplie d'officiers royaux en train de festoyer. Il dut donc se remettre en route au milieu de la nuit pour gagner le château de Châtillon, dont le concierge, prévenu, lui tenait ouverte une porte dérobée du parc. A peine avait-il goûté là un instant de repos que l'arrivée de quinze chevau-légers de la garde l'obligea de repiquer des deux. Le concierge lui avait donné un guide; mais ce guide, trompé par les ténèbres, égara si bien les voyageurs, qu'il les conduisit tout droit aux portes de Gien. A l'aurore seulement, il s'aperçut de l'erreur.

On n'eut que le temps de filer bien vite au nord-ouest dans la direction de Lorris. C'est une bourgade de l'ex-Orléanais, peuplée aujourd'hui de 2 200 âmes, dont le plus grand titre de gloire est d'avoir donné le jour au trouvère Guillaume dit de Lorris qui commença le fameux *Roman de la Rose*, terminé ensuite par Jean de Meung, un fils de cette même région de la Loire. C'était à Lorris que se trouvait l'armée des Frondeurs; mais c'était aussi sur le chemin de Châtillon à Lorris

Gien.

que Sainte-Maure et ses cavaliers avaient dressé leur embuscade. Condé en passa à vingt pas. Sainte-Maure ne le reconnut-il pas, ou feignit-il de ne point le reconnaître? Toujours est-il qu'il ne l'assaillit pas.

Une dernière alerte attendait encore Monsieur le Prince au terme de ce voyage mémorable. Arrivé à cinquante pas de Lorris, et se sentant tomber de lassitude, il était entré dans un petit cabaret, et là il s'était endormi sur une chaise, quand cet appel: « Debout! Monsieur, à cheval! » poussé par un des gens de son escorte, le réveilla brusquement. Un gros de soldats se dirigeaient vers le cabaret. Les voyageurs se précipitèrent au dehors en criant : « Qui vive? » Aussitôt le commandant de la troupe s'avança tout seul vers Condé, et, après l'avoir regardé, se jeta respectueusement à ses pieds. C'était un des pages du prince qui, ayant eu vent de son arrivée, avait pris sur lui de venir à sa rencontre avec sa compagnie. « Ah! Geneste, lui dit Condé en se remettant et en l'embrassant, vous pouvez vous vanter de m'avoir fait peur. » On entra là-dessus dans Lorris, où, malgré son déguisement, le prince fut vite reconnu et acclamé par tout le monde.

Les épreuves de la route étaient surmontées; mais d'autres traverses plus graves étaient réservées à l'ancien capitaine des armées de Flandres et du Rhin, descendu par dépit et par ambition au rôle douteux de chef de parti. A quelques jours de là (7 avril), Turenne, en le battant à Bléneau, sur les bords du Loing, le forçait à se réfugier dans Paris, et bientôt le vaincu de la seconde Fronde, dont le sinistre incendie de l'Hôtel de Ville avait achevé de ruiner la cause, s'en allait chercher au camp espagnol une revanche illusoire de ses déconvenues.

Au nord de Gien s'étendent les collines boisées du district qu'on nomme la Puisaye; mais le bassin même de la Loire, que borde à gauche la Sologne, n'est pas très accidenté; les plus hautes intumescences, celles du nord et de l'est, n'excèdent guère une moyenne de 40 à 50 mètres. Il y a là plutôt une plaine qu'une vallée, et, jusqu'aux abords de Tours, le paysage ne change pas beaucoup. Ce sont toujours, à droite les mêmes coteaux aux pentes douces, assez éloignés du fleuve, à gauche les mêmes

MONTARGIS.

espaces ouverts qu'interrompent seules les collines de Chaumont et d'Amboise.

En revanche, comme les cultures sont soignées, et quel air prospère offrent les villages! Les vignobles ici se multiplient de plus en plus, et de beaux châteaux, de tout âge et de toute forme, sollicitent l'attention de l'archéologue.

Le premier en aval est celui de Sully, bourg de 3000 âmes, sis à la rive gauche de la Loire, et que recommandent une église ogivale et de vieilles maisons de bois. C'était autrefois le chef-lieu d'une baronnie qui, après avoir appartenu aux seigneurs du même nom, puis aux La Trémoille, fut achetée par Maximilien de Béthune de Rosny, le ministre ménager de Henri IV, et érigée pour lui en duché. Ce fut ce compagnon et coadjuteur du roi béarnais qui en remania le château du xiv° siècle, et fit construire cette tour de Béthune dans laquelle fut ensuite installée l'imprimerie d'où sortit la première édition des *Royales Œconomies d'État*. Plus loin, à 38 kilomètres de Gien, apparaissent, à droite, deux pavillons, débris du manoir de Châteauneuf, bâti sous Louis XV pour le duc de la Vrillière. Le défilé des vrais châteaux historiques ne commence néanmoins qu'à Blois.

Ce département du Loiret, que nous traversons de l'ouest à l'est, formait jadis un vaste massif arborescent dont les futaies d'Orléans et de Montargis sont les restes. La forêt de Montargis mesure encore aujourd'hui 30 kilomètres de tour et 8500 hectares de superficie; celle d'Orléans, la plus grande de France, a une

DANS LES PLAINES DE LA BEAUCE.

étendue de 40 000 hectares. L'une et l'autre, abondamment peuplées de loups, de cerfs, de chevreuils, de renards, se reliaient sans doute primitivement à cette forêt de *Bière* ou de Fontainebleau que le lecteur a parcourue avec moi, et ce serait même la région mise à nu entre ces massifs dans le bassin du Loing, qui aurait pris le nom de Gâtinais, du mot *Vastinium*, *Vastum*, endroit défriché, dévasté.

Le Gâtinais, qui s'étend aussi en Seine-et-Marne, du côté de Melun, est un pays peu grandiose d'aspect, mais riche en ruisseaux, en étangs poissonneux, en menus vallons pleins de mystères, une sorte de district intermédiaire entre l'opulente et saine Beauce et la stérile et insalubre Sologne. Les prairies et les champs de blé n'y manquent pas non plus. Le froment du Gâtinais n'est guère moins estimé que celui de la grande plaine située plus à l'ouest. Une autre culture de cette région, aux terres noires et légères, est celle du safran. Cette plante, voisine des iris, est originaire de l'Orient; les Tyriens l'utilisaient pour la médecine et la parfumerie; ils s'en servaient également pour peindre les voiles des jeunes mariées, et, dans les fêtes de Bacchus, les prêtres se faisaient une couronne de ses fleurs. Était-ce parce que, en s'évaporant, elles étaient censées neutraliser les fumées du vin? Ce végétal à la racine bulbeuse est surtout cultivé aujourd'hui en Italie et dans le midi de la France. Le Gâtinais l'a reçu, il y a 200 ans, du Comtat Venaissin, où il est maintenant à peu près délaissé. La récolte se fait en septembre et en octobre, et quelle fête alors dans la safranière, où, du matin au soir, chacun, le panier au bras, coupe les pédoncules et enlève les fleurs gris de lin, qu'on porte tout de suite à l'épluchage ! Ces jours-là, cette aire gâtinaise, si mélancolique d'ordinaire, s'anime autant que les coteaux vineux à l'époque des vendanges.

Tout autre est la Beauce, ce « grenier de la France », comme on l'appelle, qui occupe au nord-ouest plus d'un quart du département du Loiret. Là, point de collines, pas même de mamelons. Point de ruisseaux ; rien que des puits profonds ou de petites mares croupissantes. Des arbres, il n'y en a pas non plus ; çà et là seulement, au bord des routes, quelques ormeaux rabougris. La faute en est-elle, comme le dit Rabelais, à la jument de Gargantua? C'était, vous le savez, une bête haute comme six éléphants, aux pieds fendus en doigts « comme le cheval de César », à la queue aussi

UNE FERME EN SOLOGNE.

grosse qu'un pilier de cathédrale. Un prince d'Afrique l'avait envoyée à son ami Grandgousier, le roi du pays de Loudun et de Chinon, et on l'avait jugée digne de porter à Paris le fils de dame Gargamelle. Or la troupe, dans ce voyage, dut traverser un canton de la grande forêt d'Orléans. Là le fourré se trouvait tellement infesté de « mouches bovines et de frelons » que les bêtes de la caravane ne savaient où donner de la tête. Ce que voyant, la jument de Gargantua s'escrima si bien de son énorme queue, de-ci, de-là, en long, en large, qu'elle abattit non seulement les bestioles, mais toute la forêt avec elles. Les troncs tombaient l'un après l'autre comme des épis mûrs sous la faux. Tout le pays en fut rasé net, et c'est depuis ce temps-là, ajoute la chronique, que la Beauce est devenue l'immense plaine nue que l'on connaît.

Cette aire plate et uniforme, où l'on n'aperçoit de tous côtés que des sillons de champs tordus, avec des fermes, des moulins à vent, et de loin en loin un hameau, a pourtant aussi sa poésie propre. Au mois d'août, quand, à perte de vue, les épis jaunes s'y agitent, le spectacle a vraiment sa grandeur; mais, la farineuse récolte une fois faite, ce n'est plus qu'un espace morne et désolé. La terre desséchée se fendille, les herbes qui poussent par places sont aussi ternes et aussi arides que les chaumes restés de la moisson. On dirait que l'incendie a passé sur ce sol, où les tourbillons de poussière soulevés par le vent ressemblent à un ondoiement de cendres.

Différente encore est la Sologne, qui embrasse non seulement tout le sud du Loiret, mais aussi une partie du Cher et du Loir-et-Cher. Des hauteurs de Sancerre aux coteaux de la Touraine, elle couvre, à gauche de la Loire, plus de 500 000 hectares de terrain. Ce vaste plateau, faiblement ondulé, d'une altitude moyenne de 75 à 125 mètres, qui va s'abaissant du sud-est au nord-ouest parallèlement au cours du fleuve, atteint son point culminant (275 mètres) non loin de Cernay, à 10 kilomètres en amont de Châtillon. Son sol, uniquement composé de sable et d'argile imperméable, se prête peu à l'agriculture.

ORLÉANS. — Maison d'Agnès Sorel.

Au temps jadis, d'épaisses forêts le couvraient; puis, à mesure que s'est opéré le déboisement, sont nés les marécages et les fièvres qui ont valu au pays son triste renom d'insalubrité. Et le mal date de loin. Déjà au XVIe siècle, Bernard Palissy déplorait la rage ignorante avec laquelle les hommes s'acharnaient à « rompre, couper et déchirer » les belles futaies de la vieille Gaule. Il appelait cela une « malédiction » et disait en son langage naïf « qu'après que tous les bois seront abattus, il faudra que tous les arts cessent et que les artisans s'en aillent paître l'herbe, comme fit Nabuchodonosor ».

Effectivement, les Solognots, rebutés par la misère et la maladie, se mirent à déserter en masse leurs pauvres hameaux, leurs masures de chaume branlantes, leurs landes où croissait seule la bruyère. Mais, depuis une trentaine d'années, le pays est en voie de régénération. On a entrepris de le reboiser, comme on fait des Landes de Gascogne. On y a planté des pins maritimes et des pins de Riga. Le branchage touffu de ces essences, leur semis d'aiguilles, leurs détritus ont la vertu de transformer le

ORLÉANS. — Le Musée.

sol et de le fertiliser peu à peu. Leurs senteurs de résine assainissent l'air. Déjà il y a en Sologne des massifs entiers de ces arbres, et chaque jour ils vont s'y multipliant. Aussi les populations reviennent-elles à la contrée délaissée; on y laboure, on y sème de toutes parts; des maisons nouvelles, des villages proprets y surgissent çà et là. Des canaux d'assèchement drainent la région, si bien que des 2 000 étangs qui la couvraient autrefois, il n'en reste plus aujourd'hui que 400.

Dans cette promenade à droite et à gauche de la Loire, nous avons atteint le sommet de la grande courbe décrite par la rivière vers le nord. Cette courbe est le point culminant de son cours, et de même que Ratisbonne en Allemagne commande l'arc extrême du Danube du côté du septentrion, de même Orléans est chez nous la cité gardienne de ce nœud fluvial, de ce point éminemment stratégique où tant de fois, depuis les Barbares et depuis Jeanne d'Arc, se sont décidés les destins de la France. Refaire ici son histoire serait refaire celle du pays tout entier.

Qu'il suffise de rappeler qu'au temps des Carnutes, *Genabum* fut le principal marché de l'intérieur de la Gaule, et, après l'invasion romaine, une des villes qui soutinrent

ORLÉANS. — La cathédrale Sainte-Croix.

le plus ardemment Vercingétorix et sa cause. Son nom actuel paraît lui venir de l'empereur Aurélien, qui la rebâtit au IIIe siècle de notre ère, et lui accorda le titre de *cité*. Ce fut dans ses murs que se réunit sous Clovis (511) le premier concile tenu dans les Gaules. Après avoir été un moment la tête d'un État mérovingien à part, Orléans ne tarda pas, comme le voulait sa position au seuil commun des bassins de la Seine et de la Loire, à graviter dans l'orbite de Paris, à devenir une sorte d'annexe politique de la capitale, et son boulevard principal vers le sud.

Si la ville n'a que peu de restes d'antiquités, elle conserve en revanche de curieuses constructions du xv° et du xvi° siècle : tels l'hôtel de la Vieille-Intendance, où résidèrent successivement Henri III, Henri IV et Louis XIII, la demeure dite d'Agnès Sorel, la maison de François Ier, celle où logea Jeanne d'Arc, et d'autres intéressantes par leur architecture ou leurs détails d'ornementation. De l'enceinte que la Pucelle reprit aux Anglais lors du fameux siège de 1429, il ne reste qu'une tour à moucharabis, appelée la tour Blanche. La cathédrale Sainte-Croix, dont les deux clochers de style ogival dominent au loin le pays, est un immense vaisseau à cinq nefs, de 147 mètres de long, reconstruit à partir du xvii° siècle. L'hôtel de ville, qui l'avoisine, est un édifice flanqué de deux ailes dont l'intérieur, richement décoré, évoque toutes sortes de souvenirs historiques. L'ancien palais municipal (hôtel des Créneaux), où se trouve le musée, offre de son côté une belle façade de la Renaissance, avec un beffroi gothique malheureusement mutilé.

En franchissant le pont de neuf arches, long de 333 mètres, qui enjambe la Loire au débouché de la rue Royale, et à l'extrémité duquel se dresse une statue de Jeanne d'Arc, vêtue en amazone cuirassée, nous rencontrons à 4 kilomètres au sud-est les sources de la riviérette qui a donné son nom au département. C'est l'excursion obligatoire et unique du touriste qui a fini de visiter la ville. Le Loiret, qui n'a qu'un cours de 12 kilomètres, sort de terre en amont du village d'Olivet, célèbre pour ses fromages, par deux ouvertures, le *Bouillon* et l'*Abîme*, distantes l'une de l'autre d'une centaine de mètres. Ces gerbes liquides jaillissent dans le parc du château dit de la Source. La relation qu'on a observée entre les crues de la Loire et celles de son affluent fait supposer que les deux rivières communiquent par des canaux souterrains; la seconde ne serait-elle donc qu'une dérivation momentanée de la première? Leurs ondes, en tout cas, ne se ressemblent guère : autant celles de la Loire sont jaunâtres et troubles, autant celles du Loiret sont claires et limpides. De nombreuses fontaines gazouillantes rejoignent en outre ce joli cours d'eau dont les rives, charmantes et ombreuses, sont bordées de parcs, de jardins et de villas.

Château de Blois. — La cour d'honneur.

XXIII

APERÇU DE LA VALLÉE DU LOIR.
LES GRANDES RÉSIDENCES HISTORIQUES DE LA LOIRE : BLOIS, CHAMBORD ET AMBOISE. — TOURS ET SES ENVIRONS

Beaugency est un très plaisant chef-lieu de canton de cinq milliers d'âmes, qu'un vénérable pont de 440 mètres de longueur relie à la rive gauche de la Loire. C'est au-dessous de cette petite ville, recommandable par son église Notre-Dame des XI° et XII° siècles, par ses restes de remparts moyen âge, son château, son hôtel de ville, ses maisons Renaissance, son donjon roman dit *Tour de César*, que le voyageur venant d'Orléans entre dans Loir-et-Cher. Le fleuve, par son inflexion au sud-ouest, divise ce département en deux parties à peu près égales. Au nord s'étendent le reste de la Beauce, puis le Perche, deux contrées singulièrement dissemblables d'aspect, entre lesquelles se déroule le cours profond du Loir. C'est même au sillon de cette charmante rivière, qui descend de Châteaudun à Vendôme pour aller se jeter dans la Sarthe au-dessous de la Flèche, qu'appartiennent les sites les plus agrestes et les plus accidentés du pays. Les collines, à certains endroits, y deviennent d'abruptes falaises où s'encastrent parfois des villages entiers. Le vieux château de Lavardin, dont on visite les ruines près de Montoire, a lui-même une partie de ses salles creusées dans le roc. Plus en aval, le bourg de Troô occupe un site analogue.

Et quelles fraîches et jolies prairies, où prospère le pommier de Normandie, s'étalent au pied de ces intumescences, dont la plus élevée, le Haut-Cormont, a 256 mètres d'altitude ! Au sud de la Loire, au contraire, se continue le plateau de la Sologne, que délimite à peu près le cours du Cher.

Le pont de Blois, auquel nous voici arrivés, est un de ces ponts de pierre en dos d'âne comme on en faisait il y a deux cents ans. A son centre se dresse une pyramide haute de 18 mètres, portant les armes de France et de Navarre. Blois a été en effet, il y a trois siècles, la cité royale par excellence. Au-dessus de ses quais aux blanches maisons dominées par des rues tortueuses, escarpées, solitaires, pleines de vieilles demeures sculptées et de curieux hôtels de la Renaissance (hôtels

Vallée du Loir. — Château de Lavardin.

Alluye, Denis-Dupont, Sardini, de Guise, d'Épernon, etc., s'allonge la masse imposante de l'édifice qui atteste sa gloire passée. Ici s'ouvre la série des grandes résidences historiques qui vont nous arrêter au passage.

Princes et seigneurs, au temps passé, choisissaient de préférence les sites forestiers, pour s'y bâtir des châteaux. Posséder des bois giboyeux où l'on pût se livrer à l'aise au noble plaisir de la chasse, était pour eux l'attribut essentiel et le signe le plus éclatant de la puissance. A ce point de vue, le pays blésois, aussi bien que les districts adjacents, offrait tous les avantages désirables.

Aux portes mêmes de la ville s'étendaient de vastes futaies dont il subsiste encore aujourd'hui de beaux fragments. Cette particularité, jointe aux autres attraits de la contrée, explique la prédilection des derniers Valois pour ces rives où, de tous côtés, on retrouve, au front et à l'intérieur de gigantesques palais, le porc-épic, la fleur de lis et la salamandre, emblèmes de ces princes amoureux du faste et de l'art.

Construit sur l'emplacement de l'ex-*castrum* romain qui avait été le chef-lieu du primitif *Pagus blesensis*, le château de Blois, tel qu'il a été restauré à grands frais à partir de 1845, est un quadrilatère irrégulier dont la façade regarde l'orient. Des quatre parties dont il se compose, la plus ancienne date du xiii° siècle. C'est celle qui renferme la belle salle de Justice où se réunirent les fameux États Généraux de 1576 et de 1588. Le bâtiment de l'est, où s'ouvre l'entrée principale, fut élevé par Louis XII. L'aile du nord, avec ses fenêtres encadrées d'arcs en anse de panier, ses élégantes bretèches, la cage à jour de son grand escalier dont des baies rampantes marquent au dehors la révolution, est l'œuvre de François Ier; c'est là que le style italien de la Renaissance s'affirme dans tout son éclat. La façade de l'ouest, ou aile de Gaston (1635), ainsi nommée du frère de Louis XIII, qui s'était, on le sait, créé à Blois une sorte de cour provinciale, a eu pour architecte Mansart.

CHÂTEAU DE BLOIS. — Le grand escalier.

Que de souvenirs tragiques évoque une promenade à travers ces galeries, ces chambres et ces cabinets! Voici par exemple la pièce dans laquelle le duc de Guise tomba sous les poignards des Quarante-cinq gentilshommes. Au-dessous d'elle, dans la tour du Moulin ou des Oubliettes, dont la lourde porte de fer communique avec les appartements royaux, voici la salle basse où fut enfermé et assassiné le cardinal de Guise. Ailleurs c'est la chambre où mourut en 1589 Catherine de Médicis; puis la fenêtre par laquelle, en 1619, Marie de Médicis, que Louis XIII avait reléguée à Blois, s'évada pour recommencer la guerre civile.

Pendant quelque temps, cette partie de la vallée de la Loire resta comme le centre du royaume. C'est tout près de là, dans un autre château royal, celui de Romorantin en Sologne, qu'habita souvent François Ier. C'est aussi dans ce district de forêts, à 5 kilomètres de la rive sud du fleuve, sur l'emplacement d'une maison de chasse des anciens comtes de Blois, que le même souverain fit bâtir, en 1526, au retour de sa captivité de Madrid, le fastueux palais de Chambord.

Douze années durant, 1 800 ouvriers travaillèrent à l'édification de ce manoir, où François Ier, en 1539, put donner l'hospitalité à son rival l'empereur Charles-Quint. On y arrive de Blois par un de ces paysages plats et ternes propres à la Sologne. On franchit les futaies de bouleaux et de pins, et au bout d'une large route, au milieu de cette végétation, on en aperçoit une autre, une végétation de pierre dentelée, un vrai fouillis de campaniles, de cheminées, de lucarnes, de flèches, de clochetons, coiffant une immense construction de 156 mètres de long sur 117 de large, avec quatre grosses tours cylindriques aux angles.

Au centre du massif se dresse un second édifice flanqué de tours semblables, mais plus hautes, et terminé par une lanterne. Le tout se confond du côté du nord en une seule façade. Le morceau capital, à l'intérieur, c'est l'escalier à double vis, où deux personnes peuvent monter et descendre sans se rencontrer. Il est entouré de quatre salles aux voûtes sculptées qui forment la croix grecque. Le donjon, avec son couronnement pyramidal de 32 mètres de haut, produit l'effet le plus saisissant.

CHATEAU DE BLOIS. — L'aile de François Ier.

Sur les terrasses supérieures s'élève un belvédère surmonté d'un léger campanile d'une décoration très riche et terminé par une colossale fleur de lis.

Le nombre des pièces du château est de 440, sans compter une douzaine de grands escaliers et beaucoup d'autres plus petits, dissimulés dans l'intérieur des murs. Partout apparaissent la salamandre et les F couronnées.

François Ier eût voulu, dit-on, détourner la Loire pour qu'elle vînt baigner le pied de cette résidence seigneuriale, sur le territoire de laquelle coule seulement une petite rivière appelée le Cosson, dont les ondes limpides remplissent les fossés du château. Ce fut à Chambord qu'il résida de préférence dans les derniers temps de son règne. Il y vint pour la dernière fois en 1545. Deux ans après, il mourait à Fontainebleau, son autre séjour de prédilection. Son successeur Henri II, qui termina le manoir, continua de le visiter souvent; autant en firent François II et Charles IX. Détail curieux : c'est là que fut essayé en 1562, en attendant l'invention du *fusil* qui n'eut lieu qu'en 1630, un nouveau modèle d'arquebuse (le *mousquet*), dont le mécanisme avait été imaginé par Dandelot. L'arme fut donnée bientôt à tous les soldats, et, dix ans après, elle servit à « arquebuser », dans la nuit de la Saint-Barthélemy, l'amiral Coligny, frère de l'inventeur, avec tant d'autres huguenots.

Louis XIV alla aussi plusieurs fois à Chambord avec sa cour; en 1669, il y assista à la première représentation de *Monsieur de Pourceaugnac*, de Molière, et, l'année suivante, à celle du *Bourgeois gentilhomme*. Stanislas Leczinski, le roi de Pologne qui nous causa tant de tracas, y habita de 1725 à 1733. Cédé ensuite à la famille du

CHATEAU DE CHAMBORD.

maréchal de Saxe, le château passa en 1809 aux mains de Berthier, prince de Wagram, et en 1821 il fut racheté, par souscription nationale, avec toute la commune, au prix de 1 542 000 francs, pour être offert au duc de Bordeaux, qui venait de naître. On sait que plus tard, dans son exil, qui ne devait finir qu'avec sa vie (1883), le prince prit le titre de comte de Chambord. Le palais est aujourd'hui la propriété de ses héritiers.

Au-dessous de Blois, le large fleuve, dont les eaux dormantes ne se réveillent qu'à l'époque des crues, pour jeter de toutes parts des bavures de sable et des détritus qui n'ont pas, tant s'en faut, la vertu fécondante des dépôts du Nil, continue sa course au sud-ouest, et entre dans cette ancienne province de Touraine qu'on a appelée le « Jardin de la France ». Cette appréciation de la contrée remonte, disons-le, à un temps où l'on ne se déplaçait guère. Les grands seuls alors voyageaient, et comme, à la suite de la cour, ils allaient principalement aux châteaux de la Loire, où tout était aménagé soigneusement pour séduire l'esprit et les sens, on s'explique que ce coin de terre soit resté, à leurs yeux, l'idéal de la douce et champêtre nature. Le Tasse, qui avait visité la région, en parle, il est vrai, sur un ton enthousiaste; dans sa *Jérusalem délivrée*, il l'appelle la *Terra molle e lieta e dilettosa*. L'Anglais Stendhal, au contraire, proteste : « La belle Touraine n'existe pas », écrit-il, sous l'impression des sites lumineux et des purs horizons de l'Italie.

Il est certain que, pour le pittoresque, le pays laisse à désirer; mais c'est bien la « terre molle », aux traits sobres et tempérés, au charme discret et enveloppant, qui berce et endort à demi le touriste. Avec ses beautés calmes et gracieuses, ses coupes de terrain bien modelées, ses vignes, ses détails harmonieux, ses tableaux de vie facile et heureuse, la Touraine rappelle quelque peu, moins le profil des montagnes, certaines parties de la Toscane ombrienne, du côté du lac Trasimène par exemple. Le climat conspire, lui aussi, à l'effet enchanteur de l'ensemble; point de grands froids ni de chaleurs excessives; les automnes surtout y sont délicieux. Cet air moite et caressant, ces bouquets d'arbres au feuillage pâlot qui essaiment entre les prairies et les champs, ces châteaux ou ces villas qui émergent de chaque bauge de verdure, la nappe du fleuve même avec ses îlots, sa face qui change selon la hauteur des eaux, tout cela compose une nature à part qui se reflète dans celle de l'habitant.

CHATEAU DE CHAMBORD. — Le Belvédère.

Le Tourangeau, en effet, a une sorte de nonchalance native, qui, de tous temps, a frappé le voyageur, et cette particularité de l'humeur régionale est peut-être une des causes qui, *à priori*, devaient empêcher cette province centrale de la Loire de devenir, au détriment de Paris et de l'Ile-de-France, le noyau définitif de la grande agglomération cisrhénane.

Cette contrée paisible et souriante, refuge des souverains en leurs jours de détresse politique, est cependant celle où se sont accomplis les drames les plus lugubres des guerres civiles et religieuses : témoin encore ce château d'Amboise qui se présente à nous, au seuil même du pays, à la rive gauche de la Loire.

Ce qu'on en aperçoit tout d'abord, au-dessus d'une longue rangée de maisons, à l'extrémité sud du pont, c'est un énorme donjon rond de 40 mètres de haut. Deux autres grosses tours de même forme, où les charrettes peuvent accéder par des rampes, flanquent l'enceinte de ce sévère édifice. De sa position au confluent de la Loire et de l'Amasse (*Amatissa*) est venu le nom d'Amboise (*Ambasia*) resté à la curieuse petite ville de 6 000 habitants qui occupe ici la berge et l'îlot.

Du château proprement dit, démoli en partie sous le premier Empire, il ne subsiste qu'un massif étayé le long de la Loire par de hauts murailléments, et une aile en partie de la Renaissance, qui s'appuie, du côté de la cour, contre le corps de

CHATEAU D'AMBOISE.

logis gothique ; le reste est du temps de Charles VIII. La salle des États fait face au fleuve ; à ces créneaux furent accrochés en 1560 les cadavres des chefs huguenots qui, lors du complot noué par La Renaudie, à l'instigation du prince Louis Ier de Condé, le bisaïeul du vainqueur de Rocroy, avaient entrepris de tuer les Guise et d'enlever la couronne aux Valois pour la donner aux princes de Bourbon. Ce transfert ne devait s'accomplir que trente-trois ans plus tard, après l'assassinat du dernier descendant de Philippe VI, et au prix de bien des combats et d'une « messe ».

Charles VIII était né au château d'Amboise, qui demeura son séjour préféré, et il y mourut en 1498, du coup qu'il s'était donné à la tête en passant sous une porte basse que le gardien vous montre au-dessus des fossés. François Ier y passa une partie de sa jeunesse. De vastes souterrains du XVIe siècle, de prétendus *silos* (greniers) de César, courent sous les rochers de l'est, et un tunnel creusé par Louis-Philippe va en outre de la tour du Nord à celle du Midi, à travers le bloc d'énormes rochers sur lesquels le château est bâti. Mais le bijou architectural de l'édifice, c'est la chapelle ogivale, dédiée à saint Hubert, qui s'élève à l'ouest du jardin. On y a inhumé en 1519 Léonard de Vinci, que François Ier avait, on le sait, attiré d'outre-monts, et qui mourut, non loin de là, dans le domaine de Clos-Lucé.

Vers Tours, la Loire continue de dérouler sa vaste nappe au travers d'un pays aux grands horizons, mais qu'accidente seule d'une façon sensible l'arête haute de

LA LOIRE A TOURS.

123 mètres qui se dresse, en deçà du Cher, à la lisière de la Forêt d'Amboise. En été ou au commencement de l'automne, son lit parfois est presque à sec ; on dirait à peine d'une rivière. Ce n'est qu'un morne sillon, rempli de bancs de sable et d'îlots boisés, entre lesquels serpentent des ruisseaux. Seul un chenal plus profond et plus large, que la main de l'homme entretient soigneusement, rappelle qu'il y a là un cours d'eau et sert aux besoins de la navigation.

Nous atteignons ainsi l'endroit où le Cher, après avoir longtemps cheminé parallèlement à la Loire, en dessinant entre elle et lui une interminable presqu'île, se décide enfin à se verser dans son sein. La jonction est déjà faite néanmoins en amont, grâce à un canal de 3 kilomètres de longueur qu'on a creusé d'une rivière à l'autre.

Prise dans cette fourche fluviale, entre deux cours d'eau également indisciplinés et fantasques, la ville de Tours pare de son mieux aux dangers de cette position insidieuse au moyen de hautes et puissantes levées ; mais parfois le rempart est forcé, et l'on sait ce qu'il en résulte de désastres pour tout ce coin de pays situé au-dessous du niveau des grandes crues.

Deux ponts suspendus et un pont de pierre de 434 mètres de longueur relient le chef-lieu d'Indre-et-Loire à ses faubourgs de la rive droite, Saint-Symphorien et Saint-Cyr. Malgré les nombreuses lignes de chemin de fer qui s'amorcent ou se rejoignent à sa gare, Tours n'a plus l'importance commerciale et industrielle qu'il a eue jadis, sous Louis XI, quand les fabricants d'étoffes y affluaient de tous les points de l'Europe. Il comptait alors 80 000 âmes ; aujourd'hui il n'en a plus que 60 000. Dès ce temps-là aussi, ou du moins dès le xvi° siècle, il passait pour le type de la ville de province avenante et propre, celle dont, par comparaison avec les autres cités du royaume, on vantait volontiers les avenues soignées et les voies régulières.

Son principal monument est sa cathédrale, dédiée à Saint-Gatien, le premier évêque des *Turones*. Elle fut commencée

TOURS. — La cathédrale.

en 1175 et achevée seulement en 1547. Sa façade aux trois immenses portes flamboyantes, avec tympans et pignons ajourés, les splendides verrières de son intérieur, ses deux clochers d'où, par un temps clair, on a vue jusqu'au delà d'Amboise, font d'elle un édifice ogival d'une somptuosité remarquable. Quant à cette basilique de Saint-Martin, aussi renommée autrefois dans la chrétienté que celle de l'abbaye de Cluny, et où tant de pèlerins affluaient, elle a disparu à la Révolution. Il n'en reste que trois fragments : la tour de l'Horloge ou du Trésor, la tour dite de Charlemagne, et une galerie de cloître de la Renaissance. D'autres vestiges de monastères et d'églises, ceux de Sainte-Croix par exemple et les débris du prieuré de Saint-Côme où Ronsard mourut en 1585, des demeures historiques des xv° et xvi° siècles, l'hôtel Gouin, la maison à haute tourelle dite de Tristan l'Ermite, mais qui date en réalité de Charles VIII, l'hôtel de la Boule-

Tours. — La tour Charlemagne.

d'Or, avec sa cheminée de la Renaissance, méritent aussi d'arrêter le visiteur.

A un kilomètre au sud-ouest de la ville, du côté du Cher, s'élevait le château de Plessis-lès-Tours, ce « noir Plessis » que Louis XI affectionnait tant, et où il mourut de si mauvais gré en 1483. Il n'en subsiste actuellement qu'un corps de bâtiment et la fameuse cave où fut d'abord enfermé le cardinal La Balue. Un parc magnifique entourait autrefois ce manoir, et ce serait même, dit-on, à ce parc qu'aurait été primitivement appliquée cette désignation de « Jardin de la France », étendue ensuite à toute la Touraine.

CHATEAU DE LUYNES.

Plus en aval, au-dessus d'une bourgade à demi souterraine, aux maisons creusées dans le roc, telles qu'il s'en rencontre beaucoup dans cette région toute percée de carrières, apparaît le château de Luynes, élégant édifice à tourelles des XV° et XVII° siècles. Plus loin encore, presque en face de l'endroit où le bras principal du Cher se jette dans la Loire, surgit l'étrange monument qu'on appelle, on ne sait trop pourquoi, la Pile de Cinq-Mars ou Saint-Mars. C'est une tour massive et carrée, de 29 mètres de hauteur, que surmontent quatre pyramidions. Enfin, à l'est des vignobles de Bourgueil, nous apercevons le château de Langeais, avec son parc semé de ruines et son vénérable donjon. C'est dans cette bastille féodale, dont la mine sombre et rébarbative frappe étrangement le voyageur qui vient de visiter tant

PILE DE CINQ-MARS.

de gracieux manoirs de la Renaissance, que fut célébrée en 1491 entre Charles VIII et Anne de Bretagne l'heureuse union qui fut en même temps celle de la France et de la vieille Armorique.

Paysage du Berry.

XXIV

AUX RIVES DU CHER. — LE CHATEAU DE CHENONCEAUX
ET LA VILLE DE BOURGES. — UN TRAJET EN DILIGENCE. — LOCHES
ET LA VALLÉE DE L'INDRE.

Une autre merveille de la région où nous sommes entrés, c'est le château de Chenonceaux, qui s'élève à 32 kilomètres de Tours, non sur la Loire, mais sur le Cher, que nous allons, de ce pas, remonter. Ce splendide édifice de la Renaissance, restauré de nos jours par Mme Dupin, la femme du fermier général de ce nom, puis par Mme Pelouze, la petite-fille du célèbre chimiste, qui l'a vendu en 1889 au Crédit foncier, est bâti partie sur deux énormes culées de la rive droite du cours d'eau, partie sur le pont qui y fait suite et aboutit à la rive gauche. Commencé en 1515 sur l'emplacement d'une forteresse féodale de la famille de Marques par le receveur général des finances Thomas Bohier, il fut achevé et embelli par Diane de Poitiers, la favorite de François Ier, et par Catherine de Médicis, qui en fit son séjour de prédilection. Ce fut cette dernière qui chargea Philibert Delorme d'ériger la grande galerie de 60 mètres de long et à deux étages que supportent les cinq arches du pont.

La partie la plus ancienne de Chenonceaux est le donjon cylindrique qui, avec une enceinte de fossés, est le seul reste de la construction primitive. L'ensemble forme un quadrangle flanqué de quatre tours rondes. Le vestibule, la salle des Gardes, la chapelle avec ses vitraux, la chambre de Louis XIII, celle de Diane, le Cabinet vert, ex-boudoir de la duchesse de Valentinois, les cuisines voûtées conte-

CHATEAU DE CHENONCEAUX.

nues dans les piles de soutènement du château, puis les écuries, sises dans l'avant-cour, tout mérite d'être visité.

Plus en aval, sur la rive droite, mais déjà dans le département de Loir-et-Cher, nous saluons au passage les ruines du Donjon de Montrichard, énorme tour carrée à contreforts, datant du XIe ou XIIe siècle, et environnée d'une enceinte plus moderne.

De là, le sillon du Cher, laissant à l'est Romorantin et la Sologne, continue d'incliner vers Vierzon, où commence la courbe qu'il décrit au sud, à la partie occidentale du département auquel la rivière a donné son nom.

On connaît l'aspect physique du Berry, cette province centrale de la France, dont George Sand a si bien retracé la physionomie et narré les « légendes rustiques ». Dans cette contrée d'agriculteurs et d'éleveurs, point de transitions brusques, point de hautes montagnes ni de vallées profondes, rien que des coteaux d'une élévation médiocre, qui vont s'abaissant en pentes douces, des plaines coupées d'étangs, de marais et de bouquets d'arbres, qui respirent plutôt la mélancolie qu'une sévère tristesse. Nulle part de brusquerie, ni dans le site, ni dans le climat, dont l'humidité exclut également les grands froids et les fortes chaleurs.

La vieille ville de Bourges, le célèbre *Avaricum* des Gaulois, n'est pas située sur

MONTRICHARD.

le cours d'eau qui arrive ici de l'Allier et de la Creuse ; elle est un peu plus à l'est, sur le canal du Berry, au confluent de l'Yèvre et de l'Auron.

Vue de loin, sur son éminence, au milieu de sa vaste plaine dont la monotonie est pourtant corrigée çà et là par de menus vallons que parcourent les riviérettes sinueuses du pays, l'ex-capitale des Bituriges, avec ses faubourgs irrégulièrement étirés au dehors, son arsenal, ses fonderies militaires, ses usines, ses magasins d'approvisionnement, fait presque l'effet d'une grande ville ; mais ce n'est là qu'une illusion d'optique. Cette ample ceinture n'est à son corps qu'un vêtement lâche et flottant ; il s'en faut que les constructions remplissent tout l'espace trop vaste de beaucoup pour une population de 43 000 âmes. Le massif urbain proprement dit, c'est le labyrinthe de rues étroites aux pavés aigus qui compose le quartier haut où se dressent les vieux hôtels pensifs de l'aristocratie berrichonne et des familles parlementaires d'autrefois. L'atmosphère qu'on y respire semble celle d'un autre âge. A voir ces respectables demeures, qui se serrent l'une contre l'autre, comme pour se défendre mutuellement des innovations du siècle présent, et où le train de vie est encore réglé selon les us et coutumes traditionnels du terroir, on songe à cette devise qui se lisait jadis sur une des portes de la paisible cité : « Entrez, vous qui aimez la candeur et l'affabilité ».

L'édifice sacro-saint qui projette son ombre sur cet ensemble original et vétuste, c'est l'immense temple gothique que le XIIIe siècle a vu commencer, cette fameuse cathédrale Saint-Étienne, à laquelle se peuvent seules comparer quatre autres cathédrales de France, celles d'Amiens, de Reims, de Chartres et de Paris.

Elle a 144 mètres de long, et couvre un espace total de 6 200 mètres, c'est-à-dire 700 mètres de plus que Notre-Dame de Paris, 450 mètres de moins que sa sœur de Reims, inférieure elle-même de 50 mètres à Notre-Dame de Chartres, qui le cède

BOURGES. — Portail de la cathédrale.

encore de 1 200 mètres au Dôme de Cologne, dont la superficie est de 8 900 mètres. Saint-Étienne de Bourges, il est vrai, est la seule des grandes églises de France qui n'ait point de transept, ce qui lui fait perdre en étendue les branches saillantes que les croisillons dessinent de chaque côté du vaisseau.

Saint-Étienne, en revanche, possède cinq nefs, divisées par quatre rangs de piliers, et auxquelles correspond un quintuple portail où sont percées des baies majestueuses. Les deux tours, à quatre étages marqués par autant de galeries, datent des XVe et XVIe siècles; elles sont restées inachevées. La plus haute, la tour de Beurre, mesure 65 mètres; on y accède par un escalier de 396 marches. Elle est séparée de l'autre, la tour Sourde, par une immense fenêtre du XIVe siècle. La plus grosse cloche s'appelle *Étienne*, et a eu pour parrain le duc de Berry (Louis XVI). Elle se fêla en 1838 en sonnant la messe de Minuit; mais on la refondit en 1842, sous le nom de *Guillaume-Étienne*. Elle pèse 7 000 kilogrammes, et sa note est le *fa*. La gamme est complétée par quatre autres cloches moindres : *Henri* qui donne le *la*, *Caroline* qui donne le *si*, *Marie-Thérèse* et *Célestine* qui donnent l'*ut* et le *fa* octave. Il y en a une cinquième, la *Clavote*, qui est toute petite.

L'édifice est d'un style généralement sobre ; tout l'effort de décoration semble s'être concentré sur la vaste façade de 55 mètres de large qui est tout un poème de figurations sculptées. Contemplez à loisir cette immense page de pierre, étrange et admirable à la fois, où l'iconographie sainte du temps s'est donné si librement carrière.

Le lecteur sait que les artistes qui ciselaient les cathédrales gothiques n'étaient pas embarrassés pour le choix de leurs sujets ; leur verve inventait les allégories et les images les plus fantastiques, ne reculant pas devant les scènes hideuses, grotesques, licencieuses même. Ne fallait-il pas avant tout, en cet âge d'ignorance et de grossièreté, frapper vivement les regards des foules, étonner, faire peur au besoin ? De là ces épisodes inouïs où le Jugement dernier s'étale avec ses épouvantements de toute sorte, ses démons horribles et ses suppliciés dont on ne saurait décrire les tortures. De là aussi cette faune hybride et bizarre, cette exhibition de bêtes fabuleuses ou réelles qui parodient aux tympans des portails les faits et gestes des humains. La cathédrale de Chartres, par exemple, nous montre une truie en train de battre du beurre ; sur celle d'Amiens, on voit un renard, affublé d'une cagoule de moine, prêchant à des poules qui l'écoutent le bec ouvert. Ailleurs le même animal apparaît habillé en évêque, avec la crosse et la mitre ; des singes grimaçants jouent de la flûte, des ânes pincent de la harpe, des porcs tournent le fuseau. Quant à Saint-Étienne de Bourges, il réserve bien d'autres surprises à l'œil qui analyse patiemment les détails de sa gigantesque façade.

Encore un mot au sujet de ce monument hors ligne. Les colonnes ou colonnettes y sont au nombre de 2 662 ; 332 ais et pinacles y abritent des statues ou statuettes ; l'intérieur, y compris la crypte du XIII° siècle qui s'étend au-dessous du chœur, est éclairé par 160 baies et 30 roses ; les vitraux peints représentent plus de 2 650 personnages, ce qui, avec la statuaire et la peinture, donne plus de 4 300 figures.

Et quelle merveille que ces vitraux de Saint-Étienne de Bourges, où se développent d'une façon triomphale tant de légendes et d'histoires sacrées !

Cet art délicat de la peinture sur verre est déjà mentionné par Grégoire de Tours et par Fortunat ; mais ce ne fut qu'au X° siècle qu'il commença de prendre son essor. En 1052, il existait au monastère de Saint-Bénigne à Dijon des panneaux de vitres coloriés qui passaient déjà pour anciens ; l'église de Saint-Denis, elle aussi, avait été, par les soins de l'abbé Suger, décorée d'ouvrages du même genre figurant des scènes de la Bible et des épisodes des Croisades. Vint le XIII° siècle, époque où la vitrerie religieuse acquit un éclat de coloris surprenant, comme l'attestent et le rond-point de la cathédrale de Bourges et les cathédrales de Chartres, de Sens, de Rouen, par exemple. Au XV° et au XVI° siècle, de nouveaux progrès furent réalisés : témoin encore les verrières de Bourges qui datent de ce temps et celles dont furent ornés les châteaux d'Anet, d'Écouen et de Gaillon. Puis ce genre, particulièrement cher à l'art ogival, fut abandonné au xviiie siècle; de nos jours, on s'efforce de le remettre en honneur.

Outre l'horloge extérieure du xve siècle qui se trouve à Bourges, au-dessous de la tour Sourde, il y en avait au dedans une seconde qui datait de la même époque, et que l'on continue de vous montrer comme une des curiosités de l'église. La vérité, c'est que la machine astronomique de 1420 a été détruite en 1872 et remplacée par une autre dépourvue d'intérêt et de valeur. De l'horloge authentique, il ne reste que le cadran inférieur, immobile et muet à présent. Cette pièce remarquable avait été,

BOURGES. — Maison de Jacques Cœur.

nous apprend la chronique, composée et exécutée par Jean Furoris, chanoine de Reims et de Paris, qui reçut pour cette œuvre 60 écus d'or et le « vin d'honneur ». Elle donnait à chaque heure les quatre premières notes du *Salve Regina*, *la, sol, la, ré*, et elle indiquait, outre les lunaisons, le lever du soleil, son coucher et son passage successif sur les douze signes du zodiaque.

Du palais que les ducs de Berry possédaient à Bourges, il ne subsiste aujourd'hui que des ruines servant de prison; quant aux maisons du xve et du xvie siècle, elles abondent, on le sait, dans la ville. Citons tout de suite l'hôtel Cujas, qu'habitait le fameux jurisconsulte de ce nom, et qui est devenu le Musée; l'hôtel Alemant, si remarquable par son élégante tourelle et ses médaillons encadrant des figures en terre cuite; l'ex-hôtel de la Porte, actuellement la mairie; l'ancien hôtel de ville, avec la belle tour d'escalier qui le flanque, et de nombreuses maisons de bois de la même époque.

Mais la plus célèbre de ces demeures historiques est celle que Jacques Cœur, l'*argentier*, autrement dit le trésorier de Charles VII, fit bâtir de 1443 à 1451, et qui sert à présent de palais de justice. Cet édifice, dans lequel sont enclavées trois tours de l'enceinte gallo-romaine du IVe siècle, est serré entre deux tourelles. Au centre, une autre tourelle saillante, à fenêtre oblique, renferme un escalier tournant. Tout le long des trois corps de logis règne une galerie ouverte, cintrée au dedans, ogivale au dehors, qui forme le cadre de la cour d'honneur. Les pavillons sont surmontés d'énormes toits en ardoise, couronnés un peu au hasard de crêtes et de figures de plomb. La façade de la rue Jacques-Cœur est d'une originalité délicieuse, et la chapelle ornée de fresques remarquables.

Bourges. — Ancien hôtel de ville.

Cet hôtel du richissime marchand qui, de son petit magasin de Bourges, avait étendu son commerce par le monde entier et couvrait de ses vaisseaux toutes les mers, devint le type d'un système d'architecture nouveau. Ce n'était plus la sombre et lourde forteresse féodale qui avait prévalu jusqu'alors; ce n'était pas encore ce sensuel palais de la Renaissance, tel qu'il allait éclore sous l'influence croissante du goût italien, c'était un genre de construction mixte, où l'idée de force continuait de s'affirmer, mais en s'alliant à la grâce. La tour de défense aux vives arêtes vise désormais à l'effet pittoresque; les grands toits coniques, les hautes lucarnes encastrées dans la pierre dentelée, les murs, toujours épais, mais enjolivés, comme les meurtrières, de toutes sortes de sculptures et de broderies, attestent un changement social et le désir de plaire tout en imposant. La colossale fortune de ce bourgeois berrichon, qui, sans cesser de trafiquer, devint diplomate et ministre, ne pouvait manquer d'exciter l'envie. La fière devise inscrite aux murs de son habitation : « A vaillants *cuers* (cœurs) rien d'impossible », prouve aussi que sa haute fortune n'avait pas laissé d'enivrer son âme. On racontait que ses chevaux et ses haquenées n'étaient ferrés que d'argent. Il possédait plus de quarante terres et châteaux; il avait des hôtels dans toutes les grandes villes de France. Il prêtait de grosses sommes au roi et à tous les seigneurs de la cour, et ce fut autant avec ses écus qu'avec l'épée de Jeanne d'Arc que Charles VII put chasser les Anglais. Tous les arts rencontraient en Jacques Cœur un protecteur judicieux et dévoué; c'était en France comme une sorte de Médicis, exerçant une action souveraine sur toutes les branches de la civilisation. Cette suprématie qu'il avait acquise à force d'énergie et de volonté devait le perdre à la fin.

Il s'était fait trop d'obligés, et des obligés trop puissants, pour qu'on lui pardonnât ses bienfaits. Une coalition de haines implacables se forma contre ce manieur d'argent. Taxé de concussion par ses débiteurs, accusé en outre d'avoir empoisonné Agnès Sorel, à l'instigation du Dauphin, il fut arrêté en 1451, et, en attendant la curée, ses biens furent mis sous séquestre. On sait comment, après sa condamnation, il réussit à s'évader de la prison où on l'avait enfermé, pour venir mourir, en

CHATEAU DE LOCHES.

1546, à l'île de Chio, au moment de prendre, au nom du pape Calixte III, le commandement d'une escadre de guerre contre les Turcs.

Il y a un quart de siècle environ, quand la voie ferrée de Tours à Montluçon n'était pas encore faite, je me souviens d'être allé à plusieurs reprises d'Amboise à Loches par la diligence qui partait quotidiennement de la station. Après avoir traversé le pont et les rues tortueuses de la curieuse petite ville que commande le château ci-dessus décrit, on franchissait la forêt d'Amboise dans la direction de Bléré. Voyage plein de charme et de poésie, surtout dans l'arrière-saison, alors que la campagne tourangelle était à demi noyée dans les pâles vapeurs de l'automne, et que tout, sites et édifices, n'apparaissait qu'en traits indécis. A Bléré on rencontrait le Cher, que la voiture franchissait sur un vieux pont du xv° siècle. De là, si je ne me trompe, on filait sur Luzillé et Genillé, deux bourgades que les *guides* oublient volontiers, et après avoir laissé à gauche la route de Montrésor et passé l'Indroye ou petite Indre, on entrait dans la forêt de Loches, pour descendre à souhait vers cette ville par une rampe en lacet qui vous ménageait, à chaque tournant, les plus délicieuses échappées de vue sur la région d'alentour.

La diligence, composée uniquement d'un coupé et d'une rotonde, était toujours pleine. Les haltes, parfois, étaient un peu longues aux « tourne-bride » qui se rencontraient en chemin. On en profitait pour descendre un moment; on pénétrait dans l'auberge, on buvait un verre de vin du pays en regardant les images grossières appendues aux murailles et en écoutant converser les gens attablés dans la salle. Et ce qu'on apprenait de choses, sans le vouloir, en ces rustiques caravansérails où se concentrait à de certaines heures tout le mouvement du district! Les hôtes en étaient en même temps voituriers, cultivateurs et marchands, et ils avaient vu, on peut le dire, passer dans le cadre de leur porte une image en raccourci du monde.

On remontait ensuite en voiture, la tête remplie de tableaux mouvants et à peine

Loches. — Tombeau d'Agnès Sorel.

ébauchés, dont on n'avait qu'à demi saisi le sens, et, longtemps encore, au bercement du véhicule cahotant, on ruminait en soi les phrases entendues, et l'on essayait d'établir la synthèse de cette vie régionale entrevue au passage. Et avec quelle complaisance cette façon d'aller vous laissait analyser par le menu les moindres accidents du parcours! Avant de pénétrer dans la ville de Loches, on avait le temps d'en apercevoir toutes les faces et tous les reliefs, d'en disséquer de l'œil les abords, de se rendre compte de tous les replis de la belle vallée où l'on s'engageait.

Ce qui frappait d'abord, dès la descente, c'était l'Indre, ici arrosant de fertiles prairies, là léchant d'aimables coteaux ou faisant mouvoir des usines, comme au faubourg de Beaulieu par exemple. Née sur la limite du département de la Creuse, à 508 mètres d'altitude, cette rivière de 245 kilomètres de long ne ressemble en rien au grand fleuve dont elle est la vassale. Bien qu'elle ne soit pas navigable, elle a, comme la Seine, de l'eau en tous temps. Limpidité et profondeur, voilà ses deux caractères propres. Avant d'atteindre Loches, elle a déjà baigné en amont la petite ville de la Châtre ; elle a passé à gauche du village et du château de Nohant, immortalisés par le séjour de l'illustre romancière George Sand ; de là elle a gagné Châteauroux, Buzançais, Châtillon et les ruines de son vieux castel, et, un peu au-dessous du hameau de Fléré, elle est entrée dans ce département d'Indre-et-Loire où doit s'achever sa carrière.

DONJON DE MONTBAZON.

Loches, qui a donné le jour à Alfred de Vigny, n'est qu'un chef-lieu d'arrondissement de six milliers d'habitants ; mais il y a en France peu de localités aussi curieuses et aussi pittoresques. Je ne parle pas, bien entendu, des quartiers modernes qui se sont bâtis vers le nord ; je parle de la vieille ville, avec ses portes du XVe siècle, son beffroi à coupole, ses édifices du moyen âge dont les clochetons, les tours

CHATEAU D'AZAY-LE-RIDEAU.

et les toits se dressent au-dessus du massif de maisons étagé sur les pentes gauches de l'Indre. Je parle surtout de son formidable château, dont l'enceinte a près de 2 kilomètres de circuit.

Les impressions d'une visite à cette sourcilleuse forteresse, occupée en partie par la sous-préfecture, en partie par une maison d'arrêt, sont de celles qui ne s'oublient jamais. C'est bien le type de la geôle d'État, telle que l'imagination se la figure. Que de prisonniers de marque ont gémi dans ce formidable Donjon et dans ces sombres cachots du Martelet à travers lesquels le gardien vous promène ! Quand on a vu tour à tour le souterrain circulaire où se trouvait la fameuse « cage de torture », inventée par le cardinal La Balue, lequel en fit l'essai pour son compte avant l'historien Philippe de Commines et George d'Amboise, la « salle de la question » avec ses instruments de supplice, la cellule où fut enfermé neuf années durant Ludovic Sforza dit le More, quand on a lu sur les murs des chambres et des couloirs les plaintes, les inscriptions ironiques ou touchantes gravées là par les mains des captifs, on éprouve une sorte de soulagement à revenir à ce « logis du Roi » qui occupe la pointe nord du château, pour s'y arrêter un instant dans l'ancien Oratoire d'Anne de Bretagne et y contempler, au-dessous de la haute tour, le délicieux tombeau d'Agnès Sorel. Avec la statue qui le surmonte et les deux anges agenouillés de chaque côté de la « Dame de beauté », dont les pieds reposent sur deux agneaux, l'image est vraiment de nature à rasséréner l'esprit et le cœur. De tous les souvenirs que vous laisse l'édifice, c'est le seul, avec celui de la Collégiale Saint-Ours, cette église d'une architecture si étrange, qui ne soit ni étreignant ni lugubre.

En aval de Loches, deux autres monuments historiques se mirent dans les ondes claires de l'Indre : c'est d'abord, sur la rive gauche, le château de Montbazon, bâti, croit-on, primitivement, de même que celui de Loches, par ce comte d'Anjou Foulques Nerra, qui fut le grand ingénieur et constructeur du xe siècle. D'énormes débris de remparts et quelques tours environnant un vaste donjon rectangulaire, reconstruit au xiie siècle, c'est tout ce qu'il en reste aujourd'hui. Autant ces ruines énormes sont imposantes et sévères, autant est gracieux de forme et riche en détails plaisants le château renaissance d'Azay-le-Rideau qui s'élève plus bas encore, à la droite du cours d'eau. Celui-là est soigneusement restauré ; sa façade n'est que bas-reliefs, niches, colonnes et pilastres ; ses tourelles d'angle soutenues en encorbellement, ses curiosités intérieures, sa collection de portraits, son parc et les eaux limpides qui l'entourent, font de ce manoir, érigé au commencement du règne de François Ier, un morceau architectural plein de charmes.

CHINON.

XXV

**AU PAYS DE RABELAIS. — ESQUISSES DES BORDS DE LA CREUSE.
LE PLATEAU DE MILLEVACHES ET LE COURS SUPÉRIEUR DE LA VIENNE.
LIMOGES ET LE CHATEAU DE ROCHECHOUART.
A LA COLLINE DE POITIERS.**

La forêt domaniale de Chinon, déjà mentionnée dans les Comptes de Saint-Louis, sépare seule le cours inférieur de l'Indre de celui de la Vienne. Cette dernière rivière, issue des monts du Limousin, est avec l'Allier le plus fort tributaire du grand fleuve central de la France. Large de 150 mètres environ, à partir du confluent de la Creuse, qui a elle-même une largeur moyenne de près de 100 mètres, elle coule dans une spacieuse vallée, aussi fertile que pittoresque. L'un et l'autre cours d'eau cependant participent du régime intempérant de la Loire ; les îles mobiles, les sables mouvants abondent dans leur lit, et ils sont également sujets à des crues violentes.

La localité historique de la basse Vienne, c'est Chinon. Sis à la droite de la rivière, sur le penchant et au sommet d'une colline, cet ex-*oppidum* gaulois de *Caïno*, une des forteresses de Clovis, est à coup sûr une des villes de France qui se sont

AU PAYS DE RABELAIS.

vues le plus disputées, une de celles qui ont été prises et reprises le plus de fois, tant pendant la guerre de Cent Ans que lors des luttes de religion. En 1205, Philippe Auguste, le « recouvreur » du territoire national, ne l'arracha aux Anglais qu'au prix d'un siège de douze mois. Sous Louis XI, Commines en fut le gouverneur. Plus tard, le prince de Condé, Marie de Médicis, Richelieu, possédèrent tour à tour cette châtellenie, comme on appelait, sous l'ancien régime, les districts seigneuriaux dont les titulaires exerçaient le droit de haute justice et pouvaient avoir château fort.

Devenu de nos jours un centre important de trafic agricole, Chinon a gardé de son passé orageux des curiosités archéologiques dont les yeux de l'artiste se repaissent au passage. Ses églises Saint-Étienne, Saint-Maurice et Saint-Mexme, ses maisons du XVe siècle et de la Renaissance, suffiraient seules à la recommander, sans les ruines fameuses qui, sur son plateau escarpé, lui font une couronne si auguste.

CHINON. — Maison dite de Rabelais.

L'originalité de ce diadème de pierre, c'est qu'il se compose de trois forteresses parfaitement distinctes, et alignées à la suite l'une de l'autre. La moins ancienne, le Château de Saint-Georges, date du temps où les rois d'Angleterre étaient maîtres de toute une moitié de la France. Il fut construit par Henri II Plantagenet qui en avait fait son séjour de prédilection. Le mur d'enceinte en subsiste seul. Le Château du Milieu, édifié sur l'emplacement du *castrum* romain primitif, est mieux conservé. On y remarque l'élégant Pavillon de l'Horloge et le bâtiment dit le Grand-Logis, où Jeanne d'Arc fut présentée à Charles VII au mois de mars 1429, pendant que les Anglais assiégeaient Orléans. Le troisième édifice, séparé des deux autres par un donjon cylindrique, qui passe pour avoir été la première habitation de la Pucelle à Chinon, s'appelle le Château du Coudray. Il comprend la belle tour Saint-Martin, qui renferme une chapelle du XIIIe siècle, la tour du Moulin, qui est la plus haute et la plus élancée de tout le massif, et un bastion du XVIe siècle.

L'honneur impérissable de ce coin de pays, c'est d'avoir donné le jour à Rabelais, qui a, depuis 1882, sa statue de bronze sur le quai Jeanne d'Arc, là où s'élève, à la droite de la Vienne, tout un quartier neuf aux maisons régulières.

Rabelais le Chinonais, — *Rabelæsus chinonensis*, comme il signait, — naquit-il à Chinon même, dans la vieille maison qu'on montre au touriste, ou bien dans ce village de la Devinière, où son père, un apothicaire, disent les uns, un aubergiste à l'enseigne de la *Lamproie*, disent les autres, possédait ce « clos » au cru renommé que le curé de Meudon a tant célébré? Ce fut, en tout cas, à l'abbaye bénédictine de Seuillé (Seuilly), située dans la commune dont dépendait ce vineux domaine, qu'il commença d'étudier, avant de s'en aller comme novice au couvent de la Baumette, près d'Angers.

Rappellerai-je l'enthousiasme extraordinaire qu'excita le *Gargantua*, lorsqu'il parut en 1532? Il s'en vendit plus d'exemplaires en deux mois « que de Bibles en dix ans », dit un écrivain de ce temps-là. Partout, dans la région chinonaise, on retrouve un souvenir de cette œuvre. Ici c'est le village de Lerné, où les « fouaciers » du roi Picrochole eurent leur querelle homérique avec les bergers du pays de Grandgousier. Là c'est le cloître précité de Seuilly, dans l'enclos duquel les soldats du même Picrochole se virent écrasés comme grains de raisin par le bâton en cœur de cornier de frère Jean des Entommeures, le futur compagnon de Pantagruel et de Panurge dans leur mirifique voyage à la recherche de la Vérité. Ailleurs c'est le château de Vede, dont Gargantua, avec sa massue, démolit si bien les tours et les murs, puis la Roche-Clermault, dont la prise mit fin au rêve ambitieux de Picrochole. Ajoutons qu'une des *séries* de la forêt de Chinon, celle qui est située au sud-ouest, porte actuellement le nom de Rabelais.

Le tributaire le plus long de la Vienne est la Creuse (250 kilomètres), qui prend sa source à 920 mètres d'altitude, dans le massif limitrophe de la Corrèze que l'on appelle le plateau de Millevaches. Remontons à grands pas ce cours d'eau, en partant de son confluent. Sur la rive droite s'offre à nous tout d'abord la commune de la Haye-Descartes, où naquit le 31 mai 1596 l'illustre philosophe et géomètre qui le premier introduisit une méthode rigoureuse dans le domaine de la métaphysique, laquelle n'en est pas devenue pour cela une science éblouissante de clarté. Plus en amont, la Creuse, coulant dans une vallée encaissée et tortueuse, baigne le Blanc, un chef-lieu d'arrondissement de l'Indre. Le sillon de la rivière tourne ensuite à l'est, puis au sud, et nous mène, à contre-courant, à la petite ville d'Argenton, si intéressante par ses ruines de châteaux et ses pittoresques maisons. Un peu plus loin, à Gargilesse et au Pin, la vallée devient un frais entonnoir environné de collines rocheuses et d'un arrière-plan de reliefs plus élevés. De toutes parts des sources chantent, des cascades bruissent, des silhouettes de castels couronnent les hauteurs.

Enfin, au delà du bourg d'Éguzon, nous entrons dans le département de la Creuse, et le site change de caractère; il se dénude et prend une sorte de grandeur épique. Regardez plutôt à main droite cet étrange promontoire au pied duquel bouillonnent, avant de se réunir, les flots de la Sédelle et ceux de la Creuse. La Sédelle, ici, est toute noire; la Creuse, au contraire, a des reflets rougeâtres. Toutes deux battent et mordent à l'envi les blocs de rocher; on dirait qu'elles veulent emporter l'âpre crête où se dresse l'énorme amas de ruines qu'on appelle le château de Crozant. Mais l'ex-résidence féodale des fiers comtes Lusignan de la Marche a subi, depuis longtemps, le dernier assaut. Richelieu, le démolisseur de tous ces nids de hobereaux, s'est chargé de lui porter le coup de grâce.

Par les débris de tours et d'enceinte qui en subsistent, on peut juger de ce qu'était autrefois cette forteresse, ou plutôt cette quadruple forteresse qui ne formait

CHINON.

qu'un massif unique, où il y avait place, dit-on, pour une garnison de 10 000 hommes. La nature, du reste, avait machiné la scène à souhait. Redans de roc qui surplombent, abîmes qui bâillent, torrents qui grondent, tout y est; impossible de rêver assise de donjon plus tragique et plus formidable.

Aussi le village actuel de Crozant reçoit-il chaque été de nombreux bans de visiteurs et d'artistes. Il se compose d'une longue rue bâtie sur la croupe la plus élevée de la péninsule, et qu'une faille étroite et profonde sépare de l'éminence seigneuriale. De beaux châtaigniers ombragent cette partie de l'éperon fluvial; néanmoins le pays, pris dans son ensemble, n'offre plus la fraîcheur qu'il avait en aval; c'est plutôt, comme le dit George Sand, « une sorte de Sahara », avec une végéta-

Bords de la Creuse. — Près de Gargilesso.

tion tout exceptionnelle qui réserve au chercheur de plantes et d'insectes des trouvailles telles qu'il en pourrait faire sous le ciel ardent de la côte barbaresque.

Quelques kilomètres plus haut, la Creuse rallie la Petite-Creuse, qui lui vient à droite des gorges pittoresques de Boussac. En continuant de la remonter, nous arrivons à une section de vallée bordée d'escarpements granitiques, dans le voisinage de laquelle est situé le chef-lieu du département, cette mignonne ville de Guéret, qui fut jadis la capitale de tout ce district de routiers. Sur son plateau de près de 500 mètres d'altitude, que domine le Signal de Maupuy (686 mètres), la petite cité de la Marche a réellement fort bon air, avec sa Grande-Rue, sa place du Marché, et son vieil hôtel des Monneyroux où se voit encore une immense cheminée sculptée aux armes de la maison de Bourbon. Au sud s'élève une autre montagne, le puy de Gaudy (651 mètres). A son sommet on a retrouvé les débris d'un *oppidum* gaulois, et, en fouillant le sol d'alentour, toute une collection d'objets de l'âge antéhistorique, haches de pierre polie, instruments de bronze, que l'on peut voir au musée de Guéret.

De nouvelles gorges boisées, qui parfois s'évident en vallons, nous mènent ensuite jusqu'à Aubusson, vieille cité féodale, peuplée de 7 000 âmes, qui a été une des forteresses des huguenots. La tradition veut qu'elle ait été fondée par des Sarrasins échappés à la poursuite de Charles Martel, lors de la bataille de Poitiers (732), et ce seraient ces fugitifs qui l'auraient dotée, dès le début, de l'industrie tapissière qui a fait et continue de faire sa fortune. Elle est très bizarrement située au confluent de plusieurs ruisseaux tributaires arrivant de gorges ou de vallons encaissés,

CROZANT.

où la ville elle-même s'enfonce et s'étire comme une araignée aux longues pattes. Quelques maisons des xv° et xvi° siècles, une tour de l'Horloge de la même époque et des ruines de château recommandent au touriste ce chef-lieu d'arrondissement de la Creuse, qui a vu naître le romancier Jules Sandeau, le parrain en littérature de la célèbre baronne du Devant (George Sand).

Passé Aubusson, la vallée de la Creuse n'est plus qu'une série de sauvages défilés, dont les escarpements granitiques atteignent, au-dessus de Felletin, jusqu'à 400 mètres de hauteur. Çà et là seulement, dans ce mur vertical, s'ouvrent brusquement des brèches d'où s'échappent de petits torrents, issus de vallons ombreux et charmants dont l'aspect contraste étrangement avec l'aridité des hauteurs. Quelques pas encore droit au sud, et nous arrivons à Féniers, à 1 500 mètres de l'endroit où notre rivière prend sa source.

Là se trouve la clef de voûte occidentale du grand plateau central de la France; c'est le point où les monts de la Marche se rattachent à ceux de l'Auvergne. Ce massif limousin, qui s'avance au nord jusqu'aux plaines du Berry et du Poitou, n'est pas cependant une région de montagnes où les cimes soient nettement caractérisées. L'ensemble se compose plutôt d'une succession de terrasses, de plateaux déserts et de croupes dénudées qu'interrompent de mornes vallons. Sauf quelques prairies par places, le sol est généralement inculte ou couvert d'ajoncs, de bruyères, de genêts, tout au plus de pins. Beaucoup de petits bois sur les pentes, mais point de grands massifs forestiers. Somme toute, la contrée est pauvre. Aussi les habitants de ces hauts districts ont-ils coutume d'émigrer, afin de gagner leur vie au dehors.

AUBUSSON.

A chaque printemps, plus de 15 000 maçons en partent pour aller à Paris, à Lyon et dans les autres grandes villes; mais, à l'automne, ces gâcheurs de mortier reviennent pour la plupart au pays, et, chose qui peint bien le paysan, le petit pécule qu'ils rapportent, ils l'emploient, non pas à mettre en valeur, à fertiliser les terres ingrates qu'ils possèdent déjà, mais à en acquérir de nouvelles dont le rendement n'est pas plus assuré.

Notre excursion aux bords de la Creuse ne nous a éloignés de la Vienne que pour nous la faire retrouver à ses sources. Cette rivière sort en effet, à 900 mètres au-dessus des mers, de ce même plateau de Millevaches, aux mamelons duquel nous voici parvenus. Seulement, au bout de 25 kilomètres environ d'une descente extrêmement rapide, elle quitte le département de la Corrèze pour entrer dans celui dont la ville de Limoges est le chef-lieu.

La région où nous nous engageons avec elle, bien que ne renfermant pas de hautes cimes, est toujours très accidentée. Elle forme même dans son ensemble un territoire assez puissamment soulevé, puisque son altitude est de 500 mètres en moyenne. Les montagnes, avec leurs maigres échines de granit, en sont généralement nues et tristes. Les landes et les bruyères rousses y dominent. Au printemps seulement ou en automne, les pentes se colorent de la nuance claire des fleurs de colza et de sarrasin. Au nord de la Vienne s'élève un second massif, les monts d'Ambazac, dont le chemin de fer de Paris à Limoges traverse les contreforts. De la station de la Jonchère on en aperçoit, à 5 kilomètres environ, le point culminant, le puy de Sauvagnac, haut de 701 mètres. Plus à l'ouest, vers les limites du départe-

Dans les monts du Limousin.

ment de la Charente, se dresse un troisième massif, les monts de Blond, dont l'altitude maximum est de 515 mètres.

On a comparé le Limousin à l'Écosse. Il offre en effet, dans ses parties hautes, quelque chose du charme mélancolique des Highlands, et ses vallées ont la même fraîcheur et la même richesse de végétation. Le sillon de la Vienne, particulièrement, que nous avons commencé de descendre, a une parure magnifique de chênes, de bouleaux, et surtout de châtaigniers.

En parlant de la flore arborescente de la Gaule, Pline ne mentionne que vaguement le châtaignier; c'est cependant l'arbre par excellence du Limousin. Son fruit y remplace les céréales. Avec la pomme de terre et la rave, il constitue le fond de l'alimentation d'une moitié des habitants au moins. Et quelle noblesse de port et d'aspect présente cette planturcuse essence! Quelle délicatesse ont ses feuilles dentées à nervures parallèles et ses bouquets de fleurs d'un blanc soufré! Et quel ruissellement d'or et d'émeraude jaillit de sa ramure pleine de sève quand un rayon de soleil la transperce! Le châtaignier aime, on le sait, les pentes fortement inclinées; il lui faut avant tout ses aises; il se développe en largeur bien plus qu'en hauteur, et il dévore si bien la substance du sol qu'il ne pousse même pas de gazon à son ombre.

Tel est le décor des petits défilés rocheux à travers lesquels la Vienne naissante écume et se tord. Sa première étape, en cette partie supérieure de son cours, est la grosse bourgade d'Eymoutiers, où trois ponts la franchissent; sa seconde est Saint-Léonard, patrie du physicien Gay-Lussac; sa troisième est Saint-Priest. Là, déjà grossie de la Maude, puis du Taurion, qui double à lui seul son volume liquide, elle infléchit à l'ouest-sud-ouest, et, après un trajet de 14 kilomètres entre de ravissantes prairies entrecoupées de nouvelles gorges boisées, elle arrive, avec une largeur de

EYMOUTIERS.

80 mètres environ, au monticule de 50 mètres de haut sur lequel est bâtie l'ex-capitale des *Lemovices*.

Le Limoges du moyen âge, qui se composait en réalité de deux villes distinctes étagées l'une au-dessus de l'autre, se reconnaît toujours à ses rues étroites, tortueuses, escarpées, comme à ses vieilles maisons de pierre aux boiseries sculptées et aux façades volontiers décorées de madones. Quant aux quartiers neufs, dont le centre est la place Jourdan, ils sont frappés à l'effigie courante et banale que vous connaissez : la large artère tirée au cordeau, avec la grande place régulière, bordée d'immeubles tels que toute ville en possède aujourd'hui, et où pullulent hôtels et cafés.

Les principaux édifices modernes occupent naturellement cette dernière région; mais la cathédrale et les autres monuments du passé se dressent dans l'ancienne enceinte qu'a remplacée une ceinture de boulevards.

La cathédrale Saint-Étienne, commencée en 1273, dans le style ogival parisien, est la plus belle de tout le Limousin. Comme Sainte-Catherine à Honfleur et comme la plupart des églises d'Italie, elle n'est pas surmontée de son clocher. Celui-ci, bâti antérieurement au vaisseau, représente une construction à part, reliée après coup à l'église par une arcade formant vestibule. C'est une tour carrée à quadruple étage, haute de 62 mètres, et reposant sur un porche massif. Avec la crypte ornée de

LIMOGES. — Vue prise du pont Saint-Étienne.

fresques qui est située sous le chœur de la cathédrale, ce porche est le seul reste de la basilique romane sur l'emplacement de laquelle Saint-Étienne fut bâti.

Le tout occupe l'extrémité d'une plate-forme d'où l'on domine magnifiquement la ville et le cours de la Vienne, traversé ici par trois ponts. L'un d'eux, le pont Saint-Étienne, composé de huit arches en ogive, date également du XIIIe siècle. C'est en amont que se trouve le quartier du Naveix, dont la population ouvrière s'occupe exclusivement de « récolter » le bois flotté que la rivière apporte en « bûches libres », c'est-à-dire non reliées en radeau.

D'autres églises encore, Saint-Pierre de Queyroix par exemple, avec son clocher octogonal, Saint-Michel-des-Lions, avec sa flèche surmontée d'une énorme boule dorée, Sainte-Marie, Saint-Aurélien, méritent d'être vues. Cette dernière, qui n'est qu'une chapelle, se trouve justement au fond de cette rue de la Boucherie, qui est la plus curieuse de la ville et qui rappelle en son genre la rue Eau-de-Robec à Rouen.

Aujourd'hui, comme il y a cinq cents ans, elle est occupée tout entière par les marchands de viande, de même que la rue de l'Abbesaille, située plus bas sur la Vienne, est le domaine exclusif des blanchisseuses. Sans avoir conservé à proprement dire l'organisation corporative qu'ils avaient au moyen âge, ces bouchers de Limoges ont toujours leurs mœurs et leurs traditions spéciales. Ils n'élisent plus

LIMOGES. — La cathédrale.

entre eux un chef chargé de juger les différends relatifs à leur profession; mais la rue qu'ils habitent leur appartient, par le fait, en propre; leurs étaux seuls ont le droit de s'y dresser, et l'on devine quelles senteurs s'exhalent de cette rutilante cité de « charnage », pour employer un mot du vieil âge dont ces Cabochiens semblent se réclamer. Dans cette petite société fermée, qui ne se doute pas que l'essence du progrès est de détruire tous les particularismes et de fondre les divers groupes en un seul, on ne se marie qu'entre soi. Le droit de primogéniture y fleurit; c'est le fils aîné qui succède au père dans son négoce, et c'est, à son défaut, le mari de la fille aînée qui devient le chef de la famille. On prétend que cette tribu aux horizons courts, mais aux bras musclés, appartient tout entière à six familles sans plus : les Cibot, qui en seraient la souche mère, les Malinvand, les Plainemaison, les Pauret, les Juge, les Parot.

Dans le principe, le métier de boucher, de même que celui de forgeron, eut une sorte de caractère infamant. Les Ordonnances et Coutumes l'interdisaient aux clercs, aux notaires, et généralement à quiconque n'était pas « du sang ». Ce qui n'empêcha pas, à Paris du moins, cette redoutable corporation d'intervenir dans les affaires publiques : témoin l'odieuse et cruelle tyrannie qu'elle exerça dans la capitale lors de la lutte des Armagnacs et des Bourguignons. A Limoges, elle avait une prérogative, qu'elle revendique encore de nos jours lorsque l'occasion s'en présente : c'était de former l'escorte d'honneur des souverains ou des chefs d'État en visite dans la ville. Est-ce à cause de ce privilège innocentissime que l'ancien régime et les vieilles idées lui tiennent tant au cœur, et qu'elle s'obstine à bouder le temps présent? Une autre coutume étrange de cette ghilde a un caractère patriarcal et touchant : à certaines époques, trente notables doivent tenir table ouverte; le premier passant venu est libre de s'y asseoir et d'y festoyer. Peut-être faut-il voir dans ce rit d'hospitalité un ressouvenir de l'ordonnance rendue en 1381 par Charles VI, et aux termes de laquelle tout boucher qui se faisait recevoir « maître » était obligé de donner un « déjeuner » où figurait comme pièce d'apparat un « gâteau pétri aux œufs » ?

Dès les temps mérovingiens, Limoges était renommé pour ses ouvrages d'or et d'argent : coupes, bassins, reliquaires et plats. Saint Éloi, le légendaire conseiller du roi Dagobert Ier, apprit son art dans cette ville, avant de créer à l'abbaye de Solignac, fondée par lui à 8 kilomètres de là, sur une terrasse dominant la Briance, son

ABBAYE DE SOLIGNAC.

célèbre atelier d'orfèvrerie et d'émaillerie. Un vase de bronze émaillé par incrustation qu'on a découvert près de Rochechouart indique même que les Gaulois, si habiles à manipuler les métaux, s'entendaient déjà en cette sorte de marqueterie artistique, et c'est probablement à une pièce de ce genre que Silius Italicus, le poète épique du Ier siècle de notre ère, fait allusion dans les vers où il décrit le bouclier du chef gaulois Chrixus, représentant sur le bronze la prise de Rome par Brennus.

Toujours est-il que cette brillante école limousine se maintint en vogue pendant 700 ans, du XIe au XVIIIe siècle. Dès le XIIe, la réputation de ses émaux avait pénétré en Angleterre et jusqu'au fond de l'Italie. Sur la fin de la Renaissance, tout le monde voulait avoir des enseignes (*insignia*) de Limoges, agrafes ou boutons pour orner les coiffures, aiguières, gobelets, écritoires, tabatières, et les chefs-d'œuvre de cet art se retrouvent dans tous nos musées.

Actuellement la grande industrie de Limoges, celle qui fait vivre la moitié de la population, y compris les femmes et les enfants, c'est la fabrication de la porcelaine. Plus de 40 usines et 54 ateliers de peinture s'occupent à produire ces pièces de céramique qui se répandent sur tous les marchés. C'est aussi une manufacture de porcelaine qui est installée dans les immenses bâtiments de l'ex-abbaye de Solignac précitée.

Outre saint Éloi, né en 588 à 10 kilomètres de Limoges, au bourg de Chaptelat, sur l'Aurance, affluent de droite de la Vienne, la ville compte au nombre de ses enfants d'Aguesseau, le grand chancelier du xviie siècle, Vergniaud, le célèbre orateur des assemblées de la Révolution, les maréchaux Jourdan et Bugeaud, Jean Cruveilhier, l'illustre médecin; ajoutons-y le chirurgien Dupuytren, qui est originaire de Pierrebuffière, bourgade des bords de la Briance, en amont de Solignac.

Aux alentours, les vieux châteaux abondent : tel est celui de Chalusset,

CHATEAU DE CHALUSSET.

édifice tout entier du xiiie siècle, sis également près de Solignac, au confluent de la Briance et de la Ligoure. Avec ses trois enceintes, ses tours rondes ou carrées et son corps de logis de 70 mètres de longueur, percé de fenêtres ogivales à meneaux, cette ruine a une sorte de grandeur épique qu'accentue encore la magnificence du site qu'elle occupe. De son histoire, on ne sait que peu de chose ; mais il est facile de deviner le rôle qu'a joué autrefois ce repaire de routiers, par ce fait seul que, sous Henri IV, les habitants de la région en réclamèrent à l'unanimité le démantèlement. La requête entrait trop dans les vues du roi de Navarre, devenu à si grand'peine roi de France, pour qu'il ne s'empressât pas d'y faire droit.

L'autre grand manoir historique du pays, c'est celui de Rochechouart, situé à l'ouest de Limoges, au seuil du département de la Charente. Il est bâti, lui aussi, au point de jonction de deux tributaires de la Vienne — la Graine et la Vayre, — dans un site escarpé d'où lui vient son nom : *Rupes* (ou *Rocca*) *Cavardi*, « roche du creux », en patois limousin, ou *Rupes Cohardi*, « roche de l'élévation », selon que l'on considère l'abîme qu'il surplombe de sa masse ou le cap rocheux qui le porte.

L'édifice est aujourd'hui le siège des diverses administrations de la petite ville du même nom peuplée de cinq milliers d'âmes. Un chroniqueur, Adam Sichar, assure que la maison de Rochechouart descendait du chevalier Fabricius, un parent du vainqueur de Pyrrhus. L'illustre famille, en tout cas, est éteinte. Son dernier titulaire, le vicomte Armand-Constant de Rochechouart-Pontville, qui avait émigré à la Révolution, est mort en 1832, sans avoir pris femme et laissé d'enfant.

Sur sa terrasse triangulaire, avec ses énormes donjons aux noires embrasures et la tour octogonale de sa chapelle, le castel ne manque pas de fierté. Une roche gigantesque termine le promontoire vers la Graine; sur les pentes, des moutons

Château de Rochechouart.

broutent les bruyères; au loin essaiment des hameaux; dans la vallée et sur les coteaux apparaissent des massifs touffus de châtaigniers, et juste en face du château, au sommet d'une montagne, se dresse une « pierre folle », le Roc du Bœuf, ainsi appelé parce qu'il figure un bœuf accroupi. C'est un ancien monument gaulois, une pierre druidique, qui se mettait à danser, assure la légende, quand sonnait la grosse cloche de l'église de Rochechouart. Mais, un jour, la cloche s'est brisée, et l'on a eu beau la refondre : le Roc du Bœuf n'a plus bougé depuis lors.

Limoges est maintenant derrière nous, au sud. La vallée de la Vienne, que nous continuons de descendre, devient plus fertile, revêt un aspect moins sauvage, et s'élargit sensiblement, tout en s'encaissant encore par places de collines de 100 mètres et plus de hauteur. A travers de nombreux circuits, la rivière coule toujours dans la direction de l'ouest-nord-ouest. A Aixe, où la franchit un vieux pont du XIII° siècle, nous sommes au centre du district qu'on a surnommé la « petite Suisse limousine ». Il s'étend jusqu'à Saint-Junien, ville industrieuse de 9000 habitants, dont les maisons et les édifices ont gardé le pur cachet moyen âge. Là, notre cours d'eau passe dans le département de la Charente, qu'il ne fait, il est vrai, que traverser à son angle nord-est, en arrosant au passage la grosse commune de Confolens; après quoi il entre dans celui de la Vienne.

Nous n'apercevons plus ici que de vastes plateaux mamelonnés, couverts par endroits de taillis ou de forêts, où les eaux cependant ont creusé à la longue des sillons de vallées profonds et sinueux. Le point culminant du département se trouve au nord-est de la petite ville de l'Isle-Jourdain : c'est la colline de Prun, dont l'altitude est de 233 mètres.

Plus en aval, nous atteignons Chauvigny, une des plus curieuses localités de cette ex-province du Poitou à travers laquelle nous voici engagés. Outre ses deux églises, Notre-Dame et Saint-Pierre, monuments historiques restaurés des XIIe et XIIIe siècles, elle nous offre les ruines de ses cinq châteaux forts, dont l'un appartenait aux évêques de Poitiers. Vient ensuite Chatellerault (20 000 âmes), relié à son faubourg de la rive droite par un large pont à cinq arches, datant du XVIe siècle, à l'entrée duquel se dressent deux grosses tours

CHATELLERAULT. — Le Pont.

rondes. La Vienne ici, avant de pénétrer dans ce département d'Indre-et-Loire, où nous l'avons rencontrée tout d'abord, atteint jusqu'à 150 mètres de largeur; faute de profondeur néanmoins, et à cause des irrégularités de son lit, elle n'est que peu navigable.

A 4 kilomètres en amont de cette martiale cité de Châtellerault, dont la gigantesque usine suburbaine fabrique, on le sait, pour le compte de l'État, tant de fusils, de sabres, de cuirasses, de lances, de haches d'abordage, notre rivière a reçu un charmant affluent sorti d'un petit étang charentais entre Confolens et Ruffec. C'est le Clain, dont le chemin de fer de Paris à Bordeaux côtoie ou franchit si complaisamment le sillon pittoresque et tortueux. Il nous suffit de le remonter jusqu'au point où il se grossit lui-même de la Boivre, pour arriver à la haute colline sur laquelle est juchée la ville de Poitiers.

Le chef-lieu du département de la Vienne, moitié moins peuplé que Limoges, qui, d'après le dernier recensement, compte 73 000 habitants, vaut surtout par son site et ses monuments. Aperçue du dehors sur son plateau de plus de 40 mètres de haut que le chemin de fer de Paris à Bordeaux traverse en tunnel, l'ex-capitale des

Pictones offre une fierté d'aspect à laquelle, malheureusement, ne répond point l'intérieur du massif urbain. Comme Orléans au coude de la Loire, elle occupe, sur la grande voie de l'ouest de la France, une de ces positions maîtresses qui assignent à une cité une place à part dans les fastes de guerre. Les deux batailles de Poitiers sont célèbres. C'est dans ces campagnes que les Francs de Charles Martel écrasèrent, en 732, l'armée musulmane qui, sous la conduite d'Abd-er-Rahman, se ruait à la conquête de l'Occident. C'est là aussi, près de la ferme actuelle de la Cardinerie, que le fameux Prince Noir anéantit, en 1356, la noblesse française et fit prisonnier Jean le Bon. Seize ans après, il est vrai, Du Guesclin reprit le pays aux Anglais, et ce fut, on le sait, à Poitiers que Charles VII fut proclamé roi.

La ville possédait autrefois quatre églises consacrées à la Vierge : Notre-Dame l'Ancienne, Notre-Dame la Petite ou du Palais, Notre-Dame de la Chandelière, et Notre-Dame la Grande. Cette dernière seule subsiste aujourd'hui. Sa façade romano-byzantine à trois rangs d'arcades, qu'enserrent deux massifs de colonnes couronnés de clochetons, est, par la profusion de ses sculptures, un morceau d'art presque unique en France. Nul sanctuaire n'a été à Poitiers l'objet d'une dévotion plus fervente. Survenait-il quelque fléau, une peste se déclarait-elle, on courait tout de suite à Notre-Dame la Grande, où les cierges brûlaient nuit et jour devant l'autel de la mère de Dieu, laquelle n'était pas cependant la seule protectrice de la ville. Ce rôle de tutelle lui était disputé par sainte Radegonde.

POITIERS. — Notre-Dame la Grande.

Qu'était-ce que sainte Radegonde, dont le nom se perd volontiers pour nous dans la nuit des temps mérovingiens? Une princesse thuringienne que Clotaire Ier et Théodorik avaient trouvée dans leur part indivise de butin, après la défaite du chef transrhénan Herménerik. Les deux monarques faillirent d'abord se battre à qui aurait la captive; puis, à la réflexion, ils décidèrent de la tirer au sort. Clotaire, ayant été le gagnant, emmena Radegonde à Soissons et l'y épousa, quoiqu'il eût déjà trois femmes légitimes acquises, ajoute la chronique, « par le sou et denier ».

POITIERS. — Tunnel à la sortie de la ville.

Comment la jeune et belle païenne finit-elle par devenir une sainte? Fortunat nous raconte la chose tout au long. Clotaire Ier n'était pas, tant s'en faut, le modèle des princes, ni celui des époux. Une fois convertie au christianisme, la fille de Berther se lassa vite de cohabiter avec le féroce fils de Clovis. Elle s'enfuit un beau jour de Soissons, et dans l'ardeur de son ascétisme elle alla se faire consacrer *diaconesse* dans la basilique de Noyon. *Diaconesse*, en grec, signifie « servante »; le nom, dans la primitive Église, s'appliquait aux femmes qui étaient chargées de certaines fonctions ecclésiastiques, et avaient notamment pour mission de distribuer aux personnes de leur sexe des secours spirituels et temporels. L'emploi n'allait qu'aux vierges ou aux veuves; mais saint Médard, qui était alors évêque de Noyon, voulut bien déroger à la règle en faveur de la reine fugitive. Du Vermandois, Radegonde passa en Aquitaine, et fonda à Poitiers un monastère dans lequel elle acheva sa vie sans que Clotaire osât l'inquiéter.

L'église où elle a son tombeau et qui porte toujours son nom date de 1099; mais elle a été remaniée et amplifiée dans les siècles suivants. Une de nos gravures en représente de face le clocher avec les baies à colonnettes qui en décorent les parties supérieures.

POITIERS. — Tombeau de sainte Radegonde.

Peu de villes en France comptent plus d'églises et de couvents que Poitiers : un quartier tout entier est rempli par les édifices sacro-saints appartenant aux communautés religieuses; tels sont : le Temple Saint-Jean, Saint-Hilaire, Montierneuf, Saint-

Porchaire, sans parler des autres sanctuaires ou chapelles dont on ne voit plus que les restes ou qui ont été sécularisés. Quant à la cathédrale Saint-Pierre, ce fut Éléonore de Guyenne, la femme de Henri II Plantagenet, qui en posa la première pierre en 1162. Sa façade démesurément longue et les deux grosses tours en saillie qui la flanquent lui donnent un aspect d'une originalité aussi majestueuse que sévère. Le gros bourdon, du millésime de 1734, pèse 9900 kilogrammes.

Parmi les édifices civils, le plus remarquable est le Palais de Justice, ex-résidence des ducs d'Aquitaine et des comtes de Poitiers. C'est dans ce bâtiment, relié à un donjon de la fin du xiv° siècle, la tour Maubergeon, que Charles VII, dépossédé de sa capitale, transféra le Parlement et l'Université de Paris. La salle des Pas Perdus, exactement de même dimension que celle du Palais de Justice de Rouen, et voûtée en bois comme celle-ci, est un vaisseau splendidement décoré, d'où une tourelle d'angle donne accès au haut du pignon.

POITIERS. — Église Sainte-Radegonde.

Au pied même de la ville ou aux environs, les curiosités archéologiques ne manquent pas. A l'est, sur la route du Blanc, c'est le *dolmen* de la Pierre-Levée, et, tout près de là, un hypogée de martyrs contenant 37 sépultures chrétiennes. Du côté opposé, dans la direction des Deux-Sèvres, ce sont les ruines du château de Montreuil-Bonnin, sis dans la charmante vallée de la Boivre, non loin de cette magnifique source de Fleury d'où partait un des aqueducs romains qui alimentaient la cité pictave. Il reste de ce manoir, outre une enceinte de hauts murs flanqués de tours, un donjon cylindrique dont la construction est attribuée à Richard Cœur de Lion, et qui, au xiv° siècle, devint la propriété des Jousseaume.

POITIERS. — La Cathédrale.

C'est à l'un de ces derniers que se rapporte la ballade qu'on chante encore parfois en Poitou, et dont voici en deux mots le sujet.

Ce Jousseaume, obligé de s'en aller guerroyer au loin, laisse sous la garde de sa belle-mère sa jeune épouse et son fils nouveau-né. A peine a-t-il quitté le pays, que la marâtre livre secrètement l'enfant au porcher pour qu'il le jette en pâture à ses bêtes. Elle partage ensuite entre ses deux filles les joyaux et les robes de sa bru, et relègue celle-ci au nombre des servantes du domaine. Des années durant, l'infortunée, réduite à garder les oies, parcourt la plaine avec son troupeau en chantant un chant triste et doux. Un jour, enfin, le châtelain revient. Avec quelle hâte il galope vers sa demeure! Il n'en est plus qu'à quelque distance quand les sons mélancoliques d'une complainte lui frappent l'ouïe : « C'est la voix de ma blonde! » s'écrie-t-il, en éperonnant fiévreusement son cheval. Mais, arrivé près de la chanteuse, il n'aperçoit qu'une fille en haillons filant sa quenouille au milieu d'une bande d'oies. « Las! se dit-il, ce n'est pas ma blonde! » Il passe outre et atteint le manoir. « Où est ma blonde? demande-t-il en sautant de sa monture. — Me voici, répond la bergère, qui a suivi en courant son mari. — Oui, tu es bien ma blonde. Comment ne t'avais-je pas reconnue. Et notre fils, où est-il? — Ta belle-mère l'a fait manger aux gorets, et, moi, elle m'a mise en l'état où tu me vois. » Jousseaume, furieux, court à la marâtre : « Si vous n'étiez la mère de ma blonde, lui dit-il, vous péririez par cette épée; mais,

POITIERS. — Le Palais de Justice.

comme vous êtes la mère de ma blonde, vous rôtirez dans le four. »
Ainsi fut-il fait, ajoute la chanson, et ce en bonne et sommaire justice.

Plus au sud-est, en allant toujours vers le département dont Niort est le chef-lieu, mais en laissant à main gauche Ligugé, célèbre par le prieuré où Rabelais séjourna, on s'engage dans la profonde vallée de la Vonne, un affluent occidental du Clain. Là, dans un site pittoresque, s'élève la petite ville de Lusignan dont les titulaires ont occupé pendant près de trois cents ans les trônes de Jérusalem et de Chypre. La fameuse tour où, selon la légende, habitait la fée Mélusine, a malheureusement disparu; on l'a démolie au XVIIe siècle, et tout porte à croire que la fée serpent est restée elle-même ensevelie sous ses ruines, car jamais depuis lors on ne l'a plus entendue pousser de nuit ces sifflements effroyables qui présageaient un malheur ou une mort pour la famille des Lusignan.

Un peu en amont enfin, dans la même commune, on a découvert près de Sanxay, il y a quelques années (1881-1883), de nombreuses ruines gallo-romaines, qui ne sont pas encore toutes exhumées et qui composent déjà un ensemble d'une importance considérable. Il y a là, notamment, un temple à colonnades de

76 mètres de longueur, des thermes avec portique et promenoir longs de 114 mètres, un autre balnéaire moins vaste, des hôtelleries pouvant contenir 1500 personnes, et, sur la rive gauche de la Vonne, un théâtre de 85 mètres de

SANXAY. — Ruines gallo-romaines : le balnéaire.

façade où il y avait place pour 8000 spectateurs. Cette bourgade représentait-elle, dans ce coin de la Gaule, une station d'été et de plaisirs analogue aux cités campaniennes de Pompéi, de Baies, de Pouzzoles, ou bien un lieu de pèlerinage dont Apollon, l'un des « douze grands dieux », était le bénéficiaire vénéré? La question est encore pendante, et peut-être le sera-t-elle toujours, comme mainte autre question de même sorte.

ILE D'YEU. — Le vieux château.

XXVI

LA VALLÉE DE LA BASSE LOIRE ET LA BAIE DE BOURGNEUF.
EN VENDÉE : PAYSAGES ET CHRONIQUES.
LE LITTORAL D'AUNIS ET DE SAINTONGE.
PROMENADE LE LONG DES RIVES DE LA CHARENTE.

De nouveau l'océan Atlantique nous appelle. Du château de Lusignan, que nous venons de quitter, nous pourrions y arriver tout droit en passant par Saint-Maixent et par Niort; mais cet itinéraire raccourci nous ferait perdre la vallée de la basse Loire et la section de côte si étrange qui commence au-dessous de la pointe Saint-Gildas. Mieux vaut donc remonter au nord jusqu'à Candes, point où se trouve le confluent de la Vienne, et gagner de là l'embouchure du fleuve.

Dès notre premier pas de ce côté, nous entrons dans le département dont Angers est le chef-lieu. Là, faisant face à la Loire, s'offre à nous tout d'abord le château de Montsoreau, bel édifice de la Renaissance, habité aujourd'hui par des paysans, et dont une des dames châtelaines a été, on le sait, l'héroïne d'un roman d'Alexandre Dumas. Dans un vallon, un peu plus au sud, nous pouvons aussi visiter la célèbre abbaye de Fontevrault. Ce monastère comprenait à la fois un couvent d'hommes et un couvent de femmes, et, chose unique dans l'histoire de la chrétienté, à partir de la mort de son fondateur (xi° siècle), le prêtre breton Robert d'Arbrissel, la double communauté resta sous la direction d'une abbesse. Les supérieures de Fontevrault avaient, il est vrai, qualité pour régner; elles ne se recru-

ABBAYE DE FONTEVRAULT. — Pierres tombales des Plantagenets.

taient que dans les rangs de la plus haute aristocratie : quatorze d'entre elles eurent le titre de princesses, et plusieurs même furent de sang royal. La plus célèbre a été Gabrielle de Rochechouart-Mortemart de Vivonne, sœur de M™° de Montespan.

L'établissement primitif n'était qu'un composé de huttes de branchages et de cellules creusées dans le rocher; mais, grâce aux dons des puissants, et particulièrement des rois plantagenets, dont plusieurs ont leurs tombeaux dans le monastère, il ne tarda pas à se transformer en une somptueuse cité conventuelle. Les parties qui en subsistent, entre autres l'église dite le Grand-Moûtier, le Cloître, la Salle capitulaire, la Tour octogonale d'Évrault, attestent encore sa splendeur passée;

seulement le lieu n'a plus rien de sacro-saint : depuis l'année 1804, Fontevrault est devenu, comme Gaillon, une prison centrale, et sa grande nef du xii° siècle est maintenant le réfectoire des détenus.

En continuant de descendre la Loire, nous laissons à main gauche, au débouché de la vallée du Thouet, la ville demi-insulaire de Saumur, dont le vieux château sert aujourd'hui d'arsenal et de poudrière, et, après avoir longé un instant les terrains d'alluvion plantés de chanvre qui bordent les rives endiguées du cours d'eau, nous nous éloignons un moment de celui-ci, pour décrire une pointe au nord-ouest vers les ardoisières de Saint-Léonard et de Trélazé. Cet immense banc de schiste, qui passe sous le lit de la Loire et se continue à travers la Bretagne jusqu'au Finis-

SAUMUR.

tère, nous annonce l'approche d'Angers, la grosse cité de 75 000 âmes qu'arrosent, sous le nom de Maine, les ondes réunies de la Mayenne, du Loir et de la Sarthe.

L'ex-capitale de ce puissant comté d'Anjou, dont les titulaires devinrent rois d'Angleterre avec Henri II Plantagenet, est restée, malgré les rajeunissements qu'elle a dû subir de nos jours, une des plus curieuses villes de France au point de vue artistique et monumental. Les abatis pratiqués pour le percement de ses nouveaux boulevards n'ont pas fait disparaître entièrement ses anciennes rues étroites et tortueuses, ses maisons caractéristiques de tout âge, ni ses hôtels historiques de tout style. Au-dessous du Château, devant lequel se dresse la statue du « bon roi René », voici encore la Maison Adam, un des plus beaux spécimens de l'architecture de bois des xv° et xvi° siècles. Le Logis Barrault (aujourd'hui musée et bibliothèque), ainsi appelé du trésorier de ce nom qui fut jadis maire d'Angers, est toujours là, lui aussi, avec ses fenêtres à encadrements de la Renaissance, son magnifique escalier à spirale et l'élégante galerie de sa cour. Un peu plus au nord, l'Hôtel Pincé ou d'Anjou, bien que reconstruit pierre à pierre il y a quelques années, a gardé le cachet de l'époque (1523) qui le vit édifier pour la première fois.

Outre sa belle cathédrale Sainte-Marie, des xiie et xiiie siècles, surmontée de deux flèches de pierre et ornée de superbes vitraux, la ville possède un certain nombre d'édifices religieux, parmi lesquels je citerai : Saint-Serge et la Trinité, deux anciennes églises abbatiales, Saint-Laud, Saint-Joseph, Sainte-Thérèse, sans compter des restes de bâtiments claustraux, tels que ceux de l'abbaye de Saint-Aubin, occupés aujourd'hui par la préfecture ; puis Toussaint, une ruine d'une grandeur saisissante, et l'ex-abbaye du Ronceray, où est installée l'École des Arts et Métiers.

Au sortir d'Angers, nous regagnons la Loire aux Ponts-de-Cé, curieuse petite ville composée d'une rue de près d'une lieue de long que traversent, sous une série de ponts, trois larges bras de la Loire, le canal de l'Authion et le Louet. De là, continuant notre course à l'ouest, nous quittons, en aval d'Ingrandes, l'ancienne province d'Anjou pour entrer en Bretagne.

Le fleuve, à partir de ce point, a une largeur variant de 400 à 1000 mètres ; mais

ANGERS. — Maison Adam.

c'est de plus en plus un cours d'eau au débit inégal, tantôt formant une seule nappe, tantôt coulant en plusieurs bras séparés par des îles basses qui lui donnent l'aspect d'un vaste lac. A Ancenis, la vallée devient plus étroite ; de nombreux bateaux commencent à sillonner la rivière ; puis on aperçoit, à droite, les jardins maraîchers de Doulon, et, bientôt après, on est au chef-lieu du département.

La grande ville de Nantes, peuplée de 128 000 âmes, est sise, on le sait, au confluent de plusieurs rivières, dont les deux principales sont l'Erdre et la Sèvre Nantaise. La première arrive du nord, avec une largeur allant par places jusqu'à 800 mètres ; la seconde vient du sud, au travers du vallon étroit et profondément encaissé où se trouvent les ruines si rustiques et si pittoresques du formidable château bâti à la fin du xiii° siècle par Olivier Ier, seigneur de Clisson, et brûlé en 1793 par les soldats de Kléber. Avec son fameux parc Lemot, orné de temples, de colonnes, de statues, de rochers et de grottes, les débris de ce manoir féodal sont

NANTES.

comme une sorte de *Tivoli* breton, que l'étranger ne manque pas de visiter au passage.

A Nantes, la Loire elle-même se partage en une demi-douzaine de bras que franchit toute une chaîne de vieux ponts. C'est à la courbe du bras septentrional, sur le quai du Port-Maillard, que se dresse, entouré de ses fossés, le vieux Château que notre gravure représente. Cet édifice, flanqué de tours massives, où furent enfermés le surintendant Fouquet, le cardinal de Retz et la duchesse de Berry, est, avec quelques hôtels restaurés, tels que l'hôtel Saint-Aignan, la seule curiosité archéologique que présente l'ex-cité des *Namnètes*. Ce qui intéresse ici surtout, c'est la Loire, déjà tuméfiée par le flux de l'Atlantique. La navigation, par malheur, y est fort difficile; les navires calant plus de trois mètres ont de la peine à remonter le fleuve jusqu'au port, dont l'importance a beaucoup décru, dans ces derniers temps, au profit de Saint-Nazaire.

Plus en aval, passé le bourg de Couëron, le lit de la rivière s'élargit de plus en plus, et finit par prendre les proportions d'un estuaire. Devant Paimbœuf — en breton, *tête de bœuf*, — l'écartement d'une rive à l'autre est déjà de 2 500 à 3 000 mètres; un peu plus bas, il excède 4 kilomètres. Ce n'est pas encore, tant

Château de Clisson.

s'en faut, la largeur de la Seine maritime, de la pointe de Quillebeuf à Honfleur. A son embouchure, d'ailleurs, entre Saint-Nazaire et Mindin, la Loire se rétrécit tout à coup au point de n'avoir plus que 2 kilomètres.

Laissons derrière nous ce port tout neuf de Saint-Nazaire, dont les vastes bassins sont le point de départ des grands transatlantiques des Antilles, et pénétrons dans la baie de Bourgneuf. Là, pour la première fois, nous apercevons dans le sud ces côtes de Vendée sur lesquelles tout à l'heure nous allons prendre pied.

La baie, ainsi nommée de la petite ville qui la commande à l'est, s'ouvre entre la pointe Saint-Gildas au nord et l'île de Noirmoutier au midi, éloignées l'une de l'autre de 13 kilomètres, à peu près la distance du Havre à Honfleur. Noirmoutier ou Nermoutier, comme disent les gens du pays, n'était autrefois qu'un simple rocher. Grâce à l'action combinée des deux courants, celui de la Manche qui, de concert avec les coups de vent de nord-ouest, refoule dans la baie les alluvions apportées par les eaux vaseuses de la Loire, et celui de Gascogne, qui arrive en sens opposé, elle s'est peu à peu agrandie jusqu'à mesurer 18 kilomètres de long sur une largeur variant de 2000 à 6000 mètres. Elle semble même appelée tôt ou tard à se souder au littoral vendéen. Le goulet de Fromentine, qui l'en sépare au sud-est, va sans cesse se rétrécissant. Sa largeur actuelle, qui est de 4 kilomètres à marée haute, se réduit à 1500 mètres à marée basse, et il existe alors dans le détroit une passe guéable, le *goua* (gué), où l'on entretient une route empierrée, sur laquelle chevaux,

CHATEAU DE NANTES.

voitures et piétons peuvent circuler en se mouillant un peu par endroits; des balises indiquent le chemin à suivre pour éviter les surprises du flot.

Protégée du côté nord par un récif d'un kilomètre de circonférence, l'îlot du Pilier, qui porte un phare de deuxième ordre à éclats, Noirmoutier est une terre basse, de 21 mètres d'altitude maximum, remplie de marais salants. Le sol, engraissé par les plantes marines, y est très fertile; en revanche, les arbres y sont rares : on n'y voit guère que deux petits bois de sapins et de chênes verts. Les habitants, au nombre de 8000, sont presque tous concentrés aux alentours de la petite ville de Noirmoutier, dont le château, converti en arsenal, était autrefois la demeure de l'abbé du monastère bénédictin d'Her, fondé au VIIe siècle.

A 25 kilomètres plus au sud émerge une autre île, Yeu ou Dieu. Celle-là ne touche pas à la terre ferme : elle en est à 27 kilomètres. Deux fois plus petite que la précédente, et peuplée de 3000 habitants, elle forme un rocher de gneiss et de micaschiste puissamment fortifié, avec des collines de 35 mètres d'élévation, des sources vives, des étangs, des bruyères, et quelques prairies qui nourrissent une bonne race de moutons et de chevaux. A sa côte nord se trouve le havre de Port-Breton, signalé par trois phares. A peu près au milieu de son littoral ouest, formé d'un âpre rempart, on aperçoit du large les ruines d'un château quadrangulaire, vieux de neuf cents ans et flanqué de tours énormes. Le point de vue est des plus pittoresques; seulement, malheur au navire que les courants poussent contre cette côte *sauvage*, élevée de 25 à 40 mètres au-dessus de l'Océan, et que signale un phare de premier ordre à feu fixe!

Singulier pays, en vérité, que ce département de la Vendée, qu'on a formé en 1790 de l'ancien bas Poitou, en lui donnant le nom d'une petite rivière sinueuse qui, née dans les Deux-Sèvres, traverse la vaste forêt de Vouvant, et, après avoir passé à Fontenay-le-Comte, où elle devient navigable, va se jeter dans la Sèvre Niortaise, au-dessous de Marans! Du point où nous sommes, la partie de ce pays que nous apercevons tout d'abord, c'est le *Marais*. On appelle ainsi la zone alluviale de terres plates, dépassant à peine le niveau de la mer, qui fut jadis un vaste golfe de l'Atlantique. Un certain nombre de rochers calcaires, des *buttes*, comme on dit là-bas, anciennement des îlots de la baie, y émergent encore par endroits.

JEUNE FILLE DU MARAIS VENDÉEN.

Cette contrée, où croît une flore vigoureuse d'arbres et d'arbustes, est d'une fertilité admirable. Si l'eau salée s'en est retirée, l'eau douce continue d'en prendre périodiquement possession. En hiver et au printemps, les rivières régionales, dans leurs crues, y submergent encore de vastes espaces. On se croirait alors dans les Flandres ou dans le Spreewald; des milliers de canaux rectilignes, bordés de peupliers et de frênes, y découpent le sol en manière de damier. Des semaines durant, ces chenaux d'écoulement servent de routes; c'est en bateau que les *cabaniers* (gens des *cabanes* ou fermes) communiquent d'un district à l'autre, et quand, sur cette région palustre, qui se divise en « marais desséchés » et en « marais mouillés », on voit apparaître le goéland, le grand goulu, le *miaulard* au cri strident que vous savez, c'est un signe certain de mauvais temps en mer.

Bien que je ne sois pas, pour mon compte, enthousiaste des pays de marécages, je dois avouer que cette Vendée putrescente a, elle aussi, son charme spécial. Des rivières tapissées de nénuphars blancs y coulent sous des voûtes de verdure ininterrompues; des champs y sont, à perte de vue, couverts de roseraies; ce qui n'empêche pas le blé, la fève et les haricots de pousser à souhait dans cette terre, dont le goémon ou la cendre de roseau forme la fumure, et les bêtes à cornes et à laine d'y prospérer comme il faut. A la suite du *Marais* vient la *Plaine*, qui est aussi sèche que le Marais est humide, et qui comprend la majeure partie de l'arrondissement de Fontenay-le-Comte au sud-est. Cette zone, d'un aspect monotone, constitue une sorte de Beauce vendéenne brûlée du soleil, où l'on n'aperçoit que champs de céréales ou de légumes alternant avec des prairies artificielles et parsemés de villages à la teinte terreuse. Filons vite au delà de ces campagnes nues et plates, et entrons dans ce qu'on appelle le *Bocage*.

Ce mot du glossaire géographique s'applique à plus d'une région de la France.

Dans le Bocage vendéen.

Il y a le « Bocage breton », dans le département d'Ille-et-Vilaine; aux environs de Vitry-le-François, il y a le « Bocage Champenois », qui fait partie de la Champagne « humide », ainsi nommée par opposition à la Champagne « crayeuse » ou « pouilleuse ». La Normandie a aussi son Bocage, dans la vallée de la Vire, par exemple; mais le Bocage poitevin, dont les eaux s'écoulent en partie dans la Loire par la Sèvre Nantaise et par les tributaires du lac de Grandlieu, est le plus vaste de beaucoup. Il couvre à lui seul près des trois quarts du département de la Vendée; il se continue, en outre, au nord par le Bocage angevin de Maine-et-Loire, et, à l'est, par la *Gâtine* des Deux-Sèvres, encore une fraction de l'ancien Poitou, toute en petites collines habillées de bois et entrecoupées de vallons étroits.

Deux traits principaux caractérisent cette zone vendéenne, composée d'une succession de hauteurs arrondies et de vastes plateaux : c'est d'abord l'abondance de sources limpides qui en arrosent les replis et les dépressions; c'est ensuite le lacis multiple de routes et de chemins creux qui la sillonne, et qui, de tous temps, en a fait un pays particulièrement propre à la guerre d'embuscade. La haie s'y soude sans interruption à la haie, et cette clôture continue des champs, des landes, des *borderies*, comme on appelle les petits domaines de ce sol, où la propriété est extrêmement divisée, ne ressemble en rien à ce qu'on voit ailleurs. C'est une vraie fortification naturelle dont les *Bleus*, au temps de la Révolution, n'ont que trop éprouvé la valeur stratégique.

Qu'on se figure des treillis d'arbustes larges d'un mètre environ, appuyés sur

Vendée. — La Roche-sur-Yon.

des troncs de chênes, ébranchés ou non, qui forment eux-mêmes un rideau très serré. Dans ce dédale compliqué de *charrières*, aux ornières profondes, qui virent et se tordent à l'infini, et où les lourds véhicules attelés de bœufs cheminent lentement et péniblement, au chant monotone du *taraudeur*, l'étranger fait parfois plusieurs lieues sans avoir d'autre horizon que celui des buissons bordés de *cheintres* (lignes de prés) qui l'environnent. Pour apercevoir le clocher le plus proche, il lui faudrait grimper sur un arbre. Aujourd'hui, derrière ces barrières vivantes qui ont arrêté si longtemps les armées de la première République, aucun fusil de Chouan ne luit plus; néanmoins ce réseau onduleux, posé devant les champs et les métairies, favorise toujours l'esprit d'inertie et d' « incuriosité » native qui est le propre du paysan vendéen. Longtemps encore, selon toute apparence, ce lacis de rameaux continuera de retenir au passage ce qui subsiste des vieilles croyances et empêchera la libre invasion des idées du dehors. Le voyageur lui-même, une fois engagé par ce bois taillis, a quelque peine à se défendre contre le charme pénétrant du milieu, et, s'il y séjourne, il court risque de se voir gagné à son tour par l'espèce d'engourdissement délicieux qu'on respire dans cette contrée si bien close.

La chaîne des coteaux bocageons porte, ne vous en déplaise, le nom d'*Alpes vendéennes* — des Alpes dont l'altitude maximum n'atteint pas même 300 mètres. Le fameux Mont Mercure, situé à la limite des Deux-Sèvres, entre Chantonnay et Bressuire, a 285 mètres; le Mont des Alouettes, qui se dresse plus à l'ouest, près de la petite ville des Herbiers, sur la route de Cholet à la Roche-sur-Yon, n'en a que 231. Ce dernier est pourtant la cime historique de la ligne de faîte, celle qui domine au loin le pays et qui s'aperçoit de cent directions différentes. Aussi, à l'époque de la lutte des *Bleus* et des *Blancs*, les sept moulins à vent qui la couronnent ont-ils joué un rôle télégraphique important. Par les dispositions de leurs ailes, ils indiquaient aux troupes royalistes les mouvements opérés par leurs adversaires.

La Roche-sur-Yon (Napoléon-Vendée, Bourbon-Vendée), sise à l'extrémité occidentale du Bocage, est une ville de fondation récente où tout, édifices et rues, est banal et tiré au cordeau. Fontenay-le-Comte, au contraire, qui fut jusqu'en 1806 le chef-lieu du département, est

VENDÉE. — Cheminée de l'hôtel de Terre-Neuve, à Fontenay-le-Comte.

déjà cité dans les chroniques et les chartes du IX° siècle. Il possède une belle église gothique, avec un clocher haut de 75 mètres, et de curieuses maisons à façades sculptées des XV°, XVI° et XVII° siècles. Prise et reprise plusieurs fois dans les guerres des Anglais et de la Ligue, cette mignonne cité de 10 000 habitants, à laquelle le port charentais de Marans sert de lieu d'entrepôt et d'expédition, n'a plus fait depuis lors grand bruit dans l'histoire. Elle a pourtant été au XVI° siècle un centre d'érudition et de science, et, à cette époque, elle a donné le jour à toute une pléiade d'hommes distingués : le jurisconsulte Tiraqueau; Brissot, le médecin de Charles-Quint; Viète, le grand géomètre mort en 1603, et le poète Nicolas Rapin, pour lequel fut construit ce bel hôtel de Terre-Neuve dont notre gravure reproduit la curieuse cheminée Renaissance.

Ce fut au couvent des Cordeliers de Fontenay-le-Comte que Rabelais, âgé de vingt ans à peu près, se rendit, en 1509, au sortir de l'abbaye angevine de la Baumette. Il y passa quinze années, et, en compagnie des doctes moines que protégeait Geoffroy d'Estissac, promu dans le même temps au siège épiscopal de Maillezais, près de Fontenay, il y acquit ces connaissances encyclopédiques auxquelles aspiraient tous les esprits d'élite de la Renaissance. Dans la variété d'idiomes et de dialectes qui compose la langue tout à part du *Gargantua* et du *Pantagruel*, on retrouve en quelque sorte la substance du terroir poitevin : noms de lieux, d'hommes, de

DEUX-SÈVRES. — Niort.

choses, termes du patois local, dictons et proverbes, allusions aux coutumes populaires, tout y est. Au dire du peuple fontenaisien, Gargantua lui-même est venu dans leur ville, et un jour, « voulant se rigoler », il s'assit sur la pointe de la flèche de Notre-Dame, posa l'un de ses pieds sur celle de Niort, l'autre sur le clocher de Luçon, et se mit en posture de payer la bienvenue aux Poitevins de la même façon qu'il avait fait aux Parisiens, lors de sa première entrée dans la capitale.

Les légendes de toute sorte abondent du reste dans le pays. C'est à Saint-Cyr-en-Talmondais, entre Luçon et les Sables-d'Olonne, que se rapporte notamment la tradition fantastique de la *Chasse-Guallery*, célébrée dans une ballade en patois que les femmes psalmodient encore aux veillées sur un mode lent et mélancolique.

Pendant l'hiver, disent les paysans vendéens, quand un crêpe de nuages voile la lune, on entend tout à coup dans les airs des bruits d'abord lointains, qui vont se rapprochant peu à peu, et bientôt un chasseur mystérieux, suivi d'une longue et sombre cohorte, traverse les bois, les plaines, les marais, à la poursuite d'un ennemi invisible. Malheur à l'homme en état de péché mortel qui se trouve sur le chemin des fantômes! Saisi au passage par la troupe sinistre, il est mis sur le cheval *Malet*, emporté avec les veneurs dans une course échevelée et furieuse, et, à l'aube, c'est-à-dire à l'heure où l'enfer ressaisit sa proie, on retrouve au coin de quelque carrefour son cadavre défiguré et sanglant.

Ces croyances, on le sait, datent de loin. Déjà les Grecs et les Romains s'imaginaient entendre fréquemment des voix sortir des forêts, et ils attribuaient ces bruits mystérieux à Pan et à ses compagnons. Dans la vieille Gaule, les *Lucs* ou « bois sacrés » des Pictons retentissaient de mille clameurs de ce genre, et passaient pour être hantés par toutes sortes d'êtres effrayants et bizarres dont le christianisme n'a fait que changer les noms.

N'est-ce pas en Poitou, dans la forêt de Colombiers, que Raymondin rencontra cette fée Mélusine dont j'ai rappelé le rôle à propos de Lusignan? Et le « chien rouge », *Ché roge*, auquel plus d'un paysan croit encore, n'en avez-vous jamais ouï parler, dans quelque ferme retirée du Bocage? C'est la nuit qu'il faut se méfier de sa rencontre. Aperçoit-il un voyageur isolé, il trace autour de lui des cercles de feu qui vont se rétrécissant de plus en plus, jusqu'à ce que l'animal ait atteint et mordu sa victime. Il y a aussi la *bête Pharamine* (d'où notre mot pharamineux?), un être noir qui habite pendant le jour les nuages d'orage, et qui vient la nuit rôder près des maisons pour manger enfants, reptiles et crapauds; puis l'*Aloubi* (vampire) qui apparaît sous la forme d'un homme efflanqué, insatiable, et qui apporte la famine partout où il entre.

N'allez pas confondre surtout le héros de la *Chasse-Guallery* avec le fameux chef de voleurs Guillery qui, au commencement du xviie siècle, fut la terreur du bas Poitou, de la Saintonge, de la Guyenne même, et y empêcha, durant près de six ans, tout commerce. Celui-là n'a rien de fantastique; il appartient pleinement à l'histoire, et le récit de ses exploits a été écrit tout au long.

Philippe Guillery était fils d'un maçon du village des Landes, près de Saint-Jean-d'Angely. Après avoir été soldat, il se retire d'abord à Machecoul, où il se met à voler. Pourchassé par la maréchaussée, il se sauve à Paris, et, de là, revient à Saumur, où le prévôt l'appréhende. Mais il réussit à s'échapper, et, en compagnie de ses deux frères aînés, il entreprend cette fois le brigandage en grand, à la tête d'une armée de 400 hommes. Des trois routiers associés, c'était Philippe, le cadet, qui était le plus féroce, le plus rusé, et c'était lui aussi qui avait le commandement en chef de la bande. Il se targuait volontiers de noblesse, et, dans les districts où il opérait, il faisait attacher aux arbres des routes des écriteaux ainsi conçus : « La paix aux gentilshommes, la mort aux prévôts et archers, la bourse aux marchands! »

Ses principaux complices, hobereaux et bourgeois, appartenaient à sa famille ou à celle de sa femme, et étaient tous du pays. Non loin des Essarts, chef-lieu de canton situé un peu au nord de la Roche-sur-Yon, on vous montrera encore la gentilhommière à tourelles qui passe pour avoir été son quartier général; elle se nomme le Bois-Potuyeau. A quelques lieues de là, dans la commune de Saint-Georges-de-Montaigu, vous pourrez voir également les restes du manoir de la Jelière, qu'habitait le prévôt André Le Geay, l'infatigable limier qu'on avait mis aux trousses de Guillery, et qui le traqua pendant si longtemps sans pouvoir le prendre.

Un jour, raconte la chronique, comme Le Geay était en train de souper avec ses archers, Guillery parut, déguisé en poissonnier, et offrit de sa marchandise au prévôt. Invité à se rafraîchir, il demanda la permission d'aller mettre son cheval à l'écurie; puis il rentra s'asseoir à la table, où l'on but ferme, tout en causant. D'un propos à l'autre, on en vint à parler de l'insaisissable Guillery, qui tenait sur le qui-vive tout le pays. Chacun prétendait l'avoir vu et se vantait de le connaître par-

Vendée. — Les Sables-d'Olonne.

faitement. « Et toi, poissonnier, dit Le Geay, l'as-tu jamais rencontré sur ton chemin? — *Rin qu'une foué* (rien qu'une fois), répond le malin compère, le *ser* (soir) de votre dernière chasse. » Sur ce mot, il remercie humblement le maître du logis pour son amabilité grande, et va reprendre son cheval, en alléguant que le prieur de Saint-Georges attend son poisson.

Les convives ne pensaient déjà plus à lui, quand, tout à coup, il reparaît sous la fenêtre de la salle à manger, et s'écrie d'une voix retentissante : « Messieurs, au revoir! Guillery vous salue! » Chacun de courir d'un pas aviné vers l'écurie, afin de donner la chasse à l'audacieux brigand; mais les trente chevaux du château gisaient à terre, les jarrets coupés.

Tous les lieutenants et associés de Guillery avaient été pris et exécutés; lui seul semblait se rire des poursuites. Mais « tout passe, tout casse »; un jour vint enfin où la fortune trahit à son tour le redouté malandrin du Poitou. Capturé dans un dernier engagement, il fut roué à la Rochelle, le 25 novembre 1608, « avec 62 de ses compagnons », dit l'*Histoire véridique des grandes et exécrables voleries et subtilités du capitaine Guillery.*

Au-dessous de Fontenay-le-Comte, nous entrons dans le département de la Charente-Inférieure (anciennes provinces d'Aunis et de Saintonge), composé, ainsi que la Vendée, de trois parties différentes : sur le littoral, des marais et des dunes ; à l'intérieur, une suite de collines et de plateaux faiblement boisés, que l'on continue d'appeler le « Bocage », comme au temps où ils étaient recouverts d'un épais fourré.

Examinons d'abord la zone maritime. C'était jadis le rivage le plus découpé des côtes occidentales de la France ; des baies nombreuses s'y enfonçaient au loin

ILE D'OLÉRON. — Marais salants.

dans les terres ; mais, depuis des siècles, l'Océan, qui ne pénètre là que par trois *pertuis* ou détroits, travaille à raser les promontoires, à combler les golfes, et l'action des rivières se joint à celle de la mer pour accumuler les dépôts de toute sorte le long de ces plages saintongeaises où les eaux aujourd'hui sont constamment troubles. La Charente, la Sèvre Niortaise, en se déversant dans ce bassin, clos à l'ouest par les îles de Ré et d'Oleron, y apportent les détritus enlevés par elles aux terrains marécageux qu'elles traversent. Un jour viendra fatalement où ce littoral, si accidenté autrefois, sera presque aussi uniforme que celui qui s'étend au sud de la Gironde, de la Pointe de Grave à Saint-Jean-de-Luz.

Le lecteur aperçoit-il bien les contours extérieurs du pays ? Au nord, en face de l'île de Ré, s'ouvre l'anse moitié vendéenne et moitié charentaise de l'Aiguillon, où débouche la Sèvre Niortaise, navigable jusqu'à Marans pour les navires de 250 tonneaux, et jusqu'à Niort pour les bateaux qui n'en calent que 100. Or il fut un temps où cette baie vaseuse, de 9 kilomètres de profondeur aujourd'hui, envoyait des ramifications jusqu'à 60 kilomètres de distance, si bien que, pour aller en ligne droite de Luçon à Aigrefeuille, station actuelle du chemin de fer de Niort à la Rochelle, on avait à fournir un trajet par mer de 42 kilomètres. Le voyage s'accomplit à présent tout entier par terre : la petite mer intérieure est devenue le « Marais poitevin ».

Ré, en revanche, a fait jadis partie du continent. Le canal très irrégulier (Pertuis breton) qui l'en sépare maintenant a une ouverture variant de 12 à 3 kilomètres. Cette île basse et nue, sauf vers la haute mer, où se dresse une « côte sauvage » hérissée de formidables rochers, mesure 4 ou 5 kilomètres de largeur sur 30 de longueur. Elle est divisée en deux par un isthme étroit, de 70 mètres sans plus, que le choc des courants inverses — choc si violent que le sol parfois y tremble sous vos pieds — aurait depuis longtemps emporté, si on ne le protégeait par d'incessants travaux. 15 000 habitants vivent sur ce morceau de terre insulaire qui possède, outre quelques champs de labour, des vignobles fort productifs, des parcs d'huîtres et une quantité de marais salants.

Tous les terrains d'alluvion du golfe

Côte de Saintonge. — Les paludiers.

saintongeais, peu élevés au-dessus du flux, se prêtent du reste admirablement à la production du sel. Le sol y est divisé en une série de bassins carrés : d'un premier récipient, dit *vasière*, où elle se repose et se clarifie, l'onde marine passe dans d'autres compartiments où se fait, à la chaleur du soleil, l'évaporation du chlorure de sodium et des autres carbonates et sulfates que l'océan livre à l'industrie. Dans les derniers réservoirs, qui s'appellent *œillets*, la couche d'eau n'a plus qu'une épaisseur de quelques millimètres; c'est là que le *paludier*, à l'aide de son grand râteau de bois, recueille les cristaux de sel *gris* du fond, et écrème à la surface le sel *blanc*. La saunaison dure à peu près 40 jours, de juin à septembre. L'île de Ré compte quatre centres urbains, de 2 500 âmes en moyenne, qui sont, du nord au sud : Ars-en-Ré, dont le haut clocher sert de point de repère aux navires; Saint-Martin, où se voient quelques maisons du XVIe siècle, dont l'une a appartenu à Sully; la Flotte, avec une église à clocher massif, et Sainte-Marie. Entre ces deux dernières localités s'élèvent les ruines d'une abbaye qui servent également d'*amer* aux navigateurs.

Le grand Pertuis d'Antioche, ainsi appelé, dit-on, d'une ville de ce nom qui existait jadis à la côte occidentale de Ré, et que la mer aurait engloutie un jour de tempête, forme une passe de 12 kilomètres de large entre cette île et celle d'Oleron, qui n'est elle-même séparée du continent au sud-est que par un détroit de 2 300 mètres. Ce dernier canal, c'est le redoutable Pertuis de Maumusson, la « male bouche » dont le grondement sinistre s'entend parfois jusqu'à trois lieues dans les terres.

ARS-EN-RÉ.

Oleron, plus grande que Ré, est aussi plus peuplée (18 000 habitants). Les cultures y sont à peu près les mêmes. Outre Saint-Pierre, sa localité principale (5 000 âmes), qui en occupe le point central, l'île renferme plusieurs grosses bourgades, telles que Saint-Georges, Saint-Denis, et surtout Château-d'Oleron, port et place de guerre situé sur le littoral est, vis-à-vis de ce havre, aujourd'hui ensablé, de Brouage, qui a vu naître Samuel Champlain, l'explorateur du Canada et le fondateur de Québec. C'est de Château-d'Oleron que partent trois fois par jour les petits bateaux à vapeur qui font en quelques minutes le trajet entre l'île et la Pointe de Chapus.

A 400 mètres au large de ce cap effilé, qui termine l'étroit pays de Marennes, se dresse l'ancien fort de Chapus, dont la tour quadrangulaire forme une pittoresque saillie en face de ces rives plates et fuyantes, où, comme sur l'estuaire de la Seine, tous les arbres sont inclinés vers l'est par le vent soufflant de la mer. Tout autour de la pointe s'étendent des vasières dans lesquelles s'empâtent des rochers. Ces « pâtés » sont le gisement par excellence, le « banc » des huîtres que l'on connaît. En dehors de ce parc naturel, il y a dans le voisinage, sur le rocher d'Her par exemple, un parc artificiel, des viviers d'élevage recouverts par l'eau à chaque marée, et que l'État, qui en est le propriétaire, concède à des particuliers. Là se déposent les huîtres « blanches » qui vont ensuite s'engraisser et verdir dans les bassins de la baie de la Seudre. La Seudre n'est qu'un ruisseau de 70 à 80 kilo-

Maison de paysans saintongeais.

mètres de longueur, souvent à sec, l'été, sur une partie de son cours supérieur, mais qui, en atteignant l'océan, prend tout à coup des airs de grand fleuve et s'évide en un gigantesque estuaire.

Rien de plus déplaisant, à marée basse, que l'aspect de cette embouchure fluviale, avec ses vasières grises et visqueuses qu'entrecoupent de longs sillons de boue serpentant entre les salines et les parcs. En revanche, au moment du flux, le tableau change du tout au tout. La baie entière, revivifiée, devient une nappe d'eau immense où circulent gaiement des bateaux de pêche à la voilure blanche et rouge.

Pour les navires allant de la Gironde à la Charente, la route du détroit de Chapus abrège de plus de moitié le trajet, puisqu'elle les dispense de faire le tour de l'île d'Oleron; par malheur, outre la violence des courants, il y a peu de fond dans la passe, ce qui les expose souvent à échouer.

Un mot maintenant à propos des *dunes*, qui occupent, tant dans les îles d'Oléron et de Ré que sur la côte même, un vingtième à peu près de la superficie du département. Au sud surtout, entre la Seudre et la Gironde, c'est-à-dire dans l'ouest de la péninsule d'Arvert, elles constituent, à la base de la zone intérieure plus élevée, tout un paysage accidenté, ayant ses vallons (*lèdes*), ses combes ou basfonds (*barachois*), et ses *blouses* ou gouffres couverts. Ces sables mobiles, ces « montagnes qui marchent », comme on disait, ensevelissaient autrefois des villages entiers, et refoulaient au loin les habitations des humains. On les a fixés aujourd'hui par des plantations de pins maritimes et de chênes qui forment déjà, aux environs de la Tremblade et de Royan, de belles forêts domaniales ou particulières dans lesquelles on chasse le lièvre, la perdrix, la bécasse, le renard même, et ces massifs d'un vert sombre, en s'ajoutant aux crêtes blanches des dunes, isolent complètement la Saintonge de la mer.

La cité historique et trafiquante de cette sorte de Néerlande française, que les Anglais ont possédée pendant 200 ans, du milieu du xiie au milieu du xive siècle, c'est la Rochelle.

Sise au fond d'une anse de la vaste rade que protègent à l'ouest les îles d'Oléron et de Ré, la Rochelle est, comme disent les marins, « une ville à la mer ». De même que Venise, elle est née au milieu des flots et elle s'est peuplée de fugitifs. Son nom lui vient d'un petit cap allongé et bas, en latin *Rupella*, petit rocher, Rochelle, que l'océan environnait autrefois de trois côtés, et qui semblait émerger des marais d'alentour. Quelques cabanes de pêcheurs, bâties là autour d'une chapelle, voilà quelle fut, au xe siècle, l'origine de la ville. Comme les îlots vénitiens, le rocher devint un lieu de refuge pour les gens de la contrée qui fuyaient devant la guerre ou devant la vague. Ce qu'étaient alors ces assauts de la vague, on le voit par l'histoire de Montmeillan et de Châtel-Aillon, deux petites villes qui existaient autrefois un peu plus au sud, et qui ont aujourd'hui disparu. Châtel-Aillon, fondé par Jules César, était même, au moyen âge, la suzeraine de la Rochelle, la première des quatre baronnies de l'Aunis. Sur son emplacement comme sur celui de Montmeillan, il ne reste plus que de la vase. On pouvait jadis aller à pied de la pointe de Châtel-Aillon à la toute petite île d'Aix, située vis-à-vis ; actuellement un bras de mer de 6 kilomètres les sépare.

L'agglomération rochelaise s'accrut rapidement, et, après son mariage avec Henri II Plantagenet, Éléonore de Guyenne, voulant s'assurer la fidélité de cette ville, peuplée de hardis marins, et d'où Jean de Béthencourt devait partir, trois siècles plus tard, pour aller conquérir les Malouines, l'éleva au rang de commune et lui octroya des franchises. Ce fut dès lors une sorte de république, à la fois marchande et guerrière, dont les nefs de commerce se transformaient, au besoin, en vaisseaux de combat. Reprise en 1224 par Louis VIII, elle se vit cédée de nouveau à l'Angleterre par le funeste traité de Brétigny ; mais, entre temps, elle était redevenue française de cœur, si bien que lorsqu'elle eut été derechef délivrée, ce fut elle qui fournit à Charles VII, moyennant, bien entendu, la reconnaissance

expresse de ses libertés, la flotte qui aida ce prince à reconquérir Bordeaux.
On sait que la Rochelle a été, un siècle durant, la forteresse du protestantisme en France. L'intervention d'une escadre anglaise n'empêcha pas cependant en 1627 Richelieu de la ressaisir, au prix d'un siège fameux de huit mois. Elle se livra alors tout entière au commerce, et devint le principal port d'importation et d'exportation entre la France et le Canada. C'est même en majeure partie d'émigrés de l'Aunis et

LA ROCHELLE. — Entrée du port.

de la Saintonge que descend la population française de cette région de l'Amérique du Nord. La révocation de l'édit de Nantes, puis la perte du Canada mirent fin à cette ère de prospérité de la Rochelle. Aujourd'hui, la patrie de Réaumur, de Tallemant des Réaux, de Billaud-Varennes, des peintres Fromentin et Bouguereau, vit surtout du trafic des eaux-de-vie et du sel, et de l'armement pour la pêche. Néanmoins l'anse où elle est située, sur la longue presqu'île qu'on nomme le « musoir de l'Aunis », n'a plus assez d'eau pour les grands navires, et son port est à sec aux heures de reflux. Aussi a-t-on creusé, à 5 kilomètres plus à l'ouest, dans une dépression appelée la « mare de Besse », de vastes et profonds bassins, ceux de la Pallice, destinés à remplacer le havre de plus en plus envasé, et qu'un vaste canal relie à l'ancien avant-port de la ville, transformé en un dock intérieur.

Malgré les assauts multiples qu'elle a subis, la ville a en partie conservé sa physionomie moyen âge. En dehors de son enceinte à bastions et à sept portes, œuvre de Vauban, il lui reste, de ses remparts primitifs, dans le voisinage du port, trois grandes tours du XIV° et du XV° siècle : le donjon massif et carré de Saint-Nicolas, la tour ronde de la Chaîne, qui sont là comme deux sentinelles faisant le guet, et la tour cylindrique de la Lanterne ou du Garot. Ce dernier ouvrage, à sept étages, sert aujourd'hui de prison militaire, et l'on y voit encore la pyramide de pierre sur laquelle s'allumait le fanal destiné à guider les navires. Un autre vestige de l'ancienne enceinte, c'est la porte de la Grosse-Horloge, tour carrée avec tourelles d'angle, et percée d'une arcade.

LA ROCHELLE. — Porte de la Grosse-Horloge.

Mainte rue a gardé également, avec sa bordure de *porches*, de belles maisons de pierre ou de bois de diverses époques, à tourelles et à façades sculptées. L'hôtel de ville enfin, avec son double beffroi, ses tours à créneaux et à mâchicoulis, offre toujours, à l'extérieur, l'aspect d'une forteresse gothique, et, au dedans, de jolis détails de la fin de la Renaissance.

L'autre grande ville de la côte date de deux siècles à peine : c'est Rochefort, l'un des cinq ports militaires de la France. Un peu plus peuplée que la cité marchande qui est le chef-lieu du département, cette préfecture maritime n'a, en dehors de son arsenal, rien qui attire l'attention du touriste. Le véritable intérêt se reporte ici sur le fleuve même à la rive droite duquel elle s'élève.

Née dans la Haute-Vienne, près de Chéronniac, la Charente, ou *Chérente*, comme prononcent les paysans de la contrée, n'est encore qu'un tout petit ruisseau, quand, à 7 kilomètres de sa source, elle pénètre dans le département qui porte son nom. Deux fois elle hésite dans sa direction. Elle a l'air d'abord, non loin d'Excideuil, de vouloir aller au nord-nord-ouest se perdre dans la Vienne; puis le Clain, affluent de la Vienne, semble l'attirer à son tour. Deviendra-t-elle donc, finalement, un simple sous-tributaire de la Loire? Non, par deux déviations successives, elle se dérobe à ce vasselage. La première de ces courbes l'emporte à l'ouest vers Civray; la seconde, plus brusque encore, la rejette droit au sud vers Ruffec. De Ruffec, elle gagne le bourg de Verteuil, dont le château modernisé fut jadis la résidence favorite du duc François VI de la Rochefoucauld, l'auteur des *Maximes*; puis, se ramifiant à plusieurs reprises au travers des larges prairies qui s'étendent au-dessous de Cuxé, elle arrive,

Chateau de la Rochefoucauld (état actuel).

avec toutes sortes de replis, à la racine du long plateau escarpé qui porte la ville d'Angoulême.

Presque au terme de cette deuxième partie de son trajet, elle se rajeunit et se revivifie inopinément en absorbant les ondes glacées d'une sorte de Vaucluse angoumoise qui sort brusquement de gouffres mystérieux béant tout près de là. Cet afflux étrange, c'est la Touvre, une rivière déjà adulte au berceau, et qui n'a pas le temps de vieillir. A la voir jaillir, avec plus de 100 mètres de largeur initiale, des trois profonds bassins qui l'enfantent, on la prendrait pour quelque grand fleuve appelé à drainer de vastes contrées. Il

Vallée de la Charente, vue des promenades d'Angoulême.

n'en est rien cependant. Au bout de 10 kilomètres sans plus, cette immense et limpide coulée a terminé sa carrière. Faire mouvoir quelques moulins et usines, refléter un revers de coteau surmonté d'une église, heurter les piles d'un pont de chemin de fer, voilà toute sa tâche ici-bas; après quoi, à 2 kilomètres en amont d'Angoulême, elle rend à la Charente le tribut liquide emprunté par elle aux déversoirs des lacs souterrains qu'alimentent d'autres rivières venues de l'est par ce beau courant de la Tardoire dont les eaux rougeâtres, toujours menacées de se perdre en chemin dans une série de failles et de précipices, réfléchissent au passage le donjon et les tours du château ducal de la Rochefoucauld.

Cette partie de la vallée de la Charente est aussi celle qui émerveille le plus le voyageur. Impossible de rêver un cours d'eau plus clair et plus translucide. Nulle source ne l'égale en limpidité. « C'est là, bien plus qu'en Touraine, qu'est le vrai jardin de la France », écrivait au xvie siècle le président Étienne Pasquier, « ou, si la Touraine est le jardin de la France, l'Angoumois en est le paradis terrestre. » — « La Charente, disait de même Henri IV, est le plus beau ruisseau de mon royaume. » Ravaillac, pourtant, naquit sur ses bords, aussi bien que Marguerite de Valois, qui ne fut pas la joie du roi béarnais.

SAINTES. — Arc de Germanicus.

Étroitesse et profondeur, voilà, outre la transparence, les caractères dominants de ce fleuve. A Angoulême, où il devient navigable, il n'a pas plus de 60 mètres de large; mais combien il est beau à voir, du haut des promenades circulaires de la ville, avec ses îles, ses bouquets d'arbres, ses rives verdoyantes et ses longs méandres!

C'est sous le chef-lieu même du département que notre rivière décrit sa troisième grande inflexion, celle qui l'emporte vers l'océan. Dans cette nouvelle section de son cours, elle baigne d'abord à droite Jarnac, à gauche Cognac, la capitale de la région des eaux-de-vie, la reine du pays de la « fine champagne »; puis, au-dessous du confluent du Né, elle entre dans la Charente-Inférieure, et arrive à la ville de Saintes, point jusqu'où remontent les bateaux à vapeur de Rochefort.

Cette ex-capitale de la province de Saintonge est une des cités de l'ouest de la France qui possèdent le plus de vestiges d'antiquités. Son Arc de triomphe de Germanicus est admirablement conservé; l'arène de son Amphithéâtre ne le cède en grandeur qu'au Colisée de Rome. Quant à son Capitole, il n'en reste que des substructions et quelques fragments de murailles. Ajoutons à ces monuments de l'âge romain plusieurs beaux édifices religieux et civils : la cathédrale, fondée, dit-on, primitivement dar Charlemagne et reconstruite du xiie au xve siècle; Saint-Eutrope, de la même époque, avec une *crypte* immense et une tour à flèche de 58 mètres de hauteur; puis

Notre-Dame, une église aujourd'hui sécularisée, et un ancien hôtel de ville du temps de la Renaissance, composant un élégant massif enjolivé encore d'une gracieuse tourelle.

De Saintes, où s'arrêtent les marées ordinaires et où les eaux de la Charente commencent à perdre leur limpidité, le fleuve, obliquant de plus en plus au nord-ouest, gagne le pied de la colline qui porte la petite ville de Taillebourg et les ruines de son château fort. Sa vallée désormais s'élargit et devient moins accidentée. Des prairies marécageuses, sillonnées de canaux d'assèchement, apparaissent des deux côtés de la rivière. A Carillon, elle rallie à droite la Boutonne, affluent considérable arrivant de Saint-Jean-d'Angély, sous-préfecture de 8 000 habitants qui possède une magnifique tour de l'Horloge du XV° siècle, à créneaux et à mâchicoulis, sous laquelle passe, comme à Rouen, une des principales rues de la ville.

TAILLEBOURG. — Ruines du château.

TONNAY-CHARENTE. — Le pont.

Elle se dirige ensuite vers Tonnay-Charente, où elle est traversée par un pont suspendu de 204 mètres de longueur, élevé de 22 mètres au-dessus des plus fortes marées, et sous lequel cinglent à pleines voiles les bâtiments de six cents tonneaux. Enfin, 7 kilomètres plus bas, elle atteint, toute boueuse, le port de Rochefort.

Là, à 15 kilomètres de son embouchure, elle se rétrécit jusqu'à n'avoir plus que 150 ou 180 mètres d'une rive à l'autre ; aussi les gros vaisseaux n'évoluent-ils que difficilement sur sa nappe. Plus bas, il est vrai, elle reprend une ampleur variant de 500 à 700 mètres, et finit même par s'évider en un estuaire de 3 kilomètres de large; mais l'entrée de cette baie fluviale, que signalent quatre feux, est presque toujours envasée et se trouve en outre entravée par une barre que les navires ont de la peine à franchir.

En revanche, la rade dans laquelle débouche le cours d'eau, entre les îles d'Aix et d'Oleron, est un des mouillages les plus sûrs et les plus profonds de toutes les côtes de France.

L'île d'Aix, dont le nom se prononce *Ai* dans le pays, n'a pas plus de 129 hectares de superficie. Chacun des deux bras qui la constituent est muni d'ouvrages de défense, et au large, du côté d'Oleron, s'élève dans un îlot le fort Boyard. Aussi le bassin, où les vaisseaux construits aux chantiers de Rochefort viennent se faire armer, est-il parfaitement protégé contre toute attaque d'une flotte ennemie. Ce fut, on le sait, dans cette rade d'Aix que moins d'un mois après Waterloo, le 15 juillet 1815, Napoléon Ier vint demander à bord du navire anglais le *Bellérophon* une hospitalité que la généreuse Albion lui octroya sur le rocher de Sainte-Hélène.

SAINT-JEAN-D'ANGÉLY. — Tour de l'Horloge.

Estuaire de la Gironde.

XXVII

**L'ESTUAIRE DE LA GIRONDE.
DU PHARE DE CORDOUAN AU BEC D'AMBEZ ET A BORDEAUX.
EXCURSION AUX BORDS DE LA DORDOGNE ET DE L'ISLE.
LES VIGNOBLES DU MÉDOC ET LES LANDES DE GASCOGNE.**

L'estuaire de la Gironde, dans lequel nous allons pénétrer, avec l'un des bateaux à vapeur qui font quotidiennement le service entre Royan et Bordeaux, commence, au nord, à la pointe de la Coubre. En deçà s'élève le fort de Terre-Nègre, dont le feu signale l'entrée de la Grande Côte, grève sinistre, presque aussi féconde en naufrages que la baie bretonne des Trépassés, et d'où, par les vents d'ouest, on entend le grondement des vagues qui s'engouffrent dans le pertuis de Maumusson. C'est tout près de là que se trouve Royan, la grande station charentaise, qui doit à ses plages au sable fin, à ses *conches* du Chai, de Foncillon et de Pontaillac, d'attirer par an 50 000 baigneurs. Les jetées du port une fois dépassées, nous apercevons tout de suite sur la droite le fameux phare de Cordouan, sorte d'obélisque dressé à l'entrée de l'entonnoir girondin, à 7 kilomètres ouest de la pointe de Grave.

Cette tour, de 65 mètres d'élévation, repose sur un écueil occupant le centre d'un vaste plateau sous-marin, autour duquel s'étend en demi-cercle toute une zone de bancs de sable et de gravier qui semblent, de ce côté, un prolongement des landes de Gascogne. A marée haute, l'écueil est entièrement submergé, et les vagues lancent leur écume jusque sur le piédestal du phare et les colonnes du portique. Aussi ne peut-on l'aborder qu'au reflux. Faut-il voir dans ce récif de Cordouan un reste de l'île d'Antros mentionnée, au 1ᵉʳ siècle de notre ère, par le géographe Pomponius Méla, un fils ou un petit-fils de Sénèque le rhéteur? Toujours est-il qu'il est de plus en plus rongé par le flot, et que depuis trois cents ans il n'a cessé de s'affaisser et de diminuer. En revanche, la pointe de Grave, éclairée, elle aussi, par un feu scintillant, a reculé dans le même temps de 2 kilomètres. Elle présente aujourd'hui une cime conique de 41 mètres de haut, dominant un massif pénin-

ROYAN.

sulaire de dunes, au pied sud duquel s'ouvre, sur l'estuaire, le petit port-escale du Verdon.

Ce serait à Louis le Débonnaire, ou, selon d'autres, au Prince Noir, que remonterait l'érection du premier phare de Cordouan; mais l'édifice actuel a été commencé en 1584, puis remanié et refait en partie au commencement de notre siècle. Il s'appuie sur un soubassement massif que termine une plate-forme circulaire où sont disposés les logements des gardiens et les bâtiments de service. Au-dessus s'élève la tour, composée de trois étages. Le rez-de-chaussée est un vestibule où s'amorce l'escalier de 326 marches qui mène au sommet; le premier étage renferme « l'appartement du roi »; le second, une chapelle de Notre-Dame voûtée en coupole; le troisième forme l'obélisque supérieur, percé de trois rangées de fenêtres et surmonté d'un entablement. Cet entablement porte la lanterne, dont le feu blanc et rouge tourne de minute en minute. L'éclat blanc est visible à 29 milles, le rouge à 23. Par un temps clair, la colonne elle-même s'aperçoit à 18 milles.

Les bancs qui encombrent l'estuaire du côté de Cordouan mesurent une surface de plusieurs kilomètres carrés; mais, plus à l'est, ils décroissent en nombre et en étendue, et, après la pointe de Grave, c'est-à-dire à l'entrée même du fleuve, l'embouchure offre, d'une rive à l'autre, une profondeur variant de 11 à 31 mètres.

Trois passes de navigation s'ouvrent dans l'archipel des bancs. La première, pour nous qui venons de Royan, est la passe du Nord, celle où notre bateau s'engage; le détroit y a une largeur initiale de 1 200 mètres environ qui s'évide ensuite vers le petit port de Saint-Georges-de-Didonne et la pointe de Suzac que nous rangeons successivement à main gauche. La seconde passe est celle du Milieu, qui se creuse entre les bancs de la Mauvaise et ceux de Cordouan. La troisième est celle du Sud, qui sépare Cordouan de la pointe de Grave et de la plage des Landes. C'est dans ce dernier chenal que les courants ont le plus de violence et que gît, dit-on, la ville romaine de *Noviomagus*, engloutie jadis par un volcan sous-marin.

PHARE DE CORDOUAN.

Entrons maintenant dans le grand fleuve. Sauf par les brouillards, la navigation est des plus aisées; en revanche, les sites n'ont rien de pittoresque. La rive gauche n'offre que de plats terrains d'alluvion qu'accidentent seulement un peu plus bas les menus coteaux touffus du Médoc: la rive droite nous montre au contraire quelques falaises croulantes ou excavées par le flot, qui se porte surtout de ce côté. Sous Suzac, où commence l'embouchure proprement dite, la Gironde n'a que 5 200 mètres de largeur; mais, un peu plus loin, elle va s'amplifiant. Voici, du même côté, c'est-à-dire à gauche en remontant le cours d'eau, le petit bourg encore saintongeais de Talmont, qu'il ne faut pas confondre avec Talmont en Vendée. Il est situé sur un rocher et a, sur le fleuve, un avant-port qui peut recevoir de gros vaisseaux de guerre. A la pointe sinueuse de la berge se dresse une chapelle romane.

Plus en amont apparaît Mortagne, un des havres les plus fréquentés de l'estuaire. La Gironde ici mesure 11 000 mètres; puis elle se rétrécit graduellement en face des collines du Médoc, dont nous commençons à nous rapprocher. De ce côté, nous apercevons Saint-Estèphe, et bientôt nous arrivons à Pauillac. Le fleuve, divisé en deux bras par l'île de Patiras, que nous laissons à main gauche, n'a plus, à cet endroit, que 4 600 mètres de largeur. De là jusqu'au confluent de la Dordogne, s'allongent, sur un espace de 20 kilomètres, une série de bancs vaseux dont une partie seulement se découvrent à marée basse, et qui tantôt serrent de près la rive, tantôt occupent le milieu du lit. Aussi Pauillac est-il l'avant-port où s'allègent, au besoin, les grands bâtiments d'un tirant de plus de 5 mètres. Excellente rade du reste; et c'est à cet avantage que le chef-lieu de canton girondin a dû sa prospérité commerciale. Au moyen âge, la ville exerçait même une sorte de souveraineté maritime, et jusqu'à la Révolution, les navires qui entraient en rivière étaient tenus de prendre à Pauillac un pilote et quatre matelots pour remonter jusqu'à Bordeaux.

Allons toujours. Plus en amont, dans le Médoc, nous distinguons le clocher de Saint-Julien et quelques-uns de ces grands vignobles dont je parlerai ci-après en détail. A l'opposite (rive droite) apparaît sur un îlot le Fort Pâté, puis la ville de Blaye, vers laquelle le bateau se dirige en traversant le semis d'îlots. C'était, du temps des Romains, une station militaire par laquelle passait la voie allant de Bordeaux à Saintes. Sur un rocher près de la Gironde, se dresse la fameuse citadelle où la duchesse de Berry, mère du comte de Chambord, fut enfermée en 1832, après son arrestation en Vendée. Le fleuve, ici, est large de 3 000 mètres.

C'est plus en amont, au delà de la chaîne de longues îles qui nous dérobent, la plupart du temps, la vue des coteaux médocains, que se trouve le confluent de la Garonne et de la Dordogne. Une langue de terre verdoyante, désignée sous le nom de Bec d'Ambez (bec des Deux), s'y avance entre les deux branches liquides dont la réunion forme la Gironde, et qui diffèrent étrangement de couleur. Autant le fleuve bordelais est trouble et jaunâtre, autant la rivière périgourdine roule des ondes

Une Bordelaise.

claires et limpides. Le premier, à cette place, a 1 800 mètres de large; la seconde en a 1000 seulement; néanmoins elle paraît plus large que l'autre à cause des îles qui masquent à demi la nappe puissante du cours d'eau suzerain.

A partir d'ici nous entrons en Garonne; le lit fluvial se rétrécit jusqu'à 700 et 500 mètres, et sa profondeur diminue. Passé le Bec, se montrent à droite le village et le château du Pian, où cessent, en amont, les grands crus du Médoc; puis, du même côté, c'est Blanquefort, avec ses vignobles renommés de Château-Dillon et de Tanaïs-Clapeau. Les navires se multiplient sur le fleuve; mais les rives manquent toujours de relief; en revanche, les maisons de campagne y abondent; une entre autres, à main gauche, frappe par son aspect singulier : on l'appelle le Château du Diable.

Enfin, après avoir dépassé, toujours sur la gauche, les gracieux coteaux de Lormont, port très actif qu'animent en outre des chantiers de constructions navales, nous atteignons la reine de l'estuaire, cette grande cité de Bordeaux, peuplée de 252 000 âmes (recensement de 1891). Le bateau range, à droite, les docks et le bassin à flot de Bacalan, puis le quai d'atterrissage des paquebots des Messageries maritimes, et s'en va, au delà de celui des Chartrons, stopper au ponton des Quinconces, un peu en aval de la Bourse, juste au point médian de la majestueuse courbe que le fleuve décrit à travers la ville.

Ici, à 100 kilomètres de la mer, la Gironde a encore 440 mètres de largeur; le

BORDEAUX. — Le pont de pierre.

flot s'y fait sentir avec autant d'intensité qu'à l'embouchure, et, grâce à la pente presque nulle du lit, y atteint la même hauteur, 3^m,50 en marées faibles dites de *morte eau*, 5^m,30 en marées de *vive eau*. Le flux se manifeste cinq heures après qu'il s'est produit à Cordouan; mais, tandis qu'il dure six heures à Cordouan et cinq au Bec, il ne dure que quatre heures à Bordeaux, de sorte que si la mer est basse à six heures sous Cordouan, la tuméfaction ne commence à Bordeaux qu'à onze heures. Le flot met donc cinq heures à remonter jusqu'au chef-lieu de la Gironde, mais le reflux commence à Bordeaux trois heures seulement après qu'il a commencé à Cordouan, et les navires qui veulent franchir le Bec en pleine eau doivent partir de Bordeaux à la mi-marée.

Le mascaret est un phénomène assez fréquent dans le port; il a lieu quand le fleuve est près de l'étiage, en juillet, en août, en septembre, et que les bancs sont peu recouverts à marée haute. On voit alors, au moment où le premier flot arrive, une lame d'un mètre de haut balayer, en formant brisant, toute la digue des Queyries, qui s'étend sur la rive droite, à l'endroit où la courbe du fleuve s'accentue, et aller se jeter dans la rade de la Bourse. Les navires mouillés à cette dernière place reçoivent le choc par la hanche de bâbord derrière, et courent sur leurs chaînes, qu'ils cassent souvent; plus d'un éprouve même quelquefois des avaries graves.

Bordeaux est, sans conteste, le plus beau port intérieur de la France. Au XVIII° siècle, il occupait le premier rang pour la navigation maritime; il ne vient plus maintenant qu'au troisième, après Marseille et le Havre. Il mesure une longueur de 9 kilomètres, dont 7 500 en aval du pont et 1 500 en amont; mais, seule, la première partie du bassin est accessible aux gros bâtiments. C'est du pont susdit, le fameux pont de pierre à 17 arches, long de 486 mètres sur 15 de largeur, qui unit le cours Victor-Hugo au faubourg opposé appelé la Bastide, qu'il faut contempler le sillon du fleuve, avec les nombreux navires qui l'animent, et la ligne

BORDEAUX.
Porte de l'Hôtel-de-Ville.

imposante de quais dominée par des clochers et des tours qui se déroule sur la rive gauche en un demi-cercle de plus de 6 kilomètres. Un second pont, tubulaire à jour, long de 500 mètres, franchit la Garonne un peu plus en amont : c'est la gigantesque passerelle métallique qui raccorde le réseau d'Orléans à celui du Midi; elle supporte deux voies ferrées, et est pourvue d'une galerie extérieure pour les piétons.

Outre l'arc du XVIII° siècle qu'on nomme Porte de Bourgogne, et que le voyageur arrivant de la gare de la Bastide aperçoit tout d'abord au débouché du pont de pierre, Bordeaux possède encore trois portes triomphales, celles de la Monnaie, d'Aquitaine et de Dijeaux, puis deux portes plus anciennes, du XV° siècle; l'une est celle de l'Hôtel-de-Ville ou de la Grosse-Cloche, haute de 41 mètres, qui est recouverte d'un toit et renferme sous une arcade à jour la cloche municipale, du millésime de 1775; l'autre est la porte de Cailhau ou du Palais (34 mètres de haut), qui donne accès au palais de l'Ombrière, où résidèrent les ducs d'Aquitaine, et où, par la suite, siégea le Parlement.

Ampleur et majesté, tels sont les caractères dominants des principales rues et des places de Bordeaux (cours Victor-Hugo, allées de Tourny, cours du Chapeau-Rouge et de l'Intendance). La place-promenade des Quinconces, au bas de laquelle le bateau de Royan nous a déposés, est l'aire la plus vaste de la ville; elle occupe l'emplacement de l'ex-Château Trompette, et communique avec le Jardin public. Aux deux flancs de sa terrasse s'élèvent les statues de Montaigne et de Montesquieu. C'est tout près de là, sur la place de la Comédie, que se dresse le Grand-Théâtre, le principal édifice civil de Bordeaux. Il mesure 88 mètres de long sur 47 de large et est entouré d'une colonnade corinthienne.

La cathédrale de Saint-André est un temple ogival du XIII° siècle, à deux façades flanquées chacune de deux tours. Les tours du nord, seules achevées, sont couronnées de flèches de pierre hautes de 81 mètres. Le clocher, de 1440, isolé à une trentaine de mètres du chevet, renferme le gros bourdon, du poids de 11 000 kilogrammes. Saint-Seurin, la primitive cathédrale, est surmonté de deux clochers romans. Saint-Michel, des xv° et xvi° siècles, est une église à trois portails, séparée, comme Saint-André, de son clocher, tour hexagonale dont la flèche à douze pans est le monument le plus élevé de la région (108 mètres).

Bordeaux, ou *Bourdeaux*, comme on disait encore, plus correctement, au xvii° siècle, d'après le nom latin *Burdigala*, était déjà, du temps des Romains, une très belle ville, pourvue de temples grandioses, de palais, d'amphithéâtres et d'aqueducs. Au ii° siècle, sous Adrien, elle devint la métropole de la seconde Aquitaine, qui s'étendait au nord jusqu'à la Loire. De cette époque lointaine, il ne lui reste qu'un

BORDEAUX. — Le Grand-Théâtre.

débris d'amphithéâtre dit Palais Gallien, où 25 000 spectateurs pouvaient trouver place. Deux cents ans plus tard, ses écoles rivalisaient avec celles de Rome et de Byzance.

Toute cette prospérité sombra, au v° siècle, sous le flot des Barbares (Vandales et Visigoths) qui firent de la province un royaume dont Toulouse fut la capitale. Puis survinrent, en 731, les Sarrasins qui, avant d'aller se faire écraser par Charles Martel près de Poitiers, détruisirent à demi Bordeaux au passage. Plus tard encore, au xii° siècle, quand Éléonore, la fille unique du dernier duc de Guyenne Guillaume X, répudiée par le roi Louis VII, eut épousé l'Angevin Henri Plantagenet, celui-ci, en montant sur le trône d'Angleterre, fit anglais tout le pays compris entre Nantes et les Pyrénées.

Trois siècles durant, l'Aquitaine resta, aux mains de nos ennemis d'outre-Manche, l'arsenal d'où ils organisaient leurs incessantes attaques contre la monarchie française. Bordeaux, pendant cette période, vécut, il est vrai, d'une vie autonome et libre. Constituée en commune ou *jurade* ayant à sa tête un maire électif, elle jouissait en outre du privilège de n'avoir pas de garnison anglaise, si ce n'était en temps de guerre. Le maire disposait de la milice et en nommait le chef ou *connétable*. Plusieurs villes de Guyenne, Blaye, la Réole entre autres, s'étaient faites les « filleules » de Bordeaux ; c'était une sorte de Confédération dont cette cité avait le protectorat. Lorsque, après la bataille de Crécy (1346), Édouard III eut érigé le pays en principauté, son fils, le fameux Prince Noir, s'établit à Bordeaux ; il y tint une cour brillante, et Richard II, son successeur, y naquit en 1366.

BORDEAUX. — Clocher de Saint-Michel.

Reconquise enfin par Charles VII (1453), puis dotée par Louis XI d'un parlement et d'une université, la ville resta la capitale de cet immense gouvernement de Guyenne et de Gascogne qui embrassait, outre le Bordelais et le Bazadais, le Périgord, l'Agenais, le Quercy (Cahors), le Rouergue (Rodez) et les départements actuels des Landes et du Gers. Jusqu'en 1789 néanmoins, la région continua de vivre, pour ainsi dire, à part de la France. Sous Louis XIII, sous Louis XVI, sous la Convention, sous le Consulat, sous Louis XVIII même, elle fut un foyer permanent de complots et de révoltes qu'on n'a pas à raconter ici. Enfin le dernier chapitre de l'histoire politique de Bordeaux se rapporte à l' « année terrible » : c'est cette cité qui, à partir du 9 décembre 1870, fut le siège de la délégation du gouvernement de la Défense nationale, et c'est dans ses murs que, le 12 février suivant, se réunit l'Assemblée qui conféra à Thiers la présidence de la République censée provisoire et vota les préliminaires de paix.

Outre Ausone, le poète latin du IV° siècle, qui professa si brillamment dans les écoles de *Burdigala*, avant de devenir le précepteur de Gratien et d'obtenir la préfecture des Gaules, la ville a vu naître le célèbre *Captal* de Buch (Jean de Grailly), le champion des Anglais contre Du Guesclin, Armand Berquin, l'*Ami des enfants*, de Sèze l'avocat de Louis XVI, François Magendie, l'éminent physiologiste et médecin, les députés girondins Grangeneuve, Gensonné, Ducos et Guadet — Boyer-Fonfrède, leur collègue, était de Saint-Émilion, — puis, en notre siècle, les peintres Carle Vernet, Brascassat, Rosa Bonheur. Ajoutons à la liste le chirurgien Paul Broca, le géographe Élisée Reclus, originaires l'un et l'autre de Sainte-Foy-la-Grande, à la limite de l'ancien Périgord, et enfin Montesquieu, né en 1689, à 26 kilomètres au sud de Bordeaux dans ce pittoresque château de Labrède, qu'entoure une si fraîche ceinture d'eaux vives, et où l'on montre encore au touriste, avec ses meubles du temps et tous ses objets de toilette et de travail, la chambre de l'illustre auteur des *Lettres persanes* et de l'*Esprit des Lois*.

Vous souvenez-vous de certain ruisseau que, lors de notre excursion en Auver-

BORDEAUX. — Palais Gallien.

gne, nous avons vu sortir d'un pré mouillé sur les flancs du pic de Sancy, et courir de là vers Mont-Dore-les-Bains par une gorge encadrée de noires sapinières? Ce *bach* de montagne qui, du Puy-de-Dôme, pénètre dans le département de la Corrèze, et ensuite dans celui du Lot, pour y passer, non loin d'*Uxellodunum*, la forteresse qui fut, après Alésia, le dernier rempart de la Gaule, sous un grand viaduc du chemin de fer de Paris à Toulouse, ce cours d'eau tour à tour auvergnat, cadurque, périgourdin, bordelais, n'est autre que la Dordogne. Parmi les simples rivières de France, celle-ci est, à coup sûr, la plus belle. Au Bec d'Ambez, où elle rejoint le fleuve issu de la vallée pyrénéenne d'Aran, elle a, je l'ai dit, 1 000 mètres de largeur. Un peu plus en amont, sous la ville de Bourg, elle en a 1 200 et 1 500, et, en face de Fronsac, à 38 kilomètres de son confluent, elle s'étale encore en une nappe de plus de 500 mètres, magnifique à regarder, de la hauteur du Tertre, avec les longs replis qu'elle dessine à travers les vertes campagnes.

C'est à quelques kilomètres plus loin, au joli port de Libourne, où elle ne mesure plus que 300 mètres, que la marée cesse de se faire sentir et que s'arrête la navigation maritime (navires de 300 tonneaux); mais les bâtiments à quille peuvent remonter jusqu'à Saint-Jean-de-Blaignac, sis à 26 kilomètres au-dessus, toujours dans le département de la Gironde, que la Dordogne ne quitte qu'au delà de Castillon. Si, de ce point, nous continuions de la suivre à contre-courant, nous arriverions à Bergerac, puis au confluent de la Vézère, issue, comme la Vienne, du plateau corrézien de Millevaches, et dont la vallée a livré aux chercheurs tant de curiosités de l'âge préhistorique. Mais Libourne et ses environs nous imposent une halte qui nous

LADRÈDE. — Château de Montesquiou.

ôte le loisir d'explorer les hautes gorges de la Dordogne et les défilés de ses rivières vassales.

Libourne, peuplée de 17 000 âmes, est située au confluent de l'Isle, tributaire de droite sur lequel se trouve, à 92 kilomètres de là, le chef-lieu du département de la Dordogne. C'est une de ces villes du sud-ouest de la France qui s'élevèrent, sous le nom de *bastides* (en provençal *bastida*, bâtisse), du XIIe au XIVe siècle. Sauveterre et Sainte-Foy-la-Grande ses voisines, Villeneuve-sur-Lot, dans l'Agenais, Montauban, dans Tarn-et-Garonne, et des centaines d'autres cités ou bourgades encore existantes ou disparues, furent aussi édifiées à la même époque et eurent la même origine officielle. Le Nord a eu également ses bastides, fondées en moins grand nombre, il est vrai, sous la désignation de *villes neuves*, et la Bourgogne, si l'on s'en souvient, nous a offert en Villeneuve-sur-Yonne un exemple de ces centres de population nés tout d'une pièce d'un décret royal.

En Guyenne et en Languedoc, un même plan présida à la construction de ces localités pour lesquelles, la plupart du temps, intervenait un contrat entre le suzerain et les habitants. Les premières furent surtout des postes de guerre qu'on érigeait préférablement à la limite d'une province; puis la création de ces villes nouvelles devint une question de « peuplement », une affaire de colonisation pure à l'intérieur même des régions. Aussi choisissait-on toujours pour leur emplacement des lieux incultes, des landes ou des bois dont on voulait assurer le défrichement. La plantation d'un *pal* en terre était la formalité juridique qui préludait au travail de bâtisse. Le sol était distribué entre les *bourgeois* qui le tenaient à bail emphytéotique et moyennant une redevance fixe. Au centre de

LIBOURNE. — Tour de l'horloge du grand port.

la cité était tracée une place carrée, où se dressaient la halle, l'hôtel de ville, le beffroi, et d'où l'on pouvait surveiller les portes. De là rayonnaient les rues principales; ces voies, bien entendu, étaient régulièrement alignées. Rien qu'à cette régularité, comme aux dimensions uniformes des maisons, on pouvait reconnaître une *bastide*.

Cette région libournaise est un district vinicole, fameux. Tout près de la route qui se dirige vers Castillon, on aperçoit, au revers d'une colline couverte de ceps et d'arbres fruitiers, une petite ville à l'aspect semi-féodal, avec des restes d'enceintes et de tours, des débris superbes de cloître et de château, et un haut clocher d'église gothique autour duquel sont groupées de pittoresques habitations : cette petite ville, c'est Saint-Émilion, dont les crus ont été renommés bien avant ceux du Médoc.

SAINT-ÉMILION. — L'église.

Là, comme dans le Médoc, il y a plusieurs *châteaux* historiques dont les propriétaires sont des viticulteurs éminents. Tels sont, par exemple, Trois-Moulins, Beauséjour, la Madeleine, Bel-Air surtout, un domaine dont le poète Ausone paraît avoir possédé une partie. Les rois d'Angleterre, au temps où ils régnaient sur le pays, considéraient ces vins de la Dordogne comme autant de joyaux de leur couronne d'outre-mer. Les vignobles de Saint-Émilion n'avaient point alors de rivaux dans le Midi. Chantés par les troubadours, ils fournissaient la boisson préférée des princes Plantagenet et de tous les hauts barons normands dont la noblesse datait de Hastings. Chaque année, les vaisseaux d'outre-Manche « s'en allaient aux vins de France ». En 1372, notamment, rapporte Froissart, on vit arriver d'Angleterre au Béc une flotte marchande « de 200 nefs » spécialement chargée d'embarquer les précieux tonneaux.

Henri IV, qui était pourtant né sur les confins de la Gascogne et qui avait eu, dès le berceau, les lèvres frottées de « jurançon », préférait, dit-on, le vin d'Arbois, un cru des gradins inférieurs du Jura. Louis XIII, lui, n'aimait pas le vin ; son fils Louis XIV, en revanche, fêtait en éclectique tous les produits des ceps nationaux. J'ai dit comment il prit goût au jus des treilles mâconnaises. De même, dans un voyage en Guyenne, ayant eu occasion de boire des vins de la côte Saint-Émilionnaise, il fut ravi de leur bouquet, enthousiasmé de leur couleur et de leur sève, et cet engouement du monarque acheva d'en mettre les chais en honneur. Ajoutons que ces collines libournaises sont percées de cryptes mystérieuses, immenses galeries à trois étages qui se prolongent sous toute l'étendue des plateaux, et où se réfugièrent pendant quelques jours les Girondins proscrits par la Montagne.

En continuant de remonter la rive droite de la Dordogne jusqu'au delà de Castillon et de son pont suspendu, nous atteignons le bourg de la Mothe-Montravel. Là se détache, le long des collines, un chemin qui, au bout de 3 kilomètres, nous mène au château de Montaigne.

Le manoir où naquit et mourut (1533-1592) le grand écrivain qui le premier affirma par un livre cette indépendance absolue de la pensée que Ramus, son contemporain, avait proclamée en principe, niche sur un des coteaux de la route, au milieu d'une épaisse chênaie. D'en bas, on ne distingue que les hautes tourelles qui le flanquent. L'entrée principale, à laquelle on accède par une avenue d'acacias et de platanes, n'a pas changé depuis le XVIe siècle. L'édifice se compose de cinq pavillons coiffés, comme ceux de Fontainebleau, de toits aigus. La tour bizarre que Montaigne habitait de préférence et qui porte son nom, a gardé l'aménagement intérieur qu'elle offrait à l'époque où le philosophe y vivait, à l'abri des tempêtes et des guerres, dans les sereines délices de l'étude. Seulement la bibliothèque est veuve de ses livres, et les inscriptions latines et grecques de la chambre à coucher sont aujourd'hui à demi effacées, comme le sont aussi de la mémoire des humains les succulentes causeries des *Essais*.

C'est au haut de ce donjon, formé d'un accouplement de trois tours pareilles en hauteur, mais de largeurs différentes, qu'était appendue jadis la grosse cloche qui sonnait « tous les jours l'*Ave Maria*, à la diane et à la retraite ». Autour de cette résidence « au cadre ombreux et doux-fleurant », où, au lendemain de la bataille de Coutras, le Béarnais vint loger et chasser, se groupaient une demi-douzaine de métairies, dont les noms ont été conservés, et qui constituaient tout le domaine du châtelain. Un peu plus à l'ouest, dans la direction de Coutras, sur une autre éminence plus abrupte, se dresse une tour délabrée, débris d'un manoir du xiv° siècle, qu'il me faut aussi mentionner, car c'est celui qu'habitait, du temps de Montaigne, Diane de Foix, comtesse de Gurson, une voisine volontiers visitée du docte écrivain, qui lui a dédié son chapitre de l' « Institution des enfants ».

Le tributaire de droite que la Dordogne reçoit à Libourne s'appelle l'Isle. C'est sur ce gros et sinueux affluent, venu de la Haute-Vienne, qu'est située, je l'ai dit, l'ex-*Vesuna* des Romains, la capitale de l'ancien Périgord.

Entre les cités de troisième ordre, Périgueux est une des plus attrayantes. Elle plaît, non seulement par sa riante campagne qui produit à souhait tout ce qui est

PÉRIGUEUX. — Bords de l'Isle.

nécessaire aux besoins de la vie matérielle, mais encore par ses monuments de tout âge, ses belles promenades, ses ruelles pittoresques. Trois villes se juxtaposent en elle : une ville antique, une ville moyen âge et une ville moderne. La première offre à l'archéologue ses restes de thermes et d'arènes, sa tour de Vésone haute de 27 mètres, et ses débris d'enceinte romaine. La seconde lui présente le Château-Barrière, la Porte Normande, ses vieilles maisons et sa majestueuse cathédrale dédiée à l'apôtre Saint-Front qui évangélisa le pays.

Au quartier moderne, qui va de la gare au cours Michel-Montaigne, il convient encore d'ajouter les faubourgs ombreux que trois ponts de pierre relient au massif urbain de la rive droite. Une statue de bronze érigée en face du théâtre rappelle au touriste que Périgueux a donné le jour au général Daumesnil, qui défendit si opiniâtrement Vincennes en 1814 et 1815. Fénelon, un autre Périgourdin célèbre, né plus au sud, du côté de Sarlat, a aussi sa statue à l'entrée d'une des promenades de la ville. Et combien d'autres hommes éminents a enfantés cette province de la France romane, devenue le département de la Dordogne! Bertrand de Born, le troubadour du xii*e* siècle, Étienne de la Boétie, l'ami de Montaigne, La Calprenède, Cyrano de Bergerac, Lachambaudie, l'évêque de Belzunce, le héros de la peste de Marseille en 1720-1721, Maine de Biran, le métaphysicien : je ne cite que les plus illustres.

Le nom d'Ausone eût dû tout de suite nous ramener à Pauillac, la localité principale de cette région du Médoc que nous n'avons fait qu'entrevoir au passage. Théon, l'ami de ce poète, possédait aux environs du *Pauliacus* romain une superbe villa dont on a, de nos jours, exhumé des débris. Cette trouvaille semblerait indiquer que les grands personnages de *Burdigala* passaient volontiers la belle saison sur ces rives de la Gironde, très boisées alors et riches en gibier. La vigne, en ce temps-là, florissait-elle dans le Bordelais? Il n'est pas permis d'en douter. Dès le siècle de Cicéron, les contrées méridionales de la Gaule entretenaient avec l'Italie un commerce de vins important, et ce fut de là que la viticulture s'étendit dans le centre, puis dans le Nord, où cependant l'usage de la bière d'orge, *cervisia* (cervoise), resta longtemps répandu. C'était de la bière qu'on buvait à Lutèce, à l'époque où Julien l'habitait, et l'on connaît l'épigramme faite par lui contre ce breuvage foncièrement barbare : « Qui es-tu? Tu n'es pas la vraie fille de Bacchus. L'haleine du fils de Jupiter sent le nectar, et la tienne est celle du bouc. »

En l'an 92 de notre ère, Domitien, à la suite d'une disette, fit arracher les ceps dans une grande partie de l'Empire, et notamment dans la Gaule; mais, deux cents ans plus tard, sous Probus, ces mêmes légionnaires qu'on avait employés à saccager le royaume de Bacchus reçurent l'ordre de réparer le dégât, et les plants de la Gascogne et du Bordelais furent de bonne heure appréciés, aussi bien que ceux de l'Arvernie (Auvergne) et du pays des Séquanes (Franche-Comté); ce n'est cependant qu'au moyen âge que le Médoc commence d'acquérir sa réputation de terroir fin.

La région du Médoc, comprise entre les Landes et la Gironde, sur une longueur de 80 kilomètres et une largeur de 2 lieues environ, commence au sud-est à Blanquefort, à 10 kilomètres de Bordeaux, et se termine au nord-ouest à la petite ville de Lesparre. L'aspect n'en a rien d'attrayant. C'est une succession de plaines accidentées seulement près du fleuve par de menues collines de sables et de cailloux qu'agglutine une sorte de poudingue désigné sous le nom d'*alios*. Pour les œnologues, le vrai chef-lieu de ce district, c'est la vieille cité de Pauillac. Si nous sortons de cette dernière par la route de Lesparre, nous apercevons, au pied de coteaux couverts de pampres, une construction blanche, de forme bizarre, surmontée pittoresquement de trois tourelles rondes à girouettes, et posée sur une terrasse qui domine une aire encadrée de beaux arbres : c'est un domaine girondin, c'est Château-Lafite, aux ceps renommés dans le monde entier.

Les sires de ce manoir avaient, au xiv*e* siècle, un droit de haute et de basse justice sur Pauillac, Saint-Lambert et les autres communes voisines. Leurs noms ont figuré dans l'histoire de la Guyenne, principalement à l'époque anglaise, et leur famille a donné à l'église plusieurs prélats de marque. J'ai dit comment le maréchal de Richelieu vanta et offrit au roi Louis XV quelques bouteilles du nectar médocain qui avait été son breuvage de Jouvence. Il en fut alors de ces crus comme il en avait été, sous le règne précédent, de ceux du Mâconnais. Tout le monde à la cour voulut en user, et cette vogue eut vite fait la fortune du propriétaire d'alors, M. de Ségur, qui fut même proclamé « roi des vignes », titre que ses successeurs ont gardé.

En 1792, Château-Lafite, qui appartenait à M. de Péchard, président au parlement de Guyenne, fut déclaré bien national; un riche Hollandais, M. Vandermere, le racheta 1 200 000 francs; plus tard, il passa aux mains du banquier anglais sir Samuel Scott, et, depuis 1868, il est en celles de MM. Alphonse, Gustave et Edmond de Rothschild, qui cumulent ainsi la double royauté de la finance et de la vigne.

Château-Margaux, le second domaine hors ligne du Médoc, le premier même dans les bonnes années, est situé beaucoup plus au sud, presque en face du confluent de la Garonne et de la Dordogne. Il a une origine très ancienne. Dès la fin du xv° siècle, il était connu sous le nom de Lamothe. Un jour, dit-on, des soudards du roi d'Angleterre Édouard IV s'étaient répandus dans les vignes, au moment des vendanges; après avoir pillé le castel, ils dévastèrent les souches et les pampres, et en firent des tas de fagots qu'ils portèrent à Bordeaux. Les cépages fins de Château-Margaux ne datent néanmoins que de 1750. A cette époque encore, le manoir avait un aspect tout féodal. Ce fut le marquis Laconilla qui le remplaça par l'élégant édifice à péristyle et à colonnes ioniques que l'on voit aujourd'hui, et qui, en 1879, est devenu la propriété de M. Pillet-Will. Le Château-Rauzan, rappelons-le, est un cru du même vignoble.

Le troisième grand château, Château-Latour, est sis plus près de Pauillac. Il appartient aux descendants de la famille de Ségur, qui l'exploitent en société. Citons encore le vignoble de Saint-Julien (Léoville, Château-Larose) et celui de Saint-Estèphe, le plus grand du Médoc. Au-dessous des *châteaux* enfin, il y a d'autres catégories de crus, réputés de second ordre, bien qu'ils soient parfois enclavés dans le même domaine; les différences ne tiennent pas tant au cépage qu'à des procédés de vinification, qu'on n'a pas à expliquer ici.

Le lecteur connaît-il la zone de bois, d'étangs, de bourrelets de dunes battus sans relâche par les flots de l'océan, qui confine à l'ouest au terroir médocain? C'est le pays des Landes de Gascogne, compris jadis dans la Novempopulanie ou Troisième Aquitaine, dont *Cossium*, aujourd'hui Bazas, était la capitale.

Il commence au nord à la pointe de Grave, englobe à l'est un angle de Lot-et-Garonne, et finit au sud à l'Adour, et, au sud-est, aux coteaux de la Chalosse et de l'Armagnac.

Quel aspect étrange et mélancolique offre cet ancien lit de la mer, en partie reconquis maintenant par les hommes! De vastes plantations de conifères où filtre un demi-jour mystérieux; des massifs de chênes vénérables, autrement beaux que ces chênes des collines périgourdines si propices à la truffe; des fourrés de bruyères, d'ajoncs, de genêts presque aussi hauts que des arbres et charmants à voir dans leur floraison; des mousses, des gramens, des ronces croissant à foison au bord des sentiers; d'immenses lagunes à la surface desquelles s'entassent des nénuphars dormants et autres plantes aquatiques ; des montagnes de sable, de 50 mètres d'élévation, s'allongeant en chaînes parallèles sur une largeur de 6 kilomètres environ, et que séparent des vallons herbus désignés dans le pays sous le nom de *lettes* : telle est d'ensemble cette région landaise où le silence n'est troublé que par le chant des oiseaux, le grésillement saccadé des cigales, et au-dessus de laquelle, à perte de vue, se recourbe la coupole du ciel rond.

Les dunes de Gascogne sont, comme celles de la Manche, le résultat de l'action combinée des marées, du soleil et des vents d'ouest sur des plages basses et sablonneuses où expire la vague. La partie du rivage, *estran*, qui se découvre au reflux, présente un talus incliné dont la crête n'est pas d'ordinaire atteinte par le flot. Cette

PAYSAGE DES LANDES.

crête se desséchant de plus en plus, les vents ont un libre jeu à sa surface, et comme les souffles d'*aval* sont plus fréquents et plus forts sur ces côtes que les souffles d'*amont* — ceux qui viennent de la terre, — les bourrelets de sable siliceux, indéfiniment accrus, marchent comme en ligne de bataille à la conquête du continent. Ainsi faisaient-ils du moins avant qu'on ne les eût fixés au moyen de plantations d'essences vertes — pins maritimes, chênes et chênes-lièges, houx, genêts, fougères, arbousiers, — dont la croissance est favorisée par la perméabilité de l'arène constamment humide.

Naguère encore, ces collines mobiles s'avançaient de 20 mètres par an, et engloutissaient des villages entiers. Aussi les gens de la région avaient-ils renoncé à cultiver le sol. A part quelques petits fermiers dont les cabanes s'apercevaient de loin en loin, et qui se bornaient à ensemencer de seigle, de millet ou de maïs quelques morceaux de terre inclinés vers le cours des ruisseaux, le pays n'avait d'autres habitants que des bergers taciturnes, méfiants, à demi sauvages. Juchés sur leurs échasses légendaires, un tricot de laine à la main, ces *Lanusquets* ou *Landescots* regardaient mélancoliquement leurs moutons blancs comme neige brouter les herbes dans le fourré nain. De loin, à travers le brouillard, le voyageur superstitieux eût cru voir autant de *kobolds* à la face grimaçante. Une affreuse maladie, la *pellagre*, leur rongeait les pieds et les mains; à cette lèpre s'ajoutaient des fièvres intermittentes qui faisaient d'eux des êtres à l'œil cave, au teint blafard, aux membres grêles, dont l'aspect épouvantait l'étranger. Et à tous ces maux physiques, le pauvre Landais ne connaissait qu'un remède, le recours au sorcier ou à la sorcière.

Aujourd'hui, quel changement! Des îlots de verdure de plus en plus nombreux parsèment le sombre tapis de la lande; des routes ont été ouvertes à travers la plaine,

LANDESCOTS.

que sillonnent même plusieurs voies ferrées. Les cas de fièvre et de pellagre deviennent plus rares; la science du médecin commence à faire tort aux pratiques démoniaques d'autrefois. Les arbres, en s'emparant de la brande, ont dépossédé de leur royaume de bruyères les troupeaux dont la dent vorace tondait tout au passage. Et, avec la gent vagabonde des brebis, a disparu le peuple de bergers farouches que nos pères ont connu. Ce n'est plus que dans quelques cantons que l'on continue d'user des échasses. La couleur locale en souffre sans doute, mais ce correctif apporté au tableau correspond à un changement dans les mœurs qui va s'accentuant de jour en jour. Les pâtres pour la plupart se sont faits résiniers, écorceurs de chênes-lièges ou cultivateurs; c'est la période de civilisation succédant à l'âge de la barbarie.

Le *résinier* est dans les pineraies des Landes ce qu'est le *seringueiro* dans les forêts vierges du Madeira et des autres affluents de l'Amazone. Celui-ci extrait de l'arbre à gomme qu'on nomme *seringa* le suc laiteux que la fumigation transforme ensuite en caoutchouc; celui-là recueille sur le conifère de Gascogne le liquide d'où la distillation tire la térébenthine et d'autres résidus, tels que la colophane et le brai, utilisés par l'industrie moderne. Et leurs procédés, à l'un et à l'autre, offrent une analogie frappante. Le résinier applique son échelle contre le tronc qu'il veut mettre en perce; il grimpe comme un écureuil sur cet appareil composé d'un unique montant à encoches, et pratique dans l'aubier des entailles longitudinales, des blessures saignantes qu'il ravive chaque semaine, et d'où la résine perle goutte à goutte dans un vase placé au pied du pin, comme la sécrétion gommeuse du palmier coule dans la calebasse de bambou du *seringueiro* d'Amérique. Et il va ainsi d'arbre en arbre, à travers la futaie profonde, jusqu'à ce qu'il ait parfait sa récolte : c'est l'opération du *gemmage* que représente la gravure ci-jointe. Entre temps, ce pâtre, devenu ouvrier, exerce à l'occasion le métier de guide : au lieu de s'enfuir, ainsi qu'autrefois, devant l'étranger comme devant un ennemi, il guette au contraire les bans de touristes, pour les conduire le plus longuement possible à travers ses *montagnes* : c'est ainsi qu'on appelle dans le pays les forêts accidentées de dunes qui s'étendent, par exemple, de la Teste de Buch à l'étang de Cazau.

GEMMAGE DU PIN.

Si Mont-de-Marsan, l'ex-capitale des *Tarusates*, sise au confluent du Midou et de la Douze, est le chef-lieu du département; si Dax, la station thermale de la rive gauche de l'Adour, en est le centre le plus commerçant, la vraie souveraineté de cette région des Landes appartient à la ville d'Arcachon. « Solitude hier, demain cité », telle est la devise justifiée de cette localité tard venue sur la carte, et dont la croissance si hâtive n'a d'équivalent qu'au pays des Yankees. Il y a quatre-vingts ans, à l'entrée sud du grand bassin qu'elle commande, il n'y avait qu'un désert, une forêt de pins sous les ombrages de laquelle se dressait une modeste chapelle de la Vierge, ancien lieu de pèlerinage des marins. Dix ou douze ans plus tard, un premier hôtel s'y éleva pour loger les familles de Bordeaux qui commençaient à voyager de ce côté. En 1857 cependant, époque où le chemin de fer de la Teste fut prolongé jusqu'à Arcachon, la commune ne comptait encore que trois ou quatre cents habitants sédentaires; en 1866, ce chiffre était à peine doublé : aujourd'hui, la population fixe atteint 9 000 âmes environ, et le nombre des visiteurs annuels dépasse 250 000. Arcachon se compose de deux villes : la « ville d'été », ou de bains de mer, qui s'étend de l'est à l'ouest, le long d'un boulevard de 4 kilomètres de développement, entre la base des dunes boisées et la plage; puis la « ville d'hiver », formée de cottages épars au milieu des pins de l'autre côté des collines de sable. Grâce à son air tonique et reconstituant, cette dernière est surtout le rendez-vous des poitrinaires et des asthmatiques, désireux de trouver par surcroît un beau casino dans leurs horizons.

DANS LA FORÊT D'ARCACHON.

Quant au bassin d'Arcachon, c'est une vaste baie de 80 kilomètres de pourtour où débouche le petit fleuve landais de la Leyre. Tandis que les autres étangs (d'Hourtin, de Lacanau, de Cazau, de Biscarrosse) qui figurent, à l'est des rangées de dunes, une chaîne de vasques parallèles au rivage, ont été peu à peu séparés de la mer par l'interposition de bourrelets de sable et sont devenus des lagunes d'eau douce, celui d'Arcachon a conservé sa communication avec l'océan. Les vagues, dont rien ne lasse la constance, travaillent, il est vrai, à fermer cette brèche, large de 2 900 mètres environ, et qu'encombrent déjà de nombreux bancs. La péninsule sablonneuse du cap Ferret qui limite à l'ouest le bassin, et qui porte un phare de premier ordre, change à tout instant de forme; tantôt elle s'avance,

ARCACHON. — La ville d'hiver.

tantôt elle recule. L'instabilité de la passe d'entrée, impraticable aux voiliers dès que la mer grossit, empêche en outre de transformer ce « Morbihan du sud » en un grand port de refuge qui serait cependant si utile sur ce littoral périlleux du golfe de Gascogne.

Du fond de ce lac sans cesse sillonné de barques plates, de canots à quille ou de baleinières, il n'émerge qu'une intumescence : c'est l'île des Oiseaux, située en face d'Arcachon même, et ainsi nommée des volatiles de passage qui s'y arrêtaient autrefois, en quête de poisson.

Près de là se trouvent des exploitations ostréicoles très prospères depuis une trentaine d'années. Les parcs d'huîtres d'Arcachon, au nombre de plus de 4 000, occupent vingt milliers de personnes des deux sexes. A marée basse, quand la nappe du bassin diminue de moitié, on aperçoit, avec leurs chenaux de séparation, les bancs de vase ou *crassats* sur lesquels se fait l'élève du mollusque cher aux humains. On pêche aussi la sangsue dans quelques mares près du lac ; mais cette hirudiculture, en laquelle excellaient déjà les Romains, qui ont excellé en tant de choses, offre des détails tellement répugnants que mieux vaut ne pas s'attarder au spectacle de ces annélides s'engraissant odieusement des pauvres bêtes, vaches, ânes et chevaux éclopés, qu'on leur jette parfois toutes vivantes en pâture.

Sise à une heure de Bordeaux par le chemin de fer, Arcachon, en somme, est, par son climat, comme le Menton du sud-ouest de la France. Dans les *lettes* ou vallons étroits qui s'ouvrent entre les cordons de dunes, l'atmosphère est toujours calme et la température constante. L'arbousier provençal aussi bien que le ciste y poussent à l'état indigène. Diverses plantes méditerranéennes tapissent le sable des monticules. Dans les jardins, le myrte prospère ; quelques oliviers, des orangers même supportent l'hiver en pleine terre, et en toute saison, si ce n'est aux mois de décembre et de janvier, les genêts et les ajoncs conservent leur parure d'innombrables fleurs jaunes. Que le lecteur pourtant ne s'y trompe pas : malgré leurs senteurs balsamiques, leurs aubépines arborescentes, leurs houx de dix mètres de haut, ces *pignadas* du golfe de Gascogne sont loin encore d'atteindre aux splendeurs de la flore semi-tropicale que la Côte d'Azur mire dans les eaux du golfe du Lion.

Toulouse. — La Garonne.

XXVIII

SOUVENIRS DE L'ARMAGNAC ET DE L'AGENAIS. — A TRAVERS LES BASSINS
DU LOT ET DU TARN. — ALBI ET L'ÉTAT ALBIGEOIS.
LA GARONNE A TOULOUSE. — LE CHATEAU DE FOIX ET LA VALLÉE DE L'ARIÈGE.
DU MONT CANIGOU AU CAP CERBÉRE

Des quatre grandes vallées fluviales de la France, c'est celle de la Seine qui renferme les plus grosses agglomérations : Paris d'abord, la capitale, puis deux centres de plus de 100 000 habitants chacun, Rouen et le Havre. Ensuite vient la vallée du Rhône, avec deux cités de 400 000 âmes, Lyon et Marseille. Au troisième rang se place celle de la Garonne, avec Bordeaux et Toulouse.

Avant de gagner la capitale de l'ancien Languedoc, il nous faut jeter un regard sur quelques-unes des coupures tributaires de l'immense fleuve qui l'arrose.

La vallée du Gers, à gauche, aussi bien que celle du Lot, à droite, font encore partie de l'ex-province de Guyenne et Gascogne. Le premier de ces affluents, issu des Landes de Lannemezan, près du plateau haut de 600 mètres en moyenne qui se dresse de ce côté en deçà des contreforts des Pyrénées, n'est qu'un assez pauvre courant aux ondes paresseuses et stagnantes, une sorte de fossé jaunâtre, long de 185 kilomètres. Sur une colline aux pentes abruptes dominant sa rive gauche, s'élève en amphithéâtre la ville d'Auch (15 000 habitants), métropole de ce pays d'Armagnac qui fut, au moyen âge, le fief le plus important de la Gascogne, et dont les comtes ambitieux suscitèrent tant de luttes sanglantes dans le Midi et donnèrent leur nom, sous Charles VI, à la terrible « faction » rivale de celle des Bourguignons.

Moins commerçante que Lectoure, qui se trouve plus en aval sur le Gers,

Auch.

Auch, la patrie du poète du Bartas, un des plus fameux disciples de Ronsard, et de l'amiral Villaret-Joyeuse, un des héros du combat naval où périt le *Vengeur*, n'est guère, sauf aux environs du palais de justice et de l'église épiscopale, qu'un écheveau de rues tortueuses et montantes, avec des escaliers de raccord, dont l'un, tout monumental, projette une cascade de 232 marches entre le quai et les quartiers hauts. C'est au débouché supérieur de ses paliers de pierre que se dresse le plus bel édifice de la vieille cité des *Ausci*, cette cathédrale Sainte-Marie, bâtie primitivement sur l'emplacement d'une ancienne basilique, et reconstruite du xive au xvie siècle. Ses deux tours quadrangulaires, son porche à la triple arcade cintrée lui donnent, il est vrai, à l'extérieur, un aspect un peu lourd et massif; mais que de choses à admirer au dedans! Les stalles du chœur canonial, avec leurs pilastres de séparation décorés de statuettes, d'ogives, de clochetons, de fleurs, de feuillage, sont un prodige de délicatesse et de science sculpturales. Les vitraux, peints par Arnaud de Moles, et où tous les personnages — patriarches, prophètes, apôtres, sibylles —

figurent en pied, plus grands que nature, représentent le plus bel ouvrage de ce genre que nous ait laissé la Renaissance; l'orgue enfin, composé de près de 3 000 tuyaux, avec un buffet, chef-d'œuvre de Poyerle, achève de faire de Sainte-Marie d'Auch un des premiers monuments historiques de la région sise au-dessous de la Loire.

L'Armagnac, qui produit les eaux-de-vie les plus estimées de France après celles de Cognac, appartient, comme l'Agenais son voisin, au domaine de la langue romane; seulement, tandis que, dans ce dernier, l'idiome populaire est une variété du dialecte languedocien, celui qui est en usage dans le Gers dérive du dialecte gascon. Dans l'une et l'autre contrée, le français n'est qu'une langue importée;

CONDOM.

chacun la comprend et s'en sert sans trop de difficulté; mais il s'écoulera encore bien du temps avant qu'elle ait tout à fait supplanté le vieux parler des aïeux.

Songez, lecteur, que nous sommes ici à 750 kilomètres de Paris. Grâce aux chemins de fer, cette distance se parcourt aujourd'hui en une quinzaine d'heures; mais, il y a trois ou quatre cents ans, quelle affaire c'était qu'un voyage de ces provinces extrêmes à la capitale! Un document curieux, un *compte* de dépenses portant la date de 1528, et conservé aux archives de la mairie d'Auch, nous apprend comment deux bourgeois de cette ville effectuèrent ce long et difficile trajet, à une époque où les « chaises de poste », qui ne datent que de 1664, et les fameux « coches » publics, qui mettaient trois jours, par exemple, pour aller de Paris à Rouen, n'étaient pas encore inventés.

Nos Auscitains partirent le 14 juillet avec deux domestiques, des chevaux et une malle, ne cheminant, bien entendu, que de jour. Ils prirent, non pas la route du Gers, mais celle de la vallée de la Baïse, un autre tributaire de la Garonne plus à l'ouest. Le premier soir, ils soupèrent et couchèrent à Condom, au confluent de cette rivière et de la Gèle. Le lendemain, ils dînèrent à Nérac, petite ville également sur la Baïse (Lot-et-Garonne), à 21 kilomètres plus au nord, qui appartenait alors aux princes de Béarn, lesquels y tenaient une cour brillante dans le château fort, à présent ruiné, qu'y avaient bâti les sires d'Albert. Traversant ensuite Damazan, *bastide* fondée au xiii° siècle près du point où le Lot se jette dans la Garonne, puis Marmande, Civrac de Dordogne, Saint-Émilion, ils arrivèrent à Châteauneuf (arrondissement de Cognac), où ils passèrent la Charente (que le *compte* appelle la *Chalante*), moyennant un péage de deux sous. De là ils gagnèrent Vivonne, Poitiers, la Tricherie, Châtellerault, Port-de-Piles, et, entrant en Touraine, filèrent par Manthelan, Bléré et Amboise; après quoi, franchissant les plaines de la Beauce (Arthenay, Toury, Étampes, Montlhéry), ils atteignirent la capitale, seize jours après leur départ d'Auch. Ajoutons que leur retour s'effectua par un itinéraire plus direct, « le chemin de Paris à Auch », dit le document, et l'on voit, aux étapes qu'il mentionne, que c'est à peu près le tracé actuel de la voie ferrée de Paris à Agen par Limoges.

Regagnons, nous aussi, les pays de langue d'Oc. Au bourg d'Astaffort, près duquel il entre en Lot-et-Garonne, le Gers n'a plus qu'un trajet de 18 kilomètres à fournir pour rejoindre au-dessous de Layrac le courant qui l'emporte à la mer. De cet endroit nous n'avons plus nous-mêmes qu'à descendre la Garonne pendant quelques kilomètres pour rencontrer le fameux pont à 23 arches, de 20 mètres d'ouverture chacune, qui conduit, à Agen, d'une rive à l'autre le canal latéral au grand fleuve.

Le chef-lieu de Lot-et-Garonne, peuplé de 25000 âmes environ, occupe à la droite de la Garonne le pied d'une haute colline couverte de vignes, d'arbres fruitiers et de villas. Une cathédrale à tour carrée, datant de plusieurs époques, un hôtel de ville du xvii° siècle, une rue à arcades du xiv°, deux hôtels historiques renfermant aujourd'hui le Musée, la maison du poète roman Jacques Boé, dit *Jasmin*, et celle qu'habitait au xvi° siècle dans un vallon près de la ville le philologue et poète latin Scaliger, voilà les curiosités principales de cette ex-cité d'*Aginnum*, qui, outre les deux écrivains précités, a vu naître le naturaliste Lacépède. Quant à la tour historique de l'Horloge, elle a disparu en 1832, et en démolissant, il y a quelques années, pour la reconstruire en fonte et en fer, la halle qu'on avait bâtie sur les ruines de l'ancienne cathédrale, on a déplacé la vieille cloche qui sonnait jadis la révolte contre les « gabelous », et qu'on voit dans une cour voisine du Musée. Elle porte cette inscription en lettres gothiques : « Je m'appelle Agen. Les honorables consuls de cette belle ville m'ont donné ce nom. Ils m'ont fait faire des deniers publics l'an de Notre-Seigneur 1497. »

Ai-je besoin de rappeler que l'Agenais est, par excellence, le pays des pruniers? Partout, dans les campagnes, apparaît, en verger ou associé aux vignobles, cet arbre gracieux qu'on taille en forme de gobelet évasé. C'est lui qui, en toute saison, caractérise le site régional. Au printemps, sa tête blanche se détache du milieu des ceps et des blés ; plus tard, ses feuilles vertes forment un aimable contraste avec le jaune des moissons ; puis, en août, ses fruits violets ajoutent encore un nouveau coloris à l'ensemble du paysage, et il s'échappe de cette frondaison un tel concert matutinal d'oiseaux que, comme dit la chanson du terroir,

> On n'en peut pas, mire lan la,
> On n'en peut pas dormir.

Le prunier agenais descend-il du prunier sauvage ou prunellier (*Prunus spinosa*) qui est indigène dans presque toute l'Europe centrale et dont les noyaux concassés donnent une si bonne liqueur vanillée? Les botanistes ne sont pas d'accord sur ce point. Cette essence qui atteint la plénitude de sa force à quinze ou vingt ans, pour décliner ensuite, est, en tout cas, très ancienne dans l'Occident.

AGEN. — Pont du canal, rue à arcades, et maison de Jasmin.

Virgile, dans sa deuxième *Églogue*, en parle comme d'un arbre commun en Italie ; Pline, dans son *Histoire naturelle*, en signale onze variétés.

La tradition veut que la culture en ait été inaugurée dans la région de Lot-et-Garonne par un couvent fondé au VIIIe siècle près de Clairac, le district des vins blancs dits *pourris* qui a donné le jour au physiologiste Serres, et des vergers de ce cloître elle se serait répandue dans tout le pays. La prune que produit l'espèce locale est la prune robe-de-sergent ou prune d'ente. C'est un fruit oblong, violet rouge d'un côté, violet rose de l'autre, avec une peau ponctuée de noir ou de blanc, et une chair jaune et sucrée. Quant à la prune du Roi, à une variété de laquelle (la prune de Sainte-Catherine) appartiennent les pruneaux de Tours, on a cessé de la cultiver dans le pays. Cette prune d'Agen n'est pas seulement utilisée à l'état de pruneaux, de confitures, de compotes ou de prune-candie préparée par les confiseurs, elle donne en outre à la distillation une eau-de-vie d'un goût très agréable.

Le Lot à Saint-Cirq-Lapopie.

C'est, naturellement, l'industrie dominante du département; des centaines de navires en exportent annuellement les produits, surtout par le port de Bordeaux, vers les villes du nord de la France, vers la Belgique, la Hollande, l'Allemagne septentrionale et la Russie.

C'est à 28 kilomètres en aval d'Agen, un peu au-dessous de la petite ville d'Aiguillon, que le Lot, issu des monts lozériens, à 480 kilomètres de là, verse ses eaux dans le lit de la Garonne. Après avoir baigné Mende, où nous l'avons aperçu déjà, il entre dans le département de l'Aveyron, où il passe devant Espalion et Entraigues, puis, au sortir des gorges de Capdenac, dans celui qui porte son nom et dont Cahors est le chef-lieu.

Regardez-le, en amont de cette dernière ville, dans les défilés de Saint-Cirq-Lapopie, bondir sous les roches en surplomb au sommet desquelles niche la pittoresque bourgade du même nom, avec son église du xv° siècle, ses vieilles maisons, son château moyen âge ruiné. Le paysage, à coup sûr, est un des plus beaux de la France. Plus bas la rivière décrit autour de Cahors un repli de 5 kilomètres de long dont l'isthme mesure à peine 700 mètres.

L'ex-capitale du Quercy, sise à 122 mètres d'altitude, au rebord de l'âpre *causse* qui s'étend là sur la gauche du Lot, doit à cette position péninsulaire un aspect tout à fait caractéristique. La vieille ville surtout, qui a conservé presque intact son cachet d'autrefois, est curieuse à voir avec ses ruelles sombres aux demeures serrées sur les pentes à pic, ses vénérables églises, ses vieux remparts aux tours cylindriques ou carrées, son arcade romaine dite Porte de Diane, son vaste palais de Jean XII, ce Cadurcien du nom de Jacques Duèze qui devint pape au xiv° siècle, et les autres donjons de toute sorte qui surgissent de l'emmêlement des maisons.

Le Lot ici est traversé par quatre ponts, dont l'un, ce pont Valentré que notre gravure représente, date de l'an 1308. Avec ses trois hautes tours de défense, il est, chez nous, un monument unique en son genre. Dans la ville moderne, qui s'étend entre le chemin de fer et le Lot, s'élève le monument de Gambetta, œuvre superbe du sculpteur A. Falguière et de l'architecte Paul Pujol. Au Musée de la ville, on peut voir aussi le masque du célèbre tribun, né à Cahors, le 3 avril 1838, d'une famille d'origine génoise, et mort mystérieusement à Ville-d'Avray le 31 décembre 1882. Un autre fils illustre de la cité cadurcienne, dont la vie ne fut pas moins tourmentée ni moins étrange en son genre, c'est le poète Clément Marot (1495-1544), le plus original des « Enfants sans-souci », qui fut blessé et fait prisonnier à Pavie avec François Ier son maître, puis racheté avec le monarque dont il suivait à ce moment la fortune.

Mais le site le plus bizarre et le plus saisissant de ces plateaux calcaires du Quercy, où il fallait jadis — comme c'était le cas près de Figeac — allumer, la nuit, des fanaux pour guider les voyageurs égarés sur ces mornes et vastes espaces, se trouve au nord de Cahors, sur le parcours de la voie ferrée qui traverse en demi-cercle le pays de Brive à Aurillac. Là, au centre du fameux *causse* de Gramat, tout criblé d'abîmes fantastiques explorés dans ces derniers temps par MM. Martel et Gaupillat, s'ouvre une âpre et sinueuse déchirure dans laquelle coule le ruisseau de l'Alzou, un affluent de cette petite rivière d'Ouysse qui se jette elle-même dans la Dordogne aux environs de Meyraguet. La gorge creusée à l'emporte-pièce dans le

CAHORS. — Le pont Valentré.

roc vif, à une profondeur de 130 mètres, est rendue plus ténébreuse encore par l'épaisse végétation qui la revêt.

Aux roches abruptes qui forment, à la rive droite, un des muraillements du vallon, s'accroche une bourgade de 1500 âmes surmontée d'un amas singulier de constructions : c'est Rocamadour. L'ensemble est comme un défi à toutes les lois de l'équilibre. La localité elle-même, avec ses ruelles capricieuses, où les rez-de-chaussée d'un côté sont au niveau du troisième étage de l'autre, ses vieilles maisons à baies romanes, à colonnettes, à arcatures datant de cinq ou six siècles, est une pure merveille en son genre. Mais ce qui déçoit surtout l'œil, c'est l'empilement d'édifices religieux qui se dresse au point culminant du bourg.

Un escalier de 143 marches mène d'abord à un premier plateau d'où, par un autre escalier, on gagne l'enceinte sacro-sainte. Là s'élèvent plusieurs chapelles et églises, dont une est un temple souterrain. Au-dessus encore se dresse un haut rocher portant un ancien château fort flanqué de tours carrées, auquel on accède par un Chemin de la Croix aboutissant à la Grotte de l'Agonie et au Saint-Sépulcre C'est dans l'église souterraine que se trouvent les reliques de saint Amadour, le patron de ce temple vertigineux. Qu'est-ce que saint Amadour? Une tradition veut que ce personnage, qui nous reporte tout simplement aux temps apostoliques, soit ce Zachée de l'Évangile qui, pour fuir la persécution, quitta la Palestine, avec sa femme Véronique, sur une barque que les flots poussèrent jusqu'aux rivages du golfe de Gascogne, et qui apporta lui-même sur ce roc la « vierge noire » tant vénérée depuis des siècles sous le nom d'*Étoile de la mer*.

Que de richesses ce sanctuaire, qui dépendait jadis de l'évêché de Tulle, a vues s'entasser dans ses murs! Aujourd'hui encore, chaque année, au mois de mai surtout, les caravanes de pèlerins y affluent, et c'est à genoux, en psalmodiant les litanies sacrées, que la foule des dévots monte l'escalier saint. Bonne source de revenu pour les aubergistes, qui pullulent à Rocamadour, où chaque maison, pour mieux dire, se transforme au besoin en une hôtellerie! Entre autres objets curieux qu'on y montre au touriste, se trouve un tronçon d'épée fixé à un mur par une chaîne. La légende dit que le paladin Roland, avant de passer en Espagne pour y combattre les Sarrasins, alla à Rocamadour offrir sa *Durandal* à la Vierge. Après le désastre de Roncevaux, ses compagnons, pour remplir son vœu, seraient venus déposer le fameux glaive dans la crypte de l'Alzou; mais Henri au Court-Mantel, lorsqu'il pilla le sanctuaire en 1183, aurait substitué à la vraie *Durandal* le morceau de fer qu'on y voit aujourd'hui. Quant au corps du preux, il fut, dit-on, embaumé et porté d'abord, avec son cor d'ivoire ou *oliphant*, dans la basilique de Saint-Romain à Blaye, puis, de là, à Saint-Seurin de Bordeaux.

Sorti, comme le Lot, des monts de la Lozère, le Tarn commence, lui aussi, par traverser une région de *causses* que nous ne nous attarderons plus à décrire; après quoi il pénètre dans le département qui porte son nom, pour y couler tout d'abord par une série de gorges profondes et tortueuses qui se terminent, un peu en amont d'Albi, à la grande cataracte du Saut de Sabo. Là s'ouvre pour lui un district de plaines riches et fertiles qui se continue par le bassin de Montauban, au sortir duquel la rivière, grossie de l'Aveyron, n'a plus qu'à franchir les campagnes de Moissac pour rencontrer, à 6 kilomètres en aval de cette ville, le grand fleuve au sein duquel elle se perd, après un cours de 375 kilomètres.

Montauban! Albi! A quelles pages effroyables de l'histoire de France nous ramènent les noms de ces deux cités « manichéennes » de l'ancien domaine des comtes de Toulouse!

Montauban, d'abord une simple station postale des Romains, aux confins des Cadurques et des Tolosates, puis une humble bourgade conventuelle, n'avait pas encore cent ans d'âge comme cité entourée de murailles, quand se déchaîna la

ROCAMADOUR. — Bords de l'Alzou.

terrible croisade qui allait ensanglanter tout le Midi. Albi, au contraire, d'origine celtique, était déjà une vieille ville, un municipe ayant fait partie de la première Aquitaine, puis du royaume des Sarrasins, auquel Pépin le Bref l'avait reprise. Elle ne possédait pas, il est vrai, en ce temps-là, cette splendide cathédrale Sainte-Cécile, une vraie merveille du style ogival, qui domine aujourd'hui si majestueusement l'écheveau de ses rues sombres. Ce n'était que trois quarts de siècle plus tard que l'évêque Bernard de Castanet devait en poser les fondements. Au-dessus du Tarn, dont les eaux rougeâtres coulent maintenant à Albi sous trois ponts, y compris le viaduc de la voie ferrée qui se dirige sur Rodez par les célèbres houillères de Carmaux, il n'existait alors que le Pont Vieux, avec ses sept arches en ogive inégales

MONTAUBAN.

comme celles du pont de Béziers. Mais, sous ses fameux vicomtes de la famille de Trencavel, la ville était devenue la capitale d'un petit État battant monnaie, guerroyant en Espagne, et aussi peu dépendant du comte de Toulouse que ce vassal lointain du roi de France l'était lui-même de son suzerain nominal.

Ce fut sa perte et celle des autres cités de la région. Toutes les doctrines dissidentes qui s'étaient propagées dans le Midi furent confondues par les orthodoxes sous le nom d'*hérésie albigeoise*, et, dès 1209, commença la croisade dont un riche marchand de Cahors, Raymond de Salvagnac, s'était fait le banquier. On sait avec quelle frénésie tous les nobles aventuriers de la chrétienté, excités par une armée de moines bernardins ou cisterciens, se ruèrent, sous prétexte de religion, au pillage des beaux manoirs et des municipes du sud de la France. C'était là une expédition moins pénible et en même temps plus grosse de profits que celle de la lointaine Palestine.

Dans un *Chant* composé à la lueur des bûchers de l'Inquisition, au bruit des cités croulantes, et qui est à la langue d'Oc ce que la *Chanson de Roland* est à la langue d'Oïl, un clerc navarrais établi à Toulouse, Guilhem de Tudela, nous a conservé le récit de cette lutte inexpiable, à la suite de laquelle la « brebis albigeoise » fut dévorée par le « lion de Montfort ». Avec des reprises différentes, la sinistre épopée dura plus de 35 ans, et les péripéties en furent si atroces que la narration du troubadour catholique, favorable, pour commencer, à la cause du parti exterminateur, finit par éclater en des cris de malédiction passionnée. Encore le chantre de la croisade ne l'a-t-il pas racontée jusqu'au bout.

Le premier acte du drame est marqué par le sac de Béziers, la riche et pittoresque cité du département actuel de l'Hérault. C'est là que le légat Arnaud-

ALBI.

Amaury prononça le fameux mot : « Tuez-les tous, Dieu reconnaîtra les siens ! » 60 000 Biterrois, dit un chroniqueur, 30 000 *seulement*, dit un autre, furent égorgés pêle-mêle ; 7 000 passèrent de vie à trépas rien que dans l'église de la Madeleine, « dont les cloches ne cessèrent de tinter jusqu'à ce que tout le monde fût mort ». Après Béziers, ce fut le tour de Carcassonne, puis de Toulouse, et des autres places « impies » jusqu'au delà du Rhône. Le roi Pierre d'Aragon, qui s'était mêlé de la querelle, y périt. Le dernier épisode en fut le siège des châteaux de Monségur, de Montferrier, des grottes d'Ussat, nids d'aigles dans les rochers aux confins du comté de Foix, où s'étaient réfugiés les restes de la secte albigeoise : là encore, les croisés exterminèrent ou brûlèrent tous les hérétiques.

Ainsi sombra, au XIIIe siècle, cette frêle et brillante civilisation romane, cette société éprise de liberté et sans préjugés, où la bourgeoisie frayait sur le pied d'égalité avec la noblesse, où tout était poésie, une poésie éclose sans culture, comme une fleur naturelle du climat et du sol, où les plus fiers chevaliers composaient eux-mêmes des vers qu'on allait réciter de château en château pour le déduit des dames « aux yeux clairs ». Désormais, plus de « cours d'amour »; plus de joutes littéraires et de jeux d'esprit; plus de *tensons* ni de *sirventes*. Défense aux femmes pourvues de francs-fiefs, c'est-à-dire ne devant que l'hommage simple, de prendre pour maris d'autres hommes que des gens de langue d'Oïl. La langue d'Oc elle-même, déclarée hérétique au concile de Lyon de 1245, resta brisée en plusieurs patois. En vain, à la fin du XV° siècle, le roi René à Aix, Clémence Isaure, la réorganisatrice des *Jeux floraux*, à Toulouse, essayeront-ils de ranimer les traditions et les formes de l'ancienne littérature : ce ne sera plus qu'un pâle reflet du bel âge : tout cela était éteint à jamais... Peut-être, chose triste à penser, l'unité de la France était-elle à ce prix.

Le monde a revu, depuis ce temps-là, bien d'autres scènes aussi effroyables, qui vont s'effaçant à leur tour dans la buée grise du passé, et c'est même à cette faculté d'oublier qu'il doit la force de poursuivre, à travers tant de crises et de reculs, son œuvre lente et énigmatique de civilisation et de progrès. Comme la nature, qui répare tôt ou tard les ruines qu'elle a faites, l'homme se remet, après chaque commotion, à peiner derechef à la tâche, sans songer aux menaces de l'avenir. Nous-mêmes, touristes que rien ne lasse, à l'heure où nous atteignons le coude de la Garonne à Toulouse, nous ne voyons plus que le beau soleil du Midi dorant la vaste plaine où s'étale la métropole du Languedoc et les traces fécondes du labeur qu'ont accompli là nos devanciers.

La ligne d'eau artificielle, ombragée de platanes et de peupliers, qui se déroule à la droite du fleuve, et dont l'immense demi-cercle embrasse tout le massif urbain, nous rappelle le grand ingénieur Riquet, le créateur de cet immense canal de 242 kilomètres de long, qui, depuis plus de 200 ans déjà, unit l'Océan à la Méditerranée par-dessus le bief de partage de Naurouze. Au delà du port si animé où il se raccorde à l'autre artère liquide qui, sous le nom de Canal latéral, en forme le prolongement vers Bordeaux, nous apercevons, près du pont Saint-Pierre, le gigantesque moulin du Bazacle, avec ses 34 meules, ses papeteries, ses laminoirs, ses usines de la manufacture des tabacs. C'est le premier en aval de ces établissements hydrauliques toujours en mouvement dont s'enorgueillit l'industrie toulousaine.

En continuant de remonter le cours d'eau, nous arrivons au pont principal. Il est en pierre et s'appelle le Pont-Neuf, bien qu'il soit, comme son homonyme de Paris, âgé déjà de plusieurs siècles. Là, à notre droite, nous avons le grand faubourg Saint-Cyprien. A notre gauche, sur la rive orientale du fleuve dont les inondations (en 1875 par exemple) ont causé parfois tant de désastres, s'étend la ville proprement dite. Cette primitive capitale des Volces Tectosages, peuplée de 150 000 âmes, et d'où partirent, dit-on, au III° siècle avant notre ère, les bans de Kymris qui dévastèrent si bien le temple de Delphes, n'a pas, tant s'en faut, l'ampleur architecturale de Bordeaux. Les rues en sont généralement étroites, tortueuses, insidieusement pavées de cailloux aigus qui envahissent, ainsi qu'à Turin, la marge même des trottoirs. Mais elle a son église romane de Saint-Sernin, ou Saint-Saturnin, l'apôtre-martyr qui, le premier, vint prêcher le christianisme à Toulouse, et cet édifice, à la tour de 65 mètres de haut, est peut-être le plus beau temple catholique de tout le Midi. Elle a son fameux Capitole qui se dresse sur la place-marché du même nom, point central d'où partent neuf rues. Cet hôtel de ville, où siégeaient encore, à la veille de la Révolution, les *capitouls* ou magistrats municipaux de la grande cité, date des xvi° et xvii° siècles. Il a cependant été refait en partie. C'est dans une de ses salles, dite Salle de Clémence Isaure, que continue de se réunir actuellement l'Académie des Jeux floraux dont j'ai parlé ci-dessus. Toulouse enfin a ses splendides demeures historiques de la Renaissance et de l'âge suivant, aux façades restaurées, elles aussi, et dont la double gravure de la page suivante représente deux échantillons curieux. En haut, c'est l'*hôtel d'Assezat*,

Toulouse. — Le Capitole.

bâti en 1555, et dont la cour intérieure est ornée de colonnes où se superposent les trois ordres d'architecture, l'ionique, le dorique et le corinthien. En bas, c'est la *Maison de pierre*, construite au commencement du xvii° siècle avec les débris d'un temple de Pallas ; son portail à deux baies, ses massives colonnes à cannelures couvertes de bas-reliefs et séparées par d'élégantes fenêtres, en font, malgré la lourdeur de l'ensemble, un ouvrage très original d'extérieur.

Au sortir de Toulouse, en amont, s'élèvent, sur la rive droite, des collines arrondies, désignées sous le nom de Pech-David (*pech*, *puy*, *pic*), qui forment le site stratégique du pays. Elles n'offrent, malheureusement, que trop cette nudité qui est le trait général de cette partie de l'ancien Languedoc. Aussi ne nous attarderons-nous pas dans ces plaines de la Garonne supérieure. Des contrées plus pittoresques sollicitent notre curiosité. Regardez plutôt là-bas au midi ces linéaments qui, par un temps clair, s'estompent vaguement dans le ciel bleu : c'est la chaîne des Pyrénées. Nous en avons déjà exploré quelques replis dans notre excursion antérieure au sud de Pau et de Tarbes ; une seconde fois, par le cours de l'Ariège, nous allons en gagner les hautes gorges.

C'est au bourg de Portet, à 12 kilomètres seulement de Toulouse, que se rencontre le confluent de cette magnifique et torrentueuse rivière qui, 50 kilomètres plus haut, sous la vieille ville épiscopale de Pamiers, coule encore à près de 300 mètres d'altitude, en plein district de montagne. Pour atteindre Foix, le chef-lieu du département, il nous faut franchir un premier contrefort pyrénéen qui se développe, de l'ouest à l'est, en avant de la grande ligne de faîte franco-espagnole. Cette immense muraille presque rectiligne, et haute de 700 à 1 000 mètres, s'appelle la chaîne de Plantaurel. Avec elle commence cet emmêlement de gorges forestières, toutes retentissantes de torrents et de cascades, qui se retrouve, plus au nord-est de l'Ariège, jusque dans le réseau de simples collines du pays de Mirepoix par exemple.

A Foix, l'Ariège rallie à l'ouest l'Arget, qui, au lieu de rouler des paillettes d'or, comme fait plus bas, vers Saverdun, le cours d'eau dans lequel il s'absorbe, se borne, en sous-affluent bien appris, à charrier des paillettes d'argent. L'altitude ici est de 380 mètres, comme nous l'apprend la plaque scellée sur le pont, si animé les jours de marché, qui relie à la ville le faubourg bâti au pied de la montagne du Pech et où aboutissent les routes inverses de Carcassonne et de Toulouse.

Toulouse. — L'hôtel d'Assezat et la Maison de pierre.

Montons tout de suite à la crête du rocher (roc de Fouïch) qui se dresse isolé comme une sorte de sphinx. Trois tours, débris de l'ancien Château, les couronnent. La mieux conservée, un donjon cylindrique haut de 42 mètres, date du XIV° siècle. De ce *signal*, nos regards planent à l'aise, d'abord sur l'écheveau des maisons groupées à la base du relief, puis sur les deux vallées confluentes, et, au loin, sur cet immense rideau des Pyrénées qui empêchait jadis Gaston Phœbus « de voir sa douce princesse d'Aragon ».

A l'époque où ces deux noms nous reportent, le château de Foix était comme le Versailles de la France du sud, une cour brillante et vivante, rendez-vous d'une société d'élite. Les troubadours les plus célèbres y coudoyaient les princes et les rois. A l'ombre de ses sourcilleuses murailles, le « gai savoir » florissait. La comtesse Phœbus elle-même et, plus tard, les dernières châtelaines du manoir, l'illustre Marguerite d'Angoulême, reine de Navarre, et sa fille Jeanne d'Albret, mère de Henri IV, y cultivèrent à l'envi la muse. Gaston III Phœbus, le personnage le plus insigne de la lignée de ces comtes de Foix et de Béarn qui résidaient tantôt à Orthez, tantôt à Mazères ou à Foix, était tout ensemble poète, guerrier et chasseur. Quand il mourut en 1391, au retour d'une chasse à l'ours dans les forêts de sa principauté, il était devenu le plus riche seigneur de France ; ses meutes, notamment, se composaient de 1 600 chiens de race choisie. Ce train magnifique, notez-le, ne l'empêchait pas d'être économe des deniers de ses sujets aussi bien que des siens propres. On trouva après son décès un million en or dans ses coffres : c'était une somme énorme pour le temps.

STATION THERMALE D'AX.

Sous Henri IV, en 1607, le comté de Foix fut réuni au domaine de la couronne ; mais le pays n'en garda pas moins ses antiques franchises, au maintien desquelles veillaient jalousement les syndics de toutes les communes fuxéennes. Il continua d'être exempt d'impôt et de se gouverner par ses propres États, qui se réunissaient à Foix chaque automne. Rappelons que le chef-lieu de l'Ariège est la patrie de M. de Freycinet et du romancier Frédéric Soulié.

Le torrent, de plus en plus écumeux, à mesure que nous le remontons, s'encadre maintenant, sur sa rive droite, d'un second contrefort avancé de la grande chaîne, le Pic de Tabe, qui s'enracine au massif de Carlitte par des sommités confinant au département des Pyrénées-Orientales. Nous arrivons ainsi à Ussat et, de là, par une autre série de défilés, que bordent presque sans interruption de hautes parois de montagnes rocheuses, à la station thermale d'Ax. Au delà de ce chef-lieu de canton de 1 900 habitants, en amont duquel notre rivière rallie son principal affluent de droite, l'Oriège, il n'y a plus qu'un village de 150 âmes, l'Hospitalet, sis à 1 400 mètres, et des gorges arides qui aboutissent au pic où le cours d'eau prend sa source.

Ce pic, c'est le pic Nègre (2 852 mètres), qui se dresse sur les confins du Val d'Andorre et des Pyrénées-Orientales. De là s'aligne, de l'est à l'ouest, jusqu'à la percée de la Garonne, une rangée régulière de sierras aux cimes hautes au minimum

Le mont Canigou, vu de la vallée de la Têt.

de 2 700 mètres, et qui atteint son altitude culminante aux pics de Montcalm et d'Estats (3 080, 3 140 mètres). A part le col de Puymorens (1 930 mètres), que nous avons tout près de nous à main gauche et par lequel se faufile la grande route de Cerdagne, les dépressions qui échancrent la chaîne sont à 2 500 mètres en moyenne. Quelques mois de l'année seulement, elles sont praticables aux bergers de la région qui mènent leurs troupeaux sur les hauts alpages ou à la gent risque-tout des contrebandiers qui recherche par état les chemins peu frayés.

Du département de l'Ariège, nous voici pénétrant, de ce pas, dans celui des Pyrénées-Orientales. Là, la chaîne principale nous présente le fameux pic de Carlitte

(2 921 mètres), au plateau désert parsemé d'innombrables étangs poissonneux qu'on ne peut aborder que dans la belle saison. Les montagnards du pays voyaient autrefois dans ces lacs des restes de l'ancienne mer du Déluge. Sur l'un des sommets, ils montraient même l'endroit où l'Arche de Noé avait scellé son anneau d'amarrage. C'était un Ararat de plus ajouté à maint autre que l'on sait. La ligne de reliefs s'abaisse ensuite jusqu'au col de la Perche (1 622 mètres), que gardent, au nord, la citadelle française de Montlouis et, au sud-ouest, la ville espagnole de Puigcerda. C'est entre ces deux points, à 5 kilomètres de la frontière, que se trouve l'enclave espagnole de Llivia, peuplée de 1 200 habitants et traversée par un chemin neutre.

Plus à l'est, voici le Puigmal (2 909 mètres), d'un contrefort duquel sort la Sègre, une rivière espagnole qui naît en France, comme notre Garonne naît en Espagne, au col de Béret; voici, à sa suite, les pics d'Eyne, du Géant, de la Dona et de Roque-Colom (*Couloum* en catalan). Ce dernier, qui domine la source du Tech, projette au nord-ouest un rameau de 18 kilomètres de long qui sépare le bassin de cette rivière de celui de la Têt, et qui se termine, entre Prades et la station thermale d'Amélie-les-Bains, par la montagne reine de tout le pays, le fameux Canigou.

Bien qu'elle n'ait que 2 785 mètres d'altitude, cette pyramide aux escarpements gigantesques doit, comme l'Etna et le Cervin, sa puissance incomparable d'aspect à la façon dont elle s'élance vers le ciel, isolée complètement de trois côtés, sur le premier plan de la chaîne. Par un temps clair, on la discerne nettement de Montpellier et d'Aigues-Mortes ; on prétend même l'avoir vue de Marseille, et pendant longtemps elle a passé pour la cime la plus haute des Pyrénées. Tous les étages de végétation, depuis la flore de l'Afrique septentrionale jusqu'aux plantes de la Scandinavie, sont représentés au mont Canigou. A sa base, du côté de la Méditerranée, croissent l'agave, l'oranger, le laurier-rose, le grenadier. L'olivier monte à ses contreforts jusqu'à 420 mètres, la vigne jusqu'à 550, le châtaignier jusqu'à 800. A 1 360 mètres commencent les forêts de hêtres et de conifères, avec les premiers rhododendrons. A 1 745 mètres s'arrêtent les champs de seigle et de pommes de terre. 600 mètres plus haut, à la zone arborescente, dont le bouleau et le pin pyrénéen sont les derniers représentants, succède la région du genévrier rabougri, de la bruyère et du genêt. Seules, avec les isards, ces essences escaladent les plateaux extrêmes que la neige recouvre encore au mois de juin, et d'où l'œil embrasse, au delà de la plaine alluviale du Roussillon, les côtes du golfe du Lion, de Barcelone au rempart des Cévennes.

En suivant plus à l'est le cours du Tech, jusqu'au point où il infléchit au nord, nous arrivons à Prats-de-Mollo, petite place de guerre fortifiée par Vauban et peuplée de 2 400 âmes environ. Un peu en deçà commence la chaîne des Albères, dont les pics déchiquetés et abrupts, hauts d'abord de 2 500 mètres, vont s'abaissant en deux rameaux jusqu'au cap Creus en Espagne et jusqu'au cap français de Cerbère, où ses roches au brusque retroussis n'ont plus qu'une élévation de 200 mètres. C'est de là que nous repartirons pour gagner les districts de l'Aude et de l'Hérault.

LA CITÉ DE CARCASSONNE.

XXIX

LE LONG DES COTES DU ROUSSILLON. — LA VALLÉE DE L'AUDE
ET LA CITÉ DE CARCASSONNE. — DANS LA PLAINE NARBONNAISE.
CETTE ET L'ÉTANG DE THAU. — MONTPELLIER;
CHRONIQUE DE L'ANCIENNE ÉCOLE DE MEDECINE.
AIGUES-MORTES. — DES ARÈNES DE NIMES AU PONT DE BEAUCAIRE.

Au cap Cerbère, qui déjà, du temps des Romains, séparait la Gaule de l'Espagne, commence le littoral français de la Méditerranée. C'est là, à l'entrée du tunnel des Balitres, que se trouvent aujourd'hui la douane et la gare internationale du chemin de fer de Gérone-Barcelone. Il y a une soixantaine d'années, une seule rampe carrossable franchissait de ce côté les montagnes : c'était la route royale de Narbonne et de Perpignan, qui suivait presque l'itinéraire de l'ex-*via Domitia*. Cette voie romaine, dont l'assise est toujours visible en divers endroits, s'amorçait au pied de la colline de Beaucaire, et formait, de ce côté du Rhône, la continuation de la *via Aurelia*, qui traversait la Provence après avoir longé le littoral depuis le Var. Comme elle, l'ancienne chaussée postale que le *railway* actuel laisse à droite entrait en Catalogne par le col de Perthus, au seuil duquel est bâti le fort de Bellegarde, et qui est la dépression la plus basse de toute la chaîne pyrénéenne. Des trophées de Pompée et un autel érigé par César y indiquent encore la limite des provinces ibérienne et gauloise.

Pour les productions, les mœurs et le langage, le département des Pyrénées-Orientales, composé du Roussillon et de quelques portions du Languedoc, ressemble beaucoup au pays catalan son voisin. La première localité maritime qui s'y offre à

PORT-VENDRES.

nous est Banyuls-sur-Mer, petit port praticable seulement aux caboteurs, et où l'on cultive un vin de rocher qui, par un miracle avec lequel nous sommes désormais familiarisés, se transforme à Cette en vin d'Alicante. Ensuite vient Port-Vendres, l'antique Port-Vénus, et l'unique bon mouillage de ce bassin perfide du golfe du Lion. Les crêtes du Canigou en arrière, le phare du cap Béar en avant, et les pics aigus du rivage que couronnent des tours à créneaux datant des Arabes, guident de loin les navires battus de la tempête.

En deçà de l'embouchure du Tech, le littoral, devenu plat, nous présente successivement le bourg pêcheur de Collioure, à l'anse presque circulaire, et celui d'Argelès, qui est sis à trois kilomètres de la côte, et qu'on appelle néanmoins Argelès-sur-Mer, pour le distinguer d'Argelès-de-Bigorre, dans les Hautes-Pyrénées. Immédiatement après commence, avec les étangs de Saint-Nazaire et de Saint-Cyprien, une longue série de lagunes reliées à la mer, à travers les bourrelets de sable de la rive, par des passages naturels ou *graus* (*gradus*) qui s'ouvrent ou se ferment au gré du flot. Perpignan, place de guerre importante et chef-lieu du département, n'a point de port; il ne possède qu'une plage de bains située près du village de Canet. La ville elle-même s'élève à 11 kilomètres de la Méditerranée, sur la rive droite de la Têt, cours d'eau qui, plus en amont, baigne les murailles de Montlouis et les riantes prairies de Prades. Avec ses nombreuses églises, sa bourse ou *loge* du xiv° siècle, sa citadelle, son château de style moresque dit le Castillet, son vieux palais de justice, où siégeait jadis le conseil souverain de la province, et le rude idiome catalan de sa population, cette ancienne capitale du royaume de Majorque, puis du comté de Roussillon, a encore un cachet foncièrement espagnol et je ne sais

Perpignan. — Le Castillet.

quoi de sévère dans l'aspect qui contraste d'une manière étrange avec la grâce des campagnes d'alentour.

De là jusqu'à l'embouchure de l'Agly, un autre petit fleuve côtier qui naît dans le département de l'Aude, aux flancs du pic de Bugarach, et traverse les districts où se récoltent les muscats de Rivesaltes au bouquet si fin, la contrée n'offre qu'une longue bande de vignobles entremêlés d'arbres fruitiers de toute sorte dont les troncs escaladent même les premiers plans des montagnes.

Plus loin, le paysage change. Voici Salces avec ses roches nues, sa plaine aduste, qui rappellent les sites de la Palestine, et son vaste étang de Leucate d'où s'exhalent des effluves méphitiques. Là, à 65 kilomètres du cap Cerbère, se dresse devant nous un nouveau rempart de montagnes qui, avant la paix des Pyrénées (1659), servait de limite entre la France et l'Espagne : c'est la chaîne calcaire des Corbières.

Ce relief, formé de plusieurs rameaux séparés par d'âpres et profonds défilés, a son point culminant (1 231 mètres) au pic de Bugarach précité; il va ensuite

Bords de l'Aude. — Château d'Usson.

s'affaissant d'ouest en est jusqu'à 600 mètres environ d'altitude, et, en expirant sur le littoral, il ne laisse le long de l'étang de Leucate qu'un étroit passage qui était autrefois comme les Thermopyles du Roussillon. C'est par là qu'en l'an 218 avant notre ère, Annibal passa avec son immense armée d'Africains pour envahir l'Italie par les Alpes. Quant aux Albères, qui vont maintenant s'éloignant derrière nous, il les avait franchis à Elne, *Illiberis*, qui était alors une grande ville baignée par les flots du golfe du Lion, que le travail d'alluvion des torrents a par la suite refoulés plus à l'est. Pompée et César passèrent également par ce chemin côtier; autant en firent, en sens inverse, les Sarrasins d'Abd-er-Rahman pour aller se faire écraser près de Poitiers, et l'on sait qu'en 1642, le Grand Condé, qui n'était encore que duc d'Enghien, se distingua si bien comme volontaire aux sièges de Collioure, de Perpignan et de Salces, que Richelieu put prophétiser tout haut que « le prince son filleul livrerait et gagnerait bientôt lui-même des batailles ». Dès l'année suivante, le 19 mai 1643, la prophétie commençait à se réaliser aux champs de Rocroi.

Au cap Leucate, haut de 72 mètres, nous sommes dans le département de l'Aude. De nouveaux étangs se succèdent sur la rive : celui de la Palme, celui de Sijean, avec son port de la Nouvelle établi sur le *grau* étroit qui le joint à la Méditerranée, puis celui de Gruissan. Au delà de ce dernier, se dresse, sur le littoral, le petit groupe déchiqueté et stérile des monts de la Clape (*clapas*, amas de pierres), qui était une intumescence insulaire à l'époque où l'Aude, dont les alluvions servent ici de remblai à la voie ferrée de Perpignan, n'avait pas encore, de ses empâtements, créé la vaste plaine de Narbonne.

D'où vient ce fleuve de l'Aude, qui forme à lui seul presque tout le bassin de ce département maritime?

En longeant, au sortir de l'Ariège, le massif pyrénéen de Montlouis vers le col de la Perche, nous sommes passés tout près de ses sources. Là, dans un des contreforts qui se détachent du relief de Carlitte, s'ouvre une formidable cluse où mugit le cours d'eau issu du lac d'Aude sous le pic du même nom. Après un trajet de quelques kilomètres par la haute plaine du Capcir (Pyrénées-Orientales), il entre dans le département de l'Ariège, à 800 mètres d'altitude environ, et y décrit à l'ouest-nord-ouest une courbe immense à travers la solitaire forêt de Carcanet, dont les âpres versants s'inclinent vers son lit. Avec quelle fureur la rivière gronde dans la faille profonde qu'elle s'est creusée là, sous les grands pins à crochet, les hêtres aux nodosités vigoureuses, les chênes-rouvres, les érables puissants que le pic martèle à coups redoublés! A ce défilé succèdent d'autres gorges, limitrophes de l'Ariège et de l'Aude, dont l'aspect est plus sinistre encore; des murailles à pic, hautes de 500 mètres, y enserrent le cours d'eau blanc d'écume; je ne crois pas qu'il existe rien de plus grandiose dans toutes les Pyrénées françaises.

Sous le château d'Usson (ou du Son), près duquel elle rallie la Sonne ou Bruyante, l'Aude n'a guère que sept ou huit mètres de largeur. Un regard jeté sur notre gravure suffit à faire juger du site. Le nid d'aigle qu'on aperçoit sur un promontoire à pic de la rive gauche était autrefois la résidence des seigneurs du pays

BORDS DE L'AUDE. — Défilé de Pierre-Lys.

de Donézan (canton actuel de Quérigut), qui ne communique lui-même avec le reste de l'Ariège que par le col muletier de Pailhères, sis à 1972 mètres. Plus loin, le fleuve, obligé de se frayer un passage à travers les Corbières, s'engouffre dans de nouveaux *cagnons*, qui se terminent en amont d'Axat, à 500 mètres encore d'altitude, par le sauvage défilé de Saint-Georges. Là, depuis 1887, une route magnifique a remplacé l'ancien chemin de bêtes de somme. Puis, après une interruption, les cluses recommencent, toujours aussi belles, avec l'*étroit* de Pierre-Lys, qu'encaissent des parois de roc perpendiculaires.

Peu à peu enfin, les montagnes s'abaissent; les gorges s'évident en vallées; nous voilà sortis des districts revêches qu'affectionnent le mélancolique tétras et la petite charbonnière à la voix de crécelle. A Limoux, chef-lieu d'arrondissement de 7 000 âmes, où nous accueillent deux vénérables ponts âgés de trois ou quatre cents ans, l'Aude est déjà un cours d'eau flottable; quelques kilomètres encore, et le *bach* indiscipliné achève de se transformer en une majestueuse rivière au large lit de cailloux roulés, qui descend en zigzag vers Carcassonne, le chef-lieu du département.

A Carcassonne, il nous faut faire halte. L'agglomération urbaine qui nous apparaît à gauche dans la plaine, entre l'Aude et le canal du Midi, sur le parcours duquel nous nous retrouvons, c'est la ville *basse*, la ville moderne et commerçante, avec ses rues régulières, ses vastes boulevards, ses ombrages touffus, ses fontaines aux ondes cristallines. L'*oppidum* qui se montre à droite sur une hauteur, par delà un vieux pont du xiii° siècle, c'est la *Cité*, habitée par une population d'ouvriers et d'indigents. Nulle part en France, il n'existe un massif de pierres donnant une impression plus vive de cette époque étrange et lointaine qu'on désigne sous le nom de moyen âge. Le voyageur, en le contemplant, se sent même entraîné bien au delà des scènes dramatiques que ce temps lui rappelle. C'est tout un cours de fortification féodale et antique que le sourcilleux relief lui présente. Trois civilisations se superposent par étages sur ce rocher morne et silencieux.

A la base du formidable appareil se montrent avec leurs cordons de brique les débris de la première enceinte bâtie là par les Romains, pour garder l'issue de la route qui pénètre en Espagne par Limoux et Montlouis, puis remaniée et amplifiée au v° siècle par les Visigoths. Au-dessus se trouvent les arcades cintrées des vicomtes de Carcassonne et de Béziers, et le tout est couronné par les ogives des sénéchaux français. Deux enceintes, suivant les ondulations du plateau, et séparées par une étroite *lice*, enveloppent la *Cité* de Carcassonne. L'enceinte extérieure a 1 500 mètres de long; l'intérieure mesure une étendue de 1 100 mètres. L'ensemble, au cœur duquel on pénètre par deux portes principales, la Porte de l'Aude et la Porte Narbonnaise, est protégé par une cinquantaine de tours diverses de hauteur, de dimension et de forme, à l'aspect grandiose et sévère. Un Château, auquel on accède par une rue étroite et tortueuse, dresse au point culminant du site ses donjons cylindriques et carrés. Dans ce sombre et farouche édifice, à côté des prisons sinistres et des oubliettes qu'on montre au touriste, il y a eu pourtant — c'était à l'époque de ces Trencavel dont j'ai parlé à propos d'Albi — une *cour d'amour* qui nous rappelle le nom du fameux troubadour carcassonnais Raymond de Miraval.

Non loin de là se voit un ancien puits dans lequel, suivant la tradition, les Visigoths, avant d'évacuer le Languedoc, auraient jeté une partie de leurs trésors, comme les Tectosages, au retour de leur expédition de Grèce, avaient jeté dans un étang sacré, près de Toulouse, le butin qu'ils avaient rapporté du temple de Delphes. Plus tard, beaucoup plus tard, — au commencement de notre siècle, — une société carcassonnaise entreprit, sur la foi de la légende, de dessécher ce puits, afin de le fouiller, de même que le consul Cépion avait fait fouiller le lac toulousain; mais, moins heureuse que ce dernier, qui avait réussi à mettre la main sur près de cent millions d'or, elle ne retira de l'insidieuse cavité, sans fond, assurait-on dans le pays, que quelques médailles et des pointes de flèches.

CARCASSONNE. — Porte narbonnaise.

Si, de Carcassonne, nous tournions à l'ouest, dans la direction du chemin de fer de Toulouse, qui suit l'axe de l'unique vallée de communication entre les deux mers, nous atteindrions Castelnaudary et le fameux bassin de Saint-Ferréol, formé dans la vallée du Laudot par un barrage de 1 558 mètres de long sur 800 de large. C'est le principal réservoir du Canal du Midi, et, pour le remplir, il faut 60 jours.

Mais c'est à l'est que nous obliquerons, dans le sens de la brusque inflexion que l'Aude décrit vers la Méditerranée.

A partir de là, notre rivière est accompagnée dans sa course par le grand canal en question, dont les rives ici sont bordées non plus de peupliers et de platanes, mais de cyprès, essence qui offre plus de résistance aux vents régionaux. A Trèbes, à quelques kilomètres seulement au-dessous de Carcassonne, commence la région des oliviers; le sol devient plus sec, le climat plus méridional. Près de Capendu, nous apercevons sur la droite du fleuve l'escarpement du Mont d'Alaric, bastion septentrional des Corbières figurant un relief isolé, de 600 mètres de hauteur, où la tradition veut que le roi visigoth ait eu autrefois un château. C'est le Pilate de cette partie du Languedoc; comme la cime de la montagne lucernoise, sa tête sert de baromètre. Vient-elle à se couvrir d'un nuage, c'est signe de pluie, disent les gens du pays.

Plus en aval, l'Aude coule au travers d'opulents vignobles, en se grossissant à gauche des torrents qui lui arrivent de la Montagne-Noire, fragment de la grande chaîne des Cévennes qui commence au nord de Castelnaudary et se continue de là vers l'Hérault. Puis, en aval du confluent de la Cesse, la rivière se divise en deux branches : celle de droite, que nous suivons tout de suite, contribue à alimenter l'embranchement du canal du Midi qu'on nomme la Robine de Narbonne ; elle passe

NARBONNE. — Hôtel de ville et Archevêché.

sur une étroite langue de terre comprise entre les étangs de Sijean et de Gruissan, et débouche dans le port de la Nouvelle par le *grau* du même nom.

Ce mauvais chenal, ensablé et sans profondeur, est l'unique issue que possède sur la mer cette riche et vineuse cité de Narbonne dont un devancier d'Hérodote, le géographe Hécatée de Milet, signalait déjà l'existence au vi^e siècle avant notre ère. Mais il n'en a pas été ainsi de tout temps. Tout un golfe, que les Romains appelaient *Sinus Rubrensis*, et où stationnait une flotte, occupait jadis la vaste plaine au milieu de laquelle la ville s'élève. Au cours même du xive siècle, Narbonne, sise aujourd'hui à 8 kilomètres de la Méditerranée, était encore un des premiers ports de la côte. En 1320, la rupture d'une digue changea le cours de l'Aude ; le havre dès lors s'ensabla, et les atterrissements ultérieurs du fleuve achevèrent de rattacher au rivage l'île formée par les Monts de la Clape, en ne laissant subsister que les étangs actuels.

Des splendides constructions, capitole, amphithéâtre, temples, thermes, portes triomphales, que possédait, il y a dix-huit siècles, la capitale de la Narbonnaise, il ne reste à présent presque rien. Ses deux édifices les plus remarquables, ce sont ceux que notre gravure représente : un palais archiépiscopal du xiv° siècle, séparé de la cathédrale de Saint-Just par un cloître et flanqué en façade de trois tours carrées; puis un palais de justice, dans le style du xiii° siècle, que M. Viollet-le-Duc a bâti, de nos jours, entre deux de ces tours. C'est, ajoutons-le, à 14 kilomètres au sud-ouest de Narbonne que se trouve la célèbre abbaye de Fontfroide, fondée en 1093, et dont le cloître du xiii° siècle est un des monuments historiques les plus curieux du Midi.

Tout ce littoral jusqu'au Rhône est battu de vents continuels. Le plus violent

AGDE. — Le sémaphore et le phare.

est le *cers*, le *circius* de Caton l'Ancien, qui parle de lui dans ses *Origines*, et dit, en homme qui le connaît bien, « qu'il vous emplit la bouche quand vous parlez : *quum loquare, buccam implet* ». Ce souffle n'est autre que le *mistral* de Provence, le *ventus gallicus* de Sénèque, auquel nous aurons occasion de revenir, car son empire atmosphérique comprend tout l'espace qui va des Cévennes à l'embouchure de l'Èbre et à la côte de Gênes. Il a parfois assez de force pour renverser le train de Perpignan. Aussi les Anciens, reconnaissant en lui une de ces puissances de la nature qu'il fallait s'efforcer de fléchir, lui avaient-ils élevé un temple à Narbonne.

L'autre vent régional est le *marin*, qui souffle du sud-est, c'est-à-dire du large, le *vento da fuori*, comme on dirait en Italie. Il est moins fort et moins fréquent; mais son haleine, chaude et humide — au lieu d'être fraîche et tonique, comme celle du *cers*, — produit les effets énervants et alourdissants du *plumbeus Auster* d'Horace et du *scirocco* d'Algérie, dont il n'est d'ailleurs qu'une dérivation.

Le second bras de l'Aude, qui est le vrai tronc du fleuve, file plus au nord-est, pour se jeter dans la mer au bourg de Coursan, à 4 kilomètres de Narbonne. Nous sommes, à cet endroit, au seuil du département de l'Hérault, formé comme le précédent d'une fraction de l'ancien Bas-Languedoc. Là encore, sur un espace de 100 kilomètres, jusqu'aux Bouches-du-Rhône, s'étend une côte sablonneuse, entrecoupée de grands ou de petits étangs, et accidenté seulement de place en place par

ÉTANG DE THAU ET ISTHME DES ONGLOUS.

quelques intumescences, telles que les montagnes d'Agde et de Cette, qui se font vis-à-vis de chaque côté de l'étang de Thau.

La montagne d'Agde, un ancien volcan, qui projette à l'embouchure de l'Hérault un cap rocheux en face duquel émerge l'îlot de Brescou, est surmontée d'un sémaphore et d'un phare en forme de tour carrée. Ce feu à éclipses et tournant combine ses signaux avec le feu fixe de l'îlot et avec deux autres fanaux allumés sur les musoirs des jetées de l'Hérault. Quant à l'étang de Thau, c'est un vrai lac navigable, de 20 kilomètres de long sur 2 à 6 de large, où se termine le canal du Midi, descendu plus haut vers l'Orb par de magnifiques écluses en gradin. Le chemin de fer qui va de Cette à Béziers traverse lui-même l'étang sur un étroit bourrelet de sable qu'on appelle Isthme des Onglous. C'est un des endroits les plus curieux du parcours : à gauche, on a la Méditerranée ; à droite frissonne la nappe très souvent tempétueuse du bassin, et, au delà de celle-ci, sur la terre ferme, s'échelonnent des bourgades dont on aperçoit les clochers.

Au pied de sa montagne de Saint-Clair, l'ex *mons Setius* des Romains, presque isolée au milieu des eaux, Cette est la reine commerciale et industrielle de cette région languedocienne. Elle doit uniquement sa prospérité à l'établissement du canal du Midi. Son port actuel avec ses deux jetées est une création de Riquet, qui a fait approfondir également le *grau* de 1 500 mètres de long au moyen duquel elle communique avec la petite mer de Thau. Aujourd'hui Cette est, après Marseille, le havre français le plus important du golfe du Lion. Presque toutes les puissances y ont des consuls. Des services réguliers de navigation le relient aux divers pays de l'Europe, ainsi qu'à la Chine, à la Cochinchine, à la Réunion, au Japon et à l'Amérique. Six phares le signalent aux navires. Ses quais, mis bout à bout, ont un déve-

CETTE.

loppement de plus de deux lieues, et ses marais salants, qui couvrent 12 kilomètres de plage, sont les plus vastes qu'il y ait sur nos côtes.

Un peu au delà de Cette, au pied du chaînon de la Gardiole (256 mètres), nous atteignons la petite ville de Frontignan, dont les ceps, avant les ravages du phylloxera, produisaient des vins muscats célèbres dans le monde entier. Nous longeons ensuite à main droite d'autres étangs bordés de tamaris, et sur une colline, au confluent du Lez et du Merdanson, nous apercevons un vaste tas de pierres, « lou clapas », disent les gens du pays, d'où émergent une bizarre cathédrale à quatre tours d'angle, une citadelle et quelques donjons : c'est Montpellier, *Mons Pessulanus*, la grande cité savante du Languedoc.

Son école de médecine, fondée au xii° siècle par des Juifs venus d'Espagne, juste à l'époque où le fameux Averroès (Abou Valid ibn Rochd) pratiquait à la cour de l'émir Almansor, est, on le sait, la plus ancienne de France, de même que son Jardin botanique, où Tournefort et Jussieu ont créé leurs systèmes, est le premier en date de l'Europe. Montpellier est « la source de l'art de guérir, *fons artis physicæ* » écrivait, cent ans plus tard, le moine Césaire de Heisterbach. L'école occupe un ex-cloître de Bénédictins contigu à la cathédrale Saint-Pierre, et l'on peut voir dans une des salles, outre les bustes obligatoires d'Esculape, d'Hippocrate et de la déesse Hygie, la marraine de notre moderne *hygiène*, les portraits de tous les hommes illustres qui ont étudié ou professé depuis plus de dix siècles en cette autre Salerne.

La galerie vaut la peine qu'on lui accorde un regard. Voici, par exemple, Arnauld de Villeneuve, le célèbre médecin-alchimiste de la fin du XIII° siècle, auquel on attribue d'ordinaire la découverte de l'eau-de-vie, appelée tout d'abord « eau-de-vin », du liquide dont elle est extraite; il est plus probable cependant que l'usage de cette distillation remonte aux Arabes, à la langue desquels appartient le mot

MONTPELLIER.

« alcool ». Voici ensuite Rabelais, qui, en 1530, émerveillait si fort la docte corporation par l'immensité de ses connaissances physiologiques et anatomiques; puis Nostradamus (Michel de Nostredame), un autre *mire* insigne, né en Provence (1503) d'une famille juive convertie, et qui publia le premier, sous le nom de *Centuries*, des Almanachs prophétiques. Ce fameux tireur d'horoscopes devint plus tard médecin de Charles IX, et son tombeau se trouve dans l'église de Saint-Laurent à Salon. Guillaume Rondelet, ou *Rondibilis*, — car c'était l'usage en ce temps-là de latiniser les noms d'écrivains; — Bernard de Gordon, l'auteur du *Lilium medicinæ*, un ouvrage très curieux à lire même pour les profanes; Gui de Chauliac, dit « le père de la chirurgie », une science que ses descendants ont singulièrement fait progresser depuis lors, figurent aussi dans ce musée médical de l'ex-cité narbonnaise qui s'honore par surcroît d'avoir vu naître, outre Candolle et Auguste Comte, le créateur de la doctrine du *Positivisme*, les peintres contemporains Glaize et Cabanel.

Les médecins susnommés, de quelque renom qu'ils aient joui, n'étaient cependant pas tous des savants, dans l'acception que le mot a pour nous. La gent hippocratique, au moyen âge, employait souvent des remèdes dont l'énoncé seul a le don de nous stupéfier, mais qui semblaient tout naturels à une époque où l'on croyait que, pour rendre la raison à un aliéné, il fallait le coiffer de la mitre de Saint-Gualbert, et où l'éminent Gilbert d'Angleterre prétendait vaincre la léthargie en attachant une truie dans le lit du malade. Bernard de Gordon, par exemple, un des princes de l'art en son temps, n'écrivait-il pas sérieusement que, pour guérir un épileptique, il suffisait de répéter à son oreille, au moment le plus violent de la crise, trois vers latins dont le sens était : « Gaspar porte la myrrhe, Melchior l'encens, Bal-

MONTPELLIER. — Cathédrale et Faculté de médecine.

thazar l'or. Quiconque aura sur soi ces trois noms des trois rois mages sera délivré du mal caduc par la grâce du Christ. » C'est ainsi que, de nos jours encore, les bonnes femmes de nos campagnes assurent qu'on a raison du hoquet si l'on arrive à répéter sept fois de suite, sans que la convulsion du diaphragme vous reprenne : « J'ai le hoquet, Dieu me l'a donné, par Jésus je ne l'ai plus ».

A Montpellier, qui était alors une sorte de petite république sous la suzeraineté nominale de seigneurs vassaux de l'évêque de Maguelone, les étudiants portaient généralement une robe ou une cape grise; d'autres l'avaient rouge, pour se conformer aux prescriptions d'Urbain V. Les cours, au début, consistaient surtout en commentaires faits sur les œuvres des médecins grecs, latins, arabes. En première ligne, parmi ces derniers, figurait le Persan Avicenne (Ibn Sina), mort déjà depuis un siècle, et dont l'écrit principal, intitulé le *Canon*, fut longtemps considéré en Europe comme la base de la science médicale.

Au bout de trois ans d'études seulement, on était admis à subir la première épreuve, qui était un examen public où tout assistant avait le droit d'interroger le candidat. Si celui-ci s'en tirait comme il faut, il recevait des juges une baie de laurier (*bacca*); et de là serait dérivé, selon quelques-uns, notre mot assez bizarre de *baccalauréat*. Le deuxième grade était, comme maintenant, celui de la *licence*; après quoi venait le doctorat, l'*actus triumphalis*. Ce dernier était un cérémonial plutôt qu'un examen. Il avait lieu dans l'église de Saint-Firmin ou dans celle de Notre-Dame-des-Tables, contiguë au lycée actuel. La sonnerie des cloches l'annonçait la veille. Une fois muni de ses insignes de docteur — un bonnet de drap noir surmonté d'une houppe de soie cramoisie, une ceinture dorée, une bague d'or, — le récipiendaire s'en allait parader dans la ville, au son des hautbois, des violons, des tambourins, et il devait distribuer aux dames des bonbons, des fruits confits et... des gants. Le soir, un joyeux banquet réunissait maîtres et élèves à l'auberge de la *Croix d'or*, hantée aussi par les étudiants le mercredi de chaque semaine. Le mercredi, c'était le jour d'Hippocrate, celui où l'on avait vacances. Et je vous laisse à penser si, dans ces agapes, chacun se piquait d'être bon buveur, *bonus potator*. N'était-ce pas le temps de la « dive bouteille », chantée par Rabelais, un confrère?

Comme l'Université de Paris, celle de Montpellier comprenait plusieurs collèges, dont deux spécialement destinés aux élèves en médecine, le collège de Gironne et celui de Mende. Ce dernier, en 1562, devint le collège de lettres, dont le fameux Casaubon fut le directeur. Chaque écolier nouveau en entrant devait payer un repas dont le prix était fixé d'avance.

Les pratiques singulières dont je viens de parler à propos de l'enseignement médical étaient encore en pleine vigueur au commencement du xviie siècle, de sorte que Molière put y puiser plus d'un trait original pour son *Malade imaginaire*. Nul n'ignore en effet que le directeur de l'*Illustre théâtre* — cette troupe ambulante qui, pendant des années, parcourut les provinces en tous sens avec ses « charrettes » — donna, de 1654 à 1656, des représentations en Languedoc. A Montpellier, où l'avait mandé le prince de Conti, chargé de présider les États du pays, il joua ses pièces sur un théâtre installé dans l'hôtel du trésorier Girard, là où s'élèvent aujourd'hui les bâtiments du Musée Fabre. Ses pièces, on le sait également, n'étaient encore que des comédies de ruses et d'intrigues imitées du genre italien, *le Médecin volant*, *la Jalousie du Barbouillé*, *l'Étourdi*, *le Dépit amoureux*. Le premier chef-d'œuvre de Poquelin, *les Précieuses ridicules*, est un peu postérieur; ce fut à Pézenas qu'il fut composé.

En entrant dans le département de l'Hérault, nous sommes revenus à cette région des Cévennes dont nous connaissons déjà le versant opposé. A Montpellier même, de la terrasse occidentale de cette magnifique place du Peyrou où aboutit un aqueduc à deux rangs d'arcades superposés amenant les eaux du Lez et de la fontaine Saint-Clément, nous pouvons apercevoir, outre la Méditerranée, distante seulement de 11 kilomètres, trois reliefs bien différents l'un de l'autre : au sud, les Pyrénées avec la cime du Canigou; à l'est, par delà le Rhône, la pyramide massive du Ventoux; à l'ouest et au nord, la chaîne cévenole, dont l'axe part du seuil du Naurouze entre Castelnaudary et Toulouse. Sous des noms divers, Saumail, Espinouze, Escandorgue, Garrigues, cette dernière arête sillonne de biais tout le département où nous sommes, en y projetant, entre les vallées de la Cesse, de l'Orb et de l'Hérault, des escarpements ou des contreforts du haut desquels dévalent des cascades magnifiques. Il y a là encore des sites admirables, tels que le cirque de Saint-Guilhem-le-Désert et le célèbre village de Minerve, que les touristes ne manquent pas de visiter; quant à nous, nos instants sont comptés; nous n'avons que le temps d'achever au plus vite notre exploration du Languedoc, avant de gagner les districts du Rhône qui seront pour nous un monde tout nouveau.

Au delà des étangs de Maguelone et de Mauguio, qui s'étendent à l'est de Montpellier, commence le littoral du Gard. Ce n'est qu'un cordon arénacé de 20 kilo-

LES MURAILLES D'AIGUES-MORTES.

mètres de longueur ourlant la moitié orientale de la baie que dessine le Golfe du Lion dans la direction des Bouches du Rhône. Toute la contrée avoisinante est une aire désolée, couverte de marais, de landes, de sables, où abondent les reptiles venimeux, les insectes et les oiseaux aquatiques. De place en place seulement, quelques pins d'Alep et des troncs de peupliers blancs corrigent la monotonie des aspects. C'est là cependant, dans la zone d'inondation du Rhône, dont les divers bras terminaux, rejetés à présent plus à l'est, ont longtemps divagué à leur fantaisie sur toute cette plaine meuble et instable, que se trouve une des curiosités les plus attirantes de notre pays. Je veux parler de ce havre d'Aigues-Mortes, dont nous discernons tout près de nous les remparts étrangement criblés de signes lapidaires et flanqués de tours rondes ou carrées.

La vision a quelque chose d'oriental. Sont-ce les murs de Damiette la nilienne, au bord de son lac Menzaleh, ou ceux d'une ville du delta rhodanien qui nous jettent aux yeux ces chauds miroitements de pierres brûlées du soleil? L'histoire même de cette cité spectrale a une couleur légendaire qui ramène la pensée de l'étranger vers un de ces ports de l'antique Campanie, tels que Pæstum ou *Posi-*

donie, la ville de Neptune, à la plage maintenant envahie par le marécage empesté et putride au milieu duquel s'égrugent lentement les ruines de tant d'édifices majestueux.

Quel sujet de méditation passionnante que cette sorte de périodicité des phénomènes naturels dans leurs rapports avec les œuvres sorties de la main des hommes! Mais vous savez les choses tout comme moi. Il y aura tantôt sept cents ans — au commencement du XIII° siècle, — Louis IX, qui déjà songeait à son expédition d'Égypte, cherchait un port sur cette côte. Celui de Cette n'existait pas encore; la baie de Narbonne était depuis longtemps ensablée; Marseille n'appartenait pas à la France. Le seul endroit du littoral de la Méditerranée où le roi se trouvât chez lui, c'était cette rive vaseuse près de laquelle s'élevait un village de pêcheurs qui, des eaux stagnantes d'alentour, portait le nom d'Aigues-Mortes (*aquæ mortæ*).

Saint Louis jeta son dévolu sur ce point. Dès 1237 il acheta le territoire aux seigneurs-abbés du couvent de Psalmodi, situé à 5 kilomètres plus au sud, et il y fit bâtir ou rebâtir, pour la protection des pèlerins, le fameux donjon encore existant et surmonté d'une tourelle de guet qu'on appelle la tour de Constance. Seulement, ce ne fut pas à Aigues-Mortes même, comme on l'a prétendu à tort, ce fut dans le golfe voisin qu'il s'embarqua en 1248 pour la Palestine avec son armée de 50 000 croisés.

NIMES. — LES ARÈNES.

La ville aux rues régulières, la *bastide* qui fut ensuite tracée là par son fils Philippe le Hardi, et dont l'ingénieur génois Boccanegra édifia l'enceinte à neuf portes, faite de gros blocs en bossage, n'a jamais vu le flot marin battre ses murailles sourcilleuses. Elle ne possédait qu'un port intérieur établi au fond des étangs, et, comme pour aller de l'Adriatique aux quais de Venise, les vaisseaux doivent franchir les passes des *Lidi*, de même, pour gagner les bassins d'Aigues-Mortes, ils avaient à traverser un long chenal sinueux ouvert primitivement par les courants du Rhône, et qu'on a ensuite recreusé de main d'homme, puis remplacé par un canal plus régulier et plus court.

Durant une centaine d'années, le havre d'Aigues-Mortes fut très florissant; puis ses chenaux s'envasèrent; les gros navires de commerce cessèrent d'y entrer, et la création du port de Cette en 1666 acheva de lui porter le dernier coup. Quelques hommes cherchent aujourd'hui les moyens de le revivifier; en attendant cette résurrection, la ville, qui n'a que 3600 âmes — elle en contiendrait aisément le quadruple, — est déserte et inanimée; les deux tiers de son étendue sont envahis par de vastes jardins, et malgré les canaux qui la relient à la Méditerranée, au Rhône, à l'étang de Mauguio, elle n'a, pour ainsi dire, plus de commerce; son port maritime, le Grau du Roi, sis à 5 kilomètres plus au sud, n'est lui-même qu'une bourgade de pêche et de bains peuplée d'un millier d'habitants environ.

Parmi les petits fleuves côtiers dont les eaux traversent les marais d'Aigues-Mortes, il en est un, le Vistre, qui arrose plus en amont une plaine monotone, venteuse et poudreuse, dominée elle-même vers le nord par l'aride et pierreux

LE PONT DU GARD.

massif cévenol qu'on désigne sous le nom de Garrigues, à cause des chênes-kermès (en languedocien, *garrics*) qui en recouvrent les pentes.

C'est au milieu de cette campagne que s'élève la ville de Nîmes, l'ex-*Nemausus* des Romains, peuplée de 72 000 âmes.

Fondée par Auguste, elle devint vite une des belles cités de l'Empire. La *via Domitia* y passait, et six autres voies en partaient. Ses remparts, flanqués de quatre-vingt-dix tours, avaient un développement de 6 000 mètres. Aujourd'hui encore, après deux mille ans, quoiqu'elle ait perdu et son Capitole, et son Théâtre, et son Cirque, et ses Temples d'Apollon et d'Auguste, et sa Basilique de Plotine, elle reste la localité de France la plus riche en antiquités de l'âge gallo-romain.

Regardez d'abord ces majestueuses Arènes, si admirablement conservées, avec leurs trente-cinq rangs de gradins communiquant par des escaliers. Elles pouvaient contenir vingt-cinq mille spectateurs. Comme le Colisée de Rome, ce monument de meurtre était devenu, au moyen âge, le séjour d'une confrérie de *chevaliers* qui en avaient fait une forteresse, une véritable bourgade de guerre. Dégagé en notre siècle de toutes ses constructions parasites, il sert toujours à d'odieux combats où le gladiateur antique est remplacé par le *torero*.

Tout autre est la *Maison Carrée*, cette belle construction rectangulaire dont vingt siècles ont si bien doré les trente colonnes cannelées d'ordre corinthien, et que le cardinal Alberoni eût voulu recouvrir d'une enveloppe d'or, comme Charles-Quint eût voulu mettre un étui protecteur au délicieux Campanile de Florence. Était-ce un temple ou l'annexe d'un vaste *forum*, d'un promenoir public, dont on a retrouvé aux alentours les vestiges, et qui, de même que le *Forum romanum*, était encadré de portiques à arcades avec des boutiques et des lieux de plaisir? Le monde des archéologues n'a pas encore résolu cette question, insoluble peut-être.

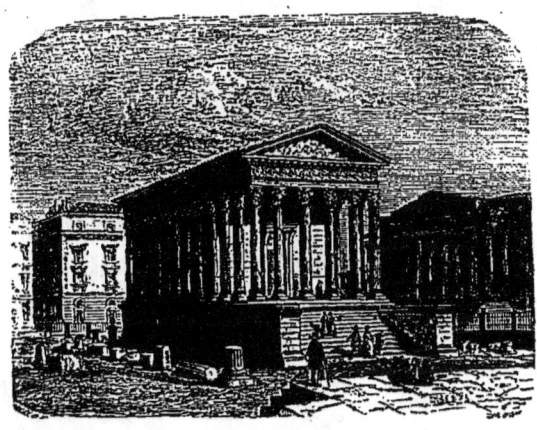

NIMES. — La Maison Carrée.

Quant à l'édifice, dit *Temple de Diane*, qu'on voit, à demi effondré et treillissé de plantes sauvages, dans le jardin établi au pied du Mont Cavalier, une des « sept collines » nîmoises enfermées jadis par le circuit de l'enceinte romaine, ce pouvait être un *nymphée*. Tout à côté en effet, quand les eaux de la Fontaine de Nîmes qu'alimentent les pluies des Cévennes viennent à baisser suffisamment, on aperçoit des ruines de Thermes. Sur la colline même, à laquelle on monte par de belles allées, se dresse la Tour Magne. Bien qu'étêté du tiers de sa hauteur primitive, cet édicule à trois étages en retraite l'un sur l'autre — un mausolée ou une échauguette à signaux? — mesure encore 28 mètres, et sa puissante masse, qui a pour socle une éminence de 114 mètres, domine au loin les campagnes d'alentour. De son sommet, auquel conduit un escalier de cent quarante marches, vous devinez quel panorama on découvre, des Pyrénées aux Alpes et aux Cévennes.

Ajoutez, à ces monuments hors ligne, quelques fragments de l'ancienne enceinte, la *Porte d'Auguste*, à quadruple arcade, qui fait face à la moderne église de Saint-Baudile; la *Porte de France*, dont l'arcade unique s'ouvre sur la route de Montpellier, puis plusieurs beaux édifices religieux et civils des âges ultérieurs, une cathédrale bâtie, dit-on, primitivement sur les ruines du Temple d'Auguste, et reconstruite aux XVI° et XVII° siècles, une Tour de l'Horloge du XVI° siècle, un Palais de Justice à fronton et à colonnades, un Théâtre dont le péristyle sert de bourse aux marchands, et vous aurez une image sommaire de ce chef-lieu du Gard, composé aujourd'hui, lui aussi, de deux parties bien distinctes, un écheveau de rues étroites et irrégulières partant de l'amphithéâtre, et un alignement central de somptueux boulevards — arène libre offerte au mistral — sur lesquels on pose tout d'abord le pied au sortir de la gare du chemin de fer, haut perchée sur son remblai massif.

A une quinzaine de kilomètres au nord de Nîmes, par delà les Garrigues, coule le fleuve qui a donné son nom au département, le Gardon ou Gard. Formé du Gardon d'Anduze et de celui d'Alais, il débouche dans le Rhône en amont de Beaucaire. Comme tous les affluents de droite de ce cours d'eau, il n'a que peu de longueur, à cause de la proximité des montagnes d'où il sort, et il est sujet à des crues terribles. C'est un peu en aval du viaduc de Ners, à 15 kilomètres en deçà d'Alais, le chef-lieu du grand bassin minier du pays, qu'il entre tout à coup dans l'âpre vallée d'érosion qui se termine à Collias; et c'est au sortir de ces défilés, où ses eaux s'engloutissent partiellement au sein de grandes roches fissurées, qu'il reflète le merveilleux débris d'aqueduc romain justement célèbre sous le nom de *Pont du Gard*.

LE TEMPLE DE DIANE.

Bâti, croit-on, par Agrippa, ce fastueux gendre d'Auguste qui, le premier, remplit la charge de *curateur des eaux* de l'Empire, puis habilement restauré de nos jours, ce pont, à trois étages d'arcades en plein cintre, mesure 269 mètres de long à sa partie supérieure, et 49 mètres de haut. L'aqueduc auquel attenait ce splendide ouvrage amenait à *Nemausus* les eaux de la fontaine d'Eure, qui jaillit près d'Uzès.

Les Cévennes du Gard sont bien plus élevées que celles de l'Hérault. Dès son entrée dans le département, par l'arrondissement du Vigan, juste au-dessous des grands Causses que j'ai décrits au chapitre XVII, la chaîne atteint l'altitude de 1400 mètres. C'est là, dans le massif de l'Aigoual, sommité culminante du relief, qui appartient à la fois à la Lozère et au Gard, qu'est le « pays des Cévennes » proprement dit, le théâtre resté légendaire de la fameuse guerre des Camisards et des exploits de Jean Cavalier au commencement du XVIIIe siècle. Ses sites gracieux ou grandioses, ses prairies, ses gorges toutes retentissantes d'eaux limpides et de cascatelles, ses bois de châtaigniers et de hêtres, ses cimes granitiques ou schisteuses à l'assaut desquelles montent victorieusement la vigne et les arbres fruitiers, prêtent à ce district un charme idyllique, encore rehaussé par son contraste avec le plateau nu et stérile qui lui succède vers la plaine nîmoise.

Quelques pas vers le levant et nous sommes à Beaucaire. C'est le port du Gard sur le Rhône, une sorte de frère jumeau de Tarascon, qui lui fait face sur la rive opposée. Un pont suspendu de 450 mètres, un viaduc de chemin de fer plus long encore de 47 mètres, raccordent ici, par-dessus le grand fleuve, le Midi languedocien au Midi provençal.

Beaucaire est le vieil *Ugernum* romain. En 455, le sénateur arverne Avitus, qui devait ensuite être évêque, y fut proclamé empereur, à l'instigation des Visigoths.

BEAUCAIRE. — Le château.

Triste César et frêle principat! Cette année-là justement, la Rome d'or, *Aurea Roma*, dont les poètes Rutilius et Claudien chantaient si lyriquement les splendeurs, et à laquelle, dans leur enthousiasme, ils prédisaient des destinées éternelles, se voyait saccagée par les hordes vandales, et, vingt et un ans plus tard, Romulus-Augustule, le dernier souverain nominal de ce qui avait été l'Empire d'Occident, cédait son trône au Hérule Odoacre, qui prenait le titre de roi d'Italie.

Beaucaire doit son nom actuel soit à la forteresse de forme carrée, *Bellum Carrum*, « Beau Carré », qui fut bâtie là au Xe siècle par les comtes de Toulouse, désireux de protéger leur frontière du côté de la Provence, soit à la figure même du rocher sur lequel s'élève le castel. Ce fut aussi un comte de Toulouse, Raymond VI, qui institua en 1217 la fameuse foire qui fut si longtemps la rivale des grands rendez-vous marchands de Leipzig et de Nijni-Novgorod. Trois cent mille visiteurs autrefois y affluaient au mois de juillet de chaque année. Il y a un demi-siècle encore, quand les petits bricks méditerranéens continuaient de remonter jusqu'aux quais de Beaucaire, la scène offrait un coup d'œil sans pareil.

Tout un peuple de trafiquants étrangers débarquait au pied de la colline du Château, pour bivouaquer sous les tentes du *pré*, à l'ombre des platanes et des ormes. L'Espagnol apportait sa cargaison d'oranges, l'Africain son tabac et ses dattes, l'homme du Maroc ses cuirs; le Turc et l'Égyptien déballaient leurs tapis, leurs épices et leurs aromates. Huiles de Provence et de Ligurie, vins du Midi, salaisons de l'Ouest, produits manufacturés de France et d'Angleterre, draps et peaux du Nord s'y vendaient en gros quelques semaines durant. C'était le grand marché d'approvisionnement de l'Europe du sud et de l'occident, un immense bazar en plein air où se pressaient tous les types humains, où résonnaient toutes les langues et tous les dialectes.

Bien qu'elle attire toujours une foule assez considérable, cette foire est actuellement dans un état complet de déchéance; elle n'a plus guère qu'un caractère local, et les transactions y ont peu d'importance. Seuls les curieux et les saltimbanques lui conservent un reste d'animation.

C'est ainsi que tout s'use ici-bas. Trois choses ont donné le coup de grâce à ce grand *emporium* volant qui fit l'émerveillement de nos pères : les chemins de fer, la batellerie du Rhône, puis le viaduc qui, un peu plus bas, traverse le fleuve en face d'Arles, et barre le chemin d'amont à la navigation maritime.

GLACIER DU RHÔNE.

XXX

DU GLACIER DU RHONE AUX COLLINES LYONNAISES.
VIENNE ET VALENCE. — PREMIERS PAYSAGES PROVENÇAUX.
AVIGNON ET LE CHATEAU DES PAPES. — ARLES ET LA CAMARGUE.
LA PLAINE DE LA CRAU; L'ÉTANG DE BERRE.
AU SORTIR DU TUNNEL DES ALPINES.

Tout au fond du canton suisse du Valais, plus loin que la fameuse route qui, de Brieg, s'élance à l'escalade du Simplon, il y a un vaste glacier dont l'arène aux miroitements fantastiques descend en forme d'éventail entre les hautes sommités limitrophes du pays d'Uri.

Cette cataracte rigide, reliée elle-même à la gigantesque mer de frimas de 30 kilomètres de longueur, qui s'épanche, plus à l'ouest, des flancs de la Jungfrau, ne s'est pas toujours tenue renfermée dans la gorge alpestre où elle est à présent. Bien antérieurement aux âges historiques, elle a eu sa période épique, que les géologues ont pu écrire après coup. C'était lors des grands froids de l'époque qu'on nomme quaternaire : la coulée de glaces, indéfiniment accrue et gonflée, accomplit à travers la région voisine une course conquérante dont les traces sont encore visibles et palpables. Après avoir comblé tout l'espace compris entre le massif des Alpes Bernoises et celui du Mont Rose, elle fila par la vallée pennine jusqu'au lac de Genève, et s'extravasant par-dessus l'ample bassin, elle ne s'arrêta dans sa marche qu'au rempart transversal du Jura. Cet épanouissement de l'immense masse congelée dura un nombre de siècles indéterminé ; puis, un beau jour, le climat de l'Europe s'étant graduellement réchauffé, les vallées ensevelies se retrouvèrent libres, ce coin du monde helvétique reprit la figure que nous lui voyons, et le glacier voyageur, rentré au repos, n'envoya plus vers les contrées en aval que les eaux de fonte issues de son sein.

Or ces eaux de fonte qu'il vomit par des voûtes cristallines ouvertes à sa base, à 1 800 mètres environ d'altitude, ne sont autres que le puissant fleuve helvéto-français que nous appelons le Rhône. C'en est du moins le ruissellement initial, car, pour les montagnards du pays, la véritable source du torrent, ce n'est pas ce dégorgement glaciaire, ce sont trois gerbes d'onde tiède, à la saveur légèrement soufrée, qui jaillissent du sol près de l'hôtel à clocheton bâti au bord du chemin de la Furka, et qui vont se jeter dans le courant né des grottes.

La grande rivière destinée à se perdre à 812 kilomètres de là dans la lumineuse Méditerranée vient donc au monde, comme le Rhin son frère, au sein d'un âpre district de montagnes où tout est solitude et désolation. Les premiers paysages qu'elle reflète, au sortir de son berceau de névés, ne se composent que de pentes abruptes éternellement menacées de l'avalanche. Des cabanes en bois de mélèze noirci, juchées, par un prodige d'équilibre, au-dessus de la rampe qui côtoie à grand'peine les profonds précipices où elle mugit, sont les seules habitations d'humains égarées à ces hauteurs transies.

Elle dévale ainsi par les défilés supérieurs du Valais, grossie sans cesse au nord et au sud par d'autres afflux venant des grandes cimes; puis, peu à peu, la nature d'alentour revêt des aspects moins sauvages. Le Rhône a déjà dépassé dans sa course les froides régions que borde à main droite l'effrayante arène du glacier d'Aletsch ; aux noirs conifères, aux mornes pâtis semés d'éboulis commencent à succéder des vergers. Voici, à gauche, le village de Viège, d'où se détache la route du Cervin ; puis, à droite, du côté de Loèche, la sombre gorge de la Dala, au-dessus de laquelle pointent les sommités de la Gemmi, puis Sierre, avec ses vignobles, et Sion, le chef-lieu du Valais, avec ses féeriques *Mayens*, ses hauts rochers couronnés de *burgs* en ruine, sa flore à la sève quasi italienne, au milieu de laquelle le cours d'eau prend déjà comme un avant-goût des sites ensoleillés et adustes qui l'attendent dans la traversée de la Provence.

Un peu plus loin, il atteint le carrefour de Martigny, à la jonction des routes qui montent à Chamonix, par le col de Balme ou la Tête-Noire, et au Grand Saint-Bernard, par les défilés de la Dranse et le val Ferret. Là, le Rhône, qui a jusqu'alors coulé de l'est à l'ouest, décrit une inflexion vers le nord, pour gagner l'étroite brèche de Saint-Maurice, entre les flancs de la Dent de Morcles et ceux de la Dent du Midi, et traverser ensuite la plaine alluviale au bout de laquelle il se jette dans le Léman. On sait comment, entré dans le lac avec des eaux limoneuses et troubles, il en ressort à Genève, rapide comme une flèche, avec de belles ondes à la teinte d'azur.

Bientôt après, à 270 kilomètres de sa source, il pénètre en France par une nouvelle brèche, ouverte entre le rempart oriental du Jura (Grand Crédo) et le mont Vouache de Savoie. Sur un escarpement de la montagne, haute de 1 608 mètres, que le chemin de fer franchit en un long tunnel, se dresse le fort de l'Écluse. Le fleuve, dans cette gorge frontière, n'a plus qu'une quinzaine de mètres de largeur, et, près du pont de bois de Bellegarde, il se rétrécit encore de moitié. Là, naguère, ses eaux disparaissaient même entièrement, à l'étiage, sous des blocs calcaires tombés des sommités d'alentour. Aujourd'hui, de cette *perte du Rhône*, il ne reste plus guère que le souvenir; on a fait sauter une partie des roches pour livrer passage aux trains de bois, et une usine hydraulique créée dans le voisinage a détourné par ses prises une grosse quantité de la masse liquide.

Le Rhône près de Bellegarde.

Au delà du défilé de Malpertuis, les reliefs riverains s'écartant, l'étroit torrent devient une large rivière; puis, passé le bourg de Seyssel et le confluent du Fier savoisien, il commence à devenir navigable. A Culoz, où il heurte à droite la base nord du Grand-Colombier, montagne de la chaîne du Valromey, sa nappe, ramifiée en plusieurs bras autour de bancs de sable et d'îlots, offre une ampleur tellement majestueuse qu'on le croirait définitivement sorti de la région des étranglements et des cluses. Quelques kilomètres plus bas cependant, il se voit, à deux ou trois reprises, ressaisi et emprisonné par d'âpres *saltus* au fond desquels il reprend les allures d'un *bach* mugissant.

Ce n'est qu'à 30 kilomètres de Lyon que notre fleuve, grossi de l'Ain, qui lui arrive du Jura sous Anthon, peut enfin s'épandre à son aise dans un lit de deux kilomètres et plus, qu'il emplit d'alluvions capricieuses et dont il ronge, à son gré, les deux rives. A Miribel, on dirait, à voir ses ondes en apparence assagies contourner de nouveau tout un semis d'îlots et de saulaies, que le fils des hauts glaciers valaisans a perdu à jamais son humeur agressive et ses façons de torrent héroïque.

Immédiatement après, à 200 kilomètres de Genève, il entre dans le département auquel il a donné son nom, et se replie dès lors droit au sud, à la base des collines lyonnaises, en filant sous la longue chaîne de ponts qui se succèdent depuis les berges de Saint-Clair jusqu'au viaduc du chemin de fer de Marseille. A main gauche voici le parc de la Tête-d'Or, avec ses bosquets, son lac, ses jardins, ses prairies où paissent des bœufs et des moutons de toute race, puis les immenses quartiers des Brotteaux et de la Guillotière; à droite, voici les faubourgs de Bresse et de la

Lyon. — La Croix-Rousse.

Croix-Rousse, puis l'étroite péninsule où s'étend la ville proprement dite. De l'autre côté de cette langue de terre se déroule le cours de la Saône, qui sépare Lyon de ses faubourgs de Vaise, de Fourvières, et de Saint-Irénée. Les quais réunis des deux rivières mesurent un développement de neuf lieues et demie, et chaque partie du double sillon a son aspect propre et sa vie à part.

Au centre de la presqu'île, autour de la place Bellecour, s'élève la cité de la richesse et du luxe, avec ses rues somptueuses, ses maisons monumentales, ses grands édifices, théâtre, palais de justice, hôtel de ville, banque. A sa suite, vers l'extrémité de l'éperon, vient le paisible et grandiose quartier de Perrache, ainsi nommé du sculpteur qui, à la fin du siècle dernier, conquit cette aire nouvelle sur les eaux en reculant le confluent des deux fleuves jusqu'à l'endroit où il se trouve aujourd'hui. Plus en amont, le coteau de la Croix-Rousse, avec ses entassements de hautes maisons, représente le district par excellence du négoce et du travail lyonnais. Au nord du Rhône, les Brotteaux, dont les voies régulières confinent au parc précité de la Tête-d'Or, est une région urbaine toute bourgeoise, tandis que la Guillotière, sis sur la même rive en aval, est essentiellement un quartier ouvrier, sordide, populeux, entouré de forts, de remblais, de fossés. Sur la droite de la Saône enfin, à Vaise l'industriel, dont les grandes fabriques dressent vers le ciel leurs cheminées toujours fumantes, succède la colline sacro-sainte de Fourvières avec son fameux sanctuaire flanqué de tours polygonales et sa chapelle couronnée d'une statue de la Vierge. C'est sur cette hauteur que, 41 ans avant notre ère, le consul Lucius Munatius Plancus fonda la primitive colonie romaine de *Lugdunum*; c'est là que l'empereur Auguste séjourna trois années dans le palais où naquirent plus tard Claude, Caracalla et Géta, là enfin qu'en l'an 102 après Jésus-Christ Trajan fit

LYON. — Place Bellecour et Colline de Fourvières.

construire l'immense édifice, *Forum vetus*, qui s'écroula au IXe siècle, et dont le nom se retrouve corrompu en celui de Fourvières. C'est aussi de ce plateau, d'où l'on découvre, par un temps clair, toute la chaîne du Dauphiné à droite avec la cime lointaine du Mont Blanc, qu'il faut prendre une idée de la superbe cité, peuplée de 430 000 âmes, qui reste toujours sans rivale pour l'industrie délicate de la soie, et sur laquelle, faute de temps et de place, nous ne pouvons que jeter ce regard au passage.

La Saône, qui rejoint le Rhône à l'extrémité de la presqu'île de Perrache, en augmentant d'un tiers environ le volume de ses ondes, n'a pas, nous le savons déjà, le cours précipitueux de ce dernier. A travers sa large vallée, aux paysages assez uniformes, elle continue de se dérouler jusqu'au bout, sans hâte ni emportement, comme une paisible et riante idylle; les ravissants coteaux qui composent le massif du Mont d'Or, les châteaux, les parcs, les villas qui se succèdent aux abords

VIENNE ET VALENCE.

de Lyon, les usines, puis les files de maisons qui s'alignent à partir de l'île Barbe, sont les dernières images réflétées par elle, de Mâcon au pont de la Mulatière.

Le Rhône, lui, sauf un court faiblissement au moment de pénétrer dans la grande cité, reprend tout de suite une nouvelle vigueur, et jusqu'à la mer il restera le « taureau furieux » dont parle Michelet. Aussi l'établissement des chemins de fer a-t-il diminué d'autant plus son importance comme artère de navigation. Au-dessous de Lyon cependant, il est toujours assez activement sillonné par des gabares de 200 à 250 tonnes et par de longs bateaux à vapeur d'un jaugeage double et triple.

La première ville que nous rencontrons sur cette section de son cours, c'est l'ancienne capitale des Allobroges, Vienne « la belle », comme l'appelaient les Romains, qui l'avaient dotée de nombreux monuments. Un temple d'Auguste et de Livie témoigne encore de sa splendeur passée. Avec son entourage de montagnes nues ou boisées, dont la plus remarquable est, sur la rive droite, ce fameux Pilat de la chaîne du Forez, que j'ai ci-dessus décrit au lecteur, la cité a vraiment un cadre grandiose. Du même côté se trouvent Sainte-Colombe et sa vieille tour du moyen âge. C'est là que s'amorce cette *Côte Rôtie*, renommée pour ses divers crus rouges, Ermitage, Ampuis, Condrieux, etc. Un peu plus loin, on entre dans le département de la Drôme : voici Saint-Vallier et son château gothique, la Roche-de-Glun et les ruines de sa forteresse immergées au milieu des flots, puis le confluent caillouteux de l'Isère, l'impétueuse rivière dauphinoise descendue à gauche des glaciers qui dominent le col de l'Iseran.

BORDS DE LA SAONE, près de Lyon. — Ile Barbe.

Tout de suite après, on est à Valence. Là commence réellement le Midi; la transition s'accuse non seulement dans le site, mais encore dans l'air, dans l'azur du ciel, dans l'accent et le geste des habitants. A la zone des céréales, des prairies naturelles ou artificielles va succéder la région des mûriers, des amandiers, de la garance, des chênes-verts, des cyprès et des myrtes. Le cep n'aura plus besoin de l'étai factice des échalas; ses sarments vigoureux se projetteront de toutes parts, et, dès qu'ils rencontreront un arbre, ils l'enlaceront d'une étreinte rappelant l'hymen classique de la vigne et de l'ormeau célébré par Théocrite et Virgile.

Sur sa terrasse en pente vers le Rhône, effrayant ici de tourbillons et de remous, Valence, à part son vaste boulevard central tout bordé de constructions modernes, offre un peu, surtout près du fleuve, le caractère désordonné de ces chaînons de montagnes du pays dont l'écheveau bizarre s'abaisse rapidement, des districts du Vercors et du Royannais ci-dessus décrits, vers les simples ondulations de terrain qui entourent à l'est le chef-lieu de la Drôme. Les rues en escalier qui, derrière la cathédrale, descendent à pic vers les berges du Rhône, sont, en leur genre, tout un poème de confusion chaotique ; mainte rampe de ce vieux quartier figurerait sans désavantage à côté des *salite* de Gênes. Pour le rêveur, cette zone excentrique n'en est pas moins pleine de charmes ; passé des moulins et des brasseries, circuitent des chemins solitaires, des ruelles bordées de grands jardins, d'où l'on entend mugir la rivière, au delà de laquelle se dressent, comme une âpre muraille, les coteaux vineux de Saint-Péray. Outre sa cathédrale Saint-Apollinaire, bâtie dans le style roman d'Auvergne, la patrie d'Émile Augier et du général Championnet renferme deux maisons curieuses : la maison Dupré-Latour, à la

VIENNE. — Temple d'Auguste et de Livie.

porte décorée de figures d'animaux, de cariatides, de sculptures diverses, et la maison des Têtes, que représente notre gravure de la page 408. Cette dernière, située rue des Clercs, près de la place du même nom, est un ravissant édifice de la Renaissance, à deux étages inégaux, occupé aujourd'hui par une toilerie et un magasin de nouveautés. Presque en face, se trouve la chambre qu'habita Napoléon Ier au sortir de l'école de Brienne.

En aval de Valence, près de Livron, petite ville à l'aspect quasi oriental juchée au sommet d'une colline, et d'où se détachent, à l'est la voie ferrée de Die et à l'ouest celle de Privas — car sur 130 kilomètres de longueur la rive droite du Rhône appartient à l'Ardèche, — on traverse le cours de la Drôme, tantôt un simple filet d'eau serpentant au milieu d'une arène broussailleuse, tantôt au contraire une coulée diluvienne aussi large que le fleuve qui l'absorbe. Puis, au delà de la plaine de Montélimar, les hauteurs, qui se sont un moment écartées, se rapprochent de nouveau pour enserrer le Rhône d'une ligne de rochers abrupts et arides; à gauche apparaît Châteauneuf avec ses restes de remparts; à droite, sous les montagnes de l'Ardèche, aux flancs couverts de châtaigniers dont les fruits s'exportent par toute la France sous le nom usuel de « marrons de Lyon », se montre la petite ville de Viviers. Enfin, passé la bourgade de Pierrelatte, ainsi appelée d'une large roche (*petra lata*) sous laquelle elle est sise, on entre dans le département de Vaucluse, c'est-à-dire en pleine région provençale.

Pour la première fois alors, aux environs de Mondragon et de Mornas, on aperçoit sur des collines sèches et pierreuses, soutenues par de petits murs d'appui, des arbres chétifs, au tronc rabougri, au feuillage fin et poussiéreux, aux branches tordues, légèrement épineuses : ce sont des oliviers nains de Provence, aussi différents, frutescence à part, de leurs frères du pourtour de la Méditerranée que les *mughos* des hautes cimes le sont des robustes pins de la zone moyenne des forêts alpestres. A côté d'eux, sur les mêmes pentes chaudes, vont se multipliant de plus en plus trois autres essences propres à ces régions du Midi, le cyprès, l'if et le genévrier.

LE RHONE A VALENCE.

Cyprès et ifs, ces conifères à la mine sombre, au port pyramidal et rigide, composent ici de longues haies de clôture protectrices à l'aspect singulièrement funèbre. Avec le genévrier au branchage désordonné, ils forment une des caractéristiques du site, comme le lotus et le papyrus sont les plantes typiques du vieux Nil. Ajoutons-y le romarin, le pin d'Alep, le chêne-vert, des iris aux grandes corolles blanches, et nous avons la flore dominante de cette contrée provençale, dont l'ensemble respire bien plus la mélancolie que la gaîté.

La « douce Provence », la « riante Provence », disent ceux qui ne la connaissent pas ou qui, du moins, ne l'ont pas habitée. Nulle appréciation n'est plus fausse. Non, la Provence n'est pas douce; non, le pays en deçà de Marseille n'a point les traits souriants qu'on lui prête, sur la foi de son ciel et de sa poésie. Un air âpre, même en été, le mistral, le « maître » (*magistraou*), dont le souffle violent incline au sud-est les arbres de la plaine, les routes blanches qui se tordent au loin sous l'éternel cyclone de poussière, les maisons de pierres sèches, dont les murs s'écaillent et gardent toujours quelque chose d'inachevé, les lits de rivière caillouteux et arides, sortes d'*oueds* qu'un orage transforme en torrents meurtriers et grondants, les roches déchiquetées ou coupées à pic, les plateaux ou les croupes nues qui cernent de tous côtés l'horizon, les couleurs crues que revêtent les objets sous le firmament d'azur sombre où le soleil darde, darde sans relâche,

VALENCE. — Maison des Têtes.

les espaces déserts où s'intercale une ferme-oasis avec ses bouquets de verdure noire, sur chaque hauteur des débris de castels fantastiques aux teintes invariablement grises, dans le plat pays des cités vétustes aux enceintes vingt fois séculaires et toutes jonchées de ruines songeuses, telle est, en sa grandiose tristesse, cette Provence lumineuse des aèdes et des troubadours. C'est, en France, un monde tout à part, dont l'homme du Nord n'a pas même l'idée, une nature aux attraits *sui generis*, pleine d'âcreté, de sève et de puissance, qui caresse et mord tout ensemble, dont les effluves, au lieu d'alanguir, excitent l'âme et raclent les sens, et qu'on voudrait ne plus jamais quitter, quand on en a une fois subi les influences mystérieuses et toniques.

La localité reine de cette région, celle qui en commande l'aire la plus riche et la plus touffue, c'est Avignon, la cité des papes. A 10 kilomètres au-dessous du confluent de la Sorgue, la voilà qui surgit tout à coup devant vous, avec ses remparts crénelés, ses tours rondes ou carrées à mâchicoulis, et son gigantesque palais-forteresse, cette ville singulière dont l'aspect vous reporte à six siècles en arrière et dont l'histoire n'est pas moins étrange que l'aspect. Après le démembrement de l'empire carolingien, elle fit, ainsi que le Comtat, dont Carpentras était la capitale,

AVIGNON. — Vue prise du Rhône.

partie tour à tour du royaume d'Arles, du comté de Provence et de celui de Toulouse. Ensuite, comme les cités d'Italie, elle se donna un podestat. Lors de la guerre des Albigeois, la petite république prit parti pour les hérétiques. On sait ce qu'il lui en coûta. Assiégée et prise par les croisés, elle perdit trois cents de ses maisons fortes à tourelles, telles qu'on en voit encore plusieurs dans ses rues.

Ce fut en 1309 qu'une crise terrible obligea les souverains pontifes à transporter le siège de leur pouvoir dans ses murs; mais ce fut seulement quarante-trois ans plus tard, à l'époque où Pétrarque, le chantre de Laure, était revenu lui-même s'y fixer, que Jeanne de Naples, alors suzeraine de la ville, en céda la propriété aux papes, moyennant 80 000 florins d'or. Soixante-dix années durant, ceux-ci résidèrent dans la nouvelle Rome, « l'Isle sonnante », comme Rabelais l'a appelée, à cause de ses églises, de ses monastères, de ses clochers sans cesse carillonnant; puis, lorsque les chefs de la chrétienté eurent repassé les monts, Avignon conserva, sous l'administration d'un légat ou d'un vice-légat, une indépendance à peu près complète, qui ne prit fin que le 14 septembre 1791, date de sa réunion à la France.

Sauf la grande artère qui va de la gare à la place-promenoir sur laquelle s'élèvent l'ancien beffroi, l'hôtel de ville et le théâtre, l'ex-capitale de l'Avignonnais ne renferme qu'un écheveau de rues tortueuses, resserré dans le périmètre de l'enceinte. Avec cette enceinte, commencée par Innocent VI, achevée par Urbain V, et qui représente un spécimen complet de la fortification méridionale du XIV° siècle,

AVIGNON. — Palais des Papes.

la véritable curiosité de la cité, c'est l'immense et sombre palais de style ogival qui en couronne la position culminante.

Là, sur une roche à pic, qu'on a transformée en un parc, et où l'on arrive par des rampes verdoyantes, se dressent près de la cathédrale, sept grands corps de logis reliés par autant de grosses tours et contenant tout un labyrinthe de salles, de couloirs, d'escaliers, de souterrains. Une des étrangetés de cet amas d'édifices, devenu aujourd'hui une caserne, c'est que les fondations en sont presque à nu; de toutes parts, sur le roc même, apparaissent les assises formidables de pierres. Dans une des tours, dite *Trouillas*, qui a 80 mètres de haut, fut enfermé le tribun Rienzi. C'est du sommet de ce donjon, ainsi que de la plate-forme qui domine le Rhône au bout du rocher, qu'il faut contempler le paysage d'alentour, depuis les monts aux lignes déchiquetées qui se profilent à l'horizon est jusqu'aux sites de la rive opposée dont Villeneuve-lès-Avignon et sa tour forment le plan avancé. Avec quelle majesté, juste à nos pieds, se déroule le cours du grand fleuve! Un long, très long bateau à vapeur, nous pouvons lire son nom, le Vautour, arrive justement d'amont en sifflant. Il range les ruines de l'ancien pont Saint-Bénezet, ce fameux pont d'Avignon, qui mesurait 900 mètres de longueur, et dont il ne subsiste plus que quelques arches avec une chapelle; puis, continuant sa marche en aval, il s'enfonce dans la courbe où se trouve, à 400 mètres plus bas, le pont suspendu qui aborde l'île de la Barthelasse pour se continuer de là par le vieux pont de bois aboutissant aux berges de Villeneuve. Toute la campagne d'alentour, avec sa végétation luxuriante, rappelle un peu la *Huerta* espagnole; c'est comme un vaste jardin au milieu duquel Avignon apparaît sous les traits d'une place de guerre sourcilleuse bien plus que sous ceux d'une ville.

Continuons de descendre la vallée rhodanienne. A 14 kilomètres au-dessous de Tarascon, chef-lieu de canton des Bouches-du-Rhône dont nous avons déjà dépeint le site à propos de Beaucaire, et dont le vieux château féodal, terminé au xv° siècle par le roi René, juché si fièrement sur une roche à pic, nous rencontrons l'autre centre historique de la Provence en deçà de Marseille. C'est Arles, qui fut jadis une des plus

VILLENEUVE-LÈS-AVIGNON. — Porte.

brillantes cités de la région celtique, la « petite Rome gauloise », *Gallula Roma Arelas*, comme on l'appelait au temps de Constantin le Grand. Cet empereur avait même projeté de faire d'elle la seconde capitale de l'Empire; il fut, dit-on, rebuté par la violence du mistral, qui balayait toute la plaine voisine, soulevant les cailloux comme des grains de sable, jetant les cavaliers à bas de leurs montures, et ce fut alors que son choix s'arrêta définitivement sur Byzance.

Arles, à cette époque, se composait de deux parties distinctes. Sur la rive droite, aujourd'hui le faubourg de Trinquetaille, s'étendait le quartier marchand, marinier, plébéien, avec des chantiers assez importants, puisque César (*De bello civili*, I) y trouva les ressources nécessaires à la construction d'une douzaine de vaisseaux. Sur la rive gauche était la ville patricienne avec ses palais impériaux et privés, son capitole, ses théâtres et ses temples. Le tout était enfermé dans une majestueuse enceinte de murailles. Après les invasions barbares, Arles garda son indépendance, et elle devint même, au IX° siècle, la capitale d'un royaume dont Boson fut le premier titulaire. Plus tard encore, quand eut disparu cet État éphémère, elle sut rester une

TARASCON. — Château du roi René.

ville libre, élisant ses magistrats municipaux, et faisant flotter son pavillon sur la mer à côté des couleurs de Gênes et de Pise.

A partir de là, son histoire est de plus en plus calquée sur celle des cités italiennes ses rivales. Des discussions intestines s'élèvent entre les familles, l'archevêque et le podestat qui avait hérité du pouvoir des consuls ; comme au delà des Monts, les factions en lutte vont jusqu'à se bâtir, chacune dans son quartier respectif, des tours et des remparts de défense. C'est, pour l'ex-résidence des Césars, le commencement de la décadence. En 1482 enfin elle se voit réunie au domaine de la couronne de France; réduite dès lors à la condition de simple ville de province, elle perd peu à peu son activité commerciale, et les vaisseaux de la Méditerranée cessent de remonter vers son port, de plus en plus entravé par les dépôts limoneux du Rhône. Aujourd'hui son trafic maritime, qui se fait par le canal latéral aboutissant au havre de Bouc, puis par le canal Saint-Louis reliant le fleuve au golfe de Fos, ne compte guère à son actif qu'une cinquantaine de navires à voiles.

Comme toutes les puissances déchues, Arles, ainsi que sa population, a néanmoins conservé quelque chose de la fierté des anciens jours, et le touriste dont le pied trébuche à travers ses voies humbles et tortueuses, si désobligeamment pavées en cailloux roulés de la Crau, n'oublie pas non plus le rôle glorieux que la petite cité a joué dans l'histoire. Le moyen de ne point s'en souvenir, quand, à chaque pas, on est arrêté par une de ces ruines grandioses en lesquelles revit le passé de l'antique souveraine du bas Rhône?

Au bout de la rue du Saint-Esprit, ce sont les Arènes, le plus vaste monument de ce genre que les Romains aient élevé dans les Gaules. Bâti en énormes blocs reposant sur de solides voûtes, ce Colisée mesure dans son grand axe 140 mètres de longueur; ses gradins ont un développement total de deux kilomètres et demi, et douze portes y donnent accès.

ARLES. — L'amphithéâtre.

Au moyen âge, ce vaste édifice a, comme tous ses pareils, servi de forteresse, et il s'est vu alors surmonter de plusieurs tours, dont trois subsistent encore. Gravissez l'escalier de 103 marches qui conduit à la plus haute de ces tours : quelle vue vous aurez de là sur la vallée où le Rhône se déroule en amont, sur la campagne arlésienne, sillonnée de restes d'aqueducs, puis, au midi, sur la Camargue, et, au nord-est, sur la pyramide du Ventoux, perdue à l'horizon bleuâtre! Dans les ruines, par exemple, il y a parfois des scorpions, arachnides particulièrement amoureux des tas de pierres et des lieux chaotiques et obscurs; prenez garde : le scorpion du Midi, plus dangereux que celui du Nord, sécrète dans son aiguillon caudal un venin qu'il n'est pas bon d'absorber.

Près des Arènes se dresse le Théâtre antique. Il n'est pas aussi bien conservé que le colossal édifice du même genre qui domine de sa masse toute la ville d'Orange; mais ce qu'il en reste suffit amplement à donner une idée de ce qu'il était avant qu'on ne l'eût exploité en carrière au profit des églises de la ville. Que de chefs-d'œuvre de statuaire, tels que la *Vénus d'Arles*, aujourd'hui au musée du Louvre, on a exhumés des débris de ce monument, bâti par des artistes grecs dans les deux premiers siècles de notre ère! Tout à côté, sur la place de la République, vous voyez l'ancienne cathédrale Saint-Trophime fondée sur les ruines d'un prétoire romain, comme l'église Notre-Dame la Major, voisine des Arènes, occupe l'emplacement d'un sanctuaire de Vesta. Son grand portail, divisé par une colonne de granit antique, a une ornementation de sculptures figurant un immense drame religieux aux magnificences et aux audaces toutes dantesques. Son cloître, formé de quatre galeries, est un vrai joyau de l'art roman. En face de ce temple, dont l'intérieur est décoré de splendides peintures, de marbres et de tombeaux, s'élève un obélisque de 15 mètres de haut, qui ornait jadis la *spina* du cirque établi pour les courses de chars et de chevaux près de la promenade moderne qui porte encore le nom de Lices.

Le musée lapidaire, l'archevêché, l'hôtel de ville, avec une tour de l'Horloge surmontée d'une coupole à jour que couronne une statue de Mars du XVIe siècle appelée l'*homme de bronze*, complètent l'encadrement de la place que notre gravure représente. Plus près du fleuve, la place actuelle des Hommes n'est autre que l'ancien Forum, aire entourée autrefois de galeries-promenoirs où les négociants, les hommes politiques, les rhéteurs, les oisifs se réunissaient comme on faisait sur le *Forum romanum*. Là encore, contre l'angle de la façade de l'hôtel du Nord, se dressent deux colonnes de granit à chapiteaux corinthiens; dans le voisinage apparaissent des restes de thermes et d'autres ruines de l'époque romaine; près du Rhône on discerne aussi différents vestiges du Palais de Constantin.

ARLES. — Place de la République.

La voie Aurélienne, avant de pénétrer dans la ville par une porte flanquée de tours dont il subsiste un important débris, longeait, comme la *via Appia* aux abords de la porte Capène, un lieu consacré aux dieux Mânes qu'on appelait les Champs-Élysées et où étaient inhumés les chefs des grandes familles romaines. C'est aujourd'hui la vaste avenue bordée de peupliers qu'on nomme les Alyscamps. Tout le long de cette promenade sont rangés des sarcophages et des tombeaux qu'on a exhumés du sol funéraire. Car, même après les Romains, l'endroit resta un cimetière. Des princes, des seigneurs, des évêques voulurent reposer dans l'ex-nécropole païenne consacrée à nouveau par le christianisme et par l'érection de chapelles et d'églises. Les villes riveraines du Rhône envoyaient même leurs morts à ce *Campo santo* vénéré entre tous. Il suffisait pour cela de livrer au cours du fleuve un cercueil portant l'inscription des Alyscamps, et d'y déposer le prix des funérailles. Aujourd'hui ce lieu de sépulture, célébré par Dante et l'Arioste, n'a plus que le prestige des souvenirs. Le chemin de fer de Paris-Lyon-Méditerranée a achevé de le séculariser; il l'a envahi en partie pour la construction de ses ateliers; son embranchement d'Arles à Port-Saint-Louis traverse en plein l'avenue sacro-sainte, et les locomotives, qui n'ont cure du passé, jettent leur fumée et leurs rauques sifflements aux pierres tu-

mulaires des consuls comme à l'oratoire des Porcelets. Toute la campagne arlésienne
du reste est une mine presque inépuisable de fragments d'antiquités de toute sorte ;
dans les fermes, les bestiaux ont pour auges des sarcophages de pierre ou de marbre,
et l'on a exhumé du sol une telle quantité de poteries que, selon M. Lenthéric, les
remblais de la voie ferrée qui traverse la pointe nord de la Camargue en sont
presque entièrement formés sur près de dix kilomètres de longueur.

Adieu maintenant à la Rome des Gaules ; adieu aussi aux belles Arlésiennes de
race indigène, dont le type grec ou sarrasin, le galbe si régulier, le col aux contours

ARLES. — Cloître de Saint-Trophime.

si fins et si purs, sont encore rehaussés à souhait par le fichu de tulle blanc qui
s'échancre à la naissance de leur gorge et par le large ruban de couleur noire qui
fixe leur riche chevelure en retombant de là sur leur nuque. Il nous faut maintenant gagner au plus vite les rivages de la Méditerranée.

Il fut une époque où, comme le Nil, le Rhône avait sept embouchures naturelles ;
du temps de Pline, il en avait encore trois : aujourd'hui il n'en a plus que deux, et
les atterrissements de son delta, qui progressent par an de 40 mètres, ont doublé,
depuis les Romains, la distance entre Arles et la mer. C'est un peu en amont de
cette ville que se fait la bifurcation de son cours. Le Petit Rhône, large de 200 à
300 mètres en moyenne, infléchit à l'ouest vers Saint-Gilles, pour atteindre la Méditerranée à la plage des Saintes-Marie. C'est la bouche qu'on appelait jadis *Os His-
panense*, bouche d'Espagne, à cause de sa direction vers cette péninsule. Le Grand-

Rhône (ex-bouche Massaliotique), d'une largeur variant de 400 à 1 000 mètres, incline à l'est pour aboutir au golfe de Fos, échancrure voisine de la baie de Marseille. C'est ce dernier bras qui baigne les bas quartiers d'Arles. Il les aurait même bien vite engloutis, sans les fortes digues et les muraillements qui masquent d'une façon si désagréable à l'œil les berges gauches de la ville, n'y laissant voir qu'une suite de levées avec escaliers et creux chaotiques. Entre les deux branches fluviales s'interpose l'île triangulaire de la Camargue.

Cette plaine alluviale de la Camargue, toute déchiquetée, tout effilochée, dont la substance est faite de la « chair des montagnes », c'est-à-dire des limons et graviers charriés de tout le bassin dans le Rhône, mesure 40 kilomètres du nord au midi, sur une largeur à peu près égale, à la base du triangle. Signalée la nuit par des phares, elle n'offre, le jour, aucun point de repère aux marins; ceux-ci n'ont pour se guider, quand le temps est clair, que les intumescences d'arrière-plan formées par les Cévennes d'une part, la chaîne des Alpines et le Ventoux de l'autre. Aussi les naufrages sont-ils fréquents sous cette côte, surtout quand souffle le terrible vent de nord-nord-est appelé le *grégal*.

Quel aspect étrange présente cette aire plate, effroyablement raclée du mistral, poudreuse en été, noyée en hiver, et que de hautes digues défendent contre les attaques destructives du cours d'eau qui l'a créée de ses bavures! Au nord seulement et sur les côtés, c'est-à-dire sur les bords du Grand et du Petit Rhône, se dressent de nombreuses métairies environnées de jardins et de cultures; tout le reste n'est qu'un pays de chasse et de pêche, un entremêlement de pâtis, de terres vagues, d'étangs où errent des milliers de moutons, de chevaux blancs, de taureaux noirs, des buffles même, comme dans les Marais Pontins. Les cailles et les bécasses y foisonnent également, ainsi que les lapins, qu'on chasse à cheval en suivant les lévriers au galop. Sur les parties élevées croissent des tamaris et une espèce de tremble au feuillage argenté qu'on nomme *aube*. Au sud miroite la Petite-Mer (*Pichoto-Mar*) ou étang de Vaccarès, avec son entourage de dunes mouvantes, d'oseraies, de fourrés d'ajoncs, de marais dormants d'où s'échappent des nuées de moustiques et que hantent particulièrement le flamant rose, la mouette blanche, l'outarde trapue. Ce bassin de

ARLÉSIENNE.

Vaccarès, bordé de plusieurs petits centres de population, était autrefois une baie frémissante de la Méditerranée ; actuellement ce n'est plus qu'une vaste mare saumâtre et impure, d'une profondeur de deux mètres au plus, et séparée seulement de la mer par un mince bourrelet de *lidi* sablonneux qu'entrecoupent de menus chenaux livrant passage à l'eau vive.

L'homme, toujours avide d'arrondir ici-bas son domaine, travaille de plus en plus à mettre en valeur et à conquérir ces solitudes enfiévrées. Un botaniste, M. Prillieux,

Bouches du Rhône. — Dans la Camargue.

a introduit, par exemple, en Camargue, une plante nouvelle, le *salt bush*, qui vient dans les terres salées de l'Australie et qui fournit aux moutons une pâture d'excellente qualité, quand la sécheresse a consumé tous les autres gramens de la plaine. Deux voies ferrées partant d'Arles y sont, en outre, en construction, depuis 1892, l'une à l'est, vers la pointe de Faraman ; l'autre à l'ouest, vers le village des Saintes-Maries, sis près de l'embouchure du Petit Rhône. Par suite des atterrissements du fleuve, cette dernière localité a cessé, elle aussi, d'être un port ; mais le prestige d'une légende sacrée continue d'y attirer les pèlerins : ce serait là en effet, selon la tradition, que les trois Marie, Marie Jacobé, sœur de la Vierge, Marie Salomé, la mère des apôtres Jacques et Jean, et Marie-Madeleine auraient débarqué, après s'être enfuies de Judée pour échapper à la persécution. Devant le porche latéral du sanctuaire se trouvent deux lions de marbre qui auraient, d'après certains écrivains, valu à la mer voisine son nom de *golfe du Lion*.

Immédiatement au-dessous d'Arles, à l'est du sillon du Grand Rhône, se développe une autre plaine triangulaire, dont la base s'appuie à la Camargue, et que le chemin de fer de Lyon à Marseille traverse juste par le milieu : c'est la Crau ou Craou (en celtique *krag*, pierre), dépeinte par le poète Mistral dans le huitième chant de *Mireille*, cette poésie bucolique qui revivifie de nos jours la littérature romane du vieil âge.

Qui n'a pas parcouru en été ce Sahara provençal, cette aire silencieuse, morne, unie comme un lac, et « ouverte aux douze vents », ne connaît qu'à demi les contrées rhodaniennes. Quel changement à vue pour le voyageur qui, au sortir des riches prairies d'Arles, s'engage tout à coup par cet océan de pierres où, aussi loin que le regard porte, miroite, au lieu de vagues, un semis serré de galets jaunâtres, gros comme des noix, des œufs, des citrouilles tout au plus, et dans les interstices desquels nul massif de végétation ne trouve place ! Çà et là seulement émergent de ce champ de menus débris la hampe desséchée d'un chardon, une touffe de genêts sans feuilles ou les tiges rabougries et tordues d'un chêne kermès et d'un pin d'Alep.

Ce cailloutis brûlant a sa musique propre, qu'on dirait produite par l'entre-choquement de millions de petits morceaux de verre : c'est le grésillement du peuple d'animalcules qui l'habite, cigales, grillons, lézards, sauterelles, toutes bêtes qui, pour étancher leur soif, n'ont besoin que d'une goutte de rosée. De loin en loin pourtant, on y aperçoit une cabane de pâtre, puis un troupeau de moutons broutant entre les galets des gramens invisibles à l'œil ; mais presque toujours, à l'approche de l'été, cette gent ovine s'en va, sous la conduite de ses *bayles* ou pasteurs, chercher dans les hauts pacages des Alpes une provende plus abondante et plus savoureuse. Parfois aussi, principalement au coucher du soleil, des phénomènes de mirage font frissonner l'atmosphère de la Crau et lui impriment, pour ainsi dire, l'oscillation de la vague. Dans l'air embrasé qui vibre flottent alors des lacs transparents ; au loin apparaissent des arbres, des étangs, des collines mystérieuses qui grandissent peu à peu au-dessus de la lande liquéfiée.

La Crau, c'était le *Campus lapideus* des Romains. Une fable mise en œuvre par Eschyle dans son *Prométhée* racontait qu'Hercule, à son retour d'Ibérie, avait été assailli en cet endroit par deux géants, fils de Neptune, et que Jupiter était venu au secours du héros en faisant pleuvoir du ciel une immense avalanche de cailloux qui avait écrasé ses ennemis. Pour nous modernes, qui cherchons une explication plus serrée aux phénomènes de la nature, la Crau a une origine différente. Ce serait, suivant les uns, un ancien delta alluvial de la Durance, datant du temps où cette rivière, au lieu de dévier plus au nord pour aller se jeter dans le Rhône, franchissait au-dessous de Salon les gorges pittoresques de Lamanon, et ne rejoignait le fleuve suzerain qu'après avoir vagué par cette immense plaine. Selon d'autres, ce serait le résultat de deux formidables déluges qui auraient, à une époque inconnue, balayé les vallées de la Durance et du Rhône, en arrachant aux flancs des mon-

Bouches du Rhône. — La plaine de la Crau.

tagnes une quantité de roches émiettées dont la masse aurait comblé le golfe ouvert primitivement à cette place. Toujours est-il que ces cailloux de la Crau se composent en majorité de quartz, la roche la moins friable, celle qui peut rouler le plus loin sans se broyer et se résoudre en limon.

La partie la plus pierreuse et la plus stérile de ce désert, d'une superficie de 200 kilomètres environ, est celle qui s'étend vers le nord. Sur sa lisière se montrent, au contraire, des marais, des flaques d'eau, hantés volontiers d'échassiers farouches qui, dès que vous vous approchez, s'enfuient rapides comme le vent. Au sud enfin, les travaux de défrichement sont déjà commencés ; des champs de mûriers ou d'oliviers, des carrés de prés verts, des jardins et les inévitables rideaux de cyprès ont pris possession de la brande ; quelques morceaux de terrain sont même plantés en luzernes et en vignes, et une compagnie s'est formée pour canaliser, au moyen de rigoles et de collecteurs, la nappe d'eau souterraine existant de ce côté et avec laquelle communiquent des puits sans fond qu'on appelle *lorons*. Le touriste sait également que sur les boursouflures principales de la frange de l'arène il existe des centres de population, — Raphèle, Saint-Martin, Entressen, — que dessert la voie ferrée de Marseille.

A 5 kilomètres au-dessous de cette dernière station, on atteint le coteau de Miramas, et là le paysage change tout à coup. A l'immense surface sèche et pétrée succède à main droite une grande aire liquide qui va bientôt s'élargissant jusqu'aux proportions d'une mer intérieure : c'est l'étang de Berre, le *Mastromela Stagnum* des anciens, lac salé de 22 kilomètres de long sur 6 à 14 de large et 72 de circonférence.

Quelle douce et éclatante vision offre à l'œil fatigué des mornes aspects de la Crau la belle coupe bleue de ce bassin, avec ses jeux inépuisables de lumière et son encadrement de hautes collines aux pentes revêtues d'oliviers et d'arbustes de maquis ! Le long de ses rives basses, que le chemin de fer suit parfois de tout près, s'étendent par places des salines ; sur son pourtour s'échelonnent des bourgades au site pittoresque : Saint-Chamas avec ses jetées ; Berre, qui a donné son nom à l'étang ; Rognac, bâti au fond de la même échancrure ; puis, tout là-bas, à l'extrémité sud-ouest de la vasque, la petite Venise provençale de Martigues.

Des escadres entières pourraient manœuvrer à leur aise sur cette superbe nappe d'eau, et cependant elle n'est sillonnée que par de rares et frêles embarcations. C'est que, malheureusement, elle est séparée du port de Bouc et de la Méditerranée par un autre étang, celui de Caronte, qui n'est qu'un chenal vaseux et sans profondeur, de 5 ou 6 kilomètres de long sur 1 de large. Il suffirait d'approfondir cette sorte de goulet pour faire de la mer de Berre un port de refuge rival de la rade de Brest. La question est, il est vrai, à l'étude ; mais que de projets à l'étude n'ont jamais reçu et ne recevront peut-être jamais un commencement de réalisation !

Passé le bourg du Vitrolles et la station du Pas-des-Lanciers, l'étang au scintillant miroir a disparu à son tour derrière nous. Aux chaotiques tranchées qui se succèdent, on devine l'approche de quelque relief que la voie ne pourra franchir qu'en tunnel. Effectivement, un immense trou noir, long de 4 638 mètres, happe soudainement le train venu du nord. La chaîne rocheuse qu'on traverse ainsi, à 200 mètres de profondeur, est celle des monts de l'Estaque, rameau extrême des Alpines projeté entre les golfes de Fos et de Marseille.

Au sortir de ce souterrain de la Nerthe, puis de la gorge aux hérissements fantastiques qui lui fait suite un instant, regardez le panorama merveilleux qui s'offre à vous sur la droite. A 100 mètres au-dessous de la voie s'échancre une immense baie lumineuse; au fond de cette baie apparaît en partie la ville de Marseille, dominée par le sanctuaire haut juché de Notre-Dame de la Garde. Au large, des îles émergent des flots d'azur : c'est Ratonneau, c'est Pomègue, c'est Château-d'If et, plus loin, l'écueil minuscule de Planier, dont le gigantesque phare électrique projette le soir sa lumière à 48 milles de distance. Tout près de vous, à droite et à gauche,

Bouches du Rhône. — Étang de Berre.

dans les magnifiques fourrés de verdure de la banlieue marseillaise, nichent les villas à l'italienne des gros négociants de la cité, les *bastides* à toit rouge de la bourgeoisie aisée, et les rustiques maisonnettes plus humbles, les *cabanons*, où les gens du peuple viennent festoyer le dimanche en se régalant de la *bouillabaisse* pêchée dans les ondes nourricières du beau golfe.

Grâce à la complaisante courbe décrite ici par le chemin de fer, la majestueuse vision de la ville et de sa rade évolue pendant dix minutes sous vos yeux, modifiant à chaque seconde ses aspects; puis un éperon transversal des monts vous dérobe soudain la féerie. Vous voici maintenant dans un vallon que vous traversez en viaduc; à gauche se montre la ligne d'Aix; les maisons de campagne, les minoteries, les usines emplissent de plus en plus la scène, qui va se rétrécissant graduellement; enfin, au delà d'une dernière tranchée, le train débouche sur l'ample esplanade où se dresse la gare principale de Marseille, et vous posez le pied aux rives phocéennes, à 863 kilomètres de Paris, à la latitude des villes italiennes de Volterra et de Sienne.

MARSEILLE. — Le vieux port et Notre-Dame-de-la-Garde.

XXXI

COUP D'ŒIL SUR MARSEILLE. — TOULON, HYÈRES ET LES MONTS DES MAURES
TRAVERSÉE DE L'ESTÉREL. — SUR LA COTE D'AZUR;
CANNES, NICE, MONACO; APERÇUS PRIS DU CHEMIN DE LA CORNICHE.
MENTON ET LA FRONTIÈRE ITALIENNE.

Qui ne connaît la tradition classique relative à l'origine de Marseille?

Il y aura bientôt vingt-six siècles — 150 ans avant la fondation de Rome, 120 ans avant la bataille de Salamine, — une expédition de Phocéens, sous la conduite de Simos et de Protis, quitta l'Asie Mineure pour fuir la domination des Perses. Après avoir pris, en passant, à Éphèse, une statue de la grande Diane-Artémis, elle cingla vers la côte sud de la Gaule, et atterrissant près des embouchures du Rhône, bâtit en cet endroit une ville qui reçut le nom de *Massalia*.

Tel est le récit des anciens historiens. Quelque âge singulièrement vénérable qu'il assigne à la reine du golfe du Lion, il risque cependant de lui faire tort de deux ou trois siècles au moins. Ce serait, s'il vous plaît, aux temps mêmes de Lycurgue, à l'époque de Pygmalion et de Didon, qu'il faudrait faire remonter sa naissance: Marseille, en ce cas, serait l'aînée de Rome. Au lieu d'une divinité de l'Hellade, ce serait le Baal-Moloch des Tyriens qui, en compagnie de la déesse Mithra, aurait présidé à sa venue au monde. Les restes d'un navire phénicien en bois de cèdre retrouvés en 1864 dans le voisinage du Vieux-Port, des stèles, des inscriptions, des bas-reliefs de la même période historique, exhumés également lors de l'ouverture de la rue Impériale, aujourd'hui rue de la République, semblent indiquer en effet que les fils de la vieille Sidon avaient devancé les Grecs d'Asie sur cette côte. Quel était cet établissement primitif dont les fastes du passé ne touchent mot? Un simple nid de pirates sans doute — négoce et piraterie se confondaient d'ailleurs en ce

MARSEILLE. — Les nouveaux bassins.

temps-là, — et la colonie phocéenne elle-même qui lui succéda sur ces rives eut peut-être des commencements analogues.

Elle n'en devint pas moins rapidement une république florissante et une active cité maritime. Les Gaulois alors prirent ombrage de ces étrangers venus d'Orient qu'ils avaient d'abord cordialement accueillis, et ils s'unirent contre eux aux tribus ligures qui étaient les vraies maîtresses du pays. Massalia, dans cette lutte, est plus d'une fois sur le point de succomber; mais toujours elle se relève, plus forte et plus riche. Tout concourt à pousser sa fortune. Quand Alexandre a détruit Tyr (328), c'est elle qui recueille les dépouilles de la métropole phénicienne. Elle a un arsenal, une marine puissante, des colonies sur le littoral (Antibes, Nice, etc.), des comptoirs ou des marchés sur le Rhône. Deux de ses enfants, Pythéas et Euthymènes, ont accompli leurs fameux périples, leurs « voyages autour du monde », comme on dirait aujourd'hui : l'un a suivi les rivages de l'Europe jusqu'aux lointains archipels du Nord (Orcades, Shetland?) désignés sous le nom d'*Ultima Thule*; l'autre a côtoyé le continent africain jusqu'au pays que nous appelons Sénégal. Et, bien avant les guerres Puniques, alors que Rome est encore aux prises avec les durs montagnards du Samnium, Massalia envoie ses flottes se mesurer avec celles de Carthage. Supplanter sur mer cette rivale dont la domination mercantile embrassait toute la Méditerranée et débordait même sur le Grand Océan, triompher sur terre des diverses peuplades celto-ligures qui l'empêchaient de rayonner à l'intérieur de la Gaule, tel est, à ce moment, le double rêve de la cité phocéenne.

En s'alliant à l'aigle romaine, le lion massaliète se flatte de réaliser ces visées. L'anéantissement de Carthage achève effectivement de lui livrer le monopole du commerce maritime dans les parages de l'Occident; mais l'empire continental qu'elle ambitionnait par surcroît lui échappe. Rome, devenue avec son concours maîtresse absolue de la Ligurie, se contente de lui octroyer pour sa part la simple bande de littoral qui s'étend entre le Rhône et le Var, et bientôt elle lui suscite tout près d'elle une concurrente, la ville de Narbonne. Plus tard, quand les Arvernes ont été domptés, Massalia se voit avec épouvante investie de tous les côtés à la fois par ses amis des bords du Tibre. Pour comble de malchance, dans la lutte de César et de Pompée, elle a embrassé la cause de ce dernier. César ne manque pas de l'en punir. En se rendant en Espagne, il charge deux de ses lieutenants, Trebonius et Brutus, de démontrer à l'ambitieuse cité que ses jours d'indépendance sont passés.

Les galères massaliètes sont détruites à la suite de deux combats livrés dans le golfe à la flotte romaine, et la ville, assiégée, en proie au typhus et à la disette, est finalement contrainte de se rendre (an 49 avant Jésus-Christ). César consent néanmoins, en souvenir de ses services d'autrefois, à lui laisser ses institutions et ses lois; mais il détruit ses fortifications, il lui enlève ses vaisseaux, avec toutes ses colonies de la côte, hormis Nice, et il la partage en deux villes, la ville haute, qui reçoit une garnison de deux légions, et la ville basse ou grecque, qui seule conserve ses libertés.

Absorbée dès lors dans l'Empire romain, Massalia se console de sa déchéance politique par le culte des lettres et des arts. Elle se fait « l'émule d'Athènes, après avoir été celle de Carthage ». Sous les Césars, ses écoles, célèbres au loin, attirent l'élite de la jeunesse romaine. Valerius Cato le grammairien, Pétrone le poète satirique, naissent chez elle au 1er siècle.

Surviennent les invasions. Visigoths, Burgondes, Sarrasins passent tour à tour sur la ville, en y accumulant les désastres et les ruines. Au xe siècle cependant, on retrouve la cité grecque en pleine renaissance, constituée de nouveau en république, avec un podestat assisté d'un conseil de 80 bourgeois. Quant à la ville haute, elle continue de vivre à part sous le gouvernement de l'évêque, et elle a son port propre, la Joliette, comme le Faubourg, qui relève de l'abbé de Saint-Victor, a son havre à lui, l'anse des Catalans.

A l'époque des Croisades, Marseille a si bien mené ses affaires qu'elle est redevenue presque aussi florissante qu'aux premiers âges de son histoire. Bien des mauvais jours, cependant, lui étaient encore réservés. Charles d'Anjou, au xiiie siècle, Alphonse d'Aragon, au xve, s'emparent d'elle et la saccagent; puis, après une ère d'accalmie sous le roi René, dont elle était la résidence d'hiver, le connétable de Bourbon la menace à son tour (1524), avec son armée de reîtres et de condottières, qu'il devait, à trois années de là, lancer au pillage de la ville des Papes. Cette fois, grâce à l'héroïsme de ses femmes, Marseille résiste victorieusement, et les assaillants lèvent le siège. Plus tard encore, lors des guerres de religion, Marseille, fervente catholique, prend parti pour la Ligue contre Henri IV. Sous la Fronde, son vieil esprit particulariste et municipal ne manque pas aussi de se donner carrière ; ce devait être, il est vrai, son dernier acte d'indépendance : le 2 mars 1660, Louis XIV entre chez elle par la brèche, et Marseille se voit définitivement réunie à la couronne de France.

Aujourd'hui ces temps orageux sont bien loin. Les derniers souvenirs tragiques de la vieille cité phocéenne se rapportent à cette terrible peste de 1720-1721 qui « fut plus épouvantable que tout ce qu'on avait jamais vu en Orient ». Un navire chargé de laines l'avait introduite dans la ville. Depuis lors, d'autres bâtiments y ont de même apporté le choléra, et, malgré l'afflux d'ondes salubres dont le canal de la Durance l'a dotée, Marseille, non encore assainie autant que la bonne hygiène le voudrait, offre toujours un champ trop propice aux fléaux meurtriers que le mistral, ce « balai céleste », demeure impuissant à tenir en respect.

Elle n'en est pas moins avec Hambourg, le grand port hanséatique de l'Elbe, la ville d'Europe dont le développement a été, dans

UNE MARSEILLAISE.

la seconde moitié de ce siècle, le plus rapide et le plus prodigieux. Sa population, qui était en 1856 de 233 000 âmes, atteint actuellement le chiffre de 412 000 (recensement de 1891) ; et cette fille de l'Orient grec est restée en même temps la commune de France qui a le mieux gardé son caractère atavique et original, ses allures primesautières de cité habituée à n'en faire qu'à son goût et à son humeur.

Chose singulière ! cette ville antique entre toutes ne possède pas le moindre vestige d'antiquité. Arles et Nîmes, ses voisines déchues, sont, à cet égard, de splendides musées. Marseille, elle, a trouvé moyen d'accomplir à travers les âges un voyage de près de trois milliers d'ans, et, comme dit le romancier Méry, un de ses enfants, elle nous est arrivée « n'ayant, ainsi que le navire *Argo*, conservé que son nom ». De ruines grecques, pas l'ombre ; d'édifices de l'époque romaine, pas un seul. Au commencement de ce siècle, on montrait encore, rue des Grands-Carmes, l'habitation de ce fameux Milon qui tua Clodius, et qui, « en mangeant de si bon poisson » à Marseille, où il s'était exilé, remerciait cordialement Cicéron de n'avoir pas su le bien défendre à temps ; cette maison elle-même a disparu depuis soixante ans. Bref, la cité a des annales qui vont, comme d'interminables avenues, se perdre à l'aube grise du monde, et aucune œuvre d'art n'y matérialise le passé. On dirait que, sûre quand même de l'avenir, elle a dédaigné cette façon vulgaire de se sauver de l'oubli par des témoins de pierre ouvrée.

Nulle part, cependant, les souffles de l'histoire ne pénètrent plus profondément

MARSEILLE. — Le cours Belzunce.

le touriste. On se sent ici au point d'intersection de plusieurs mondes : en face de soi, on a les rivages de la terre africaine ; à droite, on a la vieille Ibérie ; à gauche, la péninsule italienne, la Grèce, le Levant, l'Égypte, tout ce bassin qui fut le berceau des premières civilisations, toute cette mer close sur laquelle la classique nef d'Ulysse erra fourvoyée dix années durant, et que nos paquebots à vapeur parcourent maintenant en quelques jours.

Que de changements accomplis sur ces bords depuis les temps de Nabuchodonosor II et de la Tyr primitive ! La grande forêt sacrée de Marseille, décrite par le poète Lucain, et dans laquelle César porta le premier la hache, afin de rassurer ses soldats terrifiés par la majesté du fourré, a disparu complètement. Les vieilles corderies de chanvre (*cannebe*) qui avoisinaient jadis le Vieux-Port ont fait place et laissé leur nom à cette fameuse rue Cannebière, au bas de laquelle se dresse le nouveau bâtiment de la Bourse. Les Marseillais aiment et prônent leur Cannebière ; en quoi certes ils sont dans leur droit. Quel coup d'œil que celui de cette vaste artère de négoce et de flânerie tout ensemble, avec ses luxueux cafés toujours pleins, sa foule bariolée, gesticulante, vociférante, son va-et-vient de tramways et de tombereaux, son horizon de mâts et de vergues! Quel autre coin de ville pourrait se comparer, pour l'animation et le pittoresque, au carrefour où débouchent à la fois la Cannebière, le cours Belzunce, le cours Saint-Louis et la rue de Noailles, que prolongent au nord sur la pente les allées de Meilhan? Nulle part, au figuré comme au propre, on ne se sent mieux les coudes que dans cette région urbaine sans pareille. Combien Lyon paraît morne et désert, malgré ses 430 000 habitants, à côté de sa grande sœur du Midi! C'est que la population lyonnaise vit et travaille surtout à huis clos; elle

MARSEILLE. — Palais de Longchamp.

se compose d'ouvriers d'ateliers, de fabriques, qui ne se répandent au dehors qu'à certaines heures du matin et du soir. A Marseille, au contraire, tout le monde court les rues, et le moindre artisan, dans les vieux quartiers, encombre délibérément le trottoir et la chaussée même de sa personne et de ses instruments de métier. Puis, le trafic de la mer est là pour entretenir sans relâche le flux et le reflux des travailleurs en plein air. Sacs de cassonade venant de Bourbon, froments importés d'Odessa, fèves de Tunis, vins et oranges d'Espagne, cotons de l'Inde et de l'Égypte, thés et soies de Chine, produits de France, d'Angleterre, de Belgique, que de marchandises à charrier! que de bateaux, la poupe au quai, à charger ou à décharger, sur un front d'embardage et de débardage qui se prolonge à l'ouest jusqu'au cap Pinède!

Le Vieux-Port, qu'un chemin de fer relie en tunnel à la gare du Prado, est l'ancien port phocéen. Défendu à gauche par le fort Saint-Nicolas, à droite par le fort Saint-Jean, ex-château des Chevaliers de Malte, il doit surtout sa caractéristique à l'acropole sainte qui le domine à 150 mètres de hauteur et que couronne Notre-Dame-de-la-Garde. Ce célèbre sanctuaire est un édifice byzantin à trois tours, aux assises blanches et noires, que surmonte une statue colossale de la Vierge. Il a remplacé, en 1864, la primitive chapelle bâtie au XIIIe siècle sur ce relief extrême de la chaîne de montagnes à trois branches semi-circulaires (la Sainte-Baume) dont le semis d'îles du golfe n'est sans doute qu'un débris détaché après coup.

Jusqu'au milieu de notre siècle, le Port-Vieux a constitué l'unique mouillage de Marseille. Aujourd'hui tout le pourtour de la baie est bordé de havres nouveaux reliés par des rails à la gare principale et qu'un immense mur de béton sépare de la mer. C'est d'abord le bassin de la Joliette, que commande, du haut de son terre-plein, la moderne cathédrale byzantine à cinq dômes. Là s'amarrent spécialement les vapeurs des Messageries Maritimes, les paquebots de l'Inde et de l'extrême Orient. A sa suite viennent les bassins des Docks, du Lazaret, de la Gare maritime et le bassin National. L'ensemble des quais riverains mesure près de 17 kilomètres.

MARSEILLE. — Sur la route de la Corniche.

Dans la ville haute, le principal monument est encore de construction toute récente : c'est le Palais des Arts de Longchamp, achevé seulement en 1870, et affecté aux musées. Superbe édifice du reste, avec sa façade de 135 mètres et son château-d'eau central. Ses terrasses, ornées de plantations, communiquent avec le Jardin zoologique, où débouche le canal qui amène à Marseille les eaux captées de la Durance, après avoir franchi, à 14 kilomètres en amont, sur le splendide aqueduc que l'on sait, le défilé de Roquefavour.

Avant de quitter la cité phocéenne, il nous faut dire un mot de la Corniche. Si vous tenez à vous bien ménager les émouvantes surprises d'optique et les gradations imprévues d'aspects que vous réserve cette admirable promenade, commencez votre course par l'intérieur, par cette magnifique avenue du Prado qui passe derrière le massif de hauteurs limitrophes du Vieux-Port. Une fois sorti de la rue de Rome, vous vous croiriez à cent lieues de Marseille. A partir du Rond-Point surtout, là où l'ombreuse route infléchit à droite, ce n'est plus qu'un charmant défilé de châteaux, de villas, de parcs, de jardins silencieux et agrestes. Puis, tout à coup, un air salin vous arrive aux narines, et vous débouchez sur la plage. A droite, le restaurant de Robinson, où maint touriste a passé de si douces heures; à gauche, le Château Borély, qui contient le musée des Antiques, et sur une terrasse duquel s'élève la statue du sculpteur marseillais Pierre Puget.

Là, depuis le village de Bonneveine, sur 7 kilomètres de longueur, se déroule une chaussée littorale que sillonne un service de tramways. La voie est d'abord tracée au niveau de la mer, et quand celle-ci est furieuse, elle passe par-dessus les parapets, inondant tout un côté du chemin et envoyant son écume jusque sur les roues des voitures. Mais bientôt, vers une courbe, la montée commence; la rampe suit complaisamment toutes les sinuosités du rivage, en contourne les moindres saillies rocheuses. A chaque pas, le point de vue change : on aperçoit successivement sous tous ses aspects la baie et le littoral qui la borde. Sur cette petite Corniche de Marseille, la côte méditerranéenne semble vouloir déjà préluder aux grandioses tableaux qu'enfante plus à l'est la grande Corniche de Nice et de Menton. Voici le restaurant du Roucas-Blanc, puis la fameuse Réserve de Roubion : deux noms qui peut-être ne vous disent rien, à vous profane, arrivé du Nord, mais qui, pour le Marseillais pur-sang, représentent tout un monde de pique-niques délicieux et de bouillabaisses savoureuses. Allez toujours : cet idyllique village de pêcheurs juché au point le plus saillant de la route, c'est Endoume. Contemplez ces coupes chaotiques de terrain, ces ruissellements de falaises dans les flots; puis reportez vos regards vers le large : les revoilà, émergeant nettement de la mer azurée, ces îles de la rade que je vous ai nommées, Ratonneau, Pomègue, avec leur puissante digue de suture, en dedans de laquelle les navires font la quarantaine, et, plus près de vous, Château-d'If, la prison d'État si bien illustrée par le roman de *Monte-Cristo*.

RADE DE MARSEILLE. — Château-d'If.

Enfin, en tournant le dos à Endoume, vous atteignez l'anse des Catalans, *calanque* qui fut autrefois un port, et qui n'est plus qu'une crique de bains de mer. Là, en vue du château du Pharo, qui fait face au fort Saint-Jean, vous êtes au terme de votre promenade, à l'entrée de ce Port-Vieux que vous connaissez.

Quel contraste achevé de coupe et d'aspect entre les rivages de la Méditerranée qui s'étendent à l'ouest de Marseille vers l'Espagne et ceux qui se déroulent à l'est dans la direction de la frontière italienne! D'un côté, les longues plages basses, sablonneuses, crevassées d'étangs, que je vous ai décrites; un littoral réfractaire au négoce, où les baies se refusent à être des ports; de l'autre, une côte abrupte, tourmentée, entaillée de rades profondes, déchiquetée en caps de toute forme, et où les monts de l'intérieur viennent expirer sur la plaine liquide.

Comme la péninsule ibérique, que nous visiterons à son tour dans notre volume des *Pays du soleil*, cette marge extrême de la basse Provence offre une analogie frappante avec le rebord du continent d'Afrique opposite. Le profil puissant de ses promontoires de calcaire, de granit et de porphyre, le dessin rythmique de ses échancrures du cadre architectural, la végétation déjà subtropicale qui y revêt les rochers et les berges, le ciel d'azur, l'air brûlant, tout concourt à y rappeler les régions barbaresques et maurétaniennes.

La première baie que nous rencontrons au delà du cap Tiboulen, éperon oriental du golfe de Marseille, est celle de Cassis, que le chemin de fer de Toulon, refoulé au nord par le relief du Carpiagne (646 mètres), n'atteint qu'au prix d'un long détour à travers la vallée de l'Huveaume, les riantes prairies de Camp Major, et les jardins de la petite ville d'Aubagne. Cassis, l'ex *Carsicis Portus* de l'*Itinéraire d'Antonin*, produit un des bons vins de la Provence; son golfe, semé de bancs de corail, figure une sorte d'oasis au milieu de cette côte rocailleuse et pelée. Un seul

Var. — Baie de Bandol.

promontoire à la croupe aiguë, le Bec de l'Aigle, le sépare de celui de la Ciotat, excellent mouillage que commande une petite ville de 11 000 âmes, où se trouvent les ateliers de la Compagnie des Messageries Maritimes. Plus loin, au delà d'une campagne aux aspects plantureux, où abondent la vigne, le figuier, l'olivier, s'ouvre la baie de Bandol, qui est déjà située dans le Var. C'est, on s'en souvient, sur sa plage de sable que Joseph Vernet a placé la scène de son tableau de la *Pêche du thon*. A 3 kilomètres plus à l'est, nous découvrons l'anse de Saint-Nazaire, sur laquelle débouche la jolie vallée d'Ollioules, arrosée par la Reppe. L'oranger ici croît déjà en pleine terre, à la base de rochers abrupts qui le protègent contre les morsures du mistral. Puis la côte, qui depuis Marseille a couru à l'est, infléchit brusquement au sud pour dessiner le haut retroussis du cap Sicié, en avant duquel on aperçoit comme une éclaboussure de sa masse, une menue traînée d'îlots et d'écueils.

C'est cette péninsule aux crêtes sourcilleuses qui, en projetant à l'est l'éperon en forme de doigt appelé le cap Cépet, clôt l'admirable bassin de la rade de Toulon. La partie antérieure du mouillage se nomme la Grande Rade. Elle représente, du cap Cépet au cap Brun, une sorte d'avant-port tourné vers l'est, et de 3 kilomètres de longueur, dont la passe d'accès, large de 400 mètres, est praticable par tous les temps ; là, à l'abri d'une jetée gigantesque, les navires n'ont rien à redouter, et ils peuvent courir des bordées à leur aise. En arrière, au delà de l'étranglement formé par les caps de l'Aiguillette et de la Grosse-Tour, s'ouvre la petite rade ou Rade intérieure, protégée par des batteries croisantes, et reliée aux darses et à l'Arsenal. Sur cette même échancrure se trouve, à 4 ou 5 kilomètres au sud-ouest de Toulon, l'immense chantier de constructions navales que l'on nomme la Seyne.

TOULON. — La rade.

Une enceinte fortifiée et tout un système de redoutes établies sur les hauteurs voisines complètent les défenses de ce grand port, d'où sortirent, il y a deux siècles, les flottes fameuses de Vivonne et de Duquesne, et où s'organisèrent plus tard les expéditions d'Égypte et d'Alger.

L'origine de Toulon semble remonter à une teinturerie de pourpre fondée en ce lieu par les Phéniciens, huit ou neuf cents ans avant notre ère. Tombé ensuite au pouvoir des Rhodiens, puis des Phocéens et ensuite des Romains, *Telo Martius*, c'està-dire Telo *le Rouge* (à cause de la couleur de son industrie primitive), resta longtemps une station maritime de peu d'importance. Son développement ne date que de l'époque où les vaisseaux ronds furent supplantés par les galères, et où les rois de France éprouvèrent le besoin d'avoir sur la Méditerranée un havre capable de contenir de gros bâtiments, avec une rade d'un fort tirant d'eau. En 1544, on comptait à Toulon 40 galères et 20 brigantins. Henri IV fit de la ville une place forte et un arsenal ; Richelieu, le créateur du port de Brest, ne négligea pas non plus ce merveilleux lac marin du Midi, où jamais tempête n'a causé de naufrage. Mais c'est surtout sous Colbert et Seignelay, et grâce aux travaux de Vauban, que l'héritière de l'antique *Tauroention* grecque — une cité dont on a retrouvé des vestiges dans la baie de la Ciotat — devint le formidable refuge naval qu'on n'a cessé depuis lors d'agrandir et de fortifier encore.

La grande curiosité de Toulon, c'est naturellement son arsenal, bâti en 1680 sur les plans de l'illustre ingénieur précité, et où l'on pénètre par une porte monumentale décorée de quatre colonnes doriques. Ce prodigieux établissement occupe près de 15 000 ouvriers. Il forme un ensemble de constructions, d'usines, d'ateliers, de forges, de magasins (musée naval, salle d'armes, parc d'artillerie, bassins de carénage, fonderies, etc.) qui se développe le long de la rade sur une étendue de 8 kilomètres. La ville elle-même, à part le quartier neuf d'en haut, n'offre qu'un écheveau de rues étroites et tortueuses descendant vers le Carré du port, à l'ouest du Mourillon, qui possède un arsenal à part et dont la tour à six étages s'aperçoit de tous les environs.

TOULON. — Portique d'entrée de l'arsenal.

Nous ne nous attarderons pas à travers le massif assez peu attrayant de l'agglomération toulonnaise; ce qu'il faut avant tout regarder ici, ce sont les contours harmonieux de la baie qui se découpent si nettement sous le ciel bleu et la portion de littoral rocheux qui se déroule du fort de Lamalgue à la pointe de Carqueranne, à l'est, en passant par une anse frangée de chênes verts et de pins. Une fois encore, la flore provençale modifie ses aspects; l'olivier, qui en est l'essence caractéristique, se pousse décidément en hauteur et se met à former de véritables bois, qui vous reportent en pensée à ce classique massif de Colone chanté par le poète Sophocle.

Au delà de la presqu'île de Giens, si bizarrement rattachée à la côte par deux minces cordons de sable, apparaît la rade d'Hyères, ainsi appelée de la station hivernale de ce nom sise à 4 kilomètres de la mer, au revers d'une colline de 200 mètres de haut. La plaine d'Hyères est célèbre à bon droit par ses vergers et par ses jardins. Là, dans une aire du littoral close de tous les côtés, ainsi que le lit d'un ancien lac, commence en effet une nouvelle zone méditerranéenne, où le jujubier, le laurier-rose, le dattier, le *Chamærops humilis*, le néflier du Japon et l'eucalyptus croissent sans crainte des intempéries.

Comme Arcachon la landaise et comme toutes les autres cités de même sorte, Hyères se compose de deux villes. Il y a la ville des étrangers, avec ses hôtels, ses cottages, son boulevard, sa place des Palmiers, et la vieille ville, toute féodale d'aspect, ayant encore ses remparts crénelés du xe ou xie siècle, flanqués de tours rondes et carrées. En avant de la rade, bordée de salines, émerge un groupe d'îlots rocheux, les *Stœchades* des Grecs, les Iles d'Or du moyen âge. Porquerolles, la principale, située à 5 kilomètres de la côte, mesure 3 lieues de long sur une demi-lieue de large; elle est toute couverte de bois de chênes et de pins, et renferme, outre deux forts, les ruines d'un ancien monastère. Plus à l'est, Port-Cros, longue de 2 kilomètres et demi, est une terre sauvage où abonde le gibier. L'île du Levant ou

TOULON. — Le port.

du Titan, de même dimension que Porquerolles, porte un phare et fait face au cap Bénac, qui ferme la baie à l'orient.

A partir de là, ce sont toujours les mêmes courbes rythmiques, la même succession de rades merveilleusement abritées : celles de Bormes, de Port-Mousquier, de Cavalaire; puis, à l'extrémité de cette dernière, s'avance dans les flots une péninsule trapue à trois pointes, au nord de laquelle se creuse un nouveau golfe de 4 kilomètres d'ouverture, sur 7 de profondeur de l'est à l'ouest : c'est celui de Saint-Tropez, l'antique *Athenopolis*, où, le 28 avril 1814, Napoléon s'embarqua pour l'île d'Elbe.

Nous sommes ici dans la chaîne des Maures, massif de granit, de gneiss et de schiste dont le chemin de fer de Marseille à Nice se borne à contourner le versant nord. Ce relief, d'une élévation moyenne de 400 mètres, est encore un des districts les plus boisés de France; les chênes-lièges surtout et les pins maritimes y forment des fourrés à l'abri desquels prospère une sous-végétation luxuriante de bruyères

28

gigantesques, d'arbousiers, d'ajoncs épineux, de myrtes, de lentisques et de genévriers.

Ces monts doivent leur nom aux Sarrasins, qui, du VIIIe au Xe siècle, en avaient fait leur boulevard. Du site escarpé de la Garde-Freinet, où ils avaient établi leur repaire principal, ils régnaient en maîtres sur toute cette région de forêts, de rochers abrupts, de ravins mystérieux, qui domine la baie de Saint-Tropez. Ils s'étaient même emparés de tous les passages menant de Gaule en Italie, occupant, des sources du Rhône au littoral de Provence, un millier de tours et de forteresses ; tous les pèlerins qui se rendaient à Rome ou en revenaient avaient fini par leur payer un

HYÈRES. — Place des Palmiers.

tribut régulier analogue à celui que les *hadjis* de la Mecque payaient aux Arabes du désert.

Quelques pas de plus du côté de l'est, et le décor se modifie brusquement : la montagne sauvage fait place à une charmante vallée, celle de l'Argens. Ce fleuve côtier, aux gorges si pittoresques, que la voie ferrée franchit en aval de Vidauban, a tout son cours dans le département du Var. Près de son embouchure s'élève la vieille cité de Fréjus, *Forum Julii*, qui a donné le jour à Agricola, le beau-père de Tacite.

Que de restes d'antiquités, remparts, aqueduc, temple, arènes, théâtre, vous pouvez encore contempler ici au passage ! Sous les Romains, la ville, cinq fois plus grande qu'aujourd'hui, était un arsenal maritime, et ce fut là qu'Octave, à la suite de la bataille d'Actium (an 31 avant Jésus-Christ), envoya les 200 galères qu'il avait prises à Antoine.

Au XVIe siècle même, Fréjus était le siège d'une Amirauté et le centre d'un négoce important. Cent cinquante ans plus tard, grâce aux atterrissements de l'Argens, son port était devenu un étang fermé; l'étang se changea ensuite en un marais pestilentiel qu'on finit par dessécher et par mettre en culture. Du havre primitif, il ne reste plus que des muraillements de quai, avec quelques bornes d'amarrage, où l'on voit des marques de grelins; la ville ne communique plus avec la Méditerranée que par un canal de 1 600 mètres de long creusé à travers la plaine, et la localité maritime de la baie, c'est à présent Saint-Raphaël, un ancien faubourg de Fréjus, qui tend à redevenir, depuis quelques années, ce qu'il était du temps des Romains, une station balnéaire doublée d'une villégiature de plaisance. Malheureusement sa belle rade, qui a été sous le premier Empire le théâtre d'un combat naval entre les flottes française et anglaise, est menacée, elle aussi, d'envasement par les

Fréjus. — Ruines de l'amphithéâtre.

deux bouches de l'Argens, et son port, assez mal clos par un môle d'une centaine de mètres de longueur, n'est abrité que des vents du sud.

A Saint-Raphaël, nous touchons à cette Côte d'Azur, à ce littoral heureux de l'ancienne *Provincia*, que Pline nous dépeint comme un prolongement de l'Italie plutôt que comme une région conquise, comme une zone opulente et toute patricienne où régnaient les mêmes mœurs, les mêmes cultures, le même train de vie raffiné que sur les rivages de Baïes et de Sorrente. Pour trouver cependant la vraie Campanie provençale, il nous faut encore franchir le haut écran de montagnes sauvages qui dresse au nord-est du golfe de Fréjus ses roches éruptives aux enveloppes de schiste.

Ce massif de 20 kilomètres environ, c'est l'Estérel, le pays des anciens *Sueltri*. La voie Aurélienne en escaladait hardiment les sommets; l'ex-route postale s'engageait également sur les traces de la chaussée romaine et au petit bonheur des mauvaises rencontres — car les malandrins ont de tous temps pullulé de ce côté,

— par la série de hauteurs et de combes que dominent les crêtes sourcilleuses du Plan Pinet et du Mont Vinaigre (616 mètres), et que jalonnent seuls des maisons forestières, un hameau non loin du Malpey, et, çà et là, une auberge solitaire. Le chemin de fer, plus pressé d'arriver, se contente de contourner l'écheveau à grand renfort de tunnels, de remblais, de tranchées laborieuses. A peine si, de la portière du wagon, on découvre à gauche, en venant de Toulon, quelques avant-cimes du farouche relief. A main droite, en revanche, quelles ravissantes échappées de vue on a sur les promontoires en corniche, les criques lumineuses, les *calanques* d'un bleu de lapis-lazuli qui dorment dans leurs enceintes de roches rutilantes!

Ce magnifique soulèvement porphyrique, qui, aperçu de loin, — de Nice, par exemple, — offre un galbe si pur et semble plonger d'une masse unique dans les flots, n'est pourtant, du côté de la mer, qu'une suite d'escarpements déchirés, aux

VAR. — Saint-Raphaël.

profils les plus fantastiques. La vision féerique des anses commence, au delà de la Boulerie et de la pointe de Dramont, avec la profonde échancrure d'Agay, dominée par les Mornes-Rouges. Cette rade superbe pourrait recevoir des bâtiments de guerre; mais, faute d'être accessible vers la terre, elle n'est qu'un simple port de relâche. Plus loin, passé d'autres *calanques*, on atteint le cap Roux (433 mètres). C'est le point culminant du relief littoral. Avec quelle netteté les rochers luisants qui constellent ses flancs tranchent au soleil sur la verdure sombre des pins maritimes et des pins d'Alep! On dirait des blocs de braise enflammée. Aussi, du cap Camarat au Var, sert-il de point de repère aux navires.

A quelques kilomètres de là, voici les jolies *calanques* du Trayas avec leurs pointes boisées qui s'avancent dans la mer. Enfin, passé la baie de Théoule, les montagnes sont franchies, et l'on ne tarde pas à discerner à droite, sous la base orientale du massif, les deux tours carrées du château de la Napoule, les îles de Lérins, les quais de Cannes; puis, à gauche, les hautes cimes souvent couvertes de neige, en deçà desquelles niche Grasse, la ville des fleurs, des jardins, des bosquets, dont le nom, comme celui de l'antique Capoue, évoque l'idée de tout un monde capiteux d'oxymels, de parfums, de liqueurs, d'onguents, d'essences aux distillations de jasmin, de réséda, de violette, de jonquille ou de rose.

L'Estérel était jadis tout couvert de forêts. Sur un espace de 300 kilomètres carrés verdoyait un immense fourré de pins et de chênes-lièges. Charles-Quint le fit incendier en partie, et depuis lors on a négligé de veiller à la conservation du reste. En beaucoup d'endroits, à présent, la roche est complètement à nu ou revêtue seulement de maquis d'arbousiers, de bruyères, de lentisques et d'ajoncs épineux. Là, pendant six mois, la terre, disent les gens du pays, « exhale une odeur de soufre ». Et ce n'est pas une simple figure de langage. L'été, quand les aiguilles des conifères, les feuilles roussies des autres essences et les hampes grésillantes des menus gramens s'agglomèrent en tas pressés sur le sol, ce sont autant de foyers latents d'où, à la moindre imprudence, se dégagent des incendies gigantesques activés par le souffle violent du mistral. Chaque année, une partie de la montagne brûle, et plus d'une fois les trains de Toulon à Nice ont dû franchir le passage entre deux ondoiements de flamme et de fumée. Rien à faire, que de creuser des tranchées isolantes ou de combattre le feu par un contre-feu, à la façon des trappeurs des prairies d'Amérique, en allumant, dans la direction du brasier, un autre incendie qu'on dirige à son gré et qui consume à l'avance les arbustes susceptibles de servir d'aliment au fléau.

LA CÔTE D'AZUR. — La Napoule et l'Estérel.

Les bandits et rôdeurs, qui exploitaient l'ancienne route de voitures, n'ont pas non plus tout à fait disparu. Ils déboulonnent parfois les rails, dans l'espérance de piller les trains, et il est arrivé à plusieurs reprises que le fourgon a dû se transformer en un poste ambulant de gendarmerie.

Passé l'Estérel, on est en plein au pays des palmiers et des tubéreuses africaines. Désormais le décor subtropical est complet. De l'embouchure de la Siagne à Menton, le littoral méditerranéen enfante ses baies les plus féeriques. Le ciel bleu, la mer bleue, la flore embaumante, les villas étincelantes, les cités hospitalières entre toutes que berce le murmure discret de la vague; pour surcroît, non loin de là, à quelques heures de la côte inondée de soleil où fleurissent l'oranger et le laurier-rose, la chaîne alpestre avec ses grandes cimes de près de 3000 mètres, ses gorges et ses *clus* d'un aspect effrayant, que surplombent à pic d'immenses bastions de roc, ses « petites Suisses », — Saint-Martin-Lantosque, Berthemont-les-Bains, — où bondissent les torrents, où grondent les cascades, où végètent, près de pâturages fleuris, des forêts de pins du nord et de mélèzes : quel coin du globe inclinerait mieux l'âme à l'oubli de tout et du reste, si l'on n'y trouvait trop de monde en hiver, et en été trop de moustiques?

Choisissez nonobstant entre les doux nids qui s'échelonnent, à 1100 kilomètres de Paris, sur cette rive de 16 lieues de longueur à peine. Le premier qui vous sollicite, c'est la reine du golfe de la Napoule, l'héritière de l'ex-*Ægitna* de Polybe, cette fastueuse Cannes qui, il y a cinquante ans, n'était encore qu'une bourgade de pêcheurs pauvre et ignorée. Aujourd'hui, grâce surtout aux Anglais qui, des lacs de l'Écosse et de l'Irlande aux Montagnes Bleues de l'Indoustan, ont accaparé sans vergogne tous les sites fortunés de notre planète, elle présente à la plage un front de

GRASSE.

constructions de 6 kilomètres, en avant duquel se projette en mer un étroit promontoire que couronnent les tours d'un château et d'une église.

De toutes les localités de l'ancien comté de Nice, c'est celle qui s'enorgueillit de posséder les plus riches villas et les plus beaux bois de pins pignons. Elle a, comme Hyères, son archipel, composé des deux îles de Lérins. Sainte-Marguerite, la *Lero* des Romains, mesure 7 kilomètres de pourtour; elle renferme un étang, de menus coteaux parfaitement ombragés, et un fort resté deux fois historique, pour avoir servi jadis de prison au mystérieux *Masque de fer* et, de nos jours, au maréchal Bazaine. Saint-Honorat, l'ex-*Lerina*, deux fois moins grande que Sainte-Marguerite, doit sa célébrité au monastère qu'y fonda, au commencement du ve siècle, le saint dont elle porte le nom. Outre ce cloître, que nul touriste n'omet de visiter, elle contient encore un château fort des xie et xiie siècles et un certain nombre de chapelles curieuses; mais elle a perdu les splendides massifs d'arbres qui l'avaient fait autrefois surnommer par les matelots l'« aigrette de la mer ».

Le cap Croisette sépare seul le golfe de la Napoule du golfe Juan, son voisin,

SUR LA COTE D'AZUR : CANNES ET ANTIBES.

où, le 1ᵉʳ mars 1815, Napoléon débarqua au retour de l'île d'Elbe. Là encore, au débouché du délicieux ruisseau de Vallauris — le « Val d'Or », *Vallis aurea*, — s'est créée une station d'hiver dont les villas se pressent de plus en plus le long de

CANNES.

la magnifique baie qui sert volontiers de point de ralliement aux escadres de la Méditerranée, et qu'on a proposé de transformer en une grande rade militaire analogue à celle de Toulon.

Plus à l'est, derrière le promontoire de la Garoupe, tout habillé de chênes verts, de pins, d'oliviers, de lentisques, de myrtes, nous découvrons la petite ville d'Antibes. Encore une colonie phénicienne, née sous l'égide de la déesse Astarté, puis occupée par les Phocéens de Marseille, auxquels elle servit de *sentinelle* (*Antipolis*) contre les incursions des Ligures. Son port, fortifié par Vauban et clos par deux môles, est signalé par un phare dont les

ANTIBES.

feux portent à 24 milles. Une ligne de rochers sous-marins, appelés les Basses de la Fourmigue, rompt dans la baie les coups de vent du large.

D'Antibes à Nice, il n'y a plus qu'une promenade de 20 kilomètres environ. On franchit, chemin faisant, plusieurs petits fleuves côtiers : la Brague, qui vient des montagnes de Grasse ; le Loup, qui, au *clus* de Saint-Arnoux, traverse une gorge sauvage encadrée de rochers calcaires de 400 mètres de hauteur; la Cagne, grossie de la Lubiane, la riviérette qui contourne en amont l'enceinte crénelée de la vieille cité de Vence, ex-capitale des *Nerusii*, et enfin, près de Saint-Laurent, on atteint le sillon gigantesque du Var, auquel, avant 1860, finissait le territoire français.

Né à 1800 mètres d'altitude, dans les monts limitrophes du département des Hautes-Alpes, ce grand torrent descend de là vers Puget-Théniers, localité de 1500 habitants où il rallie la Roudoule, et à l'arrondissement duquel appartiennent toutes les sommités formant ligne de faîte du côté de la Durance. Plus bas, il roule dans de profonds défilés où le soleil ne pénètre jamais, et, après avoir reçu la Tinée, puis cette Vésubie dont un canal amène à Nice les ondes savoureuses, il arrive à la

Le Var, à Puget-Théniers.

Méditerranée un peu en aval du pont de 350 mètres de longueur sur lequel passe le chemin de fer de Marseille. Sa vallée inférieure produit des vins muscats très renommés.

Regardez maintenant à droite et à gauche. A gauche, à l'endroit où la chaîne des Alpes, courant à la rencontre des Apennins, se rapproche décidément de la mer et envoie ses contreforts extrêmes plonger leurs pieds dans les flots, s'évide un vaste bassin, un cirque riant et touffu, où, par malheur, le mistral déferle plus qu'il ne le faudrait quelquefois. A droite, se dessine un nouveau golfe semi-circulaire qui n'est en réalité, que la continuation de celui d'Antibes, et qui porte le nom mérité de *Baie des Anges*. La longue traînée blanche que vous discernez sous le rameau avancé des monts, à l'extrémité nord de l'ample échancrure, c'est la fameuse Promenade des Anglais, c'est tout le front des quais extérieurs de Nice la Belle, du val Magnan au cap Montboron.

SUR LA COTE D'AZUR : NICE.

Comment décrire ici par le menu ce vaste et luxueux caravansérail qui, depuis vingt ans, s'est plus que doublé, et qui aujourd'hui, sans sa colonie de valétudinaires et d'oisifs, compte 98000 habitants?

Le temps n'est plus où l'on discutait la question de savoir si Nice était italienne ou française. Qui riait d'ailleurs de la discussion? C'était, j'imagine, la cité de Masséna et de Garibaldi. La vérité, c'est que, à l'exemple de toutes les villes formées au régime autonome et républicain, celle-ci n'avait jamais eu d'autre devise que le *fare da se* que nous connaissons. Bien que géographiquement provençale, Nice, jusqu'à l'annexion, a été avant tout niçoise, comme Venise, était vénitienne avant d'être chrétienne. Le flot continu de l'immigration a, depuis lors, tellement submergé l'ancien élément *niçard* pur, que le chef-lieu des Alpes-Maritimes tend à perdre de plus en plus son originalité native et ses traditions de particularisme. Son patois roman, idiome hybride mélangé d'expressions italiennes, françaises, espagnoles, portugaises même, est tout ce qui lui reste à peu près de sa personnalité historique.

EMBOUCHURE DU VAR. — Le pont du chemin de fer.

Voulez-vous tout de suite vous faire une idée de ce gros joyau et de l'écrin somptueux qui l'enchâsse? Suivez avec moi la ligne des rivages jusqu'à l'extrémité orientale du pittoresque quai des Ponchettes, et, doublant de là le venteux promontoire désigné sous le nom de cap *Enlève-Chapeau* (*Raouba-Capeou*), gravissez le monticule de 93 mètres de haut qu'on appelle la Colline du Château, et qui forme écran entre le port et la ville. Une belle rampe à laquelle succède tout un réseau d'allées tortueuses, bordées de pins, d'aloès, d'agavés, de cactus, vous conduira en quelques minutes, à travers un ruissellement de verdure, au sommet de cette éminence sans pareille.

Là s'étend un plateau idyllique, dominé lui-même, à son revers ouest, par un belvédère au pied duquel une cascade formée des eaux de la Vésubie dévale d'abord dans une vasque pour s'en échapper ensuite en ruisseaux. Prenez position sur la crête. Quel panorama va s'offrir à vos regards! Un triple amphithéâtre de montagnes chevauchant les unes sur les autres délimite au loin l'ensemble de la scène. Tout à l'arrière-plan pointent des cimes blanches de neige; en deçà se présentent des intumescences pelées, aux coupes parfois singulières; parmi elles, le Mont Gros, qui porte le fameux observatoire Bischoffsheim, le Mont Cau ou *Chauve*, dont la pyramide (854 mètres) domine tout le bassin littoral. A l'étage au-dessous, s'allonge une projection de collines chevelues et couvertes de villas; au sud et au sud-ouest brille l'immense nappe de la Méditerranée, brisée par le mince pédoncule d'Antibes et par les bastions de l'Estérel. Tout près de vous enfin se dessinent les différentes régions urbaines dont se compose l'agglomération niçoise.

A l'ouest, blottie à la base même de la colline et en escalade sur ses premières pentes, au-dessous d'un monumental cimetière où le cyprès funèbre ne semble projeter qu'une demi-ombre de tristesse, où les roses renaissent d'elles-mêmes à peine effeuillées, où tout chante la vie en face de la mort, voici la vieille ville avec ses artères étroites et dallées, *frezzerie* combles de victuailles, dans lesquelles le soleil ne pénètre que de biais, à la manière furtive d'un larron. A sa suite, vers la grève, s'étale la ville du xviii° siècle, avec son théâtre municipal ressuscité des cendres de son terrible incendie, sa place Charles-Albert, sa double rangée de Terrasses, pro-

NICE. — Promenade des Anglais.

mena de sur les toits plats des maisons qui se prolonge jusqu'au boulevard du Midi, son ex-*Corso*, aujourd'hui rue du Cours, marché d'hiver pittoresque où le carnaval niçois secoue particulièrement ses grelots, ses banderoles, ses guirlandes, lance sa sordide pluie de *confetti*, et où stationnent, devant les tribunes de la place de la Préfecture, les chars apocalyptiques et toute la grotesque cavalcade de la folie internationale.

Entre ces quartiers et la ville moderne, c'est-à-dire le district aristocratique et mondain que sillonne la longue avenue de la Gare, et dont la place Masséna aux arcades si vivantes forme l'amorce du côté de la mer, se déroule le fameux torrent du Paillon (*Paglione*) avec sa bordure de quais magnifiques. Du pont au-dessous duquel ce fleuve idéal verse un pleur tremblant dans le sein de la Méditerranée, quelle échappée de vue on avait vers les mystérieuses coulisses du vallon, avant que la masse irrévérencieuse du nouveau Casino ne fût venue masquer cette optique pleine de replis et de fuyants lointains!

Le Paillon, ou Paillon — car les Niçois le personnifient comme un dieu de la

NICE. — Le château et l'entrée du quai Raouba-Capeou.

mythologie — est le type par excellence de ces fantasques torrents côtiers, longs de quelques kilomètres au plus, qui, des rivages de Nice à ceux de Gênes, s'échappent de toutes les failles des montagnes. En temps ordinaire, celui-ci n'est qu'un vaste baquet caillouteux et sableux où grésille un filet d'eau courante, juste de quoi refléter le torse des lavandières. Tout le jour, les enfants s'y vautrent à plaisir; ustensiles et tréteaux de blanchissage y restent à poste fixe. Puis, soudain, un coup de trompette sinistre annonce la « descente de Paillon ». Il faut voir alors le sauve-qui-peut. En un clin d'œil, l'immense cuve est évacuée, et chacun d'épier l'arrivée du flot dévalant des hauteurs. La plupart du temps, ce n'est qu'une fausse descente du torrent. Il est sage, toutefois, de ne pas trop s'y fier : en 1530, l'insidieuse coulée, dans un de ses débordements, a détruit une partie de l'ancienne ville.

La quatrième région de Nice, que nous avons déjà pu contempler à loisir en gravissant la rampe d'accès du Château, c'est le faubourg du Port, situé entre ce monticule et les croupes du mont Alban opposite. Impossible d'en soupçonner l'existence, à moins de contourner le massif qui le cache, soit par le cap *Raouba-Capeou*, soit par la rue Cassini, qui l'aborde de l'autre côté.

Ce port, jadis franc, doit son nom de *Limpia*, qui signifie « pur », aux eaux de source qui se déversent dans son bassin nord. C'est là que se trouve la maison natale de Garibaldi, dont une belle place à arcades rappelle également, à Nice, la mémoire. Comme importance commerciale, ce havre, parfaitement clos et récemment agrandi, occupe le troisième rang sur nos côtes de la Méditerranée.

La colline du Château, dont nous ne descendons qu'à regret, portait autrefois une citadelle formidable, dont il ne subsiste plus qu'une tour ruinée, et dont l'histoire est celle même de la ville de Nice. Histoire dramatique et sanglante, s'il en fût. Qui devinerait que cette radieuse cité, dont le nom n'éveille chez l'étranger que des idées de plaisir et de *farniente*, a eu des annales aussi orageuses ? C'est pourtant vrai : ce paradis a été, dans le passé, un enfer; cette station sanitaire, un foyer de *malaria*. Toutes les calamités de ce monde y ont sévi longtemps à cœur joie.

Fondée, il y a plus de vingt-deux siècles, par les Phocéens de Marseille, en commémoration d'une grande victoire (*Nikè*) que ceux-ci avaient remportée sur les Ligures de la côte, la nouvelle colonie ne devait avoir que trop d'occasions de se souvenir qu'elle était née sous les auspices du dieu de la guerre. Ses commencements toutefois furent prospères. Déjà elle était devenue un des premiers entrepôts du littoral, quand César, en élevant au rang de capitale du pays sa voisine la bourgade de *Cimenetum* — dont les vestiges sont encore visibles sur la colline de Cimiès, en arrière du faubourg de Carabacel, — la réduisit à n'être plus que le port de la cité d'en haut. Six cents ans après, Alboin, le roi des Lombards, ayant détruit l'*oppidum* rival, Nice reprend le cours de ses destinées, et elle a bientôt reconquis son ancienne importance. Unie aux villes libres de la Ligurie, elle se sent assez forte pour résister aux envahisseurs sarrasins. Ceux-ci cependant l'incendient et la pillent; puis ils finissent par s'emparer de toute la région d'alentour. Plus tard, au moyen âge, Nice se fait l'alliée de Pise contre Gênes. Attaquée ensuite par le comte de Provence, prise par Alphonse d'Aragon, elle réussit néanmoins, à travers toutes les péripéties, sous la suzeraineté des princes d'Anjou comme sous celle des dynastes de Savoie, à maintenir longtemps son train de vie de municipe.

Quand survient la lutte de Charles-Quint et de François Ier, la ville, déjà décimée par la peste — un fléau auquel elle était habituée, et qui durait parfois chez elle des années, — se voit encore une fois bombardée, et 2 500 de ses habitants sont emmenés captifs sur les galères du fameux Barberousse. En 1550, nouvelle peste, qui fauche le quart de la population. En 1600, c'est le duc de Guise qui, après une série d'assauts, la contraint à capituler. En 1691, c'est Catinat, qui fait sauter la poudrière du Château et réduit ses défenseurs à merci. Au xviiie siècle, c'est La Feuillade, puis le duc de Berwick, puis le prince Eugène, qui emportent à tour de

Nice. — Entrée du port.

rôle la place; Berwick lui avait, pour sa part, envoyé 60 000 boulets et 6 000 bombes.

La période de paix qui suit le traité d'Utrecht a vite fait pourtant de panser toutes ses plaies. Le commerce de Nizza est redevenu plus florissant que jamais; une seconde ville, celle du Corso, s'est élevée sur la rive gauche du Paillon. Par malheur, la peste se déclare de nouveau, puis la guerre se rallume. Français et Austro-Sardes recommencent à se disputer la cité, qui est, par surcroît, dépouillée de ses vieilles franchises communales. Restons-en là. On sait comment, réunie une première fois à la France en 1792, elle fut séparée d'elle vingt années après, et lui revint enfin, en vertu d'un traité et d'un vote, à la suite de la guerre d'Italie de 1859.

Cette seconde annexion a-t-elle clos pour elle l'ère épique des combats et des sièges? Hélas! les multiples ouvrages de défense dont on l'a entourée de nos jours ne lui présagent peut-être rien de bon. Une localité de plaisance qui se voit transformer en un camp retranché a le droit d'avoir le sommeil agité. La peste, du moins, ne la visite plus ; les Niçois vantent avec raison la salubrité actuelle de leur ville ; volontiers même ils arboreraient pour emblème cette toile de M. Hauser, qu'on peut voir à l'église Saint-Jean-Baptiste, près du lycée, et qui représente « l'ange de la mort passant au-dessus de Nice sans frapper ».

L'essence hygiénique par excellence de cette côte des Alpes-Maritimes, celle au moyen de laquelle on a entrepris, en Italie, d'assainir les Maremmes romaines et toscanes, c'est l'*Eucalyptus globulus* d'Australie. Quiconque a visité le littoral connaît cet arbre au port élancé et majestueux, aux feuilles sèches criblées de stomates, aux senteurs balsamiques un peu âcres. On l'a cultivé pour la première fois en France dans les serres de la Malmaison ; puis, à partir de 1860, des graines apportées de

ALPES-MARITIMES. — Nice.

Melbourne furent semées en pleine terre à Hyères, à Saint-Raphaël, à Cannes, à Nice. Aujourd'hui l'*Eucalyptus* prospère à merveille sur tous ces rivages.

Par sa croissance prodigieuse et rapide, il est le seul fût qui rivalise avec le puissant *Wellingtonia* des hautes vallées américaines de la Sierra Nevada. Dans son pays d'origine, il atteint jusqu'à 130 et 150 mètres de taille, avec 7 ou 8 mètres de diamètre. Au bout de six ans, il a déjà 20 mètres de hauteur et 2 de tour. Son écorce est employée au tannage ; avec ses fibres on tresse des nattes, des paillassons, des cordages, on confectionne même du papier brouillard. Son bois fournit des poteaux télégraphiques, des traverses de chemin de fer, des pilotis de pont, et, plongé sous l'eau, devient imputrescible. Son feuillage frais donne une excellente essence, qu'utilisent les fabricants de parfums, d'élixirs, de liqueurs ; infusé, il guérit la fièvre. De sa substance résineuse enfin, la distillation extrait le naphte végétal.

Combien d'autres végétaux inconnus des Anciens sont venus enrichir la flore de ces parages lumineux ! Le figuier de Barbarie (*Cactus opuntia*) y est, lui aussi, une importation d'Amérique. Avec sa tige formée d'une série de palettes épaisses et ovales, dépourvues de feuilles, mais garnies de forts ardillons, ses fleurs superbes, son fruit de la grosseur d'une figue, il n'est pas un des moindres ornements de ce Jardin des Hespérides: Le pistachier y a été transporté de Syrie, le cognassier de Portugal. Le caroubier, lui, est indigène, aussi bien que le palmier-éventail (*Chamærops humilis*), sur les bords de la Méditerranée. C'est un petit arbre, aux branches tordues et pendantes, aux fleurs pourpres disposées en grappes, aux feuilles rappelant celles de l'acacia, et dont la gousse renferme une pulpe sucrée que les bestiaux et les hommes au besoin mangent très volontiers. Il aime surtout les terrains pierreux qui regardent le soleil et la mer.

Quant à l'oranger, qui se cultive à la fois pour ses fleurs et ses fruits, on en compte 180 variétés rien que dans le département. Chaque pied donne annuellement

BAIE DE VILLEFRANCHE.

de 4 000 à 6 000 oranges. Parlerai-je aussi de toutes les plantes grasses qui surgissent spontanément de chaque anfractuosité des rochers? L'agavé aux larges feuilles épineuses et serrées, du milieu desquelles s'élance une hampe gigantesque terminée par une touffe de fleurs jaunes, le cactus rigide, l'aloès aux frondes d'acier aiguisées comme des sabres à deux tranchants, en sont les principaux spécimens.

Il n'est pas un instant de l'année où la terre ici ne soit en travail. Dès janvier, les jacinthes et les narcisses à bouquet ouvrent leurs corolles. En février, amandiers et pêchers montrent leurs tendres fleurs, tandis que l'odeur du foin coupé s'exhale des prairies. Mars amène la maturité du dattier et des fruits de l'Europe centrale. En avril, les orangers embaument l'air; sur les collines fleurissent les frênes et les diverses espèces de cistes; dans les gorges, les tamarix d'Afrique. En mai, les gerbes sont coupées, et, à la place laissée libre par la moisson, on sème la tomate et autres plantes amies du soleil. A côté du laurier-rose et de la vigne, le câprier aux rameaux grimpants tapisse les roches de sa floraison naissante, et, à la lisière des buissons, d'innombrables orchidées apparaissent. Les mois d'été complètent le cycle de ces colorations féeriques. Le repos hivernal même, ce sol ne le connaît pas. En novembre, c'est le tour de l'olivier et du laurier de porter leurs fruits; en décembre enfin, quand les pays de l'Europe septentrionale dorment transis dans leur manteau de neige ou sous leur incrustation de glace, on voit ici fleurir l'oreille-d'ours, le réséda, la rose, la violette; dans les plates-bandes on récolte des choux et toutes sortes d'herbes potagères; dans les champs, des petits pois et des pommes de terre sans interruption.

Continuons notre exploration de la côte. De Nice à la frontière italienne, nous avons deux chemins au choix. Celui d'en haut, tracé, à partir du Mont Gros, sur les crêtes des montagnes en bordure, est la fameuse route de la Corniche, avec ses grandioses points de vue sur la mer et les Alpes. Celui d'en bas, qui part du port,

ANSE DE BAULIEU.

contourne, entre deux rangées de villas superbes, l'éperon boisé du Montboron, et débouche sur la baie de Villefranche. Suivons d'abord cette chaussée littorale.

Si l'Océan semble, comme je l'ai dit au commencement du chapitre IV, avoir traité la France en ennemie, la Méditerranée en revanche, à l'est de Marseille du moins, a multiplié à plaisir sur ses côtes les rades hospitalières et dormantes. Témoin encore cette admirable échancrure de Villefranche qui s'ouvre au delà de la colline de Cimiès, traversée en tunnel par le chemin de fer, et où, sur des fonds de 10 à 50 mètres, on aperçoit si souvent des vaisseaux de guerre au mouillage. La presqu'île Saint-Jean qui la ferme à l'est la sépare seule de l'anse de Beaulieu, encore une station hivernale, célèbre par ses forêts d'oliviers et les roches escarpées et brûlantes de sa *Petite Afrique*. C'est, il est vrai, le seul endroit de la côte où les montagnes de la Corniche s'affaissent par degrés et laissent place, sur le rivage même, à quelques langues de terre cultivables. Partout ailleurs, jusqu'aux abords de Menton, elles tombent par une plongée abrupte sous laquelle la route de voitures comme la voie ferrée ne réussissent à se faufiler qu'à l'aide de galeries souterraines et de travaux d'art gigantesques. Ces bastions rocheux, on dirait ici qu'on les porte sur ses épaules, et que le moindre frisson de leur masse risque de vous précipiter dans les flots.

A l'anse de Beaulieu succède immédiatement le golfe d'Eze. A gauche, bien au-dessus de votre tête, vous apercevez le sourcilleux rocher sur lequel juche la bourgade du même nom, l'ex-*Avisium* des Romains. Cette localité haut perchée, qu'on ne peut aborder aisément que par le chemin de la Corniche, est encore une ancienne forteresse sarrasine. Avec son château en ruines et son lacis de ruelles à arcades

Eze. — Route de la Corniche.

dont les maisons semblent ne constituer qu'un massif unique et compact, elle offre, de près comme de loin, l'aspect d'une vieille ville d'Orient.

Enfin, passé de nouveaux promontoires verdoyants, on découvre tout à coup, à droite, le rocher trapu de Monaco, projeté à 800 mètres en mer, sous les âpres escarpements de la Tête-de-Chien qui le commande à gauche. Une arête postérieure de ce relief, haut de 573 mètres, sert encore d'assise à un village de 2500 âmes, la Turbie, où se trouvait jadis la limite entre la Gaule et l'Italie. Là, dans une tour du moyen âge, appelée tour d'Auguste, vous pouvez voir les restes d'un colossal trophée érigé par le « divin empereur » en commémoration de ses victoires sur les peuplades du massif alpestre.

Le voyageur arrivé de Nice par la route d'en haut n'a qu'à pousser un peu au nord-ouest pour atteindre à droite le vallon qui recèle une autre curiosité de la contrée, le sanctuaire de Notre-Dame de Laghet (dans le pays, on prononce *Laguet*), lieu de pèlerinage en vogue où se rendent chaque année des milliers de malades et d'infirmes. La cime qui jalonne le chemin plus au nord-est, vers Menton, c'est le Mont Agel (1 149 mètres); elle domine toute cette partie de la côte, comme la pyramide du Mont Cau domine l'amphithéâtre niçois, et de son sommet, dont je vous conseille de faire l'escalade, l'œil embrasse un horizon circulaire de 200 kilomètres allant, au sud, jusqu'à la Corse, cette dépendance insulaire de la France que nous réservons pour les *Pays du Soleil*.

Tout en bas, le promontoire arrondi de Monaco, auquel nous revenons de ce pas, semble un débris de la grande muraille rocheuse qui aurait roulé de l'azur du ciel à celui de la mer.

Suivant une tradition antique, que nous ont conservée Denys d'Halicarnasse et Diodore de Sicile, Hercule, avant de se rendre en Espagne, aborda sur le territoire monégasque. Il y vainquit Géryon et les brigands de la montagne, s'ouvrit un passage à travers les Alpes, et donna son nom au petit port et au rocher qui l'enferme. Il va de soi que, sous ce mythe de l'Héraclès voyageur, se cache tout simplement le souvenir des expéditions et des entreprises mercantiles des marins de Sidon et de Tyr. Sur ce point extrême du littoral ligurien, ceux-ci élevèrent un autel à leur divinité nationale, *Melkarth*, le dieu jaloux et solitaire (*monoikos*), qui ne souffrait, ainsi que Jéhovah, aucun culte à côté du sien : de là l'appellation de *Portus Herculis monæci*, donné dans l'antiquité à cet écueil caractéristique, par lequel la civilisation

ROUTE DE LA CORNICHE. — Tour de la Turbie.

de l'Orient prit pied chez nous pour la première fois. Plus tard seulement, les traditions s'étant altérées, au personnage primitif d'Hercule on substitua celui du *moine* athlétique qui n'a cessé de figurer depuis lors sur l'écusson de la principauté.

Après Charlemagne, Monaco fut occupé par les Sarrasins, qui en firent un repaire de pirates. A quelle époque exacte les Grimaldi s'y établirent-ils définitivement? La question reste controversée. Toujours est-il que leur dynastie est une des plus anciennes de l'Europe, et que, dès le temps de Charles VIII et de Louis XII, ces princes comptaient parmi les plus puissants seigneurs d'Italie. Actuellement, de leurs possessions, qui allaient naguère encore jusqu'à Menton, il ne leur reste plus qu'un morceau de territoire qu'on peut parcourir en une demi-heure de l'ouest à l'est et du nord au sud. Mais, sous l'égide du dieu Plutus, qui règne à son tour sur ces bords, et dont le temple fastueux et doré s'élève de l'autre côté de la baie, l'agglomération primitive a débordé, loin du roc altier où le palais des Grimaldi continue de dresser ses hautes tours, jusqu'aux pentes verdoyantes des Moulins, sises à l'est du port.

Et que de merveilles à admirer dans cet empire de trois kilomètres et demi de long sur un de large! Après les splendides jardins de Monaco, dont les sentiers solitaires et montueux, les terrasses babyloniennes et fleuries plongent en spires jusque dans les flots, il faut voir le quartier de la Condamine, toute une ville neuve bâtie depuis vingt ans à la base orientale de l'isthme déclive qui relie la péninsule aux montagnes, puis la gorge de Sainte-Dévote avec sa mignonne chapelle que les redans de roc menacent d'écraser, et enfin, au delà de l'échancrure du port, le fameux plateau de Monte-Carlo, avec ses hôtels et ses villas qui se prolongent maintenant jusqu'au pied de la Turbie, ses jardins tout plantés d'essences exotiques,

MONACO.

son féerique Casino, un vrai palais des *Mille et une Nuits*, et ses terrasses aux résonances harmonieuses, où, par les chaudes soirées d'été, l'air embaumé s'emplit de légions phosphorescentes de lucioles.

Sous aucun point de la côte peut-être la Méditerranée n'offre une teinte d'un plus bel azur. L'atmosphère ici est d'une telle pureté qu'on peut souvent, des terrasses mêmes, discerner les cimes neigeuses de Calvi (Corse), distantes pourtant de 150 kilomètres.

Laissez à présent le chemin de fer filer tout le long de la plage jusqu'au tunnel par lequel il franchit les futaies d'oliviers du cap Martin, et prenez, je vous prie, la route carrossable qui, par une série de montées et de descentes, toutes plus pittoresques les unes que les autres, atteint la base de la montagne effondrée sur laquelle juche la vieille bourgade de Roquebrune. Au delà de l'endroit où la chaussée se réunit au chemin de la Corniche, vous arrivez à une sorte de col, à l'extrémité duquel vous apercevez tout à coup, à travers d'admirables bauges de verdure, la ville de Menton et son golfe, plus loin Ventimiglia et ses forts, puis Bordighera et le cap des Palmiers.

Je ne crois pas qu'il y ait au monde une plus ravissante vision que celle-là. Nul décor d'opéra, nulle invention de coloriste n'arriveraient à de tels effets d'optique.

SUR LA TERRASSE DE MONTE-CARLO.

Vous vous engagez, plein d'éblouissements, par les pentes d'un luxuriant vallon, et, de lacet en lacet, la route aboutit enfin aux bords mêmes de la baie sur laquelle s'élève la reine de tout le littoral français.

La reine, je ne m'en dédis pas. C'est sur ce golfe de la Paix, échancrure demi-circulaire qui mesure 8 kilomètres de long, du cap Martin à l'ouest au cap de la Murtola à l'est, que les sites de notre *Riviera* atteignent leur plus haut degré de grâce et de splendeur tout ensemble. Là, le fouillis de contreforts que les Alpes projettent

MENTON. — Vu de l'ouest.

vers la mer laisse place à un délicieux évidement formé de terrains alluviaux, où
courent les sillons de trois torrents, Careï, Borrigo et Gorbio. L'amphithéâtre des
monts va se redressant d'étage en étage jusqu'à 1 300 mètres de haut. Tout au fond

ROQUEBRUNE. — Route de la Corniche.

du cirque, les sommets gris et revêches; sur
les versants comme dans les *clus* et dans les
ravins, des forêts de pins ou d'oliviers, suivant l'altitude; plus bas, des massifs d'orangers, de citronniers, de
figuiers et de caroubiers. Deux des cimes, vues de la
plage, dans l'axe des torrents précités, offrent un peu la
figure fourchue des Mythen de Schwitz.

La ville d'hiver, la ville moderne, si cruellement éprouvée par le tremblement
de terre de 1887, est celle qui vous accueille tout d'abord, sur la courbe occidentale
de la baie, au sortir des denses futaies de la route. Chaque année y voit croître la
colonie d'étrangers. Le climat est si doux ici, et surtout si égal! En cinquante ans,
le thermomètre n'y a fléchi que quatre fois, et pour quelques heures seulement, au-

dessous de zéro; très souvent la température la plus basse de l'hiver n'y dépasse point 8 degrés au-dessus. L'été, en revanche, les chaleurs sont très aisément supportables.

Aussi, quelle poussée de végétation ! Des géraniums hauts comme de grands arbustes, des chrysanthèmes dont un seul pied couvre un espace de plus de deux mètres carrés, et cent autres fleurs de jardin figurant de loin aux regards de gigantesques arborescences. Deux essences surtout sont l'orgueil de ce littoral : l'olivier et le citronnier.

L'olivier, que les anciens avaient consacré à Minerve, atteint ici son maximum de vigueur et de fécondité. Comme la gelée ne l'a jamais touché, il y est arrivé à des proportions et à une longévité fabuleuses. Certains troncs du cap Martin datent, dit-on, de l'empire romain. Et plus ces arbres vieillissent, plus, avec leurs formes tourmentées et étranges, ils sont superbes à contempler. Ils fleurissent, je l'ai dit, en avril; en novembre et décembre, leurs fruits sont mûrs et vont aux moulins à huile du pays, où, pour avoir un produit de première qualité, on les presse sans écraser les noyaux.

OLIVIER DE MENTON.

Le citronnier mentonnais est plus merveilleux encore en son genre. Suivant une légende déjà contée, notre mère Ève, quand elle fut chassée du Paradis avec Adam, emporta avec elle un fruit d'or dont elle se promettait de faire don au pays dont l'aspect et le climat lui rappelleraient le mieux les douceurs de l'Éden perdu. Ce fruit était un citron, et ce citron fut semé par elle sur le territoire de Menton. Depuis lors, le germe divin s'y est multiplié à tel point que la récolte y est aujourd'hui de 40 millions de citrons par an. L'arbuste est loin cependant d'y atteindre la taille de 20 mètres comme sur les bords de l'Euphrate dont il est, dit-on, originaire.

A la différence de l'oranger régional, qui ne fleurit qu'une fois chaque année et ne donne de fruits qu'en janvier et en février, le citronnier porte ici, en toute saison, des fleurs et des fruits à divers états de maturité; de là le dicton populaire :

Crescono le frutte
Sotto la man che coglie.

« Les fruits croissent sous la main qui les cueille. » Ses produits se classent en cinq espèces, selon l'époque où on les récolte : les *graneti*, qui viennent au printemps ; les *verdami* ou citrons d'été, qui ont, sur ceux de Sicile, l'avantage de pouvoir supporter les longs voyages ; les *prime fiori* ou premières fleurs ; les *segunde fiori*, et les *automne* ou citrons d'automne, les moins gros et les moins savoureux, parce qu'à ce moment la sève de l'arbre se trouve appauvrie.

Un peu d'engrais, composé préférablement de raclure de corne et de vieux chiffons de laine, du fumier tous les deux ans, une taille annuelle, un nettoyage soigneux à l'éponge dès qu'apparaît la trace de certaines maladies, telles que la *mélasse*, espèce d'exsudation sirupeuse, ou la *morphée*, matière floconneuse et gluante

Menton (est). — La baie de Garavan.

due à des insectes, il n'en faut pas davantage pour obtenir d'un seul pied plusieurs milliers de fruits annuellement.

Que de délicieuses excursions à faire par les pittoresques sillons alpestres d'où s'échappent les trois torrents de la côte ! Dans la fissure du Careï, dominée vers Sospel par le mont Rezet (1 293 mètres), ce sont les vieux nids féodaux, les bourgades rébarbatives de Castillon et de Castellar. Dans le tortueux vallon du Gorbio, c'est le village de ce nom avec sa sombre église et son manoir ruiné des Lascaris. Dans celui du Borrigo, c'est le val latéral des Primevères, c'est la gorge des Châtaigniers, c'est le hameau de Sainte-Agnès, sis à 670 mètres, à l'ombre d'un castel sarrasin. Et, dans tous ces replis de la montagne, le botaniste peut préparer son herbier : plus de mille espèces de plantes sauvages, représentant toutes les zones de végétation de l'Europe, s'étagent sur les flancs du relief, depuis la région de l'olivier jusqu'à celle où croît le pin du nord.

Près de la plage même, ce sont les promenades du beau cap Martin ; en deçà,

Côte d'Azur. — Une villa mentonnaise.

c'est le chemin de la Madone, avec ses solitaires sentiers, ses jardins idylliques, ses ressauts de terrain parfumés, ses villas enguirlandées de roses et de pampres. Un de ces doux nids, la villa *Innominata*, a pour enseigne deux vers latins, qui rappellent la devise plus brève : *Delicias domini*, inscrite sous une porte du château de Montesquieu à Labrède :

Hic dulcem requiem curis, hic grata
　　　　　　　　　　　　　　　[*laboris*
Invenio duris semper solatia rebus.

Où trouver en effet un refuge plus champêtre, un *buen retiro* mieux fait pour dissiper tout tracas, un plus merveilleux cabinet d'étude pour se retremper les sens et l'esprit?

Le vieux Menton, bâti sur l'éperon qui divise en deux le golfe de la Paix, n'est qu'un écheveau emmêlé de ruelles et d'escaliers chaotiques, bordés de maisons démesurément hautes, qui ne semblent tenir debout que grâce à l'appui naturel qu'elles se prêtent. Sous les restes de son château-fort ruiné, il a bien le vétuste aspect qui convient à une cité dont la légende populaire rapporte la fondation à des pirates venus au VIIIe siècle de l'île de Lampedousa. C'est à ses pieds que se trouve le port, abrité par une belle jetée de pierre. Un immense quai sillonné de tramways, encadré d'hôtels et de villas, se déroule le long de cette baie orientale que dominent des escarpements grandioses, striés pourtant de nombreux ravins à peine perceptibles d'en bas et revêtus d'une flore admirable.

MENTON. — Une rue de la vieille ville.

Sur cette plage de Garavan, un peu en deçà du bâtiment de la douane, se dresse une maison simple et carrée où on lit cette inscription : « Première villa bâtie à Menton pour y attirer les étrangers par M. J. Franciosy, 1855 ». C'était au temps où la ville, qui avait secoué le joug monégasque, vivait en république, autonome et indépendante, sous la protection de la Sardaigne.

Plus loin le chemin se bifurque. L'embranchement de droite ou d'en bas, qui n'est autre que l'ancienne *via Julia Augusta*, mène, sous la base des Rochers-Rouges (*Baoussé Roussé*), si bizarrement excavés par les flots, aux fameuses grottes d'où l'on a exhumé en 1872 deux squelettes humains de l'âge paléolithique, remontant, d'après les données de la science, à 20 000 ans pour le moins. L'embranchement de gauche, qui est la route de la Corniche, gravit la colline. Au pont Saint-Louis, dont l'arche unique franchit une gorge de 65 mètres de profondeur, il quitte le sol français pour entrer en territoire italien.

La rampe, à partir de là, est presque entièrement taillée dans le roc et soutenue par des muraillements. A gauche de la pente, de plus en plus raide et poudreuse, l'arête en bordure pousse en l'air des hérissements effroyables. On arrive enfin, près d'une courbe, à un petit plateau morne et solitaire que domine une vieille tour, et là on se heurte à la *dogana* italienne. Pour gagner Ventimiglia, qu'on devine mais qu'on ne voit pas de cet endroit, il y a encore un long ruban de route montante envidé aux roches en surplomb.

Sans nous engager de ce côté, vers la suite du littoral ligurien, arrêtons-nous au coude du chemin, devant l'inscription *Regno d'Italia* (Royaume d'Italie) que nous présente à son fronton le bureau de douane susnommé, et reportons nos regards vers l'ouest.

Avec quelle netteté de coloris et de dessin tout le vieux Menton, toute l'anse du port, toute la ligne harmonieuse des quais de Garavan, s'étalent là-bas, sous les monts sourcilleux, entre l'azur frissonnant de la mer et le bleu dormant de la voûte céleste! Impossible de rêver un relief de ville s'offrant avec plus de complaisance aux regards indiscrets et plongeants d'un ennemi. On frémit à l'idée qu'une batterie de canons postée sur le promontoire où nous sommes ferait instantanément un tas de ruines de la riante cité et de sa *marina*, si ce feu insidieux ne devait être éteint par un contre-bombardement opportun partant des crêtes françaises d'alentour. *Di omen avertant!* disaient les Anciens. Puisse, dirons-nous, nul fracas de guerre ne jamais troubler la tranquillité du golfe paradisiaque par lequel vient de se terminer notre voyage aux Rives d'Or!

HAUTE-SAVOIE. — Rive du Léman près d'Évian.

XXXII

OÙ CE LIVRE N'A PAS CONDUIT LE LECTEUR

Des plages de l'océan Atlantique à celles de la Méditerranée, nous avons parcouru d'étape en étape bien des recoins de cette terre de France qui, selon le mot d'un géographe, se distingue entre toutes les contrées de l'Europe « par l'équilibre de ses formes » et joint à l'harmonie des contours la solide majesté de l'ensemble. A côté des œuvres de la nature, nous y avons contemplé celles des hommes, et les unes et les autres nous ont retenus autant que le permettait le cadre impérieux de ce volume.

Est-ce à dire que nous avons tout vu et que nos pérégrinations nous laissent à bout de curiosité? Il s'en faut certes de beaucoup. La Savoie et le Jura, par exemple, bien que tant et tant de fois décrits, auraient mérité de figurer, eux aussi, dans cette série de pages illustrées. Moins pris de court, nous serions revenus à cette vallée du Rhône médian, déjà explorée par nous au passage, et, franchissant delà le pont de Culoz dans la direction d'Aix-les-Bains, nous aurions gagné ce romantique bassin du Bourget que dominent des pics aux formes si étranges. Chemin faisant, nous aurions voulu voir, à droite, la fameuse abbaye de Hautecombe, qui est le Saint-Denis des princes de Savoie, à gauche, Annecy avec son lac commandé par la cime enneigée de la Tournette (2 357 mètres), et aussi les abîmes ténébreux où le Fier mugit, comme le Trient valaisan, entre deux hautes murailles de rochers auxquelles s'accroche un hardi promenoir de passerelles aériennes.

Reprenant ensuite notre course droit au sud, nous aurions visité, au bord de son torrent de la Leisse, qui la baigne ou l'inonde à sa fantaisie, la vieille cité de Chambéry, avec son château ducal où ne loge plus aujourd'hui qu'un préfet, et ce grand vignoble de Savoie étalé sur 40 kilomètres de longueur aux flancs du massif pastoral des Beauges. Puis nous aurions, comme de juste, franchi le cours de l'Isère non loin de l'endroit où cette rivière, née des glaciers de la Tarentaise, puis des-

Lac du Bourget. — Abbaye de Hautecombe.

cendue d'Albertville par une succession de gorges admirables, quitte le territoire savoisien pour entrer dans le district dauphinois du Graisivaudan entre les escarpements de la Grande-Chartreuse et les hauteurs que domine la chaîne de Belledonne.

Là, au tournant de la vallée maîtresse qui s'enfonce vers les reliefs frontières, nous aurions aperçu sur son rocher cette insigne forteresse de Montmélian qui donna tant de fil à retordre à la France jusqu'au jour où Sully la prit et où Louis XIV la démantela. On ne savait pas encore, en ce temps-là, sur quel versant de l'hémicycle alpestre se ferait décidément l'expansion de ces ambitieux ducs des montagnes qui avaient mis dans leurs armes la croix blanche des chevaliers de Rhodes et qui visaient tous les points de l'horizon, menaçant à la fois la Suisse et la France.

Plus loin, au-dessus de Chamousset, nous aurions pénétré dans la Maurienne proprement dite, à savoir dans le pittoresque sillon qu'arrose le redouté torrent de l'Arc. Là, aux districts inférieurs où croissent encore le blé, le cep et les arbres fruitiers, succède une région plus sauvage et plus âpre qu'enferment des crêtes de plus de 3000 mètres. Dès le bourg d'Aiguebelle, la coupure diminue de largeur; en revanche, la voix du *bach* s'enfle de plus en plus. Sur les pentes escarpées des montagnes il y a cependant encore des morceaux de forêts, des tapis de gazon fin, et dans chaque brèche latérale on aperçoit toujours des traces de culture. Mais, à partir de Saint-Jean-de-Maurienne, l'ex-capitale de la province, vers 700 mètres environ d'altitude, les croupes achèvent de se dénuder; les arbres n'apparaissent plus que rabougris et clairsemés; le roc perce à travers l'enveloppe superficielle de verdure, et la vallée se rétrécit au point de ne plus laisser place qu'à la route de terre, à la voie ferrée et au torrent.

A Saint-Michel s'ouvre la fissure qui conduit au Mont Thabor (3212 mètres). Sur des blocs à pic, à l'endroit le plus tourmenté du parcours, s'étagent les forts de Lesseillon, et le sauvage défilé, qui avait fini par n'être plus qu'une sorte de corridor à ciel ouvert, s'évide tout à coup et se subdivise. En face de nous, sur une haute terrasse, scintillent les murs blancs de la citadelle précitée. D'un côté, un plateau sourcilleux où ne mènent que des rampes étroites et ardues et que limite le village d'Aussois; de l'autre, l'Arc furibond, glapissant, écumeux,

SAVOIE. — Saint-Jean-de-Maurienne.

dont les flots se tordent au fond d'un ravin de 200 mètres de profondeur, et, aux flancs de cette brèche, le lacet montant de l'ancienne route postale du Mont-Cenis.

C'est au fond du cirque pierreux que dominent ici les glaciers de Polesset que s'ouvre, à près de 1 200 mètres d'altitude, le tunnel international long de 12 234 mètres qui, depuis le 17 septembre 1871, unit la vallée française de l'Arc à la vallée italienne de la Doire Ripaire au travers du col de Fréjus, sis à 27 kilomètres à l'ouest du Mont Cenis.

Deux bourgades, les Fourneaux et Modane — c'est dans la première que se trouvent les hôtels, — animent ce bassin, fermé au nord par l'immense massif de la Vanoise, et au sud par les monts de la Dame et de la Masse. A moins de nécessité absolue, les touristes n'y séjournent guère; en quoi les touristes, selon moi, ont grand tort. Très peu hospitalier en hiver, ce coin alpestre est charmant en été. Là, 500 mètres plus haut que Chamonix, violettes, anémones, potentilles, et cent autres plantes rêveuses qu'un rien effarouche, tapissent les pentes des rochers mêlées aux feuilles délicates de l'odorant serpolet. Et quelles délicieuses oasis on découvre aux flancs des montagnes! Que de douces promenades à l'aventure du côté de Modane.

même, à gauche du circuit que la nouvelle voie, obligée par un écroulement du tunnel primitif de s'en aller trouer plus loin le relief, décrit autour d'une série de mamelons!

De cette station-impasse de Modane, rebroussant chemin vers le nord, nous aurions pu gagner tout d'abord Moutiers, l'ex-capitale de la Tarentaise, blottie dans un autre carrefour des monts, à la jonction des vallées du Doron et de l'Isère, puis Bourg-Saint-Maurice, où, laissant à droite la route du Petit Saint-Bernard, qui mène à la vallée d'Aoste, nous aurions franchi, coûte que coûte, le col du Bonhomme. Par ce col (2 483 mètres), tout voisin de celui de la Fenêtre, nous aurions débouché dans le bassin de l'Arve, au sud-ouest du massif du Mont Blanc. Et, une fois engagés dans ce district épique de la Haute-Savoie, nous n'en serions pas sortis de sitôt. Avant de pousser jusqu'à Chamonix, nous aurions tenu à voir Saint-Gervais et cette gorge désormais fameuse du Bon-Nant qui, dans la nuit du 11 au 12 juillet 1892, vit se renouveler la catastrophe survenue en 1818 dans la vallée valaisane de Bagnes, voisine des rampes du Grand Saint-Bernard.

SAVOIE. — Saint-Michel.

On connaît ce lamentable épisode. La rupture du front du glacier de la Tête-Rousse, situé à la base de l'aiguille du Goûter (Mont Blanc), amena l'obstruction du torrent de Bionnay, dont la coulée diluvienne, encore accrue de débris de moraines, se jeta ensuite par l'étroite coupure au fond de laquelle était niché l'établissement de bains de Saint-Gervais. 200 personnes périrent dans cette effroyable débâcle qui emporta l'édifice tout entier.

MODANE. — Entrée du tunnel international.

De là nous serions allés, près de Servoz, jeter un regard aux splendides gorges de la Diosaz, qu'on ne connaît que depuis 1875, et qui ne le cèdent nullement en « horreur » à leurs sœurs du Trient et du Fier. Quant à la vallée de Chamonix, qui n'est séparée de

SAINT-GERVAIS. — Les jardins de l'établissement avant la catastrophe.

celle de Servoz que par la crête rocheuse des Montets, nous l'aurions sûrement visitée en détail, comme il convient au magistral sillon que dominent le roi des Grandes Alpes et ses satellites.

Cette vallée qui, à partir du col de Balme (vers Martigny-en-Valais), se déroule sur 22 kilomètres de longueur, entre la chaîne des Aiguilles Rouges et du Brévent, à droite, et celle du Mont-Blanc à gauche, n'est en somme que l'amorce de la vallée de l'Arve, qui, plus bas, infléchit à l'ouest, dans la direction de Sallanches et de Bonneville, pour rallier la coupure rhodanienne à 2 kilomètres au-dessous de Genève. Le massif du Mont Blanc lui-même, je n'aurais pu vous en donner qu'une esquisse. Vous auriez vu que, de Chamonix, il se présente comme une pyramide à quatre pans dont une des faces regarde le village et offre trois arêtes : au milieu, le Mont Blanc proprement dit (4 810 mètres); à l'est, le Tacul (4 249 mètres); à l'ouest, l'aiguille du

SAINT-GERVAIS. — L'établissement après la catastrophe.

Goûter (3 872 mètres), ainsi appelée par les gens du pays parce que le soleil l'éclaire à l'heure où l'on goûte. Vous auriez remarqué que de chacun de ces sommets s'épanche un courant glaciaire : du Tacul le glacier du Géant, qui se continue par le glacier des bois ou Mer de Glace; du Goûter celui de Taconnay; de la cime centrale le glacier des Bossons.

L'ascension de cette cime centrale, nous l'aurions sans doute faite; tout au moins serions-nous allés jusqu'aux Grands-Mulets (3 050 mètres), comme on nomme la ligne de rochers isolés, hauts de 200 mètres environ, disposés en file au-dessous de la *Calotte* comme les bêtes de somme d'un convoi. Toutes les étapes du trajet ne sont-elles pas désormais jalonnées avec soin? N'y a-t-il pas des auberges-refuges sur la plupart des sommités moyennes du relief? Ne s'occupe-t-on pas d'établir un observatoire, très rudimentaire, il est vrai, sur la cime elle-même, c'est-à-dire à

4 500 mètres au-dessus de celui de la Tour Eiffel, à 3 530 mètres plus haut que celui du mont Hamilton en Californie, à 3 400 mètres de plus que celui du Puy de Dôme, à 2 810 mètres enfin au-dessus de celui du Pic du Midi? Certes, par la voie de Chamonix, il reste toujours deux passages dangereux : le Grand Plateau, sinistre plaine terminée par des pentes abruptes, sillonnée de gigantesques crevasses où gronde de tous côtés l'avalanche, puis le Corridor, long couloir de neige, resserré entre des parois à pic, et qui, à son extrémité, domine de 430 mètres de haut les précipices escarpés de la Brenva; mais, avec de bons guides, de la sagesse et quelque peu de chance, la *cordée* de grimpeurs peut toujours s'en tirer, et l'on n'est vraiment *alpiniste* qu'à la condition d'avoir posé le pied sur la tête même du monstre, une tête de 200 mètres environ de longueur sur 1 mètre de large au point culminant, et dont la forme, cela va sans dire, varie d'une année à l'autre, suivant la quantité de neige tombée.

HAUTE-SAVOIE. — Gorges de la Diosaz.

Pour achever notre exploration sommaire de la France savoisienne, nous aurions, en contournant au nord-est, par le mont Salève, le petit territoire du canton de Genève, gagné ensuite les bords du Léman à la pointe d'Yvoire, sise vis-à-vis du promontoire suisse de Promenthoux, juste à l'endroit où le « petit lac » s'évide brusquement en un vaste bassin de 8 à 12 kilomètres de largeur.

Cette partie de la Savoie, qui fait suite au Faucigny, c'est l'ancien Chablais

(*Caput Laci*, tête du lac), dont la petite ville de Thonon (5 600 habitants) était la capitale. Tout près de là, sur l'éperon oriental du golfe où ce chef-lieu d'arrondissement est situé, nous aurions visité les restes de la célèbre Chartreuse de Ripaille. C'était un château composé de sept appartements et de sept cours, avec jardins et tours à mâchecoulis, que le duc de Savoie Amé VIII s'était fait construire sur l'emplacement d'un couvent d'Augustins. Aux jardins attenait un vaste parc planté de chênes, dont les sept allées, rayonnant en étoiles, avaient chacune comme perspec-

LA CHAINE DU MONT BLANC ET CHAMONIX.

tive, de l'autre côté du Léman, un bourg ou une ville du pays de Vaud. Cinq années durant, le prince vécut là sous la robe grise et le capuce des anachorètes; mais l'habit, en lui, ne faisait pas le moine, car la bonne chère de Ripaille est restée, on le sait, en proverbe. La société du lieu n'était ni moins choisie ni moins abondante que la table, et le dynaste à longue barbe n'avait point cessé de tenir en main, enroulé aux grains de son rosaire, le fil de mainte grosse affaire politique et autre.

Un beau matin (1439), l'ermite se réveilla pape. Des ambassadeurs de tout costume et de toute nationalité étaient venus, de la part du concile de Bâle, le saluer du titre pontifical de Félix V. Amé, dit-on, pleura d'effroi en posant la tiare sur son front; il pleura encore, mais de joie, quand il l'en retira, neuf années plus tard, pour la céder à Nicolas V le Génois, et reprendre, avec le simple titre d'évêque, le chemin de son cher Ripaille. Aujourd'hui la Chartreuse, en partie détruite, est une

THONON.

ferme : on engrange les foins dans l'église, on fait la pâtée des porcs dans les cuisines, et il pousse des carottes dans le cimetière.

Plus loin, passé Amphion et l'embouchure par laquelle la Dranse savoyarde

EVIAN.

apporte au lac le tribut aqueux des superbes vallées d'Abondance et de Saint-Jean-d'Aulps, si riches en belles vaches laitières, nous serions arrivés à la fameuse station balnéaire d'Évian (*Evoua*, eau, d'où notre mot *évier*), dont le casino n'est autre que l'ancien manoir des sires vaudois de Blonay. Là nous aurions escaladé la Dent d'Oche (2 225 mètres); puis, poursuivant notre course à l'est, sous le pied de cette altière montagne qui plonge presque à pic dans les flots, nous aurions vagué par la rive solitaire et agreste où se succèdent les villages de Meillerie, de Bret et de Saint-Gingolph. Toute cette grève de pêcheurs, d'où s'exhalent de vivifiantes odeurs de goudron, apparaît pleine de filets qui sèchent ou qu'on raccommode, de

SAINT-GINGOLPH.

barques qu'on radoube ou qui dorment à l'ombre des grands noyers, en attendant que le retour des ténèbres donne le signal de la chasse aux *féras*, sortes de lavarets tout en arêtes fines qui encombrent peut-être plus que de raison les tables des hôtels régionaux. Ce coin supérieur du lac, profond de près de 300 mètres, est en effet très propice au frai. Les oiseaux plongeurs le savent bien; aussi fréquentent-ils en foule ces rivages chablaisiens, rasant du matin au soir le flot translucide. Les colonnes de volatiles émigrants connaissent aussi la station, et jamais ils ne manquent d'y faire une pause, au grand dam des petits poissons.

A Saint-Gingolph, nous nous serions trouvés au seuil du Valais, sur les bords du torrent de la Morge, dont la rive gauche appartient à la France et la rive droite à la Suisse. Là, avant de tourner bride, nous aurions jeté un dernier regard sur le lac, si majestueusement encadré à cette place par ce double massif des Alpes Vaudoises et des Monts Valaisans, dont nous avons ailleurs retracé la figure et disséqué en détail la charpente[1]. En face de nous, nous aurions aperçu les opulents vignobles de la Vaux, avec la charmante ville de Vevey; puis, à l'extrémité de cette côte riante qui se chauffe doucement au soleil, le vénérable manoir de Chillon, dont tant de touristes connaissent la silhouette. Derrière nous, au contraire, sous les souffles de la bise, nous aurions vu se redresser l'âpre écheveau des Alpes de Savoie, immense entassement de rochers et de pics aux pieds duquel la route de terre comme la voie ferrée ont eu grand'peine à se frayer passage, et qu'échancrent du nord au sud le col d'Anterne et celui du Brévent.

Et ce grand relief calcaire du Jura, qui se projette à la fois sur le plateau occi-

LONS-LE-SAUNIER.

dental de la Suisse et sur trois de nos départements, et dont, en suivant le cours du Rhône du mont Crédo aux collines lyonnaises, nous n'avons fait que longer le rebord sud, n'aurions-nous pas aussi éprouvé le désir d'en explorer les crêtes et les *combes* principales? Certes le Jura n'offre point la hardiesse d'élancement et de formes ni la diversité de coupes des Alpes; il n'atteint pas, comme celles-ci, à l'altitude des neiges éternelles, et l'on n'y trouve que peu de pics isolés. C'est plutôt une série de plateaux, une juxtaposition de chaînes innombrables — on en a compté 160, — qui, des hauts *créts* frontières de l'est, descend comme un escalier colossal, dont les plans étagés du relief sont les marches, vers les plaines de la Saône et de la Bresse, où cependant ses escarpements terminaux lui donnent l'apparence d'un mur gigantesque, d'une énorme terrasse feuilletée.

Là, point de zone *alpine*. Au-dessus des gradins inférieurs où les céréales de

---

1. Voyez nos précédents ouvrages illustrés : *la Suisse, Études et Souvenirs*, 2 vol. in-4°; *la Suisse pittoresque*, 1 vol. in-8°.

DÉFILÉS DU DOUBS.

prix et les arbres fruitiers continuent de prospérer, il n'y a que la région *sous-montagneuse*, qui s'ouvre à 800 mètres pour se clore à 1 400 environ, puis la région *subalpine* externe, toute en pâtis et en conifères, qui n'excède pas 1 750 mètres. Quant aux fameuses sapinières, les « noires Joux », comme on les appelle, leur royaume commence vers 600 mètres, là où le cep de vigne cesse de croître.

Qui ne connaît ou n'a envie de connaître ces vastes massifs de résineux, les *fias* rouges et les sapins blancs, mouchetés de bouquets de hêtres et d'érables, auxquels s'entremêlent par places des blocs de rochers tapissés de mousses et de plantes grimpantes ? Telles sont, par exemple, les forêts que traverse le chemin de fer entre Arbois et Pontarlier, avec leurs trouées lumineuses où l'on aperçoit tout à coup un pâtis communal sur lequel vague à l'aise la gent à cornes et au pied fourchu qui donne les bons fromages appelés *tomes*, *chevrotains* ou *sérés*. Il y a de ces futaies jurassiennes où les troncs montent jusqu'à 30 mètres au-dessus des fougères nées du tas fécond de leurs détritus d'aiguilles, des arbres si droits, si fins, si bien plantés, qu'on dirait les piliers effilés de quelque cathédrale gothique. Sur le sol, pas une pierre ; une mousse élastique y forme un tapis au travers duquel des buissons de myrtilles passent leurs têtes. Çà et là, un rayon de soleil perce le dôme aérien, en tirant du sous-bois de chauds reflets qui font paraître encore plus foncées les parties de terrain demeurées dans l'ombre.

Et que de jolies villes nichent dans ces districts jurassiens : Saint-Claude, si pittoresquement étagé sur les pentes du Mont Bayard (956 mètres), avec son beau pont suspendu à 50 mètres au-dessus du Tacon ; Lons-le-Saunier, dans son riant bassin de la Vallière, sous les premiers gradins de la montagne ; Salins, au pied du Poupet (853 mètres), que lèche la Furieuse, affluent de la Loue ! Décrirai-je aussi les scieries sous les noyers au bord des cours d'eau, les chemins sinueux dont le ruban calcaire reluit au soleil, les villages où chantent les fontaines à la voix argentine, et où le matin, au réveil, le touriste n'a qu'à ouvrir sa fenêtre pour respirer l'air embaumé de la forêt et voir les jeunes montagnardes s'en aller du côté de la *fruitière*, en portant sur leur tête des seilles de sapin remplies d'un lait aussi écumeux que l'onde des cascades d'alentour ?

Si seulement j'avais pu vous faire explorer quelqu'une des grandes vallées du pays, celle du Doubs par exemple !

Le Doubs est, vous le savez, une des plus belles rivières de France. De la caverne du Noirmont, près de la frontière suisse, où il naît à 937 mètres d'altitude, il coule d'abord paisiblement au nord-est, comme s'il voulait rejoindre le Rhin. Il traverse le joli lac de Saint-Point, à la cuvette longue de 6 kilomètres ; puis, au débouché de la *cluse* dont le fort de Joux garde l'entrée, il arrive à Pontarlier avec 25 mètres de largeur environ. Filant ensuite le long de la frontière, il s'engage dans les gorges crevassées d'entonnoirs qu'on appelle les défilés d'Entre-Roches. Plus loin il gagne le bassin de Morteau, petite ville horlogère de 2 500 habitants, qu'il ne faut pas confondre avec le minuscule hameau de même nom sis dans la Haute-Marne à 3 kilomètres d'Andelot. Là, sous les pentes vertes du Tantillon (1 165 mètres), les eaux du Doubs paraissent dormir immobiles au milieu des tourbières et des marécages. Mais bientôt sa nappe s'élargit de manière à former une vasque qui occupe tout le fond de la vallée : c'est le lac de Chaillexon ou des Brenets, long de 4 kilomètres sur 300 à 500 mètres de largeur, rendez-vous hivernal des patineurs de toute la région d'alentour.

Au sortir de ce lac, le Doubs se resserre en cinq bassins profonds et sinueux, réunis en chapelet par des *étroits* et enchâssés dans de hauts redans de roches escarpées où l'eau, unie et tranquille, a la couleur de l'émeraude. Cette gorge, que dessert une flottille de bateaux à rames, n'offre point de marge où l'on puisse poser le pied. Selon l'orientation des bassins, d'un couloir lumineux on passe soudain

DANS LA CHAMPAGNE POUILLEUSE.

dans un défilé obscur et glacial à donner le frisson. Les rocs gris, les uns évidés, les autres saillants, se dressent à droite et à gauche comme autant de bastions menaçants où de noirs sapins apparaissent en faction. Au bas du mur, aux époques de gelée, file de temps à autre un traîneau jurassien. La rivière, en s'échappant de ces bassins, s'engouffre sous des arceaux de conifères, et, atteignant le gradin extrême de la pente, se précipite avec fracas, d'une hauteur de près de 30 mètres, dans un abîme dont jamais la sonde n'a pu *tr*ouver le fond : c'est ce qu'on appelle le Saut du Doubs.

Reprenant ensuite son allure paisible, elle traverse de nouveaux défilés, fait une pointe sur le territoire helvétique, où elle baigne à droite Saint-Ursanne, puis, rebroussant chemin, rentre en France, pour trouer près de Glère une des murailles du Jura. Le reste de son voyage est connu. Passé Saint-Hippolyte, elle traverse par une suite de cluses une autre arête jurassienne, le noir rempart du Lomont, arrive non loin de la Trouée de Belfort, ouverte entre le relief franco-suisse et les Vosges, puis, laissant à 2 ou 3 kilomètres au nord la vieille ville de Montbéliard, rejoint à Baume-les-Dames le canal du Rhône au Rhin, dont la France, depuis 1870, ne possède plus qu'un tronçon. Plus loin, entré définitivement en plaine, le Doubs atteint Besançon, chef-lieu du département, qu'il entoure, comme l'écrit César, « à la façon d'un fer à cheval », en limitant par deux fois, à l'entrée et à la sortie, la péninsule où se dressent la cathédrale et la citadelle de l'antique cité des Séquanes. De là, le cours d'eau issu des crêtes jurassiennes longe cette vaste forêt de la Chaux que le chemin de fer de Paris à Salins parcourt lui-même sur 11 kilomètres de longueur, et qui fut jadis le lieu de chasse favori de l'empereur Frédéric Barberousse, quand il venait dans ses résidences franc-comtoises; après quoi, descendant vers Dôle, il achève de couper à son angle nord-ouest le département du Jura, pour aller, avec 100 mètres de largeur environ, se perdre

BEFFROI DE BERGUES. — (NORD).

dans la Saône à Verdun. Là il n'est, à vol d'oiseau, qu'à 75 kilomètres de sa source; mais, grâce aux innombrables circuits que les montagnes lui ont imposés,

AMIENS. — La cathédrale.

il a fourni en réalité un trajet de 430 kilomètres, plus long d'un tiers que celui du courant suzerain qui l'absorbe.

La Savoie et le Jura explorés, peut-être aurions-nous cédé à l'envie de nous aventurer un instant à travers les immenses plaines crétacées de cette province de

Champagne qui vit éclore autrefois tant de fabliaux et de contes. Des districts *pouilleux*, au terrain aride et pulvérulent, des environs de Troyes et de Châlons, qu'Attila choisit comme un champ de bataille particulièrement propre au déploiement de sa cavalerie hunnique, nous serions passés aux régions humides des environs de l'Argonne par exemple, où le sol argilo-siliceux enfante, au contraire, de superbes forêts; puis à cette Brie champenoise de l'arrondissement de Château-Thierry, qui appartient déjà au bassin tertiaire de Paris, et dont le bon La Fontaine, en ses *Fables*, nous a, en quelques traits de plume, esquissé les sites discrets et modestes. Peut-être enfin, par surcroît, aurions-nous été faire une halte devant quelques-uns de ces hardis beffrois de l'Artois, de la Picardie, de la Flandre (Bergues, Douai, Calais, Abbeville) en lesquels se symbolisaient jadis les franchises communales des cités, ou bien aurions-nous visité deux ou trois grandes cathédrales du nord (Amiens, Beauvais, Reims), sœurs de celles que notre voyage nous a déjà permis d'admirer : encore, malgré ces étapes nouvelles à travers les vieilles provinces de langue d'oïl, notre tour de France, j'en ai peur, serait-il toujours resté incomplet.

TABLE DES MATIÈRES

	Pages.
I. — A travers le vieux Rouen. — Promenade archéologique.	1
II. — Aux ruines de Château-Gaillard. — Histoire d'une forteresse anglo-normande du xiie siècle	21
III. — Les Andelys et la légende de Sainte-Clotilde.	26
IV. — Les côtes normandes et l'archipel de Jersey. — Voyage à travers brisants et récifs.	33
V. — Le mont Saint-Michel-au-Péril.	52
VI. — Paysages bretons. — Le marais de Dol. — La ville de Dinan.	63
VII. — Vitré et le château des Rochers. — L'estuaire de la Rance	71
VIII. — Légendes et superstitions bretonnes. — Saint-Brieuc, l'île Bréhat, Tréguier et Lannion.	80
IX. — La Cornouaille. — Quimper et Quimperlé. — A la baie de Quiberon.	86
X. — La forêt et le château de Fontainebleau. — Légendes, tableaux de genre et histoire	97
XI. — A travers la Bourgogne. — Les villes et le site en deçà du tunnel. — Les châteaux. — La ligne de faîte. — Descente sur Dijon	118
XII. — La ville de Dijon et ses monuments.	133
XIII. — A travers le grand vignoble de Bourgogne, propos d'histoire et de terroir.	140
XIV. — Mâcon et les souvenirs de Lamartine. — Cluny. — Une vision de l'usine du Creusot. — Autun et les ruines de Bibracte	145
XV. — En Auvergne : la chaîne des Dômes; Clermont-Ferrand et Royat. — Le plateau de Gergovie. — Sites et localités de la Limagne. — Au Mont-Dore.	155
XVI. — Dans les monts de la haute Auvergne. — La vallée de la Cère et le Plomb du Cantal. — Aurillac et la région de Salers.	177
XVII. — Les Causses. — Coup d'œil sur le cagnon du Tarn et Montpellier-le-Vieux.	185
XVIII. — Bayonne et Orthez. — Le château de Pau, chronique de Béarn et de France. — Excursion au pays d'Ossau et à la vallée de Gavarnie.	197
XIX. — Esquisses dauphinoises. — Les gorges de Pont-en-Royans. — Le massif du Pelvoux et la Vallouise. — Le long des rives de la Durance.	220
XX. — Echappée de vue sur les Vosges. — La forteresse de Belfort et la cathédrale de Strasbourg	234

TABLE DES MATIÈRES.

Pages.

XXI. — Au fil de la Loire naissante. — La ville du Puy-en-Velay et le bassin de Saint-Étienne. — Paysages du Forez et du Nivernais. — Des hautes gorges de l'Allier aux plaines du Bourbonnais 244

XXII. — La Loire en aval de Nevers. — Les coteaux de Sancerre. — Gien et les souvenirs de la Fronde. — Gâtinais, Beauce et Sologne. — A la courbe d'Orléans. 259

XXIII. — Aperçu de la vallée du Loir. — Les grandes résidences historiques de la Loire : Blois, Chambord et Amboise. — Tours et ses environs 273

XXIV. — Aux rives du Cher. — Le château de Chenonceaux et la ville de Bourges. — Un trajet en diligence. — Loches et la vallée de l'Indre 284

XXV. — Au pays de Rabelais. — Esquisses des bords de la Creuse. — Le plateau de Millevaches et le cours supérieur de la Vienne. — Limoges et le château de Rochechouart. — A la colline de Poitiers 293

XXVI. — La basse Loire et la baie de Bourgneuf. — En Vendée : paysages et chroniques. — Le littoral d'Aunis et de Saintonge. — Promenade le long des rives de la Charente. 314

XXVII. — L'estuaire de la Gironde. — Du phare de Cordouan au Bec d'Ambez et à Bordeaux. — Excursion aux bords de la Dordogne et de l'Isle. — Les vignobles du Médoc et les Landes de Gascogne. 339

XXVIII. — Souvenirs de l'Armagnac et de l'Agenais. — A travers les bassins du Lot et du Tarn. — Albi et l'État albigeois. — La Garonne à Toulouse. — Le château de Foix et la vallée de l'Ariège. — Du mont Canigou au cap Cerbère. 360

XXIX. — Le long des côtes du Roussillon. — La vallée de l'Aude et la cité de Carcassonne. — Dans la plaine narbonnaise. — Cette et l'étang de Thau. — Montpellier; chronique de l'ancienne école de médecine. — Aigues-Mortes. — Des Arènes de Nîmes au pont de Beaucaire. 378

XXX. — Du Glacier du Rhône aux collines lyonnaises. — Vienne et Valence. — Premiers paysages provençaux. — Avignon et le Château des Papes. — Arles et la Camargue. — La plaine de la Crau; l'étang de Berre. — Au sortir du tunnel des Alpines 400

XXXI. — Coup d'œil sur Marseille. — Toulon, Hyères et les Monts des Maures. — Traversée de l'Estérel. — Sur la Côte d'Azur. — Cannes, Nice, Monaco. — Aperçus pris du chemin de la Corniche. — Menton et la frontière italienne. 422

XXXII. — Où ce livre n'a pas conduit le lecteur. 460

IMPRIMÉ

PAR

CHAMEROT ET RENOUARD

19, rue des Saints-Pères, 19

PARIS

www.ingramcontent.com/pod-product-compliance
Lightning Source LLC
Chambersburg PA
CBHW050251230426
43664CB00012B/1913